绿洲明珠：丝路重镇“金张掖”社会经济发展状况调查

主　　编：魏明孔　王开堂
执行主编：黄英伟　寇克英
参写作者：马国英　赵伟洪　张健康　魏世友

科学出版社
北　京

内 容 简 介

本书以张掖为研究对象，从古代历史中张掖的战略位置，现代社会中张掖的经济社会发展、主导产业发展历程、发展中面临的挑战与经济发展的契机等方面对张掖地区做了较为全面的梳理与分析，对今后学者开展对张掖的调查研究具有一定的参考价值和现实意义。

本书适合对经济史、区域经济史、西北地区旅游业感兴趣的读者阅读。

图书在版编目（CIP）数据

绿洲明珠：丝路重镇“金张掖”社会经济发展状况调查/魏明孔，王开堂主编. —北京：科学出版社，2018.10
ISBN 978-7-03-059316-0

Ⅰ. ①绿… Ⅱ. ①魏… ②王… Ⅲ. ①区域经济发展-调查报告-张掖 ②社会发展-调查报告-张掖 Ⅳ. ①F127. 423

中国版本图书馆 CIP 数据核字（2018）第 245979 号

责任编辑：李春伶 李秉乾 / 责任校对：韩 杨
责任印制：张 伟 / 封面设计：楠竹文化
编辑部电话：010-64005207
E-mail：lichunling@mail.sciencep.com

科学出版社 出版
北京东黄城根北街 16 号
邮政编码：100717
http://www.sciencep.com
北京虎彩文化传播有限公司 印刷
科学出版社发行 各地新华书店经销
*
2018年10月第 一 版 开本：720×1000 1/16
2018年10月第一次印刷 印张：21 3/4
字数：294 000

定价：98.00元

（如有印装质量问题，我社负责调换）

摘　要

张掖因“张国臂掖，以通西域”而得名，历史上又称作甘州，素有“塞上江南”和“金张掖”之美称。张掖地处甘肃省河西走廊中段、祁连山北麓，地理位置“居中四向”，自古以来就是丝路重镇，是西北地区重要的立体交通枢纽、新亚欧大陆桥的战略要地，在新时期国家“一带一路”倡议中具有重要地理位置。

2014 年，张掖市人口 121 万，全市实现生产总值 353.43 亿元，其中，第一产业增加值 88.98 亿元，第二产业增加值 119.04 亿元，第三产业增加值 145.41 亿元，三次产业结构比例为 25.2∶33.7∶41.1，较前几年第一产业比重稳定下降，第二、第三产业比重不断提高。2014 年城镇居民家庭人均可支配收入、农民人均纯收入达到 17 386 元和 9489 元。

农业是张掖市的传统优势产业，得益于优良的天然资源。张掖具有得天独厚的天然牧场和肥沃土地，生产优质小麦、玉米、红枣、葡萄等特色产品。“张掖玉米种子”是中国唯一获得地理证明商标的种子产品。水能、风能、太阳能资源极为丰富，新能源开发规划总装机容量约 2.45 万兆瓦，张掖由过去的电力短缺市转变为甘肃省重要的电力输出市。张掖具有丰富的文化旅游资源。张掖是中国优秀旅游城市，也是甘肃 4 个国家历史文化名城之一，有全国重点文物保护单位 16 处。全市现已建成 A 级景区 25 家，其中 4A 级 13 家。2014 年接待游客突破 1100 万人次。

张掖正面临着较好的发展契机，主要表现如下：

（1）“一带一路”倡议统筹国际国内两个大局，在促进西部大开发、协调中东南部共同发展、促进全国共同发展具有重大意义。甘肃省在“一带一路”规划中将张掖定位为：全国重要新能源、有色冶金新材料、特色农产品生产加工及向西开放门户和次区域合作战略基地。张掖在“丝绸之路经济带”上自古就具有重要的战略地位，如今更需要利用战略地位发展区域经济，提高人民生活水平。这是张掖市经济社会发展的良好的长期战略契机。

（2）张掖成为首批“全国小微企业创业创新基地城市示范”15个试点城市之一，在小微企业创业创新方面居于优势地位。这是与“一带一路”建设并列的另一个重要战略机遇，以此为契机将吸引更多的人才参与建设。“一带一路”具有长期发展的指导作用，小微企业创业创新基地城市示范（简称“两创城市示范”）具有短期内就可落地实施的带动作用，两者互补，共同为张掖未来经济发展提供难得的战略机遇。

（3）张掖市具有生态文明发展的良好自然地理条件。坐落在祁连山和黑河湿地两个国家级自然保护区之上，境内有森林、草原、湿地、绿洲、戈壁等自然生态系统和中国第二大内陆河流经，使张掖极具生态文明发展的前景。祁连山生态保护项目的实施，产业升级转型的要求都将对西北地区的产业发展提出更高、更严的要求。

（4）农业发展的基础条件不断增强。土地流转更加自由，农村综合改革更加深化，培育壮大了新型农业经营主体，进一步激发了农村活力。农村专业种养大户、家庭农牧场、农村合作组织等新型农业经济主体发展快速。政府对资源配置的引导作用突出，市场的决定作用增强。

（5）新型工业化发展具有良好前景。国家对新型能源替代型产业发展思路的转变，将重点加大新能源方面的投资和扶持力度，加快产业转型升级。为此，张掖因其独特的地理位置、充足的光照资源、风能资源和水利资源将会得到良好的发展机遇。

（6）旅游业发展前景看好。张掖旅游资源丰富，自然景观独特，人文积淀深厚，又处于丝绸之路旅游黄金带上。随着“一带一路”倡议的推进，张掖以丹霞地貌、历史文化名城等为代表的旅游资源将得到充分开发利用。2015年国家旅游局曾预计，“十三五”时期，中国将为“一带一路”沿线国家输送1.5亿人次游客，游客旅游消费大约为2000亿美元，同时将迎接8500万人次来华旅游，吸收游客消费数量达1100亿美元。“一带一路”沿线国家已经签署合作备忘录，宣布将简化各国间签证手续，这将极大促进入境游人数。张掖的旅游业具有良好发展机遇。

同时，张掖社会经济发展也存在一些问题，主要表现如下：

（1）农业生产成本持续上升，农民增收空间不断压缩。生产成本的上升，影响了农民生产的积极性。在小农户面对大市场时，市场价格波动的影响仍没有消除。深加工不足，很多农产品只能进行简单的初加工，很难获得更多的农业附加值。对于规模农业而言，产业层次较低，行业发展后劲不足。

（2）工业发展滞后，支柱产业不够明显。全市工业产业问题可以概括为“三多三少”，即传统产业多、新型产业少，重工业多、轻工业少，资源依赖型产业多、高新技术产业少。在全国工业产业转型升级过程中，张掖市工业转型明显滞后，传统支柱产业发展速度放慢，新兴产业尚不能担当支撑工业发展的重任。工业主要集中在农副产品加工和矿产品加工，初级产品加工较多，工业增加值较低。

（3）第三产业方兴未艾，但发展层次较低。以旅游业为主导的第三产业尚处于起步阶段，虽然在旅游宣传推广、基础设施建设上有较大投入，但还没有形成关联度强的第三产业体系，与之相关的服务业、物流业、医养文化产业等还没有实现新突破。

（4）文化名城保护缺乏长远规划，开发利用不足。张掖距离国家历史文化名城的标准和“一带一路”建设对古城邦、宜居宜游的要求还有一段距离。民众对历史文化名城的保护意识不足，相关保护单位和职能部门的保护理念与时代发展要求有差距，缺乏长远的城市建设眼光，轻保护重开发，致使很多文物古迹在旧城改造过程中被破坏，不利于历史文化名城品位的提升和建设。

在“一带一路”“两创城市示范”和“生态文明发展”的三个主要战略机遇交汇时期，张掖拥有千载难逢的发展良机，但也要充分认识其存在着基础薄弱、人才储备不足、技术落后、引进资金困难等不足。对此，张掖应该实施“引进来、走出去”的战略。“引进来”，即引进张掖缺少的资金、技术、人才、管理等；“走出去”，即将张掖的特色产品推销出去，如玉米种子、高原蔬菜、葡萄酒、电能、农畜产品等。在国内、国际两个层次上，走出去、引进来。

首先，打造名牌旅游产业。“一山一水一古城”是张掖最大的城市特色，也是区别于其他城市的标志和象征，可以将其作为城市的标志进行推广，它是城市形象的名片，极具文化品位和影响力。张掖历史悠久，区域内有众多上千年的古城和其他历史文化遗产，要充分发掘和利用这些历史文化遗产。其次，发展特色农业。传统农业的收益空间越来越有限，所以必须要发展高附加值的特色农业产业。张掖市的玉米制种、特色小枣、杂粮、葡萄酒、畜产品和高原夏菜等都极具地域特色。再次，加快发展新型能源。充分利用国家加快发展新型能源的需要和产业升级转型的机会，加快张掖的新型能源发展。21世纪以来，中国政府对生态环境友好的建设力度越来越大，新型能源的发展空间将会非常广阔。要大力发展清洁能源，围绕两个“百万千瓦级”发展光电产业和风电产业以及生物质能产业。最后，还需要进一步重视政策制度建设。要利用好已有的国家和地方上的各种相关政策和制度，抓住发展机遇。张掖市政府要制定自己的政策，为“引进来、走出去”发展服务。

总之，本书以张掖为案例详细解剖在“一带一路”倡议大背景下，西北地区如何保持生态良好和经济可持续发展与人民生活水平提高这一复杂而系统的工程。本书分析了“一带一路”建设、“两创城市示范”建设和“祁连山生态保护项目”等为张掖带来的机遇与挑战，提出张掖应该实施

“引进来、走出去”的战略措施。通过“一出一进”为张掖乃至中国西北地区经济社会发展提供动力。各地政府应该政策先行，制定切实可行的相关政策，为“引进来、走出去”铺平道路。

张掖作为“丝绸之路经济带”上的黄金段，同时具有“绿洲城市”的美誉。对张掖的调查研究具有一定的学术价值和现实意义，对“丝绸之路经济带”的建设及张掖市乃至西北地区经济社会发展都具有一定的裨益。

前　言

国情调研项目是中国社会科学院了解社会、服务社会的重要举措之一，是社会科学工作者接触社会的重要途径，是由书斋研究进入社会做研究的有益尝试。国情调研是新时期对先哲“读万卷书，行万里路”的践行。

我生于农村，长于农村，对从事社会经济调研有一种天然的热情与动力，每每从事这样的社会实践都有一种亲切感，处于兴奋状态中。只要有社会调研的机会，我都会全力以赴争取。2014 年，我领衔申请到中国社会科学院国情调研重大课题调研项目“张掖绿洲经济与丝绸之路研究”。项目申请后，由我与张掖市人大常委会王开堂主任负责调研工作，合作者有张掖市人大研究室寇克英副主任，博士后黄英伟、马国英、赵伟洪以及博士生张健康等，本书系集体合作的成果。

下面就这次调研的背景、意义、内容和方法等，略作陈述。

一

千里河西走廊，占面积不到 5%的绿洲哺育着该地区 95%以上的人口，造就了源远流长的绿洲农业文明和丝路文化，构建起了东西方商贸大动脉——古丝绸之路，为古代东西方之间经济、文化交流做出了重要贡献。古丝绸之路从兴起、繁盛到走向没落，跨越了 2000 多年的历史，而在这个过程中，沿线的区域也经历了开拓与开发、繁荣与衰落的过程，缔造了丰富的物质文明与文化遗存。有学者认为，古丝绸之路实际上是一条绿洲之路，丝绸之路的绿洲变迁史，恰恰就是丝绸之路的文明发展史。把握绿洲特点、了解绿洲的规模和承载力是建设“丝绸之路经济带”必须把握的基本原则，也是保证“丝绸之路经济带”可持续发展的关键节点。

岁月沧桑，21 世纪初在世界经济与政治秩序重建和国家能源战略格局调整的大背景下，贸易和投资在古丝绸之路上再度活跃。中亚各国希望与中国扩展合作领域，希望中国在交通、邮电、纺织、食品、制药、化工、农产品加工、消费品生产、机械制造等行业对其进行投资，并在农业、沙漠治理、太阳能、环境保护等方面进行合作。古丝绸之路上的城市成为国际交往的重要桥头堡与前沿阵地，正是新形势下交流与合作的需求，为张掖这块沃土注入“肥料”和生机。同时，在世界金融危机、全球气候变暖、世界能源危机的背景下，低碳经济、低碳发展、低碳生活成为继农业化、工业化、信息化之后的第四次浪潮。“丝绸之路经济带”建设把亚欧两大经济区联系起来，从世界范围重新谋划中国未来的发展战略，重新确立中国在亚欧经济版图上的位置，从这个视角而言，古丝绸之路经济带也具有重要的战略意义。随着中国国家战略的转移，对于张掖地区经济、社会发展与文明形态演进历程，无疑都具有深远而重大意义。

甘肃省张掖市位于青藏高原和内蒙古高原的接壤之处，处于中国地形第一阶梯到第二阶梯过渡带的河西走廊中部，面积 40 874 平方千米。2014 年底，张掖全区总人口 121.33 万人，非农业人口 48.93 万人，农业人口 72.4 万人，有汉族、藏族、回族、裕固族等 26 个民族。张掖辖甘州区、临泽县、高台县、山丹县、民乐县、肃南裕固族自治县（简称肃南县）6 个县（区）。2014 年张掖市 GDP 为 353.43 亿元，其中，第一产业增加值 88.98 亿元，第二产业增加值 119.04 亿元，第三产业增加值 145.41 亿元。2014 年三次产业结构调整为 25.2∶33.7∶41.1，近几年张掖市在产业结构优化上下了很大功夫，第一产业比重稳定下降，第二、第三产业比重不断提高，基本符合产业演变规律，但产业结构仍处于较低层次。同时注重经济发展与生态环境的综合协调发展，取得了一定的成效。按常住人口计算，2014 年张掖市人均 GDP 为 29 163 元，比上年增长 7.9%，全年城镇居民人均可支配收入 17 386 元，城镇居民人均消费性支出 15 583 元，城镇居民家庭恩格尔系数（即居民家庭食品消费支出占家庭消费支出的比重）为 31.85%，农村居民家庭恩格尔系数为 37.55%。2014 年全年完成大口径财政收入 48.07 亿元，比上年增长 19.95%。公共财政预算收入 22.14 亿元，比上年增长 32.37%。多年来形成了玉米制种、马铃薯、高原夏菜、畜牧业、矿产开发、光伏发电、旅游业等主导产业。

新时期以来，张掖经济社会发展发生了巨大变化，人民群众切实感受到了改革开放带来的显著成果，但基础差、底子薄、财政自给能力弱的现实问题，始终是制约其发展的瓶颈。受祁连山、黑河流域生态环境的特殊性和脆弱性影响，张掖工业化进程缓慢，自然经济比重过大。张掖农耕条件优越、地势平坦、土地肥沃、灌溉便利、农业生产水平比较高，农业比重大、特色浓，是传统的农业大市，但是历史形成的商品粮主产区定位，使得其产业结构不均衡，第一、第二、第三产业脱节，造就了传统农业大而不强、加工业多而不精、服务业兴而不优的格局。近年来，张掖市积极调整产业结构，第一产业比重稳定下降，第二、第三产业比重不断提高，但产业结构仍处于较低层次。如何发展新型农业，提高农产品附加值，如何在增加第二产业产值的同时兼顾生态环境保护，如何开发数千年来从游牧文明、农耕文明到现代农业文明过程中，在河西大地上留下的丰富多彩的文化遗产以及绚丽夺目的自然景观，增加第三产业的产值，是未来张掖经济发展、社会转型必须面对的问题。另外，生态战略地位和国家主体功能区划的定位，决定了张掖既要肩负起保障自身可持续发展的重任，又要担当确保国家生态安全的重任，努力提高在生态背景下统筹第一、第二、第三产业，统筹经济与社会，统筹短期、中期与长期发展的能力。在新的经济形势下，在国家积极建设“丝绸之路经济带”的大背景下，张掖发展问题已经进入历史的转折点，实施经济转型跨越发展战略势在必行。

绿洲既是西北地区人们生存发展的空间，也为古丝绸之路和现代欧亚大陆桥奠定了重要的生态屏障。但由于受全球气候变暖及人口问题加剧、过度引水、开垦过度等社会经济活动的影响，绿洲环境正面临着逐步退化的困境。因此，如何加强绿洲保护、实现绿洲经济社会性可持续发展，已成为急需研究的重大课题。

张掖市境内南有祁连山水源涵养区，中有人工绿洲和黑河天然湿地，北有荒漠戈壁，三大生态系统在张掖境内交错衔接，是一座坐落在荒漠戈壁之中典型的绿洲城市，也是西北重要的生态安全屏障、国家粮食主产区和交通枢纽。张掖地处全国重点生态安全屏障区内，地区生态环境保护已经上升到国家安全层面。张掖生态安全，不仅是张掖绿洲经济社会可持续发展的基本条件，而且对于维护西北乃至全国生态安全、巩固国防、促进边疆民族地区和谐稳定与区域经济可持续发展具有十分重要的战略意义。然而其生态又是极其脆弱的，生态用水和经济社会发展用水矛盾异常突出。脆弱的生态屏障一旦被破坏，北部巴丹吉林沙漠必将南移，大片森林、草原、绿洲、湿地将被吞噬，祁连山北麓生态涵养区将被侵蚀，危及整个黑河流域的生存发展。实际上，历史教训深刻，警钟已经敲响！

近年来，张掖市在以黑河湿地保护为切入点推进生态文明建设的进程中，越来越清晰地认识到，良好的生态环境就是张掖真正的优势、最大的潜力和巨大的财富，也是其经济转型跨越发展的坚实基础和有力保障。2008年国际金融危机之后，全球经济发生了一系列新变化，世界经济增速明显减缓，新一轮产业调整开始，各国经济竞争更加激烈，经济转型成为世界各国普遍面临的重大问题。审视各地新一轮经济转型，不管是内在的结构转型，还是外在的形态转型，都在致力于不断改变传统的生产方式和消费方式，努力在转变发展方式的同时保护好生态环境，实现资源可持续利用、环境有效保护、人与自然和谐共处。张掖数千年的历史，都是依赖黑河水而延续和发展的，传统农业文明、现代农业文明和发育不完善的工业文明都建立在自然生态之上，经济转型发展也必须以生态为根本，探索一种跨越工业文明而直达生态文明的生态经济模式。

张掖依托祁连山和黑河湿地两个国家级自然保护区，在保护生态背景下统筹第一、第二、第三产业，统筹经济与社会，统筹当前与长远。紧紧抓住国家建设西部生态安全屏障的政策机遇，加快建设高原生态特色城市，发挥生态环境良好、交通方便快捷、公共保障能力较好的优势，使张掖“宜居宜游”特色得以彰显；抓住中央推动社会主义文化大发展大繁荣的历史机遇，保护历史遗迹，发展文化产业，彰显历史文化名城之魅力，使古城特色同生态特色有机融合，使“半城芦苇，半城塔影”的自然历史风貌得以重现；按照国家扩大消费、拉动内需的动力要求，顺应国内消费模式升级转型的趋势，大力发展以旅游为重点的现代服务业、现代农业，培育新的经济增长点。为顺应自然规律、时代要求和人民意愿，张掖围绕发展生态经济、转变发展方式探索了一些新途径，积累了一些新经验，以崭新的实践对经济转型跨越发展做出诠释。

为落实创新驱动发展战略，李克强在2015年国务院《政府工作报告》中提出了“大众创业、万众创新”的发展思路，在这一背景下，2015年6月张掖市被确定为全国首批15个小微企业创业创新基地城市示范之一，是甘肃省唯一入选的城市。目前，张掖市把实施创新驱动发展战略置于“围绕‘四二总体部署’、实施‘六六发展战略’，建设幸福美好‘金张掖’”根本动力和总推手的位置，出台了一系列的政策措施，包括启动了“522”企业家赴外培训计划；建立小微企业创富中心、电子商务创业园、创业大厦、现代物流园区等项目；建立健全小微企业的投、融资机制；等等。截至2015年，张掖全市小微企业首次突破1万户，特别是“三证合一”商事登记制度改革，小微企业发展势头迅猛，新增企业3448户。如何落实好各项政策，围绕生态安全和民生保障，打造全国小微企业“双创”特色示范区，对于张掖社会经济发展意义深远，同时对于西部城市的示范作用也不可估量。

二

保障绿洲可持续发展和建设“丝绸之路经济带”，是西北地区共同面临的课题，也是一项复杂而系统的工程。顺应新的历史条件和政策导向，西北绿洲经济面临着许多需要破解的难题，如何正确处理绿洲发展中存在的生态保护与经济发展的关系、人与自然的关系，如何应对全球气候变暖的冲击、探索绿洲现代农业发展模式、做好城乡统筹发展、科学利用水资源、发展现代物流和对外经济贸易等一系列重大理论和现实问题，都迫切需要做出回答。

地处河西走廊中部的张掖市近年来清醒地认识到了绿洲经济可持续发展的重要性，并通过积极探索生态经济之路，积累了宝贵经验，特别是张掖连续五年举办“绿洲论坛”，邀请国内外专家、学者“把脉会诊”、广泛建言，从理论到实践，从实践再到理论升华，为西北干旱半干旱地区绿洲的可持续发展提供了示范。但是，面对基础薄弱、生态脆弱、经济发展与生态建设矛盾突出等现实问题，如何实现绿洲经济效益、社会效益、生态效益的高度统一和可持续发展，还需要进一步探索和研究。尤其是在构建“丝绸之路经济带”和国务院批复建立“甘肃省国家生态安全屏障综合试验区”的历史背景下，张掖及河西走廊其他地区将面临新一轮的发展机遇，把握政策导向、制定长远规划，也是该地区十分紧迫的现实需求。

在经济社会长期发展的过程中，张掖形成了自身较为突出的特点。首先，区位优势明显，张掖自古是丝绸之路的重镇，南通青海，北达内蒙古，是丝绸之路咽喉要道；其次，张掖是西北重要的生态屏障，祁连山水源涵养区、黑河湿地、荒漠戈壁三大生态系统在境内交错衔接，雪山冰川、森林草原、荒漠沙丘、七彩丹霞、绿洲沃土、湿地芦苇等极端地貌交相辉映，形成了多样而独特的自然生态；再次，张掖是中国优秀旅游城市，也是国家历史文化名城、甘肃华夏文明传承创新区自古就有“塞上江南”和“金张掖”之美称。境内有史前文明的东西灰山、四坝文化遗址，北凉古都骆驼城、亚洲最大的室内卧佛、亚洲最大的军马场山丹军马场、始凿于东晋时期的马蹄寺及金塔寺石窟群等历史遗迹，这些都反映了一个地方的历史传承和文脉。不仅如此，张掖还是“丝绸之路经济带”上的重要节点城市。张掖是西陇海兰新经济带的节点城市和新亚欧大陆桥的战略要地，自古以来就是东西南北交往的交通要道，也是中国西电东送、西气东输、西煤东运、西菜东运、西粮东调的战略通道，更是开辟中亚市场的重要经济通道。

因此，在国家“一带一路”倡议背景下，选择张掖做个案调研分析，具有典型性和代表性，能够更具体、深入地反映出“丝绸之路经济带”上一个城市的发展趋势，个性与共性相结合，进一步丰富“一带一路”倡议的创新理论，为国家层面制定政策和地方发展定位提供科学依据。

三

本书研究主要围绕张掖市经济发展和绿洲生态保护两个主题进行。对于现实问题的考察，首先离不开对于当地历史发展脉络的把握。作为古代西北丝绸之路的枢纽地，张掖及其周边地区历史上一直是农耕文明与草原文明的交汇之地，也是世界古代文明的交融之地，在历史长时期的发展过程中，成为重要的文化资源宝库，对华夏文明的发展产生了重要的影响。而其独特的地理条件，使其从古至今一直是重要的生态安全屏障和国防安全的重要通道。研究丝绸之路上的“金张掖”，探究张掖地理位置、区位优势及重要性、生态环境因素等，了解张掖发展中所面临的有利条件、客观制约，有助于更好地把握其社会经济发展规律。

从长期历史发展视野看张掖，了解不同时期张掖的社会经济面貌（包括史前文明、游牧文明、丝绸之路开通、华戎交汇、魏晋隋唐时张掖的经济情况），现有的文化遗存，以及明清王朝的移民实边政策下、旱作农业背景下张掖的发展，更有助于我们深刻了解西部大开发政策对张掖经济发展的影响，以及新时期共同建设“丝绸之路经济带”的政策背景下张掖地方经济社会发展的客观规律，求解张掖发展所面临的一系列问题及其破解之道。

通过实地调研，对张掖当前的经济社会进行较为深入的分析，并借鉴当地统计资料、政府公报、地方志及档案资料等，了解其资源分布情况、经济整体发展水平、产业结构的变化、民生、基础设施建设、生态环境的变化等，不仅有助于我们对当地经济社会整体风貌有一个概览式的了解，而且有助于我们掌握“西部开发”“丝绸之路经济带”等相关政策所产生的影响，深入了解当地经济发展与生态环境之间的关系，谋求新形势下绿色、健康、持久的经济发展道路。

从张掖产业布局及产业结构来看，张掖长期以来倚重于农业，工业发展相对较慢，服务业比较落后，但是近些年来这种格局发生了较大的改变。张掖正大力发展节水、高效、绿色现代农业，高原夏菜、设施农业、玉米制种、马铃薯等特色产业规模效益同步提升。张掖在工业建设方面提出了许多新的举措，旨在利用地理优势，发展风电、循环经济。张掖各县都建立了新的工业园区，张掖工业园区晋升为国家级经济技术开发区，为综合统筹全区工业整体布局，张掖对各县的生态工业（ecological industry，ECO）园区规划重新进行修编，加强特色工业园区的建设。

随着丹霞国家地质公园、国家湿地公园等70个新建、续建重点旅游项目的加快推进，张掖丰富的旅游资源得到了较为有效的开发，文化产品、文化企业发展壮大，带来了新的经济增长点。随着新张掖国际商贸城、临泽浙商文化商业广场、高台汉唐文化商业街、民乐商业步行街等商流项目的加速进行，交通运输、餐饮住宿、信息咨询、健康养老等服务业发展迅速，完成第三产业增加值增速较快。依托国家批复的全国首批15个小微企业创业创新基地城市示范之一的政策优势，实施创新驱动发展战略，推动“大众创业、万众创新”，激发社会创造活力，引领新一轮转型发展。深入剖析当前张掖产业结构的变化，尤其对特色产业的发展进行较为全面的研究，才能使我们准确地把握张掖经济整体发展脉络与区域差异，以及各地区在调整经济结构的过程中所存在的问题，进而探求在新形势下既能促进经济纵深发展，又能兼顾区域综合协调，同时还可以达到经济、社会与自然和谐共存的新的发展道路。

虽然张掖经济社会发展取得了一定的成绩，但同时还应该看到，张掖经济增长的内生动力不强，城市居民收入水平偏低，大宗农产品价格普遍走低，农民持续快速增收难度加大，扩大内需和消费动力不足。工业经济"短腿"的局面不仅没有从根本上改善，而且还有继续下滑的可能。企业经营效益下滑，工业对就业、税收、物流、职工收入的贡献呈下降趋势。财政收入结构不合理，一次性收入和非税收入占比过高，税收增长乏力，刚性支出明显增加，收支矛盾更加突出，保障民生的能力依然较弱。

造成上述这些问题的原因，除了近年来国内外形势错综复杂、经济下行压力大的因素外，张掖在长期经济发展过程中形成的旧格局一时难以打破、制度惯性长期存在、技术革新难以迅速拓展，也是不可忽略的重要因素。这突出表现在生态环境对经济社会发展有一定的制约作用；长期以农业生产为主，"以粮为纲"使得产业布局在较短的时间里难以改变；科技支撑乏力，农业产业化、工业新型化难以拓展；小农经济意识的影响长期存在，难以对新的经济增长点起到支撑作用。从张掖自身特点出发，了解当前经济社会发展限制因素及其背后所隐藏的更深层次的问题，有助于我们更有针对性地寻求经济社会发展困局的破解之道。

张掖具有较强的区位优势，是中国西电东送、西气东输、西煤东运、西菜东运、西粮东调的经济安全通道，也是承接南北两大高原的物流通道。随着国家"一带一路"倡议的深入实施和甘肃省"丝绸之路经济带"黄金段的加快建设，张掖作为河西走廊重要的立体交通枢纽，"居中四向"的区位优势更为突出，承东启西、承南启北的作用日渐显现。可以说，新时期张掖面临重新崛起的历史契机。目前，张掖将自身定位于"丝绸之路经济带"生态安全屏障、重要交通枢纽、绿色有机农产品生产基地、"丝绸之路经济带"旅游目的地和集散地。但是，张掖处于西北干旱半干旱地区，因为有黑河，荒漠戈壁成为绿洲沃土，而绿洲是干旱荒漠地区人类安身立命的场所、生存繁衍的基地，也是干旱荒漠地区生态系统的核心，因此，如何协调经济发展与生态环境之间的关系，探究绿洲生态保护与永续发展问题，未来依旧十分重要。

张掖长期以来农业附加值较低，限制了当地特色农产品的发展，使得第一产业对地区生产总值、人均收入的贡献率不高。另外，张掖经济长期依赖农业，工业经济“短腿”的局面较为严重。新形势下，如何发挥张掖工业后发优势，提高工业中的科技含量，在生态工业发展上做文章，无疑是未来需要深入研究的方面。第三产业在张掖经济中的作用日益突出，固定资产投资占比和对财政税收的贡献率均超过 50%，如何优化三次产业结构和各产业内部结构，巩固与扩展“一产稳固、二产创新、三产扩容”的产业格局，使得经济转型发展的内生动力和稳定性、协调性、可持续性进一步增强，是新时期张掖抓住“一带一路”倡议的机遇，实现经济跨越式发展中需要花大力气、做大文章的方面。如何推动“大众创业、万众创新”，用好“全国小微企业创业创新基地城市示范”招牌，提高经济整体活力，也有助于张掖经济全面、快速、稳定地发展。

四

对一个地区历史的把握，有助于我们深刻地了解其现实中所存在问题的历史渊源，也有助于我们从经济长期发展脉络中找到一些规律性的东西。本书首先关注历史上张掖社会、经济、文化的发展情况，对历史上丝绸之路河西段，特别是张掖地区在“丝绸之路经济带”中发挥的作用进行梳理，对丝绸之路开通前后，张掖经济社会发展状况及历代王朝对西北经略措施等进行深入剖析，其中尤其重要的是认真分析了这里独特的绿洲经济的特点及其在当下的应对措施。这部分研究需要占有较为详细的资料，除了正史记载外，还包括当地党政部门的文件，当地人写的各种文字性资料，以及口碑资料、档案、地方志等。同时，对当地历史文化古迹，包括城址、驿站、渡口、关隘、墓葬、寺塔、石窟等文化遗址，文书、碑刻、壁画、造像等文化遗存进行调研，也有助于我们了解丝绸之路及中外文化交流的各个方面。

其次，对当前张掖地区绿洲经济总体情况、产业发展、生态环境等各个方面进行定性研究。在参考政府公报、年鉴、统计数据等的基础上，项目组采取典型调查和一般调查相结合的方式，深入了解当地经济社会发展、民情民生诸多方面。具体调查的主要内容包括以下几点：

（1）祁连山国家级自然保护区、张掖黑河湿地国家级保护区。这两个保护区是河西地区重要的生态屏障，项目组对该保护基地的组织机构、运作方式、生态保护模式等进行详细的调研，并对与湿地公园相关的管理人员进行诸如劳动工资、生活条件等调查。同时与湿地公园相关的当地居民的生活状况、生态保护意识也是调查内容之一。

（2）现代农业示范基地。项目组对现代农业示范基地的主要功能、主要种植结构、近些年的发展变迁、经济效益等进行调查。对张掖设施蔬菜、高原夏菜的种植、销售情况，发展模式进行调查，对技术推广情况及经济社会效益进行调查。现代农业示范基地中的农户调查是本次调查的重点内容。农户的种植结构、种植意愿、种植收入以及生态保护意识等将被重点研究。

（3）工业园区。甘肃张掖工业园区创建于1994年，经过多年的发展，已形成农副产品加工、有色冶金新材料、生物制药化工、新能源及先进装备制造和现代服务业五大主导产业。项目组着重对农副产品加工、生物制药化工、新能源等进行调查。张掖全市六县（区）均建立了工业园区，主要包括甘肃民乐生态工业园区、甘肃山丹城北工业园区、甘肃临泽工业园区、甘肃高台工业园区和肃南祁青工业园区。项目组对于各县（区）园区的功能布局、产业结构层次、基础设施建设情况进行考察。

（4）电子商务园区与物流园区。张掖具有“居中四向”，南北连接青海、内蒙古，东西贯通新疆与内地的区位优势，但是物流业相对落后，在历史上是农作物及工业产品运销的制约因素。近年来电子商务蓬勃发展，张掖物流体系的建设情况，冷链物流的发展情况等都是我们调研的对象。同时，我们也对物联网、互联网、云计算等技术在流通领域的应用进行考察。

（5）第三产业。张掖是历史文化名城，第三产业中的旅游产业非常发达，因此本次调研也重点包括第三产业。主要有第三产业的经济发展模式，经济增长与生态保护相协调的机制、第三产业从业人员的收入、旅游资源开发与生态保护之间的协调关系等。

（6）居民。既包括城市市民也包括乡村居民。他们作为该地区的主要建设者和成果享受者，对其调查主要有他们的收入来源、日常生活状态、生态保护意识等。

针对这些调查结果我们从上层政策制定、制度设计、法律法规实施，到底层民众反映、应对以及执行实施等进行多层次、多角度、全方位的分析研究，并在研究过程中兼顾典型调查和普通调查相结合的定性研究方式。尤其重要的是，在分析的基础上总结提炼规律，为张掖市社会经济的发展提供一定的参考，同时为广大西部地区提供一些借鉴。

本书呈现的研究结果主要包括：一是探索建立绿洲生态保护与经济发展相生相伴的耦合体系，巩固西北生态安全屏障。二是研究分析张掖国家级绿洲现代农业试验示范区积累的经验，为干旱区绿洲现代农业发展搭建试验示范和体制机制创新平台，促进现代农业高新技术成果转化。三是探索绿洲地区经济生态化、生态产业化模式，为绿洲城乡发展提供对策。四是研究分析绿洲可持续发展背景下构建“丝绸之路经济带”面临的历史机遇、存在的问题及应对措施。五是研究在创新驱动战略引领下西北内陆城市的转型发展模式。

本书的资料一般截至 2014 年底，部分资料则涉及 2015 年，这是需要说明的。

五

科学研究是一个不断探索的过程，其过程包括对原来设想的一些修正乃至否定。我们在进行调研与书稿撰写过程中，通过多次讨论决定将课题“张掖绿洲经济与丝绸之路研究”最后以本书《绿洲明珠：丝路重镇“金张掖”社会经济发展状况调查》作为结项报告。这一方面突出了张掖的社会经济的特色，同时也反映了我们对张掖社会经济认知的深化。

我们对给予调研指导和帮助的中国社会科学院科研局、经济研究所的领导和同事，张掖市党政领导及各区县领导和同志，青海师范大学杜常顺、郭燕霞、魏世友老师，科学出版社李春伶女士等，在此一并深表谢忱！

由于我们调研的经验不足，学术水平有限，呈献的这部调研报告难免有不足之处，恳请得到大家的批评指正。

魏明孔

2018 年 10 月

目 录

CONTENTS

图目录

CONTENTS

表目录

CONTENTS

第一章

绿洲明珠：丝绸之路上的张掖

张掖，历史上又称作甘州，“甘肃”之“甘”即来源于此。汉武帝在位时，先后置酒泉郡、武威郡、张掖郡、敦煌郡，即“河西四郡”。张掖得名，说法有二：一说取自“张国臂掖，以通西域”；二说取自“断匈奴之臂，张中国之掖（腋）”。二者说法有异，但均说明了张掖在丝绸之路上的战略地位。

相较于军事政治集团之间的兵戎相加，张掖作为东西方商品贸易、文化交流和民族融合的通道及粮食基地的作用显然更占主流。张掖内接中原，西通中亚，南连青藏，北靠内蒙古的区位优势，成就了它作为古代陆上“丝绸之路”和“居延古道”交会点的地位。虽然地处干旱的西北内陆，但是祁连山上的冰雪融水造就的中国第二大内陆河——黑河，带给了张掖一片肥沃的绿洲，使其从汉代以来就是中国最重要的粮食基地之一。

正是基于历史上张掖重要的商贸价值和农业基础，20 世纪 90 年代以来，张掖先后成为中国西部大开发和“丝绸之路经济带”的重要节点城市，其发展轨迹在西北绿洲城市中具有典型性和代表性。

第一节　地理位置与地貌特征

北纬 37°—40° 和东经 97°—102° 是地理学家、历史学家和旅行者们情有独钟的两条弧线。前者被地理学家和历史学家奉为“神奇的纬度”，汇聚了地球上大约 90%的古文明发源地、70%的古建筑遗迹、众多的自然奇观、最密集的城市群落和几乎所有的世界著名葡萄酒庄；而后者则是中国地形第一级阶梯和第二级阶梯的交界带，海拔落差平均高达 3500 米。

我们要调研的张掖，就处于两条弧线的交点上。

一、地形地貌

北纬 37°—40° 从西向东依次穿过伊比利亚半岛、亚平宁半岛、巴尔干半岛、安纳托利亚高原、卡拉库姆沙漠、帕米尔高原、塔里木盆地、青藏高原、蒙古高原、华北平原、朝鲜半岛、日本列岛、落基山脉、密西西比平原和阿巴拉契亚山脉，该地带是地球陆地上地形比较崎岖的地带，海拔落差仅次于北纬 27°—33° 一带。

而地处东经 97° 20′—102° 12′、北纬 37° 28′—39° 57′ 的张掖则是该地带上海拔落差较大的地区之一——肃南裕固族自治县的最高海拔高达 5565 米，而走廊平原区的最低海拔则仅有 1200 米[①]，最大落差达 4365 米。

巨大的海拔落差构成了中国地形第一级阶梯和第二级阶梯交界带地形的典型特征，而张掖正好处于该交界带的中点上。

中国地形由西向东被分成三级阶梯，东部第三级海拔最低。第三级主要由平原构成，含东北平原、华北平原、长江中下游平原及辽东丘陵、山

---

① 张掖市人民政府：《张掖市土地利用总体规划说明（2006—2020 年）》，2010 年 11 月。

东丘陵、东南丘陵，大部分海拔不超过500米；第二级主要由三大高原和三大盆地构成，含内蒙古高原、黄土高原、云贵高原及准噶尔盆地、四川盆地、塔里木盆地，平均海拔为2000—3000米；第一级主要由被称为“世界屋脊”的青藏高原构成，高原北沿和东沿的昆仑山脉、阿尔金山脉、祁连山脉和横断山脉则构成了它与第二级阶梯的分界线。而地处祁连山东端的张掖，与昆仑山脉西端的新疆塔什库尔干相差20个经度，与横断山脉南端的云南西双版纳亦正好相差20个纬度，因而不偏不倚，恰好是第一、二级阶梯分界线的中间点和拐角点，西南的青藏高原与东北的内蒙古高原亦就此分野。

中国地形第一、二级阶梯分界线中间点和拐角点的独特地理位置，使得张掖几乎浓缩了中国西部地形地貌的所有主要特征，阶梯状为西部地形的第一大特征。

西部地形的第二大特征是以山地、高原为主，戈壁和沙漠广阔，可用于耕种的平原绿洲稀少。中国地形总体上西高东低，但是如果范围缩小至西部地区，则明显呈西南高东北低的走势。地处中国西北中心地带的张掖从西南向东北，依次是海拔2500—5565米的高山地区、海拔1700—2500米的低山丘陵、海拔1200—1700米的平原地区和海拔1380—3439米的中山地区，恰好代表了中国西部的地形走势。

张掖的地形可以用“二山夹一川”来概括。“二山”主要是指肃南裕固族自治县境内的南山（即祁连山的浅山地带）和高台、临泽、甘州、山丹境内的北山（即合黎山和龙首山）；“一川”则是指由绿洲、戈壁和沙漠构成的走廊平川。高山的面积占全市4.19万平方千米土地面积的49.9%，中低山丘陵占11.5%，剩下的平原地带，除了9.5%的绿洲，全是广袤的戈壁和沙漠——“六山三荒一分田”，正是中国西部地形的典型写照。①

（一）祁连山区

祁连，源自匈奴语音译，汉语意思是“天”。由此可以推知，匈奴人眼

① 资料来源：《张掖市土地利用总体规划说明（2006—2020年）》，张掖市国土资源网：http://gti.Zhangye.gov.cn/item/15635.aspx，访问日期2018年3月15日。

中的祁连山已是高不可攀的“天山”。

但是，跳出匈奴人的认知世界就可以发现，中国境内的主要山脉中，祁连山的平均海拔约为4000米，除了主峰岗则吾结为海拔5937米的极高山外，多数山峰则为海拔4500—5500米的高山，平均海拔与之相当和超过它的山脉至少达18座之多。

张掖境内的祁连山是祁连山中段和东段的一部分，东西长约440千米，南北宽20—75千米，属于祁连山的浅山地带，含西武当大山（海拔3132米）、东哇山（海拔2544米）、枸子沟顶（海拔2697米）、小苦水垴（海拔2591米）、刀山（海拔1904米）以及早口、磨子沟至黑河西岸一带海拔2300—2500米的低山丘陵，主要分布于肃南裕固族自治县境内。

被匈奴人视为“天山”的祁连山不仅给肃南和临泽留下了壮美的丹霞地貌，而且给张掖及河西走廊的人们提供了生息之本，张掖境内的两大草原——肃南康乐草原、山丹大马营草原和河西走廊的三大水系——石羊河、黑河、疏勒河，皆由高山顶上的冰雪所赐。我国近代教育家、社会活动家罗家伦留下的名句“不望祁连山顶雪，错将张掖认江南”，不仅描绘出了雪山与江南同处一个画面所产生的巨大视觉和心理反差，而且指出了走廊平原的富饶与祁连雪山之间的密切联系。

（二）低山丘陵

祁连山往北，合黎山和龙首山往南俯冲，便构成了张掖境内的低山丘陵。由平易山、北大山、羊台山、小孤山等构成的张掖低山丘陵主要分布于山丹、民乐、高台和临泽境内，是高山、中山与走廊平川的过渡地带。

（三）走廊平川

很多文献用“走廊平川”而不是“走廊平原”来界定张掖南北山之间的平坦地带的确是一种明智的做法，因为“平原”给一般人的印象是除了地势平坦，还有土壤肥沃、碧绿连天。但事实上，占地11 447平方千米的走廊平川，可供耕种的绿洲仅为4000平方千米左右，而余下的约65%的土地则属不可耕种的戈壁和沙漠。

张掖南北两山之间的走廊平川是1200千米左右的河西走廊中段，主要由张掖盆地、马营盆地和盆地南北两侧山前洪积碎石戈壁平原、冲洪积砾石戈壁平原、冲积细土平原及沙丘组成。整个平川由东南向西北敞开，而且以1.4‰的地形坡度由东向西垂降。

张掖境内的洪积碎石戈壁平原主要分布于合黎山南的狭长地带及甘州区平山湖乡北部，海拔1500—2000米，由于受残山风蚀和季节性降水影响，由暂时性水流所形成的冲积扇裙构成，表面由砂粒、碎石组成，气候干燥，植被稀少，呈现戈壁荒漠景观。

与洪积碎石戈壁平原遥望相对的是祁连山北麓的冲洪积砾石戈壁平原，涵盖了张掖南部的石岗墩滩、干柴墩滩、安阳滩、沿河墩滩、西洞滩、甘浚巴吉滩、大小磁窑滩、马郡滩等地，海拔1450—2300米，地面为戈壁砂砾、卵石覆盖，生长耐旱植物。

两大戈壁平原带之间是适合耕作的冲积细土平原，涵盖了张掖甘州、临泽、高台的大部分地区，海拔1200—1700米，地表为冲积土组成，土层深厚肥沃，光热丰富、灌溉便利、开垦较早，是张掖乃至全国的主要农作区之一。

冲积细土平原的外围还围着一圈沙丘，南面有神沙窝、黑沙窝、三尖沙窝、九里沟子沙窝，东面有九龙江沙窝，北面有红沙窝，西面有西城驿沙窝。张掖境内的沙丘面积约为980平方千米，沙丘类型以无定形、新月形和新月形沙丘链为主。沙丘一般高7米，最高达60—80米。因受西北风影响，沙丘每年向东南移动10米以下。

（四）合黎山-龙首山区

河西走廊北部的合黎山和龙首山被张掖人称为东大山，合黎山海拔为1380—3633米，龙首山海拔为2100—3439米，两山相连构成河西走廊平川与内蒙古高原的分界线。

合黎山又名要涂山、人祖山，系天山余脉。山体呈带状分布，由东南向西北延伸，山体低矮，属剥蚀中山，岩石裸露，山间比较平坦，相对高度800—1000米。最高峰东大山，海拔3633米，山势阳坡陡峻，阴坡平缓，山脊及阳坡物理风化强烈、岩石碎屑广布，是一座相对高度大于2000米的高山。山体北麓是平缓的黄土丘陵，向北地势逐渐低下，呈平缓而风蚀严重的低平地。因海拔、坡向气候影响，土壤、植被垂直分布。阴坡海拔3200米以上为灌丛草甸带，2700—3200米为青海云杉带，2700米以下为山地荒漠草原带。东大山以西有红泉墩山、红沙窝北山、靖阳东山、北大山等一系列低山，海拔1670—2380米。低山之间分布着海拔1800—2100米的梯状高原，主要分布于大红河、大红岩、碱槽子、石门子一带。

二、地层及地质构造

张掖的地质构造和地质演变，可以追溯到距今20亿年以前的元古代，彼时的祁连山、河西走廊、北部的合黎山、龙首山还是一片汪洋，后来经过多次抬升和下沉，直至新生代第三纪，张掖及河西走廊的山川大势才基本定型。又经过新生代第四纪以及全新世，随着气候不断变干，冰川裹挟的砾石和黄沙堆积下来，才最终形成了今天张掖及河西走廊的地貌。

（一）地层

（1）前长城系龙首山群：零星分布于北部的龙首山、合黎山区，由大理岩、白云大理岩、云母片麻岩、石英片岩、斜长角闪岩等组成，属海相陆源碎屑岩——富镁碳酸岩建造，厚度大于2770米，内夹条带状磁铁矿和白云英。

（2）蓟县系墩子沟群：分布于北部合黎山和龙首山一带，不整合于前长城系之上，主要由灰绿色砂质千枚岩夹灰岩和石英岩、变质砂岩、石英砂岩、石英岩、变质砾岩、灰岩等组成，厚度690—1880米，属滨海—浅海相陆源碎屑岩、富硅镁碳酸盐岩建造。

（3）震旦系韩母山群：分布于合黎山与龙首山地区，属陆缘滨海—浅海陆棚环境形成的一套冰川沉积地层，主要有灰色冰碛砾岩，灰绿色、灰黑色粉砂质千枚岩，灰绿色含砾千枚岩夹粉砂质千枚岩等。

（4）奥陶系：主要分布于南部祁连山山前的黑河及酥油口河两岸，由紫红色巨厚的中基性火山岩、砂岩、粉砂岩、灰岩、石英岩、硅质岩等组成，是一套海相火山岩及碎屑岩沉积，厚度大于2373米。

（5）志留系中、下统：分布于黑河两岸，岩性为灰绿色细砂岩夹板岩、粉砂质页岩，厚度达3492米。

（6）石炭系下统：分布于南部祁连山区，南部山前地带有少量出露，由页岩、粗砂石英岩夹灰岩、石英质砾岩组成。

（7）石炭系上统：分布于北山龙首山一带，由灰黄色钙质泥岩、灰黑色砂质页岩夹煤线、石英砂岩，物砂岩等组成，属海陆交互相碳酸盐与碎屑岩建造。

（8）二迭系下统：分布于北山龙首山一带，由浅黄色细砂岩、砂页岩，灰白色含砾粗砂岩、石英砂岩夹黑泥岩、泥岩夹煤线组成。

（9）白垩系下统庙沟群：主要分布于北部合黎山一带，面积广，由紫红、橘红色砾岩、砂岩，泥质粉砂岩夹灰绿色、灰白色钙质结核层，灰绿色、灰紫色细砂岩，泥质页岩夹钙质页岩、泥灰岩构成，厚度达2700米。

（10）下第三系白杨河组：分布于南部祁边山麓，由橘红色砂岩，砖红色、棕红色砂岩、砂质泥夹石膏薄层组成，厚度达千米以上。

（11）上第三系疏勒河组：平行不整合于白杨河组之上，为一套橘黄色、土黄色、橘红色的砂岩、砾岩及砂质泥岩，白色砾岩、砂岩、泥岩组成，厚度数百米。

（12）第四系：第四系沉积分布广，类型多。走廊南北两侧山麓以洪积、冰碛、坡积为主，走廊中部多为河湖相堆积。

（13）第四系更新组玉门组：玉门砾岩，盆地南缘山麓地带有出露，沉积物为砾岩、砂砾岩夹砂岩透镜体，内含少量巨砾、岩块漂砾，略具层理，是以冰川、冰水堆积为主的地层，部分地区为洪积型。玉门砾岩于河流两岸常构成阶地的基座，地层中常含砂金。

（14）第四系更新组酒泉组：酒泉砾岩，广泛分布于南北两侧的山前、冲积-洪积扇、山坡堆积、黑河河床、河漫滩、阶地、湖滩等地，是一套半胶结、未胶结的松散的冲积-洪积、湖积、冰水沉积物，厚度为10—30米不等。

（15）全新统：分布广泛，类型多，是由砂、砾石、淤泥、壤土、黄土状土构成的冲积层。主要分布于南部广大倾斜平原及河床、河滩、河流Ⅰ—Ⅱ级阶地之上。低凹部分，有石膏、芒硝、食盐、含盐淤泥、盐碱土，厚度大于12米。风积层分布于合黎山以南，地貌形成沙垅、新月形沙丘，沙丘高10—30米。

（二）地质构造

张掖地质构造复杂，所处的大地构造位置是青藏高原向内蒙古高原跌落的第一级分界处，亦是重力梯度的分界带，南北地貌差异很大，地壳厚度变化明显，新构造运动极为活跃。同时又处于天山—内蒙褶皱系北山褶皱带的南部，按照板块构造分解，有阿拉善古陆板块、北祁连古洋板块和南祁连古陆板块三个单元。

张掖境内的主要地质构造形迹有祁吕贺山字形构造西翼和东西向构造，同时又叠加了河西系、雅布赖弧形系等构造体系。上述构造体系互相干扰，互相穿插、利用和改造，交汇部位区应力易于集中，地质体沿着已经存在的断裂带不断产生新断裂，所以地震频繁发生。

张掖和邻近地区的断裂构造主要有：

（1）祁吕贺山字形构造西翼，包括肃南断层、盐池—平川—芨岭断层、祁连—肃南断层、榆木山—扁都口断层、格龙井—大南泉断层、祁连山北侧断层和深大断层。

（2）东西向构造，包括冷龙岭东西向断层、永固—大黄山断层。

（3）雅布赖弧形构造，包括北大山南—雅布赖断层、阿右旗—雅布赖断层。

（4）河西系四弯断层，包括龙首山—野猫山断层、红寺湖东断层。

第二节　古丝绸之路上的区位优势

独特的地理位置成就了张掖“居中四向”的区位优势，使其两千多年前就成了中国内地通往中亚、西亚、欧洲乃至北非的西北丝绸之路的要冲。

古丝绸之路虽然是以丝绸为主要媒介的贸易交往通道，但通过它，中国曾深深地影响了世界。丝绸之路把当时的中国、印度、波斯、希腊、罗马、埃及以及东亚各文明古国连接起来，成为世界各古代文明互相汲取文化营养的主动脉；各国使团、商旅、僧众、艺人、普通民众等往来于丝路沿线，有力地促进了各国之间的政治、经济和文化交流。[①]

丝绸之路在世界史上具有极为特殊而重要的地位。“丝绸之路”之称，最早由德国地理学家李希霍芬于1877年提出，并立即得到世界范围内的认同。日本学者长泽和俊曾指出，“自东亚经叙利亚连接欧洲及北非的丝绸之路，因为是连结三个大陆的道路，所以其领域异常辽阔而复杂，有无数的民族与这条道路发生了关系。其规模之宏大，要说整个人类的历史与之有关也毫不过分”[②]。长泽和俊对古丝绸之路的意义也给予极高的评价：丝绸之路作为贯通亚非大陆的动脉，是世界史发展的中心，是世界主要文化的母胎，是东西文明的桥梁。[③]因此，丝绸之路曾经对世界文明产生的价值与

---

① 李明伟：《隋唐丝绸之路——中世纪的中国西北社会与文明》，兰州：甘肃人民出版社1994年版，第14—17页；吴廷桢、郭厚安主编：《河西开发史研究》，兰州：甘肃教育出版社1996年版，第66—73页。

②〔日〕长泽和俊：《丝绸之路史研究》，钟美珠译，天津：天津古籍出版社1990年版，第2—3页。

③〔日〕长泽和俊：《丝绸之路史研究》，钟美珠译，天津：天津古籍出版社1990年版，第3页。

影响得到了世界范围内的高度认同。

丝绸之路先后发展出西北丝绸之路、草原丝绸之路、海上丝绸之路与西南丝绸之路四条主线，其中以西北丝绸之路开创最早。早在两千多年前的西汉时期，汉武帝派张骞两度出使西域，试图联合月氏国以抗击匈奴，从而打通了西域交通线，开拓了西北丝绸之路，开辟了中外交流的新纪元，故有“凿空”之美誉。经过魏晋南北朝至隋唐时期的连续经营，西北丝绸之路曾达到历史上辉煌的顶峰。其后，伴随着海上丝绸之路、西南丝绸之路的兴起，西北丝绸之路有下降之势，但是仍然持续发展而并未断绝。2013 年，国家主席习近平代表中国政府提出“一带一路”倡议，打造东西经济交流带，正是借力于历史上中外交流的丰富经验，重新打造东西政治、经济、文化交流的广阔平台。历经两千多年岁月的淘洗，西北丝绸之路将要焕发出勃勃生机。

河西走廊是丝绸之路上的战略要道，河西走廊中部的张掖绿洲扼走廊之咽喉，是丝绸之路上的重要枢纽。西汉开疆以来，丝绸之路以西安为起点，到陇右分北、中、南三道，南路经青海转入张掖，中路经武威进入张掖，北路经内蒙古阿拉善右旗进入张掖；三条路线在张掖汇合后再向西延伸，从而使张掖成了名副其实的中西交通咽喉、丝路商贸文化的中心地带和商旅驻足的驿站。驼队往来，商贾云集，中原文化同西域各少数民族文化逐渐融合，东西方文明成果碰撞交汇，张掖由此进入蓬勃发展时期。我们从隋代裴矩撰写的《西域图记》[①]中可见一斑。

现代交通工具出现以前，穿越西北地区的商人和长途旅行者皆沿着水源或者绿洲的边沿前行。从古丝绸之路的走向来看，几乎每一条线路都是依傍水源，西北许多地方都处于干旱半干旱区，唯独张掖有一大片绿洲，把丝绸之路的南线、北线和中线第一次汇合成一处。张掖这一自然禀赋赋予了其作为河西地区的政治中心、军事重镇、商业中心和文化交流中心的

① 《隋书》卷 67《裴矩传》，北京：中华书局 1973 年版，第 1580—1581 页。按：《西域图记》3 卷今已失传，幸赖《裴矩传》保存其前言，可以了解其概况。

先天优势。元朝统一全国后，以大都为中心修建了通往全国各地的驿站系统。甘肃省境内，以甘州为核心，分别修建了甘州至兰州的东大路，西通沙洲的西大路，南至西宁的南大路，北至集乃的北大路。这些驿道基本沿着丝绸之路的走向而建，驿路交通的开辟带动丝绸之路发展至一个新的高度。[①]张掖所具有的区位优势获得更为广阔的施展空间。在元代打通全国的驿站系统中，甘州既是甘肃与全国联系的交通枢纽，也是沟通西域的交通枢纽。据《马可·波罗游记》记载，忽必烈时期，威尼斯旅行家马可·波罗来华，由新疆于阗进入，过罗布泊东达甘肃行省，此后即沿此驿路走向进入其他地区。

一、西北军事重镇

对历史上的军事政治集团来说，张掖战略地位非常重要，是一个兵家必争之地，故而，历代王朝皆派重兵戍守。多少次中原王朝与西北少数民族追逐进退，张掖都首当其冲，“诚河西咽喉地”[②]。近代以前，甚至有“得甘州可控河西”的说法。

秦汉时，张掖属月氏族所有，居于中国与西域诸国之间，成为丝绸之路上的重要中介；西汉初，匈奴攻击月氏，据有河西，阻断了汉朝与西域的联系。为打通西域，自汉武帝元狩二年（前 121 年），霍去病两次出战匈奴。是年春，由陇西西进，经今扁都口进入河西走廊，过焉支山与匈奴激战，大胜，“得胡首虏万八千余级”；同年夏，又出陇西、北地，“过居延，攻祁连山，得胡首虏三万余人，裨小王以下七十余人”[③]。西汉在河西地区取得了决定性胜利。

张掖以南的祁连山，以北的焉支山，二山“美水茂草，山中冬温夏

① 德山：《元代交通史》，呼和浩特：远方出版社 1995 年版，第 78—79 页。
②《新唐书》卷 107《陈子昂传》，北京：中华书局 1975 年版，第 4073 页。
③《史记》卷 110《匈奴列传》，北京：中华书局 1959 年版，第 2908 页。

凉，宜放牧，牛羊充肥，乳酪浓好”[①]，是匈奴发展繁衍的重要依赖。经过霍去病的经略以后，匈奴连失祁连山和焉支山，在河西地区的势力受到重创，叹息着“亡我祁连山，使我六畜不蕃息；失我焉支山，使我嫁妇无颜色”[②]，逐渐向西北迁移。由此河西地区纳入汉朝版图，并先后置酒泉、张掖、敦煌、武威四郡，以切断匈奴右臂，隔绝羌人与匈奴相通之路。由是丝绸之路得以重开。但此后，每当西北有事，张掖往往首当其冲，因而对张掖的经营也为历代王朝所重视。

西汉末年，政局混乱，西北地区，中原王朝与少数民族纷争再起，丝绸之路几乎断绝。将军窦融即指出：“天下安危未可知，河西殷富，带河为固，张掖属国精兵万骑，一旦缓急，杜绝河津，足以自守，此遗种处也。”窦融遂请为张掖都尉，“将家属而西。既到，抚结雄杰，怀辑羌虏，甚得其欢心，河西翕然归之”[③]。

隋唐时期对于河西地区的经营也首重张掖。隋炀帝亲自在张掖主持27国首领、使节参加的张掖互市，将张掖作为当时对外开放的窗口，是人人皆知的史实。[④]唐朝时陈子昂指出：“观其山川，诚河西喉咽地”，故“河西之命系于甘州”。[⑤]建议武后于此增兵屯戍，自此唐朝西部边境安定长达40年。元朝时期，由弱水河谷首先进入河西，故在河西建立甘肃行省，并以张掖为行政中心。继而元世祖忽必烈以甘肃为根据地，从临洮出兵南下，进军滇缅，开辟了甘肃与滇缅之间的横断山脉交通线，开创了甘肃与滇缅正常的大型交流活动。[⑥]

明朝建都北京，为应对漠北地区元朝残余势力南下，以辽东镇边为

---

① （唐）李吉甫：《元和郡县图志》卷40《陇右道下·甘州·张掖县》，北京：中华书局1983年版，第1021页。

② （唐）李吉甫：《元和郡县图志》卷40《陇右道下·甘州·删丹县》，北京：中华书局1983年版，第1022页。

③《后汉书》卷23《窦融列传》，北京：中华书局1965年版，第796页。

④《隋书》卷67《裴矩传》，北京：中华书局1973年版，第1580—1581页；参见魏明孔：《隋代河西地区的民族贸易与“张掖互市”》，《社科纵横》1991年第4期，第59—62页。

⑤《新唐书》卷107《陈子昂传》，北京：中华书局1975年版，第4073页。

⑥ 胡小鹏：《西北民族文献与历史研究》，兰州：甘肃人民出版社2004年版，第211—222页。

“左臂”，甘肃镇边为“右臂”，于河西走廊“建大将，陈重兵”。置陕西行都指挥使司于甘州，领12卫，其中5卫设于甘州城，即今张掖市。[①]清代恢复甘肃省，以张掖为甘州府治所，甘肃提督统军驻地，节制凉州、肃州、西宁、宁夏四镇总兵。清王朝在西部的历次军事行动，均以甘州为军事提调中心和后勤补给基地。

二、河西政治中心

张掖之得名，寓意“张国臂掖，以通西域”，统治者在创立之初，即赋予了张掖政治、军事、经济、文化等多重意义。纵观历代张掖政区变革，甘州在历史上多数时间一直保持着河西地区乃至甘肃省政治中心的地位，直至清朝以后，消除了西北少数民族隐患，将西藏、蒙古、新疆正式纳入中国版图之中，政治中心方才东移至如今的兰州。

春秋战国以前，张掖为西戎、月氏等少数民族栖息地。西汉初，匈奴驱走月氏，占领张掖地区。西汉元鼎二年（前115年），大败匈奴，于河西首度设立行政区酒泉郡，郡治觻得城（今张掖市西北）。元鼎六年，分酒泉郡置张掖郡，郡治张掖县（今武威市境内）。地节三年（前67年），分张掖郡治武威郡，郡治武威县（今民勤县东北）。建昭三年（前36年），酒泉郡治由觻得城迁往禄福城（今酒泉市区），张掖郡治由武威迁往觻得城，张掖作为控驭河西政治中心的地位初步奠定。

东汉献帝兴平元年（194年），析张掖郡置西郡，辖日勒、删丹2县；兴平二年，居延置陇海郡，3郡皆隶属雍州。三国时，张掖郡辖觻得、昭武、昊兰3县，西郡辖日勒、删丹、仙堤、万岁、兰池5县，西海郡辖居延县，雍州改称凉州。西晋、前凉时期，由3郡析为6郡：张掖郡、西郡、西海郡、建康郡、祁连郡、临松郡。东晋、十六国时期，凉州先后隶属前凉、前秦、后凉、北凉；南北朝时期，继由北魏、西魏、北周所领。

① 张晓生：《兵家必争之地》，北京：解放军出版社1987年版，第283—284页。

西魏废帝三年（554年），改凉州为“甘州”。

隋唐时期，仍设张掖郡，安史之乱期间，甘州被吐蕃占领，至公元851年，为张义潮收复。唐末，回鹘占据河西，设牙帐于甘州，历五代至宋初，统治长达150年。北宋天圣六年（1028年），回鹘为西夏李元昊所灭，甘州遂划入西夏版图。

南宋宝庆二年（1226年），成吉思汗攻取甘州，甘州为元朝管辖。元代分全国为12个省，中有甘肃行中书省，省会设于甘州，总管东起河套，西至新疆东部，南到青海西宁，北达外蒙的7路2州。

明代废甘肃行中书省，于河西地区设陕西行都司，行政中心仍设于甘州，管辖东起庄浪，西至敦煌，南到西宁，北达居延的12卫、4千户所。正统年间（1436—1449年），设甘肃巡抚都御使，下分4道，其中分巡西宁道驻甘州，辖甘州5卫、山丹卫及高台千户所。

清初承明制，仍设陕西行都司。清顺至十五年（1658年），甘州巡抚东移至凉州，后又移至兰州。康熙五年（1666年）以后，改陕西右布政司为甘肃布政司，与陕西省仍合归陕甘总督统辖，而甘肃提督仍驻于甘州，辖甘肃镇、宁夏镇、西宁镇、安西镇4镇总兵。雍正三年（1725年），置甘州府，辖张掖县、山丹县、高台县，府治设于张掖县。

民国时期（1912—1949年），废除清代府州建置，于甘肃省设立甘肃省行政督察区，武威、张掖、山丹、民乐、临泽县属甘肃省第六行政督察区，高台县属第七行政督察区。

中华人民共和国成立以后，于甘肃省设立行政公署，于张掖设置张掖分区行政督察专员公署。1950年，改为张掖专区，辖张掖、山丹、民乐、临泽、高台5县。其后几年，张掖专区又几经更换，1961年，重新恢复张掖专区建置，辖张掖、山丹、民乐、临泽、高台、肃南6县。2002年，撤销张掖地区和县级张掖市，设立地级张掖市，甘州区为市政府所在地。

三、河西富庶之首

西汉初年，中原王朝对张掖的经略，亦带动了当地屯田农业的发展。史书形容张掖为“土壤肥沃，耕牧为宜”，更有“桑麻之地”“鱼米之乡”“塞上江南”之美誉。直至近现代，张掖发达的屯田农业仍是河西安定的重要经济基础。

西汉自设立张掖、酒泉郡之初，便大发屯田，“斥塞卒六十万人戍田之”[①]。随后，又采纳边防大将赵充国“兵农结合，戍兵屯田”的建议，发数万关中百姓迁到千里旷野的河西。《汉书·地理志》载：至西汉太初二年（前 103 年），张掖郡人口已达 8.9 万人。西汉于河西各郡设置屯田都尉，开始了河西历史上最早的农业屯垦史。当时农业种植以旱地作物为主，主要种植麦、黍、粟、豆等五谷，同时西域的蚕豆、黄瓜、大蒜、胡萝卜、胡桃、葡萄、苜蓿、西瓜等作物也传入张掖。西汉末年，内地流行的代田法流传到张掖，耕牛也普遍被应运用到耕作中。在农业开发之初，统治者便十分重视水利系统的配置，张掖有名的千金渠就是西汉时期修建的。

经过西汉的军屯民垦，张掖发展成为河西重要的农业区。随着生产技术与水利灌溉的发展，农业生产水平也不断提高，张掖逐渐展现出一派安定富足的景象。汉代人对包括张掖在内的河西地区的描述是：“风雨时节，谷籴常贱，少盗贼，有和气之应，贤于内郡”[②]，“长城以南，滨塞之郡，马牛放纵，蓄积布野”[③]。西汉末年，窦融任张掖属国都尉时，十六国战火纷扰，天下动荡，“河西完富”，张掖“兵马精强，仓库有蓄，民庶殷实”[④]。深受中原烽火之苦的百姓，纷纷移民关外，到河西避难。公元 401 年，沮渠蒙逊弑段业，在张掖建立地方政权——北凉，并发布劝农令：“蠲

---

①《汉书》卷 24 下《食货志》下，北京：中华书局 1962 年版，第 1173 页。

②《汉书》卷 28 下《地理志》下，北京：中华书局 1962 年版，第 1645 页。

③（汉）恒宽著，王利器校注：《盐铁论校注》卷 8《西域》第四十六，北京：中华书局 1992 年版，第 499 页。

④《后汉书》卷 23《窦融列传》，北京：中华书局 1965 年版，第 799 页。

省百徭，专攻南亩，明设科条，务尽地利。”[1]十六国时期，黑河流域已成为超过中原的繁荣经济区，一度成为全国的经济中心与文化中心之一。

唐代，张掖郡隶属凉州刺史部，是全国富庶之地之一。唐武则天时期，甘州已是地广粟多，“屯田广夷，仓庾丰衍”的富庶之地，号称土地肥沃，“四十余屯……岁取二十万斛”，“瓜、肃以西，皆仰其餫，一旬不往，士已枵饥”。[2]到唐玄宗开元年间（713—741年），河西富庶首推张掖。

农业的发展使张掖成为河西重要的产粮基地，也是中原王朝维持西北驻军的重要粮食来源。隋唐时期，主要采取和籴的方式征集河西地区的粮食，即“官出钱，民出谷，两和商量，官买民卖”。隋代于张掖市西城驿设置军粮城。唐代以张掖为河西粮食储存中心。元代至元二十三年（1286年），在张掖设扎浑仓，岁入粮6万余石，供应各路军粮。明清时期，河西地区粮食除了供应军粮之外，大量进入市场消费，而张掖则是河西粮食交易的中心。“明万历时，在甘州设一大市，庄浪设一小市，广召商贩，听会贸易。”[3]清代，甘州的粮食主要输往兰州、青海的门源和西宁等地，系重要的粮食生产区之一。

四、丝路贸易必经之地

河西是多民族聚居地，民族成分复杂；境内农耕区与游牧区犬牙交错，因此畜牧及其加工产品与农产品交换成为贸易主流。在驿道等陆上交通线未开辟以前，交易多沿河流交汇处或依傍绿洲沿线进行。在河西东西线上，张掖地处中部；南北线上，张掖扼弱水中游；便利的交通条件与发达的农业基础使其发展成为中外贸易的重要中转站，自西汉以迄清代、民国时期，张掖过境贸易非常发达。

早在春秋战国月氏统治时期，其都城昭武一带就已经是西北商贸中心

---

① 《晋书》卷129《沮渠蒙逊载记》，北京：中华书局1974年版，第3193页。
② 《新唐书》卷107《陈子昂传》，北京：中华书局1975年版，第4073页。
③ 张掖地区粮食志编纂领导小组：《张掖地区粮食志》，兰州：甘肃人民出版社1999年版，第18页。

之一，初步形成了畜产品、农产品和手工产品的民族交流市场。西汉初年，匈奴占据河西，辟昭武城为对外贸易市场，由康居人接待西域各国商队，经营对外贸易，并逐渐发展壮大，史称“九姓胡商”。汉武帝打败匈奴后，在河西建立酒泉、张掖等河西四郡，移民屯田，打开了汉朝通往西域之商路，“商胡贩客，日款于塞下”。张掖郡治觻得城成为丝绸之路重镇，昭武“九姓胡商”在贩运过程中，大量商品经张掖过境。五凉时期，北凉建都张掖，西域36国皆遣使朝贡，胡商贩者甚众。西魏时期，张掖发展成为国际贸易城市。东罗马帝国和波斯钱币在张掖交易中也被官府允许使用。①

隋朝时期，国家统一，张掖的民族贸易得到空前发展，张掖遂成为河西与西域的贸易中心，“西域诸胡多至张掖交市”，隋炀帝派遣礼部侍郎裴矩主持张掖互市。②大业五年（609年），隋炀帝西巡亲临张掖地区，并于焉支山举行大规模互市。高昌王伯雅、伊吾吐屯设及西域27国使者在道旁参见。这次交易会规模之大，外籍人前来人数之多，耗资之巨，一时莫加。③隋代的经营为丝绸之路的发展掀开了新的一页，从此中原的丝绸、漆器、药材、青铜器、瓷器、宝石等源源不断地运入张掖，再由张掖输入西域各地，西域的玉石、马匹、象牙、香料、葡萄等常年不断地运到张掖，再由张掖输送到中原各地。唐代建立后，张掖地区的内外贸易得到了进一步的拓展。唐末、北宋时期，甘州先后被回鹘、西夏所占，西域的马匹与骆驼等仍然源源不断地输入中原，西夏与北宋之间的茶马互市亦未曾断绝。

元代设立甘肃行省，甘州为省会，也是甘肃行省驿道中枢。陆上交通的完善刺激了张掖商业进一步发展，张掖成为经销茶叶的转口城市，市场兴隆、商业繁荣。意大利旅行家马可·波罗在前往元上都途中，曾在甘州停留一年，其在对世界影响巨大的名著《马可·波罗游记》中，生动地描

---

① 张涛：《河西商埠——张掖》，张志纯、何成才主编：《金张掖史话》，兰州：甘肃文化出版社2004年版。

②《资治通鉴》卷180“隋炀帝大业三年（607年）十月”条，北京：中华书局1956年版，第5634页。

③《资治通鉴》卷181“隋炀帝大业五年（609年）五月”条，北京：中华书局1956年版，第5645页；参见魏明孔：《隋代河西地区的民族贸易与“张掖互市”》，《社科纵横》1991年第4期，第59—62页。

述了张掖的富庶、城市的规模与宗教寺庙的宏伟。明代将茶马互市定为一项基本国策，甘州卫设立茶马司，甘州成为西北最大的畜产品集散市场。

清代统一全国，将新疆、蒙古正式纳入版图，解除了西北地区少数民族的侵扰问题，河西地区的经济开发迎来了历史上的高潮。清代张掖为甘肃提督驻地，是军事通道和商道交汇点。张掖作为中西交通之咽喉、南北际会之要冲，把内地和新疆、青海、内蒙古等联结在一起，东西贸易与民族贸易之活跃更超前代。清代时，张掖与内地的贸易范围，东延鲁豫，北达晋冀，南伸荆扬；山西、河北、陕西、山东、河南及四川、湖南等省商贩云集甘州；山西、陕西、甘肃的民勤各商帮，均在张掖城内修建省会馆。据山西会馆碑记，光绪年间（1875—1908 年）仅山西商号在张掖地区就有 44 家之多。同时，包括张掖在内的甘肃商人也主动走出去，在其他地区出现了“山陕甘会馆”。[①]张掖是河西地区最重要的商货集散地，内地的丝绸、棉布、茶叶、铁农具、药材、瓷器、铜、锡、木、银、漆器及姜、果、糖、纸等杂货，都通过甘州等地运销新疆；新疆特产的玉器、葡萄干、马匹、羊只、皮毛等也源源不断地经甘州运往内地，极盛时，一次交易的羊只可达 3 万余只，羊皮超过 3 万张，可见当时张掖过境贸易规模之巨。西北地区经甘州与中亚、东欧地区也建立了密切的贸易关系。清代康熙年间（1662—1722 年），允许俄罗斯商人来甘州经商，采购茶叶、绸缎和当地特产的大黄等药材，并于嘉峪关西麓设关征税。[②]同治年间（1862—1874 年），陕甘总督左宗棠曾经将湖南等地的茶叶等商品通过张掖地区销往俄罗斯等地。

民国时期，张掖仍然维持着河西走廊最主要的商贸市场之地位。1924 年，张掖有“5000 至 1 万元银币资本的本地商户 42 家，民勤、永昌籍商户 19 家；拥有 1 万至 8 万元资本的晋陕豫商户有恒丰店等 9 家；拥有 8 万至 13 万元的直鲁商帮有日兴昌等 12 家；拥有 10 万至 20 万元资本的京津帮及

---

① 魏明孔：《晋商、陇商与烟酒茶》，《社会科学战线》2016 年第 2 期，第 113—118 页。

② 陈晓明：《清代甘州商业经济》，《张掖地区文史资料》第 1 辑，第 134—135 页。

官商10家”[①]。20世纪30年代，“张掖城内已有大小商户五百余家”[②]。其商业之繁荣，可见一斑。

五、中西文化交流之所

以丝绸贸易为主要媒介的丝绸之路，不仅是古代亚欧互通有无的商贸大道，还是促进亚欧各国和中国的友好往来、东西方文明互相交流的友谊之路。地处丝路走廊之中的张掖，自古便是民族交融、中西文化荟萃之地。中西文化交流史上，张骞、班超、法显、惠生、玄奘、慧超、隋炀帝、裴矩、王延德、陈诚、林则徐、徐松、左宗棠、罗伯鲁、马可·波罗、伊本·白图泰等众多著名历史人物，都在张掖历史上留下了活动的足迹。从西周时的西戎到春秋战国的月氏、乌孙、匈奴，到以后的羌族、鲜卑族、氐族、吐谷浑、吐蕃、回鹘、突厥、慕容氏、党项族、蒙古族、藏族、裕固族、回族、满族、汉族等，都曾在这块土地上生息繁衍过，积淀了独具特色的多民族文化。经2000多年的融合发展，张掖为中国历史文化做出了突出贡献，其中最突出的是佛教、音乐、舞蹈与石窟艺术的发展。

两晋南北朝时期，沮渠蒙逊在张掖建立北凉国，都城建康，即今高台县骆驼城。沮渠蒙逊采取发展农业，大兴儒学，扩大同西域各国的文化交流，继承发扬汉文化，推广佛教，翻译佛经，开凿石窟，并以当地音乐、歌舞与龟兹乐相结合，创造新的音乐《秦汉伎》等措施，使张掖文化呈现出空前繁荣的局面，成为北方中国佛教的中心。北凉时期，法显沿着丝绸之路向西天取经，从长安出发，经青海，过扁都口，抵达张掖，曾在张掖停留数月，参禅步道，对张掖佛教的影响巨大。北魏（386—534年）时，《秦汉伎》传入中原，称《西凉乐》，成为北朝宫廷的“国伎”；张掖的佛教

① 马晓余：《二十年代张掖驼商贩运鸦片侧记》，张掖地区政协文史资料编辑委员会：《甘肃文史资料选辑》第28辑，兰州：甘肃人民出版社1987年版，第43页。

② 林竞：《西北丛编》上篇，上海：神州国光社1930年版，第176页。

音乐传入中原，称《西凉州呗》，成为北朝佛寺的法乐。

隋唐时期河西的国际贸易地位达到前所未有的高度，张掖成为中国对外贸易的重要场所。经济的繁荣，促进了文化昌盛。裴矩、隋炀帝在张掖的活动，在张掖历史上书写了浓浓一笔。著名高僧玄奘去印度（天竺）取经，途径张掖。甘州音乐《波罗门佛曲》传入宫廷后，唐玄宗将其改制为《霓裳羽衣舞曲》。甘州边塞曲流入中原后，成为教坊大曲，以《甘州破》《甘州子》《八声甘州》《甘州曲》等命名的词牌、曲牌流传甚广。诗人陈子昂奉旨视察张掖，写有《上谏武后疏》。王维、高适、岑参、马云奇等驻足甘州时均留下著名诗篇。唐末，张掖与中原、西域关系密切，僧侣往返，佛教文化得到进一步交流。张掖现存的大佛寺、马蹄寺、金塔寺、文殊寺等佛教寺庙，正反映了魏晋以来各个时期张掖的佛教文化积淀之深厚，传播之宽广。

第三节　西北重要的生态屏障

祁连山是整个河西走廊的水源所在，生态安全的命脉所系，一山之失，不仅是千里河西之失，更是一国生态安全之失。[①]祁连山是黑河、石羊河和疏勒河三大水系56条内陆河的主要水源涵养地和集水区，在维护中国西部生态安全方面有着举足轻重和不可替代的地位，是西北地区重要的生态安全屏障，被誉为河西走廊的“生命线”和“母亲山”。1988年，国务院批准成立甘肃祁连山国家级自然保护区，设置于张掖市的甘肃省祁连山国家级自然保护区管理局职能是以管护为主，积极造林，封山育林，不断扩大森林面积，提高水源涵养能力。

张掖市占据了西部生态安全屏障的重要地段，生态意义非常重要，祁

① 《构筑国家生态屏障——论建设生态文明省》，《甘肃日报》2010年8月4日，第3版。

连山冰川雪峰、森林草原、河流绿洲以及走廊北山边缘的荒漠区，共同构成了具有全球意义的祁连山与黑河流域“人与自然生物圈”。这一系统的组成，意味着在青藏高原与蒙新高原的中间地带找到了一个隔离带，两大活动频繁的高原板块，只能在黑河两侧隔岸相望。因此，张掖以独特的生态系统构筑了西部地区最重要的生态安全屏障。

一、祁连山国家级自然保护区

祁连山地处青藏、蒙新、黄土三大高原交汇地带，甘肃、青海两省交界处，是西北干旱荒漠生态系统中一个以森林为主体的复合型生态系统。林区总面积 265.3 万公顷左右，现有森林总面积约 43.61 万公顷，森林覆盖率为 16.44%。张掖境内的祁连山为其中段和东段的一部分，长 440 千米左右，南北宽 20—75 千米，面积约 24 501 平方千米，占辖区总面积的 59.3%。1987 年，建立祁连山省级自然保护区，1988 年升级为国家级自然保护区。祁连山境内约有冰川 2859 条，总面积 19.73 万公顷，储水量约 811.2 亿立方米，构成巨大的天然复合水库，具有重要的涵养调蓄水源功能。由降水和冰川融水形成的地表径流，经过森林的涵养调蓄，每年有 72.6 亿立方米左右的出山水通过石羊河、黑河、疏勒河三大水系 56 条内陆河，为河西走廊地区提供充足的水源，灌溉了河西走廊 70.2 万公顷左右的良田，养育了 400 万河西人民。

地质资料显示，远在 20 亿年前，河西走廊是一片汪洋大海，后来发生了强烈的阿拉善运动，敦煌—阿拉善古陆形成，张掖北部龙首山一带随之上升为陆地，而走廊地带和祁连山区仍然是一片海洋。到中晚元古代（距今 19.5 亿—6.15 亿年），北部龙首山一带经长期剥蚀之后，下沉为浅海。又经过亿万年的地壳活动，到震旦纪时，气候变冷，出现了冰川期，走廊南山、龙首山一带为海水漫淹，震旦纪末，发生强烈的托莱运动，祁连海槽褶皱隆起，张掖全部上升为陆地。进入古生代（距今 2.8 亿—2.3 亿年）后，祁连海槽又发生了几次海浸和海退，后又经奥陶纪的古浪运动、泥盆纪的祁连运动，祁连古陆急剧上升，到泥盆世末，河西走廊全部变为陆地。后又经过无数次的海退、海侵和强烈的造山运动，直至新生代第三纪（距今2500万年前）河西走廊南山不断隆起，走廊地带不断下沉，才形成今天的山川大势。第四纪时期（距今400万—300万年），形成走廊平原。由于气候进一步变化，湖泊干涸，青藏高原南部喜马拉雅山脉崛起，挡住了来自印度洋上的暖温气流，造成祁连冰川失去降水的补充，仅靠太平洋夏季风送来的暖温气流维持，冰川融雪量大减，气势磅礴的黑河开始萎缩，河流长度逐渐缩短，大片绿洲植被枯死，风沙地貌形成，又经过长期的风吹日晒，地底流沙形成巴丹吉林大沙漠，将黑河流经蒙古高原的故道堵塞，河水被迫向居延三角洲一带冲积扇西移，造成全新世以来的古居延泽、居延海等终端湖，黑河退缩成一条内陆河。史前地球上风云变幻，大起大落的造山造海运动造就了祁连山下的内陆河流和河西走廊盆地。①

祁连山与昆仑山脉、阿尔金山脉、秦岭山脉等都是最早形成的东西走向的山脉，它们共同构成中国地形的大致走向。《山海经·西山经》云：远古时代“西南四百里，曰昆仑之丘，实惟帝之下都，神陆吾司之……河水出焉，而南流东注于无达。赤水出焉，而东南流注于汜天之水。洋水出焉，而西南流注于丑涂之水。黑水出焉，而西流于大杅，是多怪鸟兽”②。《山海经·大荒西经》又云：“西海之南，流沙之滨，赤水之后，黑水之前，有大山，名曰昆仑之丘。有神——人面虎身，有文有尾，皆白——处之。其下有弱水之渊环之，其外有炎火之山，投物辄然。有人戴胜，虎齿，有豹尾，穴处，名曰西王母。此山万物尽有。”③今天考证这些上古地名已无来头，但从中可见上古西部山脉的大体轮廓。一些史学家、地理学家常常引用这些内容来说明古时昆仑山的来历，人们也常把这里的昆仑山

① 甘肃省张掖市志编修委员会：《张掖市志》，兰州：甘肃人民出版社1995年版，第58—60页。
② 方韬译注：《山海经》卷2《西山经》，北京：中华书局2011年版，第48页。
③ 方韬译注：《山海经》卷16《大荒西经》，北京：中华书局2011年版，第322页。

指认为祁连山。

在地形构造过程中，祁连山也是最具多样性地貌的山川，有雄伟的山脉、隆起的高原、起伏的丘陵，也有凹陷的低地、平原和盆地等。同时它还具有亚洲山川的众多特征，有冰川地形、水成地形、喀斯特地形、干燥地形、黄土地形等。从地理学意义上说，其独特性在世界范围内没几座山川可以比拟。

祁连山因为人烟稀少，气候恶劣，保存了高原湿地的原始特征。这里既有冰川冻土湿地，又有高原沼泽湿地、湖泊湿地和河流湿地。祁连山中的冰川，蓄水量巨大，像七一冰川、冷龙岭冰川等，冰渍垄断成湖泊，即是典型的冰川冻土湿地。一年四季不化的积雪，春来雪融，雪水沿河谷、洼地、草甸潺潺而下，千径万壑汇成条条涓涓溪流，形成大片的高原沼泽湿地。绵延 800 多千米的祁连山腹地，大大小小的堰塞湖、断陷湖、构造湖等，形成不同于平川的高原湖泊湿地。作为黑河、疏勒河、石羊河源头的祁连山水，因植被群落不同，河流湿地也同样具有西部高原的独特性。

祁连山水源涵养林生态系统在调节气候，维持北部冰川、中部绿洲、北部的荒漠生态系统间的平衡方面发挥了巨大的生态保持作用，具有气候调节、废物处理、食品生产和休闲娱乐等多方面的生态服务价值。

二、中国第二大内陆河——黑河

纵观世界文明史的发源地，大都与河流湿地相依傍，人类第一行湿漉漉的足迹常常是从江河湖海边走过的。地处西北内陆的张掖也不例外，这里有中国第二大内陆河——黑河流经全境，形成 4.2 万平方千米左右的绿洲盆地，成为张掖人民生产生活的先决条件。东汉班固的《汉书·地理志》“觻得”条云：“千金渠西至乐涫入泽中，羌谷水出羌中，东北至居延入海。”同条又引应劭注解曰：“觻得渠西入泽羌谷。”[①]“觻得”是张掖郡的治所，当时的人们就将“觻得渠”称为“千金渠”，这是张掖历史上形容张掖的第一个“金”字，这个“金”正是“金在水上”。按照中国古典朴素唯物主义哲学理念“五行相生”的道理来看，金生水，水生木，古人对地理的认识，金矿都在河流附近，即有金的地方必伴有水的存在，因为水温润而使草木生长，其中的玄奥也在印证着“金张掖”金在水上。这个“水”，无疑便是黑水河了，而黑河又取决于祁连山的冰雪融水。

黑水河，古又称羌谷水，发源于祁连山，全长约 928 千米，黑水河的源头在青海省祁连县境内，分东、西两岔。东岔源于景阳岭，称八宝河，自东向西流，长约 175 千米。西岔发源于托赖山腰掌，自西向东流，称托赖河或伏牛河，长 270 千米左右。东西两岔在高山峡谷间穿行，于黄藏寺汇合后向北流，称黑河，又叫甘州河。黑河干流自黄藏寺至莺落峡出山口为上游，自莺落峡至正义峡，为中游，正义峡至居延海为下游。河流流经甘肃省张掖市的甘州区、临泽县、高台县以及酒泉市的金塔县，注入内蒙古额济纳旗境内的居延海，流域面积 14.29 万平方千米，流域内人口约 142.5 万，灌溉面积 335 万亩[②]左右。黑河多年平均径流量约 15.8 亿立方米，最大年径流量——1952 年达 22.2 亿立方米；最小年径流量——1973 年为 11.1 亿立方米。黑河除主干河流外，在中游张掖一带，沿途还有 26 条季节性小沟小河为黑河支流，张掖城西北 15 千米的乌江大湾一带，山丹河入境汇入黑河。与黑河同源的讨赖河曾经也是黑河主要的水系，在金塔一个叫汇水的地方与黑河相汇，流入居延海，后因金塔鸳鸯池水库和解放水库的修建，讨赖河再也无法与黑河相汇。

在祁连山中看到的黑河，并非只有两条主河道是其源头，可以说，整个祁连山都是黑河的源头，雪峰冰川融化的水流源源不断地通过不同的沟岔汇集到黑河中。数亿年自然造物的规律，赋予了大河流“吸纳百川”的

---

① 《汉书》卷 28 下《地理志》下，北京：中华书局 1962 年版，第 1613 页。

② 1 亩≈666.67 平方米。

胸襟。黑河因主河道地势低下，山中诸多径流汇集于其中，主要的有酥油口河、大野口河、大磁窑河、山丹河、梨园河等，还有26条季节性小沟小河，均为黑河水系，属内陆河流。

酥油口河发源于肃南县雪大板，源地海拔4880米，冰川雪山覆盖，冷韵银晖，寒光熠熠。这条河流由大西岔、南岔、东岔、小西岔、法马沟、皮家沟、窄路河、香沟等沟岔汇集而成。东邻马蹄河、大都麻河，西为大野口河，南与黑河分水，有支流流入黑河。由南向北横切祁连山，形成一条峡谷，至出山口长约33千米，流域面积166平方千米左右，多年平均径流量为0.435亿立方米，河水由甘州区和民乐县共用，其中甘州区用水量占河水总量的3/4，民乐县用水量占1/4。

大野口河是黑河较小的支流之一，发源于肃南县青大板，源地海拔4250米，南与黑河支流西水河分水，东邻酥油口河，西为南山小沟岔及黑河，河谷陡峻，至出山口约23千米，流域面积99.1平方千米，多年平均流径量为0.148亿立方米左右。

大磁窑河也是黑河水系的小支流之一，发源于肃南县拉哥梁，南与梨园河支流柏杨河分水，西临梨园河，东为小磁窑河，由于沟门和大草滩等十条沟岔汇集而成，源地海拔3700米，至出山口约40千米，平均径流量为0.132亿立方米左右，为甘州区与肃南县共用水源。大磁窑河上游有少量植被覆盖，中下游即大面积彩色丘陵、丹霞风光所在地，多系土石山，遇有暴雨或大雨，水土流失严重。

山丹河发源于祁连山冷龙岭中端北坡，南与永昌西大河东岔分水，东临西大河，西为洪水河，自南向北流至山丹白石崖出山口，在山丹马营乡一带又称马营河。至山丹县祁家店水库折向西流，在山羊堡注入甘州境内，于靖安乡新沟村附近汇入黑河，全长约160千米。中华人民共和国成立后，上游山丹修建了李桥水库、祁家店水库，在甘州境内几乎没有多少水流汇入，只有少量露头泉水和暴雨洪水汇入二坝水库。

梨园河是唯一与黑河有地表水联系的支流，源于托来南山九眼泉，与黑河同源，两条河流在源头的分岔又称甘青分水岭。梨园河流经肃南称为隆畅河，出山口称梨园河。平均年径流量为2.36亿立方米左右，只有临泽县灌溉，尾水汇入黑河。

除此而外，汇入黑河的径流还有高台段的摆浪河、山水河，以及祁连山、合黎山的季节性小沟小岔，大都流量小，常伴随暴雨洪水出现，对黑河径流量影响不大。

黑河流域区别于外流河的一个最大特征是其地表水和地下水呈相互转化利用的形态。祁连山和合黎山之间形成的张掖绿洲盆地，沉积了丰厚的松散沉积物，蕴藏着丰富的地下水资源。黑河出山后，流入山前戈壁地带，由于河道、渠道、田间水的大量渗漏，形成地下径流，地下径流流过平原河床、沟槽又大量溢出成为地表泉水，再被引灌形成中游泉水地带。灌溉后再渗入地下，潜流至下游复又溢出灌溉农田，形成了水资源重复利用的方式。以甘州为例，平原地区地下水主要靠祁连山、龙首山的沟谷潜流及河流出山后的河道渗漏、渠系渗漏、田间渗漏、雨洪渗漏补给，补给总量为9.87亿立方米左右，其中河道补给约为4.05亿立方米，渠道补给约为4.69亿立方米。地下水排溢的主要途径是泉水溢出，其溢出带分布在黑河洪积扇前沿，黑河、山丹河、马虎子河两岸，共有6个溢出带。全区山、泉总径流量为24.66亿立方米左右，目前利用了约11.69亿立方米，占总径流量的47.4%左右。

对于地处干旱半干旱地区的张掖市，有这样丰沛的水资源，足以为张掖成为丝绸之路上宜耕宜居的城市提供保障。史书记载，“黑河流出北雪山，开渠五十二道，灌溉甘州水田，为甘郡黎庶生计。是以八宝山之积雪，其功大矣！雪融助河，收水利以敷灌溉之用；菲雪小水歉，则五十二渠，大有艰涩窘乏之害。甘州之丰歉，总视黑河雪水之大小”[①]。黑河水来水量直接关系着张掖的农业生产，河流每4—6年有一个小的丰枯过程，较

① (清) 钟赓起著，张志纯、郭兴圣、何成才校注：《甘州府志校注》，兰州：甘肃文化出版社2008年版，第125页。

枯年过后，连续上涨，最长为 2 年；较丰年过后，连续下降，最长为 4 年，丰枯周期为 6 年，这个循环周期也影响着张掖的农业灌溉。

三、黑河湿地国家级自然保护区

湿地是陆地生态系统与水生生态系统之间的过渡地带，是全球最具价值的生态系统，是人类重要的生存环境之一。湿地具有保持水源、净化水质、蓄洪防旱、调节气候、保护生物多样性等重要功能，被誉为“地球之肾”。

黑河流经张掖约 345 千米，境内湖泊、沼泽遍布，各类湿地 25.13 万公顷左右，约占全张掖市总面积的 8%，甘州、临泽、高台三县（区），湖泊、沼泽、滩涂星罗棋布，野生动植物资源丰富。2009 年由国务院批准成立张掖黑河湿地国家级自然保护区，属荒漠地区典型的内陆湿地和水域生态系统类型，具有很强的典型性、稀有性、濒危性和代表性。保护区沿黑河分布，划入保护区的土地主要是河道、河漫滩、沼泽、水泛地、湿地、水库、盐碱地、公益林、国有林场、戈壁、沙漠，其中湿地类型多样，主要有永久性河流、季节性河流、洪泛平原、永久性淡水湖、季节性淡水湖、草本沼泽、灌丛湿地、内陆盐沼等 8 个类别的天然湿地，地跨张掖市甘州、临泽、高台三县（区），长约 204 千米，总面积 61.5 万亩左右，其中核心区约 20.5 万亩、缓冲区约 18.5 万亩、实验区约 22.5 万亩。

张掖黑河湿地自然保护区始建于 1992 年，原名“高台县黑河流域自然保护区”，2004 年经甘肃省人民政府批准成立“甘肃高台黑河湿地省级自然保护区”，2011 年 4 月经国务院批准晋升为国家级自然保护区，更名为“张掖黑河湿地国家级自然保护区”。2015 年 10 月 16 日，瑞士格兰德 IUCN 湿地公约秘书处总部，湿地公约秘书长克里斯多夫・布里格斯先生郑重署名，授予张掖黑河湿地国家级自然保护区国际重要湿地荣誉证书。2015 年 11 月 25 日，国际湿地公约组织官网正式发布：张掖黑河湿地国家级自然保护区被列入《湿地公约国际重要湿地名录》。

黑河湿地国家级自然保护区是集生态保护、科研监测、资源管理、生态旅游、宣传教育和生物多样性保护等功能于一体的自然生态类自然保护区，属于典型的半干旱干旱区内陆湿地生态系统，北靠巴丹吉林沙漠，处于河西走廊的“蜂腰”地带，是中国西北地区自然保护区网络的重要节点、全球八条候鸟迁徙的中亚—印度通道的重要中转站、河西走廊甚至西北地区重要的生态屏障，也是黑河中下游重要的水源涵养地，有着十分重要的生态安全战略地位。黑河湿地自然保护区所具有的诸多生态功能中，最突出的是其调洪蓄水功能。湿地保护区是黑河上游水源的汇聚地，也是下游供水的来源地，是流域水文循环的重要环节。黑河中游水资源通过河流湿地、沼泽湿地和其他类型湿地将地表水和地下水进行反复转换使用，提高了张掖市的经济供水量。

由于水资源的充足，张掖成为坐落在祁连山和黑河湿地两个国家级自然保护区之上的绿洲城市，森林、草原、河流和湿地面积占张掖国土面积的 52%左右，形成河西走廊最大的绿洲带。其中城北郊的 3 万亩湿地和城市紧紧相连，是西北地区其他城市所不具有的自然禀赋，张掖由此成为坐落在祁连山和黑河湿地两个国家级自然保护区之上的城市。

第四节　人文积淀与旅游资源

张掖是古丝绸之路上中西文化交流的咽喉要道，其丰富的历史文化积淀与多样的山川地理风貌，构成独特的西部风情旅游景观。在一个城市周边，既有雪山、冰川、草原、森林、峡谷、戈壁、沙漠、湿地和丹霞等原生态自然景观，又有保存完好的古城、古道、古寺、古塔、古村、石窟、烽燧、古墓群、汉明长城、古人类活动遗址和全国独有的裕固族风情等人文景观，这在西北乃至全国都是丰富而独特的旅游资源，可谓“多彩张掖，阅尽西部风情”。

一、人文旅游资源

人文旅游资源也称人文景观、文化景观，是人文地理和人文事象的组合，也可以说是在自然景观的基础上叠加人类所创造的文化产品而形成的旅游产品。其构成包括历史遗迹、历史建筑、园林艺术、文化艺术、社会风情、现代产业和人造吸引物等。张掖市境内富有旅游资源价值的人文景观集中表现为以下六大类。

（1）历史遗迹成景。历史遗迹是人类文明活动的踪迹，反映不同时期的文化和事件，是旅游者凭吊古人、追思历史的媒介。张掖市境内保存完好并有较高利用价值的历史遗迹如表 1-4-1 所示。

表 1-4-1　张掖历史遗迹统计

遗迹名称	地点	景观类别	历史时期	文化特征
东、西灰山遗址	民乐	古人类遗址	新石器时代	“西戎旧墟”
四坝文化遗址	山丹	古人类遗址	新石器时代	文化代表性
黑水国遗址	甘州	古城遗址	新石器时代、战国到西汉等	汉张掖郡治所
山丹军马场	山丹	人文地理	西汉	皇家马场
骆驼城遗址	高台	古城遗址	东汉、北凉、唐代	建康故郡
许三湾遗址	高台	古陵墓	汉魏至唐代	最大汉魏墓群
明海古城遗址	肃南	古城遗址	元代至明代	沙漠中的古城
永固城遗址	民乐	古城遗址	战国、西汉至明清	月氏王城
八卦营遗址	民乐	古城＋陵墓	西汉	张掖属国治所
山丹峡口村	山丹	古村堡	明清	甘凉古道咽喉
扁都口	民乐	古道遗址	西汉至明清	甘青古道咽喉
天城石峡	高台	古道遗址	西汉至明清	居延古道咽喉
山丹汉明长城	山丹	古边塞	西汉、明代	长城文化
甘州古城墙	甘州	古城遗址	西汉至今	历史文化名城
大炼钢铁遗址	肃南	人文	现代	“大跃进”历史产物

（2）建筑成景。张掖市境内建筑成景主要以明清建筑为主，较为典型的有甘州区内的古民居、乌江镇的垂星楼、民乐南古的明代戏楼等，最具影响力和旅游价值的有张掖木塔、土塔、山西会馆、民勤会馆、总兵府、

明粮仓、钟鼓楼等。

（3）宗教成景。张掖被称之为“西域佛都”，历史上遗留下的宗教景观十分丰富，而且有相当高的旅游开发价值，其中张掖大佛寺、肃南马蹄寺、山丹大佛寺、民乐圣天寺、肃南文殊寺、临泽香古寺、甘州灵隐寺等均已开发成旅游景点，道德观、北武当、西来寺、东山寺、童子坝寺和康隆寺等宗教之地也各有独特的开发价值。

（4）社会风情成景。社会风情是一个地方民族生活习俗、民情风俗的集中反映，最能表现民族地区差异性特征。张掖境内裕固族的独特性和唯一性赋予这一民族风情资源良好的开发前景。同时，在饮食文化方面，张掖地方风味的小吃也多受到外界好评，它是支撑张掖旅游业发展的不可或缺元素。

（5）现代产业与人造吸引物。在旅游业多元化发展趋势下，新兴产业、生态产品、各类主题公园、游乐场所与休闲康体场所开始进入旅游资源市场，成为吸引众多游客的人文旅游景观，如张掖国家湿地公园、祁连玉文化产业园、张掖城市湿地博物馆、张掖绿洲现代农业示范园及环境优美、富有文化特色的乡村等，多为追求回归自然、休闲康体的游客所青睐。

（6）人文地理景观。优美的自然环境与科学考察、科普教育、体验认识和历史文化相结合，赋予纯自然的环境人文的内涵，形成既富有美感又内涵丰富的景观，如丹霞地质公园、国家沙漠体育公园、焉支山景区、马蹄寺景区、八一冰川等，这一类资源大都是自然与人文的复合。

依据旅游资源价值评价分类和标准，初步将张掖及周边自然人文旅游资源列表如下，并作必要的分析（表 1-4-2）。

表 1-4-2　张掖人文旅游资源

管理级别分类	人文景观名目
世界级资源	待《世界遗产名录》评估的张掖大佛寺、骆驼城遗址，丹霞地质公园

续表

管理级别分类	人文景观名目
国家级资源	历史文化名城，山丹军马场，黑水国遗址，马蹄寺景区，焉支山景区，国家湿地公园，山丹大佛寺，国家沙漠体育公园，祁连玉文化产业园，绿洲现代农业示范园，中华裕固风情走廊，山丹汉明长城、木塔、钟鼓楼、文殊寺，高台中国工农红军西路军纪念馆
省级资源	东、西灰山遗址，四坝文化遗址，许三湾遗址，明海古城遗址，永固城遗址，八卦营遗址，扁都口风光旅游区，土塔，山西会馆，民勤会馆，总兵府，明粮仓，临泽香古寺，民乐圣天寺，山丹艾黎博物馆等
市（县）级资源	道德观、北武当、西来寺、东山寺、童子坝寺、康隆寺、古民居、乌江垂星楼、明代戏楼、大炼钢铁遗址等

表 1-4-2 中的分类原则是根据资源管理级别而定，经联合国教育、科学及文化组织批准列入《世界遗产名录》的名胜古迹和《自然遗产名录》以及联合国“人与生物圈”计划的旅游资源属于世界级范畴，由国务院审定后的国家重点风景名胜区、历史文化名城和国家重点文物保护单位，以及其他以“国字号”命名的景点景区，属于国家级资源，其他依次类推。从表 1-4-2 来看，张掖人文景观能达到世界级旅游资源的有 3 项，如果再加上自然景观方面的祁连山腹地游，可达到 4 项，国家级资源人文景观有 15 项，有待提升的省市级资源更多，这些高品质的资源集中在一个地方是少有的，这为张掖旅游产业发展奠定了良好基础，提供了有力支撑。

从旅游行业定级来分析，已有张掖大佛寺、马蹄寺景区 2 个 5A 级景区；丹霞地质公园、焉支山景区—山丹军马场、国家湿地公园、山丹大佛寺、国家沙漠体育公园、祁连玉文化产业园、中华裕固风情走廊、文殊寺景区、高台中国工农红军西路军纪念馆 9 个 4A 级景区；民乐圣天寺旅游景区、临泽香古寺景区和临泽梨园口战役纪念馆等 10 个 3A 级景区。这个行业定级包含了对景观的历史文化价值、艺术观赏价值、科学考察价值及旅游资源开发的市场、交通、环境、效益等多方面的评价，更能直观地反映张掖市人文旅游资源的总体品质。

张掖市境内的人文景观资源既有从古人类遗址、游牧民族文化遗址到历史发展各个节点的遗迹，又有中华裕固风情走廊、中国工农红军西路军纪念馆、湿地博物馆、丹霞国家地质博物馆、国家沙漠体育公园等独特性资源，同时，大部分景观又是人文与自然的复合体，开发前景十分乐观。经过多年的精心保护和建设，许多人文景观已经形成良好的开发条件，特别是在丹霞景区“品牌效应”的带动下，人文景观的开发利用蓄势待发。

二、自然生态旅游资源

随着人们生活水平的不断提高，休闲旅游渐渐成为旅游发展的新趋势，以自然生态为主体的旅游对象越来越被人们关注。张掖自然生态旅游资源丰富，区域内雪山森林、草原湿地、河流湖泊、农田绿洲和沙漠戈壁交错分布，形成独具特色的自然风光和丰富多样的生态景观，浓缩了除海洋外的各类地质景观，具有典型性、代表性、稀缺性特征。

（1）丹霞地貌资源。地处张掖市境内的祁连山，分布着举世罕见的大型丹霞地貌，绵连数百千米，气势壮阔、形态丰富、造型奇特、色彩斑斓，展现了西北干旱地区独特的自然景观，具有很高的科学考察价值和旅游观赏价值。2005 年 11 月，在《中国国家地理》杂志社与全国 34 家大型媒体联合举办的“中国最美的地方”评选中，张掖丹霞被评选为“中国最美的七大丹霞”之一；2009 年又被极具权威和导向性的《中国国家地理》杂志《图说天下》编委会评为“中国最美的六处奇异地貌”之一；2011 年再次被美国《国家地理》杂志评为“世界十大神奇地理奇观”之一。张掖丹霞和彩色丘陵作为一张通向世界的“名片”，已经在国内外声名鹊起，而且越来越成为众多热爱自然、向往胜景的人们所期盼的旅游目的地。

（2）湿地水韵资源。以甘州城区北郊张掖国家级湿地公园、国家城市湿地公园为中心，沿黑河向西经临泽中部沼泽湿地、高台小海子、大湖湾、马尾湖等湿地，形成独特的水上景观，充分发挥湿地的生态功能和文化功能，彰显了“戈壁水乡”的生态旅游品牌。

（3）草原旅游资源。张掖市草原面积有 3800 万亩左右，它是张掖最大的生态系统，是具有多种功能的特殊资源，在张掖国民经济和生态环境中具有重要的地位和作用。境内草原拥有特色鲜明、类型多样的自然旅游资源，草原文化历史悠久，绚烂多姿，具有发展旅游业得天独厚的资源优势。依托草甸—森林—荒草组合丰富的草原、珍稀野生动植物栖息地基本类型均有自然景观及裕固族、蒙古族、藏族等草原文化风情分布，自然色彩组合丰富。

（4）森林旅游资源。张掖地处祁连山北麓中段，也是森林面积较广大的地段，全市森林总面积约 674 万亩，其中天然林约 389 万亩，集中分布于祁连山自然保护区；人工林约 285 万亩，主要分布在黑河流域沿岸的川灌区及沿山区，森林覆盖率达 10.71%。境内有焉支山、海潮坝、马蹄寺、大野口、窟窿峡、大黄沟、海牙沟等省、县级森林公园及自然景观 20 余处，是生态科学考察、休闲旅游的天然处所。

（5）沙漠旅游资源。张掖毗邻巴丹吉林沙漠和腾格里沙漠，境内沙漠面积 72 万多公顷，其苍凉荒芜的原始自然景色、神奇壮观的风蚀地貌及沙漠探险中所蕴含的冒险精神强烈地吸引着众多的探险旅游者。张掖国家沙漠体育公园位于甘州区城南 13 千米处，总面积 35 平方千米左右，是全国距离城市最近的沙漠体育公园。

（6）绿洲农业旅游资源。张掖市农业耕种条件优越，全市保有耕地 380 万亩左右，土壤肥沃，污染少，地势南北依山，东西狭长，既是天然的动植物疫病隔离区，又是西部农牧业生产的精华地带。在可持续发展探索和实践中，张掖成为河西走廊绿洲农业发展的典型代表，如甘肃省唯一的国家级绿洲现代农业试验示范区，该示范区是面积最大、市场占有份额最多的国家级玉米制种基地，也是国家级的肉牛、肉羊繁育及产品供应基地。绿色、有机、无公害农产品生产是其主导方向，特色农产品丰富。它以古朴、原始的自然乡风野趣为背景，以现代绿色产业设施农业为主线，以田园风光、温室大棚、农家小院为依托，使得张掖发展绿洲农业生态休闲旅游的前景可观。

第二章

历史视野中的张掖

丝绸之路是一条架起东西方经济、政治、文化和思想交流桥梁的漫长古道，东起中国，穿越西域、古印度、阿拉伯、波斯，一直通向希腊、罗马，它跨越了地域和时空，形成了亚欧大动脉，连接了东西方文明，河西走廊中部的张掖则是这条古道上的咽喉和重要节点城市。从西汉设立张掖郡以来，两千多年的历史长河中，东来西往的商品贸易、文化交流、军事外交活动等，都在张掖大地上留下了深深印迹，也为研究丝绸之路绿洲城市的发展变迁提供了鲜活案例。

第一节　史前文明的辉光

黑河流域丰富的自然资源和宜耕、宜牧的优美环境，为古代先民提供了得天独厚的生产生活舞台，祁连山和焉支山中的史前文明岩画，山丹四坝文化遗址，民乐东、西灰山遗址，甘州黑水国遗址等历史遗址的发掘，已经证明张掖至迟从新石器时代就有了人类活动的足迹。大量出土的石器、骨器、陶器、青铜器、铁器和金银器等，生动地展示了远古先民的文明成果和智慧才能。

一、四坝文化遗址

四坝文化因首先在张掖市山丹县四坝滩发现而命名，是甘肃省三大史前文化遗址中发现最早的青铜时代文化遗址，也是中华人民共和国成立初期最大的考古发现之一，对研究黑河流域和河西绿洲史前文明具有重要的学术价值。

四坝滩文化遗址位于山丹县城南约 5 千米处的石沟河东岸，规模较大，总面积超过 40 平方千米。1947 年，山丹培黎学校师生垦荒开渠时发现大量的夹砂红褐色陶片和形似刀、斧状的石片。后来，他们经过仔细搜索，在一处断崖的黄土层中发现一只完整的夹砂红褐色陶罐。随后，该校校长路易·艾黎向甘肃省政府报告了这一发现。政府派文物专家裴文中、何乐夫等一行到山丹进行实地考察。面对遗址中出土的大量陶器碎片和灰层，专家们感叹不已，认为这是“一起了不起的考古发现，证明早在几千年前，山丹的先民们就在这块土地上繁衍生息过”①。但限于当时的条件，遗址未能进行系统的考古发掘，专家们只能抱憾而去。1953 年，甘肃省再次派考古专家组对四坝滩文化遗址进行局部考察发掘，共清理出文化灰坑 3 处，堆积层厚 0.6—3 米；出土文物中比较完整的有各类陶器、石器和少量骨器，尤其重要的是发现了一只直径约 8 厘米的陶制纺轮和两处窑址。陶器中素面较多，部分彩陶纹饰清晰，图案对称精美，线条简洁流畅，这说明，当时的先民们已经掌握了相当成熟的制陶和彩绘技术。石器中有石刀、石斧、石锄和敲砸、刮削器等。最具代表性的是一把石锄，形体较大，磨制光滑，刃口锋利，上端均有直径 38 毫米的柄孔，说明使用时可能安装过木制手柄。从磨制的精细程度看，早在 4000 多年前，先民们不仅学

---

① 陈希儒主编：《山丹史话》，兰州：甘肃文化出版社 2004 年版，第 4 页。

会了制作陶器供生活使用，而且懂得使用坚硬的石块打磨工具为生产生活服务。1956年，中国科学院考古研究所黄河水库考古队开展考古调查，在这里又采集到一批遗物。著名考古学家安志敏先生撰文认为，该遗址发现的两批陶器独具特色，以夹砂粗红陶为主，多饰浓重的彩绘且凸起于器表，既不同于马厂类型，也有别于沙井文化，应单独命名为“四坝文化”。[①]当时未发现共存的铜器，所以推测该文化属新石器时代，但在后来正式发掘的各遗址中普遍出土铜器，因此，学术界才确认这是一支纯属青铜时代的遗存。

此后，在山丹县境内陆续发现的其他四坝文化类型遗址，如壕北滩遗址出土了类似四坝文化遗址的大量红陶碎片、窑址、炉灶和石臼等生活用具；东乐山羊堡滩遗址除发现有两处陶窑和大量陶片外，也出土了较大的石锄及大量子母砖；还有民乐县花寨楼庄的过会台遗址，除散落大量的夹砂红陶片外，同样发现有石铲和石敲砸器，灰坑中还存有多种兽骨。从这些遗址中陶器与生产生活用具混杂的现象分析可知，上述遗址不仅仅是单一的制陶作坊，更应该是较大规模的制陶和部族聚落遗址。

四坝滩作为先民们的生活聚落遗址，一条重要依据就是其所处的地理位置。四坝滩位于山丹古弱水南岸和川口河东岸之间开阔的平台之上，三面环水，便于人类生存。史载“大禹导弱水至合黎”，在山丹祁家店曾立有《禹导弱水碑》。民间传说大禹导弱水前，龙首山与嘹高山相连一脉，山丹盆地一片汪洋。为先民生存，大禹率众凿开两山连接处，贯通河道，这才导弱水西流去，有了后来供人类繁衍生息的四坝滩、壕北滩和山羊堡滩这些古文明腹地。现在四坝滩西岸的水平流沙沉积层就是当年被水淹没的地理见证。由此可以看出，史前四坝文化时期，这里水流充足、土地肥沃、植被丰茂，既适于农耕又易于渔猎，具备人类生存的环境。如四坝出土的彩陶图案中就有类似耕地的平行波折纹，有水域波浪纹，还有月牙形的鱼头纹和网状纹，这些图形纹饰，自然来源于当时先民们的生活场景，也是

① 安志敏：《甘肃山丹四坝滩新石器时代遗址》，《考古学报》1959年第3期，第7—16页。

先民们耕种土地和渔猎的文物见证。正是原始先民用智慧的双手点燃了古代文明的星火，才延续了今天现代文明的文化渊源。

2003 年，四坝文化的火种在河西走廊西端的酒泉被发现。西气东输工程进入甘肃境内施工阶段，同期展开沿线文物调查工作的甘肃省文物专家组在酒泉西河滩工地意外地发现了一处大规模史前文化遗存。经发掘清理，有房舍遗址 33 处，储藏窖 31 处，烧烤坑 321 处，陶窑 4 处及大量珍贵文物（图 2-1-1）。专家考证，该遗址确属早期四坝文化聚落遗址。寻找了半个多世纪的四坝文化同期遗存终于在距四坝遗址约 300 千米外的西端被发现。这一重大发现，填补了中国考古界一项空白，见证了 20 世纪 50 年代考古专家对四坝文化的研究推测，证明了早在 4000 年前，甘肃河西走廊就已经发育了独具地方特征的青铜文化，并由山丹四坝滩一路向西延伸，促进了史前时代的中西方文化交流。

图 2-1-1　彩陶折线三角纹牛头罐图

注：马家窑文化四坝类型，高 24 厘米，直径 26 厘米，甘肃山丹出土

资料来源：山丹县博物馆

二、东、西灰山遗址

距张掖市民乐县六坝镇北约 2.5 千米的荒漠沙丘中，有一处河西先民最初生息繁衍的遗址，被世代居住在这里的群众称为“东灰山”（图 2-1-2）。距此遗址 10 千米左右的民乐县李寨乡菊花地村北大都麻河下游西岸还有一

处称为“西灰山”，南北走向的大都麻河将遗址东边冲刷成断面，暴露出的文化层厚 0.5 —2.7 米，它们的文化性质同属四坝文化。

20 世纪 50 年代初，当地农民在“灰山子”附近开荒种地，常挖取“灰山子”的灰土当农田肥料用，在挖取灰土时陆续发现不少残破的红陶碎片和打制、磨制的石器等，这引起当地政府的重视。1960 年，甘肃省文物局宁笃学先生在考察的基础上，撰写了《民乐县发现两处四坝文化遗址》的学术论文，发表在该年度《文物》第一期上，但在当时的政治和学术环境条件下并没有引起文化界和学术界的关注。

图 2-1-2　民乐县东灰山遗址图（笔者拍摄）

1973 年，当地农民在东灰山遗址开挖水渠时，意外发现暴露出的遗址的文化层，有许多用河卵石打制而成的石器、彩素陶片、兽骨和炭化颗粒、麦粒等。1975 年，张掖地区组织文物普查队，对东灰山等遗址进行了详细的调查。从调查后获得的大量第一手资料可知，东灰山遗址位于民乐县洪水河下游沙滩河东岸的高台地上，海拔1800多米；由于人类长期的居住活动，原始地貌生态遭到破坏，废弃后的遗址成为荒漠滩地。遗址南北约400米，东西600米左右，地表稀疏地分布着一些盐生草本植物。由于长期受西北高原风的吹刷，遗址表层的灰土被吹走了，在地表暴露出许多文化遗存。进入挖开的遗址，可看到东灰山人遗存的灰坑、灶坑、柱洞、硬化地面、草泥土、木炭和各种石器、陶器残片、兽骨、骨针、骨匕首、单耳素面红陶罐、烧焦的兽骨及炭化麦粒等，遗址内外均可采集到用鹅卵石打制的石斧、石刀、石锛、盘状器、砍砸器、刮削器，磨制的石纺轮以及罐、盆、壶、陶纺轮等彩陶残件，宛如一座天然的“史前文化博物馆”。

1985年春，中国科学院遗传研究所研究员李璠先生闻讯，前来东灰山遗址进行考察，收集了不少实物资料，并将其带回北京进行学术研究。1986年，李璠研究员为了确证东灰山遗址的价值，再次来到东灰山，仔细搜寻、辨别，从黑土层中鉴别出遗存的小麦、青稞、皮大麦、粟、稷、高粱、胡桃壳等炭化籽实，测定东灰山属于新石器时代的遗址，距今4484—4356年。[①]1987年4—5月，甘肃省文物考古研究所与吉林大学考古系对东灰山遗址再次进行了发掘，他们认为从文化内涵看，东灰山遗址与山丹县四坝滩文化遗址面貌基本相同。此次在东灰山遗址采集的木炭标本，经国家文物局文物保护科学技术研究所碳十四测定，该遗址的年代为：距今3490±100年，树轮校正年代为3770±145年，相当于中原地区的夏代晚期。[②]尽管考古学家在时间测定上有差异，但不可否认的是，在一个新石器遗址发现5种以上的农作物遗存，这在中国尚属首次。这些碳化谷物的测定，使我们今日在黄河流域所经营的旱农制和栽培的农作物的早期情况得到反映，把黄河流域农作物种植的历史提前了1000年左右，有力地证明了

① 李璠、李敬仪、卢晔，等：《甘肃省民乐县东灰山新石器遗址古农业遗存新发现》，《农业考古》，1989年第1期。

② 许永杰、张珑：《甘肃民乐县东灰山遗址发掘纪要》，《考古》，1995年第12期，第1057—1063页。

中国是普通小麦、大麦、高粱等作物的原产区之一，揭开了人类活动在黑河流域的最初足迹，丰富了张掖地区的史前历史。

三、黑水国遗址

黑水国遗址位于张掖市甘州区城西12.5千米处，南北长约15千米，东西长约10千米，是新石器时期的重要文化遗址之一，为全国重点文物保护单位（图2-1-3）。该遗址内有汉代墓葬群，面积约4平方千米。《天下郡国利病书》引《杜氏通典》说，其地系张掖郡古城。《甘州府志》称：其地在唐为巩笔驿，元为西城驿，明则称小沙河驿，当地人则呼之为“老甘州”或“黑水国”。《扰新记程》载：“隋朝韩世龙守黑水国驻此，有古垒四，去后一夕为风沙所掩。”

图2-1-3　黑水国南城局部图（笔者拍摄）

现已探明，黑水国古城遗址分南、北两城，两城相距约2千米。南城平面呈近方形，东西长258米，南北宽226米，面积约5.8万平方米。城墙黄土夯筑，基宽8米，顶宽6米，残高8米，夯层厚0.16—0.2米，部分墙体为土坯砌筑。东墙辟门，门外筑瓮城，瓮城门向东。四角筑有方形角墩，墩内穿插有韧木。初步采集有汉代铜镜、陶器、五铢钱币、铜兵器及明代黑釉瓷片等文物。地表散见汉砖、残石磨及灰陶片等。北城平面呈长方形，东西长245米，南北宽228米，面积5.59万平方米。城墙黄土夯筑，基宽3.8米、顶宽3米，残高5.5米，夯层厚0.2—0.25米。南墙辟门，门宽约4米。西南角有方形角墩，底边长约9米，顶边长7.2米，残高7米。地表散见红、灰两色夹砂陶片及汉砖，并有明代黑釉、豆绿釉、白釉及青花瓷片等。城址周围分布有大量汉朝至魏晋时期的墓葬群及小城4座，两城间发现4处村落遗址。遗址范围内还有马家窑文化马厂类型遗存，采集有夹砂陶片，器形有鬲和双耳罐等，石器有双孔石刀和石斧，另有骨锥和泥质陶珠等。遗址文物内容非常丰富，反映时段长久。

20世纪40年代，考古学家贾兰坡、陈崇生先生等先后到黑水国遗址考察，分别以《黑水国探古》和《张掖黑水国古城探访》两文，对考察情况进行了较全面深入的探析。1944年春，由著名考古学家夏鼐先生率领的西北科学考察团历史考古组赴河西发掘，黑水国遗址被列入张掖唯一的发掘目标。参与这次考古的阎文儒先生于1980年将考古经过写成《河西考古杂记》一文，提出了黑水国南城为元明后期所筑，北城为汉代张掖郡治之觻得县等识见，这是学术界首次对黑水国遗址做出界定。1983年出版的《丝路访古》一书，是宁可等先生对张掖等地的学术考察，具有重要的学术价值。[①] 1988年，北京大学历史地理系教授王北辰先生到黑水国古城遗址考察，撰写了《甘肃黑水国古城考》，以历史文献资料为据，得出黑水国南城之建早在汉代的结论。

2013年，甘肃省文物考古研究所对张掖黑水国遗址开展了为期80天的发掘工作，获取各类遗物1000余件（组），出土了陶器、骨器、石器、铜器、玛瑙、水晶、珍珠、玉器等物件，发现早期冶金遗址两处，还有大量小米、粟、粘黄米、小麦、大麦等农作物以及动物骨骼，明确展示了从马

① 丝路访古考察队编著：《丝路访古》，兰州：甘肃人民出版社1983年版。

厂类型晚期至四坝文化早期的文化特征，按历史推算，应该在距今 4000—3500 年。这一考古新发现，断定了这个遗址同时存在新石器时期、汉代和唐代的文化堆积层，为揭开黑水国神秘的面纱又推进了一步。①

从对张掖及河西走廊发现的多处新石器时期遗址分析可知，在距今 4000 年前后，张掖农耕文明已经显露曙光，而且渐渐向西扩展，在丝绸之路的绿洲地带形成了一个独特的文化带，为我们考察丝路文化的产生、延续与发展提供了生动而丰富的资料。

第二节　游牧文明的演进

黑河之滨的广袤绿洲、肥沃土地，历来是兵家必争之地。早在中原政权还未扩张到潼关以西的时候，张掖就是少数民族纷争的肥美牧场。从西周时的西戎到春秋战国的月氏、乌孙、匈奴，到以后的羌族、鲜卑族、氐族、拓跋氏、吐蕃、回鹘、突厥、慕容氏、党项族、蒙古族等，都曾在这块土地上生息、繁衍过，积淀了独具特色的游牧文化。如今定居在祁连山腹地的裕固族人，是甘肃省境内独有的少数民族，就是一个鲜活的例证。

西周时，被周天子视为“东夷、南蛮、西戎、北狄”之一的少数民族“西戎”，就在包括黑水河流域在内的这片水草丰茂的土地上放牧牛、羊等牲畜，不断繁衍生息。春秋战国之前，中国是东夷、南蛮、西戎、北狄、华夏五方格局并存的局面，民族之间的特点非常明确，而这与当地的自然条件息息相关。“西戎”只是对西北众多少数民族的泛称，原始的土著民族部落散布在广袤的西北大地上。在生产力低下的原始时代，这些游牧民族以代代口耳相传的狩猎和采集等简单的生产方式获取生产资料，他们最先

① 王辉、李延祥、潜伟，等：《张掖西城驿冶金遗址调查报告》，《考古与文物》2015 年第 2 期，第 27—35 页。

驯养了牛、马、羊等家畜，并在实践中积累了原始的狩猎经验、养殖技术和适宜种植物种的选择，为后来的农牧文明奠定了基础。

一、擅长养马的月氏人

春秋战国时，河套平原的一个强大的民族——月氏进入河西走廊，今张掖市临泽县鸭暖乡一带筑昭武城为其都城。几乎同一时期，在今民乐县永固乡一带筑月氏城，月氏成为黑河流域的第一代霸主。

月氏是古羌族的一支，中外史学家对其来源看法不一。据史料所载，这支民族在秦及汉初逐渐强大，居敦煌、祁连间。更有一说，西周时期月氏就活跃在河西走廊，《穆天子传》记载，周穆王十三年西巡，来到“焉居、禺知之平”。有学者考证，“焉居”是今山丹焉支山，“禺知”即月氏。有一次，周穆王在河西地区访问就受到一个叫蒯柏綮的酋长的热烈欢迎与款待。蒯柏綮奉献给周穆王豹皮 10 张、良马 26 匹。周穆王回赠“束帛加璧”，即丝绸布匹和玉器之类。这是早在公元前 10 世纪中原与河西地区的物物交换，应该是中原与河西地区在历史上最早的贸易交往和文化交流，并且通过禺知人的中转，中原的丝绸和玉器很可能向西走得更远，至少会影响到西域地区。虽然这里的“禺知”是否是月氏人还有待考证，但却清楚地表明，农耕民族与包括张掖地区在内的游牧民族的交往已经比较普遍。当然，从前面的考古资料可知，这时的张掖地区属于亦农亦牧的地区，或者说是农耕民族与游牧民族的交汇区。

秦始皇统一中原六国的时期，北方草原上也是群雄逐鹿，强大的民族逐渐吞并弱小的民族，或者与其合并，结成了具有奴隶制国家性质的民族联盟，所谓“东胡强，月氏盛”，就是说这两支民族在当时的势力和影响相当强大。《汉书·西域传》载：“大月氏本行国也，随畜移徙，与匈奴同俗。控弦十余万，故强轻匈奴。”[①]月氏人在河西的统治处于全盛时期，而

①《汉书》卷 96 上《西域传·大月氏国》，北京：中华书局 1962 年版，第 3890 页。

匈奴的头曼[①]单于被秦国大将蒙恬率军打得大败而归，元气大损。匈奴人为了图存，不得不一面向东胡屈服，一面对月氏退让，甚至为结交月氏，头曼单于将儿子冒顿送到月氏作为人质，这是当时中原与草原民族通行的一种外交策略。

月氏人长期过着游牧生活，擅长养马，兼作农耕。公元3世纪，粟特人康泰所撰《外国传》介绍说“外国称天下有三众，中国人众，大秦宝众，月氏马众也”。具体养殖情况，史书记载有限。在冷兵器时代，马匹是一个国家的主要实力象征，从月氏与匈奴的战争来看，月氏人“控弦十万”，马匹应该远超这个数量，其实力不可小觑（图2-2-1）。

图2-2-1　山丹军马场，月氏人曾经养马的牧场图（笔者拍摄）

秦朝末年，游牧于北方草原上的匈奴日益强大，逐渐兼并了北方各民族部落，控制了西域至辽东的广大塞外区域，并于公元前205—前202年和公元前177—前176年两次出兵河西。月氏分化为两支，一支向西建立了贵霜帝国，称大月氏；另一支进入祁连山，与其他民族融合，称小月氏。“至冒顿单于攻破月氏，而老上单于杀月氏王，以其头为饮器，月氏乃远去，过大宛，西击大夏而臣之，都妫水北为王庭。其余小众不能去者，保南山

① 按：头曼系匈奴氏族联盟的第一任首领。

羌，号小月氏。”[①]这支民族的后裔在隋唐时期的中亚建立了9个沙漠绿洲地方政权，史称“昭武九姓”，即安、康、曹、石、米、何、火寻、戊地、史，其王均以“昭武”冠称。其中，康国、石国的粟特人在历史上以善于经商著称，长期操纵丝绸之路上的转贩贸易，影响巨大。

二、缔造“百蛮之国”的匈奴人

匈奴是蒙古高原上最早登上历史舞台的游牧民族。“匈奴”一名最早出现在战国时代成书的《逸周书·王会》中：“正北空同、大夏、莎车、姑他、旦略、豹胡、代翟、匈奴、楼烦、月氏、孅犁、其龙、东胡。请令以橐驼、白玉、野马……为献。”这里列举了13种古老民族，基本上包括了战国时期的主要游牧民族。这里的匈奴与其后来征服和吞并的东胡、楼烦、月氏并列，为中原各国所熟知。也就是说，在《逸周书》成书时或更早时期，匈奴已经在北方草原崛起。那么，战国之前的匈奴又是怎样的状况呢？

《史记》里记载：“匈奴，其先祖夏后氏之苗裔也，曰淳维。唐虞以上有山戎、猃狁、荤粥，居于北蛮，随畜牧而转移，其畜之所多则马、牛、羊。”[②]这里把匈奴划归到华夏族的范畴，认为其是山戎、猃狁、荤粥（獯鬻）的后裔，这一观点延续了两千多年，被视为“正统学说”。而国外的一些研究却不同意这样的结论，如苏联和蒙古学者研究认为，这个民族自称为“Hun”（汉语译作浑、胡或匈），并非汉语所称的“匈奴”。《史记》中“匈奴”一名，据专家推断，可能是对“Hun”音译后又加了一个带有歧视性的“奴”。这种观点值得我们注意。

不仅如此，近代中国学者也对“正统学说”提出质疑，王国维就否定匈奴源于华夏族的说法，但对其族源山戎、猃狁则是肯定的。他指出：“见于商、周间者曰鬼方，曰昆夷，曰獯鬻。在宗周之季则曰猃狁。入春秋后

① 《汉书》卷96上《西域传·大月氏国》，北京：中华书局1962年版，第3891页。
② 《史记》卷110《匈奴列传》，北京：中华书局1959年版，第2879页。

则始谓之戎，继号曰狄。战国以降又称之曰胡，曰匈奴。”王国维这一论断成为近代以来学界比较认同的观点。马长寿先生的《北狄与匈奴》是中华人民共和国成立后第一部研究匈奴历史的专著，他把北方游牧民族“北狄”演化为匈奴的关系作了梳理。同时期的陈序经先生在《匈奴史稿》中也基本认同这一观点。兰州大学西北少数民族研究中心杨建新教授综合各方观点，认为匈奴族是很早就已存在于北方的某一强大部落，它是吸收、融合了从夏、商以来活动于北方的鬼方、荤粥、猃狁、狄、戎等各种部落，甚至还包括由中原北上的一部分华夏族，经过长期的融合过程，在战国后期形成的一个新的民族。从它的族源方面，可以追溯到殷商时期北方的许多部落，但其作为一个民族共同体，是战国后期才形成的。

《史记》记载：“自淳维以至头曼，千有余岁，时大时小，别散分离。”[①]这里所透露的信息是：匈奴作为一支强大力量出现是氏族联盟的形式之一，而且这种联盟具有不稳定性。当时这种氏族联盟的组织形式显得比较明确：“单于之下，置左右贤王等，凡二十四长……各有份地。”这段话清晰地表明，匈奴最终定型的氏族部落有24个，每个氏族部落各自在份地内游牧和生息，聚散无常。这些部落活动区域远至今天的外贝加尔湖、蒙古国呼尼河一带，近到中国的河北、山西、陕西、甘肃省境内。公元前3世纪，匈奴活动的中心就集中在了阴山南北。

西汉文帝后元三年（前161年），匈奴帝国第二任君主老上单于稽粥继位13年后，发动了第一次大规模的战役——对西北月氏的战争，动用数十万大军向占据河西走廊的月氏进攻。自称“控弦十余万”的强悍月氏人，在匈奴强大的攻势面前一败涂地，其经营多年的肥美草场和坚固城池尽归匈奴所有。入居月氏城的匈奴人看到南面白雪皑皑、高耸入云的山峰，直呼“祁连”（即“天”的意思）。由此，把这座从月氏人手里夺得的城池呼作了“祁连城”，即今民乐县永固古城。登高远望，其南面是通往青海的孔

---

① 《史记》卷110《匈奴列传》，北京：中华书局1959年版，第2890页。

道扁都口，东面是汉时的汉阳大马场——山丹军马场，中间是一马平川的原野，从祁连山流淌出来的童子坝河绕城而过，沃灌出一片绿洲。

匈奴右贤王管辖的西部有两个特殊的部落，一个是浑邪部，一个是休屠部。河西是匈奴浑邪王的分地，大致包括今张掖、酒泉以及古居延，基本是沿黑河流域分布的广袤绿洲、草原。

占据了焉支山、祁连山下千里河西走廊的匈奴，利用肥沃的土地发展生产，经过数十年休养生息，河西张掖一带成了匈奴最为富庶的经济活动区之一，也是匈奴东图中原、南慑众羌的重要根据地。《汉书》中记载，张掖一带有一片林木，是匈奴用来制作箭杆和车辆的主要材料，山上还有一种禽鸟的羽毛，也为造箭所用。因此，张掖一带很可能是匈奴的重要兵器加工厂之一。另外，从后来霍去病在焉支山下收获休屠部掌管的“祭天金人”来看，这里也是匈奴人经常举行祭祀大典的地方。《史记集解》曰：“匈奴祭天处本在云阳甘泉山下，秦夺其地，后徙之休屠王右地，故休屠有祭天金人，象祭天人也。”焉支山（图 2-2-2）正好是休屠王的份地，在此举行祭天大典是有可能的。

图 2-2-2　焉支山局部风光图（笔者拍摄）

元狩二年（前 121 年），汉武帝派年轻有为的骠骑将军霍去病出陇右远征河西，讨伐对汉农耕民族不断进行侵扰的匈奴。这一年春夏和秋天，霍去病率军两次出征，千里跃进居延海，纵横驰骋，迫使浑邪王杀了休屠王，率众归降。匈奴失去了经营多年的根据地，只得全部退出河西走廊，另觅家园。在逃亡的路上，匈奴远眺苍松覆盖、白雪皑皑的焉支山，无不痛哭流涕。清代著名学者张澍辑本《西河旧事》曰：“祁连山，在张掖、酒泉二界，焉支山在山丹故县，东西百余里，南北二十里，亦宜畜。匈奴失祁连焉支二山，乃歌曰：‘亡我祁连山，使我六畜不蕃息；失我焉支山，使我妇女无颜色’。”这是匈奴人用自己的语言，杜鹃啼血般唱出的哀痛。可见祁连山和焉支山在匈奴人心中的神圣地位！

元光四年（前 131 年），汉武帝取“张国臂掖，以通西域”之意，置张掖郡，同时置“张掖属国”管辖归降和被俘的少数民族。这就意味着中原王朝把张掖作为打通西域经济命脉的战略要地，为进一步向西域拓展疆土奠定立足点。

第三节　丝绸之路的开通

汉武帝设置河西四郡（张掖、武威、酒泉、敦煌）后，月氏、匈奴等民族游牧的草原，旷野千里，人烟稀少，西北边防经常要应对来自西域匈奴的威胁，边兵戍卒的粮草由内地郡县供应，长途辗转，不仅消耗大，而且持续时间久，常使边兵戍卒面临断炊之虞。因此，巩固来之不易的国防成为西汉的首要之举。为保障丝绸之路畅通，加强经营西域的战略格局，西汉中央政府创造性地采取了移民实边和屯田戍边政策，收到了良好的经济效益和社会效益，扩大了汉代的国际影响。东汉时期，丝绸之路“三通三绝”，河西走廊依然是其对匈奴作战的前沿。

一、移民实边

西汉初建河西四郡，对付匈奴扰边是其最为紧迫的事情。为防止匈奴侵袭，西汉大臣晁错曾数次向汉文帝上奏言事，其中《守边劝农疏》《募民实塞疏》两篇就是专门讨论移民实边问题的。晁错指出，“陛下幸忧边塞，遣将吏发卒以治塞，甚大惠也。然令远方之卒守塞，一岁而更，不知胡人之能，不如选常居者，家室田作，且以备之”。汉文帝采纳了晁错“移民实边”的对策，“募民徙塞下”。汉元封元年（前 110 年），汉武帝一纸诏令，中国历史上第一次出现了官方有组织的大移民。这次移民吸取了秦朝强迫移民的教训，把征调改为招募，即废弃强迫命令，采取自愿应募。“募罪人及免徒复作，令居之；不足，募民之欲往者”，对应募对象，要经过严格挑选，以身体健康、有一定劳动能力为条件。对于屯田者，给予一定的优惠：“赐高爵，复其家，予冬夏衣廪，能自给而止。”①

在自然经济处于支配地位的西汉时代，广大农民世代附着于土地，乡土观念很重，不肯轻易离乡背井，而且古代交通、通信条件又落后，移民到边疆，则意味着从此再也回不了家乡。为保障农民安居乐业，晁错提出了如下建议：一是政府对移民发给口粮和必要的衣服。“募徙贫民，县次给食。”“予以冬夏衣、廪食，能自给而止。”二是给移民配备必要的住所和生产工具等。“到徙所，赐田宅什器，假于犁、牛、种、食。”三是妥善选择移民点。所移之地必须先“相其阴阳之和，尝其水泉之美，审其土地之宜，观其草木之饶，然后营邑立城，制里割宅”，以气候适宜、水土丰美、利于固守为原则。四是保证移民有较好的生活环境。“先为筑室，家有一堂二内，门户之闭，置器物焉，民至有所居，作有所用。”五是为移民配备医生和巫祝，“以救疾病，以修祭祀”。六是对于尚无配偶的单身移民，政府替他们买适当的对象以为配偶，因为“人情非有匹敌，不能久安其处”。七是实行奖励办法，对移民家庭“赐高爵，复其家”。

---

①（宋）徐天麟撰：《西汉会要》卷 59《兵》四《屯田》，上海：上海古籍出版社 2006 年版，第 673 页。

上述这些政策虽好，但要将内地人口移到匈奴为患的边地仍有一定困难，真正自愿前往者不多，西汉王朝只得采取强制措施，移民对象“或以关东下贫，或以报怨过当，或以悖逆亡道，家属徙焉”[①]。史载：至西汉太初二年（前103年），汉时河西四郡共有7.1万户，28万人，其中张掖郡人口8.9万人。学术界估计的这个数可能偏低，加上戍卒，总人数应该不会低于50万人。一批批移民成为黑河流域最早定居的先祖，他们带来了中原内先进的生产技术，推动了黑河流域由以游牧为主的时代进入以农耕为主的时代，张掖成了中国历史上较早进行农业开发的地区之一。

二、屯田戍边

屯田制是西汉时期出现的一种新的农业组织方式，是由秦时更戍制、汉初的募民实边和北方的假田制演化发展而来的一种新制度。屯田制自西汉在河西地区首创之后，延续了两千多年，为中国传统社会各个朝代所采用。西汉的屯田只限于边区，没有延伸到内地，当时的屯田主要分为民屯和军屯两种形式。

民屯主要以内地徙边贫民进行垦殖生产。这些移民由政府派官吏护送至边郡，并为他们建造屋室，假与公田，贷与耕牛、农具及其他产业，初到时衣食也由政府供给，使他们成为国家的佃农，等其经济相对自立后，再开始向国家交纳一定数量的租税。垦民一般按伍、里、连、邑等编制组织，具有亦农亦兵的性质，农事时耕作，农闲时进行军事训练，随时与驻边戍卒配合迎击匈奴。

军屯以戍边将士为主，战则为兵，耕则为农，具有亦兵亦农的性质。元鼎六年（前111年），“初置张掖、酒泉郡，而上郡、朔方、西河、河西开官田，斥塞卒六十万人戍田之”。以缓解“缮道馈粮……皆仰给大农”的压力。[②]这是历史上规模最大的一次军屯。据记载，这段时期，到河西走廊军

① 参见侯丕勋：《历代经略西北边疆研究》，兰州：甘肃文化出版社1997年版，第111—132页。
②《史记》卷30《平准书》，北京：中华书局1959年版，第1439页。

屯的官兵多达 18 万人。军屯士卒内部分工较细，有田卒、河渠卒、鄣卒、守谷卒等名目，士卒每人垦田约 20 亩（合 14 市亩弱），屯田所用耕牛、农具及食用粮食等也均由国家供给，垦殖所获则全部上交国家。为了管理屯田，西汉政府建立了一套比较完备的屯田官系统。中央由大司农统管；边郡置农都尉，属大司农，也受边郡郡守节制；边郡郡都尉也有兼主屯田的，其职衔上加将兵护屯田或将屯等字样。以下有护田校尉、守农令、候农令、部农长丞、劝农掾、农亭长、代田长、水长、仓长、仓佐、仓曹吏、别田令史、事田等职。

河西走廊的屯田区域北达额济纳旗下游的居延（图 2-3-1），西至敦煌，东至乌鞘岭，其中黑河流域屯田均属于张掖郡管辖，其有如下两个特点：

图 2-3-1　内蒙古额济纳旗黑城遗址，西汉居延屯田区（笔者拍摄）

一个是番和屯田。《汉书 • 地理志》介绍“张掖番和县”时加注“农都尉治”，也就是说，番和是张掖农都尉治所。农都尉是主管屯田殖谷的官职，汉武帝时置，只设置于边郡。《汉书 • 地理志》记载的农都尉只有两个，即张掖农都尉和北地郡上河农都尉。番和县相当于今黑河与石羊河流域的区域，都是祁连山洪击扇形成的绿洲地带。

另一个是居延屯田。居延地处额济纳河，水草丰茂，土地肥沃，是河西重要的屯田区，汉武帝曾经派遣的18万戍卒大都就在这里从事屯垦。据居延汉简载，居延屯田有两个田官区，即北部的甲渠塞、卅井塞和居延泽以内的屯田区，南部的肩水金关之间的骍马屯田区。由于居延屯田的战略地位非常重要，西汉政府专门设置了居延农都尉。这里的屯垦在后世有了进一步的发展，特别是经过隋唐的发展演变，到西夏时，居延农垦区面积达280万亩以上。如今，居延屯田区的农田、水渠遗迹尚存，因为河流改道，这里形成了沙化地貌，反映了社会变迁与自然生态的变化。

西汉王朝大规模的移民和屯田，使河西的农业和畜牧业迅速发展起来，也使河西地区生产工具发生了质的飞跃，出现了铁犁、铁锄，使用了最新式的播种工具——耧车。汉代“二牛抬杠”的耕作方式一直延续到当代，今天偏远的河西农村，在田间地头还会偶然见到这样的耕作方式。

通过实行大规模屯田，西汉大大加强了对西北地区的防卫力量，在一定程度上解决了边兵戍卒的军粮供应问题，大大降低了运输成本，有时甚至还将屯田所积的粮食调往内地济荒，使内地农耕民族先进的生产工具、耕作方法和技术由此在边疆地区推广，促进了西北边疆经济的开发，甚至连匈奴也曾学习汉代的办法一度在西域屯田。短短数年间，汉代的移民开发，成就了河西走廊“宴然富殖”“仓库有蓄，民庶殷实”的繁荣景象。

西汉王朝对黑河流域的开发无疑具有划时代的意义，这一历史壮举，使这片“沉睡”的沃土告别了荒芜，告别了蒙昧，逐渐迈向了繁荣。农业的开发给黑河流域带来了繁荣和生机，托起了历史进步的崭新曙光。

三、丝绸贸易

张骞出使西域后，中原王朝与西域的政治、经济、文化交流日益频繁。首先，各国互派使者往来，民间商业活动也逐渐增多。中原农耕民族生产的丝绢等手工艺品、西域游牧民族生产的马匹等畜产品是贸易交流中的大宗商品。其次，中原地区生产的铁器、漆器、瓷器及耕作技术、建筑技术等输往西域，同时也从西域等地带来了葡萄、苜蓿、石榴、胡桃、胡麻、胡豆、香料等，当时的这种交流是双向而非单向的。李广利连续4年伐大宛后，大宛献马3000匹后汉军撤退：

> 宛王蝉封与汉约，岁献天马二匹。汉使采蒲陶（即葡萄）、目宿（即苜蓿）种归。天子以天马多，又外国使来众，益种蒲陶、目宿离宫馆旁，极望焉。①

汉代最高统治者对西域来的物种好奇，把葡萄、苜蓿种在离宫旁，而苜蓿作为优良的饲草，很快在民间推广开来。同时，佛教、魔术、角羝奇戏、音乐、绘画等宗教艺术也传入中原。中西物质与文化交流的丝绸之路由此开通且走向常态化。

汉代在黄河以西设四郡（酒泉郡、敦煌郡、张掖郡、武威郡）、列两关（玉门关、阳关），北面与匈奴隔沙漠相望，南面与羌族隔祁连山相邻，中间形成一条相对封闭的通道，即“河西走廊”，这就是丝绸之路的主干道，称作“河西道”或“中道”。另外，在南面的祁连山中还有一条通道称为“羌中道”，北面沙漠戈壁地带也有一条通道，与北方草原有关，称为“北道”或“草原丝路”。这三条东西向的道路，有两处是相连的，一处在朔方（今宁夏银川），一处在河西走廊的张掖。

张掖交通四通八达，在丝绸之路上千里迢迢奔波的商贾旅队，大都选择张掖作为汇聚点、桥头堡。据《后汉书》卷88《西域传》记载，“立屯田于膏腴之野，列邮置于要害之路，驰命走驿，不绝于时月，商胡贩客，日款于塞下”。从物质条件上来说，从西汉开疆以来，张掖农业一直处于比较发达的水平，能够为南来北往的客商提供足够充分的给养（图2-3-2）。早在月氏统治时期，其都城昭武一带就已经是西北的商贸中心之一，初步形成了

---

①《汉书》卷96上《西域传》上，北京：中华书局1959年版，第3895页。

畜产品、农产品和手工产品的交流市场。从居延汉简来看，河西四郡都有一定规模的市场，其中张掖有两处市场十分活跃，即张掖郡治所觻得和居延属国。汉简中有很多关于觻得和居延有“市”的记载：“责广地次□燧长陶子赐练襦一领，直八百三十，今为居延市吏……”[①]《居延新简·破城子房屋二二》记载，“华商尉史周育当为候粟载鱼之觻得卖”。从上述两则记载看，汉时的张掖觻得、居延都有“市”，这种“市”应该是有固定的场所，四面有围墙，围墙内建有肆（店铺），即所谓“方市匮门，周环列肆，商贾居之”。

图 2-3-2　甘凉古道遗迹，现存于今山丹峡口图（笔者拍摄）

汉时对经商有严格的管理，商人从一个地方到另一个地方做生意必须通过官府发放通行证。“永始五年（前 12 年）闰月己巳朔丙子，北乡啬夫忠敢言之，义成里崔自当自言为家私市居延。”即是说，居住在张掖郡觻得县义成里的崔自当想去居延，所以通行证里肩水金关与居延县的所索开都

① 张德芳：《居延新简集释·破城探方五八》，兰州：甘肃文化出版社 2016 年版。

被作为“过所”记录。“道鸣沙里陵广地为家私市张掖、酒泉。”[①]鸣沙里是指属于居延的里，意思是说住在居延的人到张掖“私市”发给通行证。从居延汉简中也可看出，市场交易的货物十分丰富，有粮食、衣物、丝绢、肉食、铁制农具和器物、树木、车辆、马匹、牛羊等。繁荣的市场，吸引匈奴人也来这里交易，《史记・匈奴列传》记载，“胡商贩客，时见于塞下”。商业的发展，使民间贸易、民族贸易最初在河西走廊的中部发展起来。

四、窦融经略张掖

西汉末年，窦融经略张掖达 13 年之久，是张掖乃至河西走廊开发史上值得浓重书写的一页。

窦融的家世十分显赫，祖上就与河西走廊很有渊源。其高祖父在宣帝时曾以两千石任张掖太守，从祖父为护羌都尉，从弟也曾做过武威太守。窦融一家人对河西走廊的情况比较了解。窦融出道时，不幸遇上了西汉末年的大乱，王莽时期，他先在王莽手下任职；王莽败后，投身于更始帝刘玄的大司马赵萌。在纷乱的世道中，窦融一心想到偏安一隅的河西走廊任职，经赵萌推荐，更始帝任他为张掖属国都尉。[②]

窦融到张掖后，很想有一番作为，但当时任张掖太守的任仲对他并不欢迎，对他团结地方豪强、安抚少数民族等政策不以为然，虽然都尉和太守是一个级别，但都尉要受太守节制。太守治民，属国都尉掌兵权，管辖属国的少数民族，统领河西诸郡的郡都尉。张掖郡都尉史苞、酒泉郡都尉竺曾、敦煌郡都尉辛彤都被窦融团结在自己周围，金城太守库钧、酒泉太守梁统也与窦融交厚，虽然为所欲为的太守任仲和武威太守马期不支持窦融，但也无力逆转局势。

① 张德芳主编，孙占宇著：《居延新简集释》（一），兰州：甘肃文化出版社 2016 年版，第 104 页。
②《后汉书》卷 23《窦融传》，北京：中华书局 1965 年版，第 798—799 页。

据《后汉书·窦融传》记载，更始三年（25年），更始帝刘玄败北，天下纷乱，时局莫测。窦融与梁统等人商议：“今天下扰乱，未知所归，河西斗绝在羌胡中，不同心戮力，则不能自守；权均力齐，复无以相率。当推一人为大将军，共全五郡，观时变动。”商议后，大家共推窦融为“河西五郡大将军”，任仲和马期被孤立，解绶而去。窦融重新调整了郡守职位：梁统为武威太守、史苞为张掖太守、竺曾为酒泉太守、辛彤为敦煌太守、库均仍为金城太守。窦融以“河西五郡大将军”职居张掖统帅，张掖遂成为当时河西的统治中心。

军事上，窦融修兵马，习战射，加强训练，修缮防御设施。虽时有羌胡犯境，但因窦融的部下平时训练有素，各郡相互配合，终未酿成大战。在中原战火纷扰时，河西保持了较长时间的稳定，在战争中流离失所的流民纷纷涌入河西，“安定北地，上郡流入避饥荒者，归之不绝”。窦融妥善安置了流民，恢复和发展了当地的社会经济，张掖的社会影响更大了。

农业上，窦融整顿和发展屯田，对军屯的各级官吏进行整顿和补充，赦放囚徒为屯田卒，奖赏对农业有功之人，激发当地居民的积极性。同时，禁止屠杀牛马，保存耕畜之力。另外，还禁止伐树，防止水土流失。由于采取的措施有力，“政亦宽和，上下相亲，晏然富殖”。

畜牧业方面，窦融对善牧的少数民族宽厚有加，“怀辑羌虏”，鼓励他们发展生产。居延汉简载：“明告吏胡诸作，使秦胡庐水士民畜牧田作。”秦，指汉人；胡，指匈奴；庐水，指卢水胡，匈奴的一支。这些措施有力地促进了畜牧业发展，从窦融后来回朝奏事的记载可看出畜牧业发展的盛况：“陇蜀平，诏融与五郡太守，奏事京师，官属宾客相随，驾乘千余辆，马牛羊披野。”[①]（图 2-3-3）

---

①《后汉书》卷23《窦融传》，北京：中华书局1965年版，第798—799页。

图 2-3-3　《胡人牵驼图》（笔者拍摄）

商业贸易方面，由于物质生产的丰富，贸易交流也兴旺发达。从居延汉简中著名的文献《建武三年侯粟君所责寇恩事》[①]中可窥见窦融统治下的张掖商业贸易。

后来，刘秀在关中称帝，而四方仍有地方割据政权，其中天水的隗嚣就是一支。隗嚣派人游说窦融，想割据河西，窦融断然拒绝了隗嚣，并派人与刘秀联络，建议刘秀东西夹击，先消灭隗嚣。刘秀采纳了窦融的建议，并正式封窦融为"行河西五郡大将军事、属国都尉、凉州牧"。窦融率五郡兵力，与刘秀东西夹击，大败隗嚣后，窦融仍回张掖，至光武帝建武十三年（37 年）离开。窦融在乱世之中经略张掖的 13 年，使张掖社会经济得到长足发展。

第四节　魏晋时期的短暂繁荣

魏晋南北朝时期，中原地区陷入了长达数百年的军阀混战和民族纷争，社会经济遭受严重创伤。著名历史学家陈致平评价这个时期说："'两晋五胡十六国与南北朝'这三百年间，是中国历史上最纷扰混乱的一段时代，也是

① 按：建武三年系东汉光武帝刘秀年号，即 27 年。

政治社会最黯淡的一段时代，所以有人把它比做欧洲的黑暗时代。”①比较而言，这个时期的西北河西走廊相对安定，先后建立的前凉、后凉、南凉、西凉、北凉等政权，史称“五凉政权”。为了巩固统治，对内安抚，对外结交，河西走廊一时成为内地人民向往的乐土。天下扰乱，唯河西独安，出现了欣欣向荣的景象。②深受中原战乱之苦的流民，纷纷移民河西避难，魏晋时的张掖呈现出短暂繁荣局面，一度成为当时全国的经济中心与文化中心之一。

一、古冢丹青中的魏晋

张掖市高台县博物馆独具特色的陈展便是古冢丹青——汉魏画像砖展厅。这里陈展的画像砖虽是出土的6000多块中的一小部分，但却生动地展现了东汉至魏晋南北朝时期张掖政治、经济、文化、社会生活的方方面面。

（1）土地私有化。骆驼城墓群出土的《坞堡射鸟图》（图2-4-1），画面左绘两层建筑的坞堡，正中有门，墙上设有垛口。坞堡右画一高树，树栖两鸟，树下一男子引弓射鸟。还有一幅《田园图》，画面左边用土红色绘一堵围墙，墙壁上开一门，墙后伸出繁茂树木，右边用土红色勾画一“日”字形木栏，与院墙连接，栏内绘秧苗。这些情况正是当时土地私有、防护严密的社会现状的缩影。

图2-4-1 《坞堡射鸟图》（笔者拍摄）

---

① 陈致平：《中华通史·两晋南北朝史》，广州：花城出版社2003年版，第1页。
② 《后汉书》卷23《窦融传》，北京：中华书局1965年版，第781—789页。

（2）生产门类众多。从画像砖看，有《牧马图》《牧鹿图》《耕种图》《采桑图》《酿造图》《作坊图》等，说明魏晋时期，张掖地区农、林、牧、副、渔，门类相当齐全。其中《牧马骆驼图》（图 2-4-2），画面正中一牧人手执长鞭，牧人身着交领短衫，紧腰束带，草地上有马、骆驼和毛驴。《牧鹿图》中的人物头束髻，身着交领长衫，手执牧鞭，全幅图中有 15 头鹿、6 头施红、9 头墨结构绘，反映出当时畜牧的范围很广。《采桑图》的画面中有一高大树木，枝叶茂盛，树下左右各一女子。她们一手提篮子，一手在树上采桑叶。从中可以看出，当时张掖丝织业已经有了长足发展。《酿造图》的画面为一长条几，上面放两瓮，下放两个盆，几左绘一头挽髻、穿长裙的妇女，手执一棒在瓮里搅动，这是典型的酿酒、酿醋情景。《作坊图》绘一门楼大院内的作坊，有四个人在里面做工。以上这些图画，反映了当时张掖经济体系的概貌，具有鲜明的张掖地区特色。

图 2-4-2　《牧马骆驼图》（笔者拍摄）

（3）比较先进的生产工具。《犁地耱地图》（图 2-4-3）画像砖中展现了牛犁、耙、耱、叉、连枷和楼犁等生产工具，这些都是当时相对先进的、有些样式的农具，如今在张掖地区的个别农村也还能够见到。

图 2-4-3 《犁地耱地图》（笔者拍摄）

（4）先进的耕作技术。在出土画像砖中，反映当时耕作技术的图画非常普遍，有《犁地图》《播种图》《耱地图》《二牛耕地和耙地图》等。《二牛抬杠耕地图》（图 2-4-4）绘的白、黑二牛驾直辕犁，一男子右手扶犁，左手执鞭，身后一树上栖鸟，画面上方有二鸟从空中飞过。《播种图》左侧绘一男子在地里撒种，后面一黑牛拉耙耱地，耙上站一男子左手执鞭，右手扯绳驾驶覆种。《二牛耕地和耙地图》前为二牛抬杠犁地，后为单牛拉耙耱地，中间一人负责犁、耙两道工序。以上这些画面反映了精耕细作的农耕场面，其农耕技术在张掖地区一直沿用到现代。

图 2-4-4 《二牛抬杠耕地图》（笔者拍摄）

（5）丰富的社会生活。画像砖出土于墓葬，是墓主人生前生活的真实写照，特别是生活化的画面，更能直接看出当时人们的生活水平和生活情趣，如《庖厨图》《切肉图》《宰牲图》《筵宴图》《歌舞筵宴图》《对座品茗图》《六博图》《车马出行图》《帐居图》《侍女开箱图》《剪布图》等。《庖厨图》绘一女子立于左侧，伸出双手作请认状，上方吊挂炊具，地上放有三足圆案三张，四足方案三张，一张几上有炊具、器皿若干，上吊挂叉子一把，这应是当时富裕人家厨房内的基本摆设。《切肉图》画中两庖人端坐长几边，在几上执刀切肉，几下放两器皿，庖人切下的肉块拨入器皿中。《宰牲图》（图 2-4-5）画中一牛屠宰，仰身在地，四蹄朝天，左边一男子抓牛蹄，右边一男子执刀宰剖，牛旁放一盆。《筵宴图》画面绘四个头戴冠、着交领长服的人跪坐一圈，其中右一角一人两手弹阮，在四人中间摆放一个三足食器，一站立侍者手中拿一插着肉串的叉，作递送状，右上角一人呈接物状。《歌舞筵宴图》画面绘九个头挽高髻、身着交领长衫的人，其中五人跪坐一圈，一人在画面正中，怀中抱阮在弹。有两人站立在舞，一人手中拿着食物向右下角所从的人递送。画面中间放一三足长几，几上放一圆形饪食器。《六博图》绘有相对而坐的两个人，中间放有棋子，左侧一男子一手前伸，一手举拿着棋子，作下棋状；右侧一男子一手放于腰部，一手掌向外翻，似请对方下子。《车马出行图》绘有一人拉缰扬鞭驾驭马车出行，马车为双轮双辕式，与近现代河西的大轱辘车相似。《对座品茗图》绘有两女子拱手端坐，中置茶炉、茶碗，品茗对饮。《剪布图》绘两女跪坐共扯一织物，织物下放蓝奁，左女右手执一削刀，表明两女相互配合裁剪衣料。凡此种种，不一而足。

这些画像砖大都出土于张掖市高台县骆驼城、许三湾等魏晋墓葬群，直观而生动地反映了当时河西走廊一带的社会生活。从中可见，魏晋时期的河西各地，社会安定，生活富足，甚至可与中原发达地区相媲美。

图 2-4-5 《宰牲图》（笔者拍摄）

二、北凉故都

骆驼城，又称建康古郡，系五凉时期北凉的都城。古城地处高台县西南约 22 千米处，城池规模相对完整，呈长方形，面南背北，南北长 704 米，东西宽 425 米，总面积约 29 万平方米，原有建筑清晰可辨。

骆驼城四周新建的村庄，安详、静谧、古朴，如果不是和苍白的城垣对比，有点梦回汉唐的感觉。西望，一一陈列着酒泉、嘉峪关、阳关等汉唐时西北的险关要隘；北望，皑皑祁连雪峰形如一道天然屏障；南望，合黎峻岭高耸，又一道屏障；东望，一马平川的河西走廊平畴沃野，如诗如画；骆驼城恰如嵌在河西走廊咽喉的一把锁，扼三川，锁两州，固若金汤。从城垣看，城分内、外两城，除东北角外，其他三角都筑有高大的角墩，内城东、西、南三面各开一门并筑有瓮城，西面瓮城保存完整，南垣正中辟门并筑瓮城与外城相通。这是河西地区规模最大、保存最完整的古城遗址之一（图 2-4-6）。

骆驼城的历史最远可以追溯到汉代，《重修肃州新志》载：“骆驼城在城（高台）西南四十里，旧志即汉乐涫县，晋北凉段业建康郡故基……骆驼城乃俗名尔。”也有史料记载：骆驼城最初建于东汉灵帝光和三年（180

年)，时称表是县，为汉武帝时开辟“河西四郡”之一酒泉郡的属地。西晋末到前凉建兴二十四年（336年）期间，表是县升格为建康郡。建康郡在北凉初期是北凉政权的发祥地，且渠蒙逊兄弟拥有重兵，拥太守段业以建康郡割据叛吕氏后凉改年号“神玺”，立国号“大凉”，史称北凉。397—400年，北凉都城在建康郡，后来且渠蒙逊杀段业而为凉王，于405年大规模扩建整修过建康郡。建康郡经历前凉、前秦、后凉、北凉、北魏、北周，于隋代撤其建置。唐代武则天证圣元年（695年），武威道总管王孝杰在建康郡置建康军，驻军队，由甘州镇节制。唐代宗大历元年（766年）陷于吐蕃，其后记载不详。

图 2-4-6　骆驼城遗址一角图（笔者拍摄）

由上可见，这座古城最辉煌的岁月，当属北凉且渠蒙逊建立北凉政权时。

“沮渠蒙逊，临松卢水胡人也，其先世为匈奴左沮渠，遂以官为氏焉。”[①]匈奴设左沮渠、右沮渠之官，匈奴被击散后，后裔部落就以官号为姓，择地定居下来。且渠蒙逊世居临松（今张掖市马蹄寺山下），为当地望族，且渠蒙逊之后两位伯父罗仇、鞠粥分别为后凉氏族吕光的尚书和三河

① 《晋书》卷 129《沮渠蒙逊载记》，北京：中华书局 1974 年版，第 3189 页。

太守，从兄男成为将军，守晋昌。且渠蒙逊本人为宫廷宿卫。后来吕光听信谗言，杀死作战不利的罗仇和鞠粥，激怒了且渠蒙逊，于是他联合部众起兵造反，从兄男成也起兵响应，包围了建康郡，把建康太守段业推到了前台，建立起割据政权。

且渠蒙逊工于心计，深谙谋权之道。他原本想联合男成除掉段业，自立为王，可是男成不愿参与，于是，他便策划了“兰门山事件”。401 年，且渠蒙逊先约男成去兰门山祭祀，暗中却又遣人告诉段业：“男成要叛乱，在兰门山起事。”当男成找段业请示去兰门山祭祀时，疑心重重的段业杀了男成。且渠蒙逊便借故四处张扬段业谋害忠良，从而激起了民愤，军队纷纷投到了且渠蒙逊麾下。不久，段业被杀，且渠蒙逊自称州牧公、张掖公。

在弱肉强食的五胡十六国，北凉为了站稳脚跟，减轻赋税，发展生产，休善生息，为从根本上改变频繁的战争所造成的“农失三时之业，百姓户不粒食”的严峻局面，即颁布《劝农令》，实行“重农”政策，严令“蠲省百徭，专功南亩；明设科条，务尽地力”。意思是说，减免各种赋税，让老百姓安居乐业，严格督促官吏劝课农桑。纵观十六国时期，黑河流域已成为超过中原的繁荣经济区。且渠蒙逊的“重农”政策成效很可观，永安二年（402 年），北凉与后凉交战失利，当时后凉的姑臧正闹饥荒，北凉一次即送粮万斛，赈救饥民。北凉同后秦的一次战斗中，世子沮渠兴国被俘，且渠蒙逊送粮 30 万斛将其赎回。

且渠蒙逊励精图治，招贤纳士，对于饱学之士，都委以重任，甚至还仿效中原王朝，发出诏谕鼓励百姓进言纳谏。对于违法乱纪、坑害百姓的行为，他制定了严厉的惩治措施。一时之间，形成了“时天下扰乱，唯河西独安”的局面。几年后，且渠蒙逊势力渐强，便开始滋生对外扩张的野心。先是联合南凉解决了东面的氐族政权后凉，转而与南凉秃发氏决战，于 412 年攻克南凉都城姑臧，并迁都姑臧，称河西王。420 年，采取诱敌入深的办法在今临泽蓼泉一带杀死了西凉的继位者李歆，并乘势西进占领了酒泉。421 年，用以水灌城的战术打败据守敦煌的李歆之弟李恂，打通了通往西域的道路，西域各国纷纷向其称臣纳贡，北凉实力达到顶峰。作为匈奴的后裔，深度汉化的且渠蒙逊的确是把河西走廊的文明向前推进了一大步。

三、马蹄寺石窟

魏晋南北朝时期，佛教西进东渐，由西域传入中原，桥头堡就是河西走廊。由西向东，河西走廊分布着众多寺庙，如敦煌莫高窟、榆林窟、文殊寺、金塔寺、张掖大佛寺、马蹄寺、天梯山石窟、海藏寺等。此外，还有许多名不见经传的地方寺庙，都成为寻常百姓的精神寄托之所。

张掖马蹄寺石窟群最早开凿于魏晋时期，距今有 1600 余年的历史。口传史学是这样说的：北凉国主且渠蒙逊笃信佛教，其母游临松山时，突然得了重病，不久就病逝了。在举行殡葬那天，临松山上空异彩纷呈，天籁散韵，百鸟齐集，地上也长出奇异的花，且渠蒙逊认为其母生前长期信奉佛教，已修成正果，定是法身显灵，于是，就在马蹄寺千佛洞的红砂岩石上开凿一石窟，为其母亲造了 5 米高的塑像。自此，凿窟塑像陆续扩建而成。《甘州府志》又载，马蹄寺石窟为东晋敦煌隐士郭瑀隐居讲学时与其弟子开凿，后人扩而广之，增塑佛像。郭瑀是东晋十六国时西北赫赫有名的经学大师。《晋书》卷 94《隐逸・郭瑀传》把郭瑀同陶潜等时代人并列为“养粹岩阿，销声林曲”君子，大赞他们在乱世之中修身养性、韬光养晦之举。对郭瑀概述是：“郭予字元瑜，敦煌人也。少有超俗之操，东游张掖，师事郭荷，尽传其业。精通经义，雅辩谈论，多才艺，善属文。荷卒，瑀以为父生之，师成之，君爵之，而五服之制，师不服重，盖圣人谦也，遂服斩衰，庐墓三年。礼毕，隐于临松薤谷，凿石窟而居，服柏实以轻身，作《春秋墨说》《孝经错纬》，弟子著录千余人。”这便是郭瑀与其弟子开凿石窟的由来。

专家考证，目前马蹄寺石窟（图 2-4-7），保存了十六国时北凉、北魏、西魏、北周，隋，唐，西夏，元，明，清等各个朝代的塑像和壁画，它们不是一个时期完成的。如金塔寺、千佛洞等石窟内一些早期的形制、造像与壁画都保留着古拙挺拔和浑厚朴实的风格，俨然魏晋风貌。由于其历史悠久，规模宏大，张掖马蹄寺石窟同敦煌莫高窟、安西榆林窟并称为河西佛教圣地的三大艺术宝窟。

图 2-4-7　马蹄寺石窟群图（笔者拍摄）

马蹄寺胜迹由胜果寺，普光寺，千佛洞，上、中、下观音洞和金塔寺七个石窟群组成，分布在 100 多平方千米的山峦峡谷之内。佛龛里有造型优美的石塔，属红砂岩，易风化，年深日久，许多已剥落，现只存 40 多个。千佛洞的后部半山腰有梵刹式的石窟，里面造像与敦煌莫高窟、云冈石窟的窟洞形式相同，佛像造型有的为魏晋风格，也有的为唐代风格。从千佛洞西南行 1000 米，就是南、北马蹄寺石窟群，山林郁秀，松柏苍翠，绿草如茵，野花芬芳，南北两寺相对峙，北寺规模较大，建筑宏伟，是整个马蹄寺石窟的主体和中心。包括“三十三天”石窟，南、北坐佛殿，药王殿，马蹄殿，马王殿，其中最突出的是气势恢宏的“三十三天”石窟。

“三十三天”石窟开凿在普光寺的红砂岩上，距地面43米左右，节层21窟，下大上小，呈宝塔形，洞窟奇特，难得一见，穿洞逐级登高拜佛，七回八折，“惊、奇、险、妙”，妙不可言。各层洞窟之间，有一条开凿在崖壁里面的曲折隧道相通。隧道三、四层间有一个陡折的地方，游人须翻跃而上，俗称“鹞子翻身”，胆小者和老弱者望而却步。隧道壁上留有一些富有生活情趣的壁画。“三十三天”石窟外建有梵式木质廊檐结构，从下向上看，是结构完整统一的古典层楼；从上往下看，临松山风光尽收眼底。极目四望，黛山浮雪，流云舒卷，秀水隐现，草丰花繁，骏马游走其间，牧歌嘹亮云霄，令人心旷而忘忧。明人朱𬘭钧诗咏：“古刹层层出上方，云梯石磴步回长。金神宝相莲开座，玉梵清音月近床。茶沸烟腾禅出定，花飞泉落水流香。逢僧共说无生活，回首音尘意自忙。”

“三十三天”石窟北侧的藏佛殿，又名站佛殿。相传，有位印度法师将斩杀的恶魔埋在殿内石板下，上塑站佛镇压而得名。殿内有一石井，冬不枯，夏不溢，不臭不腐，甘凉，冰冷，被誉为“八功德水”，有消灾解难之功效。藏佛殿往南是药王殿，殿内一尊石胎泥药师坐像，服饰简单，风格朴素。马蹄殿内藏有“神骥足迹”的石板，千百年来，僧侣视若神明。

从北寺沿马蹄河西行，一路杂树葱茏，野花纷呈，清凉幽静，行至山谷尽头，悬崖峭壁间冒出一股细流，散作飞瀑，天晴时，远望即清晰可见。在高山顶上有一红砂巨石矗立，远看若一居高俯视的巨人，人称“石佛”，这也是景区的一大景观。

上、中、下观音洞石窟群散落在从南北寺去金塔寺一带的红砂岩石壁上，在如波绿草的映衬下，裸露的丹崖峭壁鲜艳如画。小心翼翼地沿那些千百年来磨得光滑的石级上去，拜佛、观景，都有新异的发现。观音洞是佛教中的重要洞窟，历来都是喇嘛修行处，每一洞窟周围凿有石龛，石龛中凿有石塔，山下有僧人住宿的房屋，清幽宁静。

马蹄寺石窟群似一颗璀璨的明珠镶嵌于景色秀丽的临松薤谷，见证着佛教东渐的步履，是张掖地区佛教文化逐渐发达且成为佛教文化向内地传播的重要环节。

第五节　华戎交汇的张掖

隋唐至西夏、元时期是张掖社会经济全面繁荣而又逐渐转向衰落的时期，也是其民族融合快速推进的时期。隋炀帝西巡，在焉支山会见西域 27 国使臣，将张掖地区视作隋代对外开放的窗口，开创了中原王朝与西域贸易往来的良好局面。唐朝在国家统一、对外开放、国力强盛的大背景下，把张掖发展成为西北较大规模的贸易都市。但后期随着甘州回鹘、吐蕃等少数民族统治张掖，以及党项建立西夏，从而隔断了中原与西域贸易往来的丝绸之路，张掖由贸易前沿转入相对封闭状态，经济社会发展渐渐滞后。

一、万国博览会

隋朝初期，由于政府采取了一些休养生息的有效措施，地处西北地区的张掖也同样受益，生产得到进一步发展，社会财富增加，贸易发达，商业繁荣，“西域诸番，多至张掖，与中国交市”。隋炀帝即位时，经济、军事力量逐渐强盛，他很重视张掖在丝路贸易中的重要作用，派吏部侍郎裴矩前往张掖主持与胡商互市，主持贸易和联络西域诸国。①

当时的张掖是一个多民族集聚区的“国际性”贸易城市，有汉族，也有突厥、吐谷浑等民族，还有西域的粟特人、波斯人，民族间的贸易十分活跃。裴矩到张掖后，一方面，他努力管理好交市，频繁奔波于河西走廊的张掖、武威和敦煌等地，设置新的驿站，降低关税甚至免除税款，鼓励

① 《隋书》卷 67《裴矩传》，北京：中华书局 1973 年版，第 1580—1581 页。

西域商人与政府直接展开贸易，派遣使者到高昌、伊吾等国，以巨大的商业利益为条件，说服他们来张掖贸易；另一方面，他利用各国商人和使者，了解西域诸国的自然、地理、风土人情、物产、服饰、礼仪等，又将西域使者和商人“依其本国服饰仪形，王及庶人，各显容止，即丹青模写”。裴矩将所记、所画汇集成《西域图记》3卷，呈报给了隋炀帝。《西域图记》最早记录了丝绸之路通向西域的三条道路，即北道、中道和南道，这三条道路都“发自敦煌”，然后经伊吾、高昌、鄯善而达中亚、欧洲，河西地区系丝绸之路的咽喉。

隋炀帝大业五年（609年）农历六月，隋炀帝亲自率军击败吐谷浑，穿过扁都口，抵达焉支山，召开了历史上有名的“万国博览会”，高昌王和西域27国使臣前来参与活动，隋炀帝是历史上唯一一位西巡到张掖的中原王朝天子。史书记载的这个场面十分宏大：隋炀帝登上风景秀丽的焉支山，朝臣百官、嫔妃僧侣陪同其后，外国使者披金戴玉随同登山，武威、张掖一带的老百姓盛装饰面，焚香奏乐，歌舞欢呼，隋炀帝与各国使臣开怀畅饮，诸国艺人同台献艺，大汉天子与西域使节达成“互市”协议。由此，中西贸易往来进入一个崭新的阶段。中原的丝绸、漆器、药材、青铜器、瓷器、宝石源源不断地通过河西走廊输入西域各地，西域的玉石、马匹、珠宝、香料、葡萄也常年不断地经河西走廊输送到中原各地。中西交流的大道——丝绸之路畅通无阻，这在中国统一的多民族国家发展史上具有重大而深远的意义。隋炀帝西巡过程中还设置西海、河源、鄯善、且末四郡，进一步促成了甘肃、青海、新疆等大西北成为中国不可分割的一部分，也使这里的社会经济得到了开发。

西巡中，隋炀帝作《饮马长城窟行》，表明他的心迹：“肃肃秋风起，悠悠行万里。万里何所行，横漠筑长城。岂合小子智，先圣之所营。树兹万世策，安此亿兆生。讵敢惮焦思，高枕于上京。北河见武节，千里卷戎旌。山川互出没，原野穷超忽。撞金止行阵，鸣鼓兴士卒。千乘万旗动，饮马长城窟。秋昏塞外云，雾暗关山月。缘严驿马上，乘空烽火发。借问长城侯，单于入朝谒。浊气静天山，晨光照高阙。释兵仍振旅，要荒事万举。饮至告言旋，功归清庙前。”

隋炀帝主持举行“万国博览会”，使得我们今天前往焉支山的任何一个地方，都会浮想联翩，为古人的执着和智慧赞叹不已。

焉支山，属于祁连山脉的一部分。霍去病开疆之功，成为后来热血男儿建功立业的楷模，焉支山也因此成为有志之士驰骋抱负的疆场。在唐代诗词中，焉支山是被经常提及的意象。唐朝诗人都把焉支山作为一种边塞的象征、疆场的化身，它几乎跟楼兰、阳关、玉门关一样，成为边塞诗不可或缺的底色。在诸多诗作中，边塞诗人高适的《塞上行》很有特色，在回望历史中描述了焉支山前风物：“朝登百丈峰，遥望焉支道。汉垒青冥间，胡天白如扫。忆昔霍将军，连年此征讨。匈奴终不灭，寒山徒草草。唯见鸿雁飞，令人伤怀抱。”

焉支山山前广阔平坦的草原，叫大马营草原，古称汉阳大草滩，黑河的支流山丹河从这里流过。大马营地势平坦开阔，土壤肥沃，牧草丰茂，是天然屯兵养马的好牧场。在冷兵器时代，马匹是一个国家、一个民族军事实力的支柱之一，西域所有游牧民族都是养马的能手。汉朝开始，以丝绸等手工业品交换马匹，这在历史上称为“丝马贸易”。收复河西后，汉武帝就想在本土发展良种牧场，便在西域各郡分设牧师苑66个，焉支山下的汉阳大草滩马场（图2-5-1）即是最大的一个，汉武帝将从大宛带来的汗血马养在这里。此后，这里成为历代皇家军马养殖基地，经久不衰。北魏孝文帝时，这里养马达10万匹，每年都选送一批以补充军需。唐初，将俘获的2000匹突厥马和3000匹隋朝战马，放置河西牧养，仅仅40多年，河西一带牧马繁殖达70万匹，至于牛羊则不可统计，河西成为规模宏大的国营畜牧业基地，为唐代的国势强盛奠定了基础。

隋炀帝召集“万国博览会”后，安定的环境和开放的政策进一步刺激了西北商业的发展。甘州、凉州、山丹都成为国际贸易的前沿阵地，西域的客商常年住在这些地方，商业发展一时繁荣，为唐朝开元盛世奠定了基础。因此，“万国博览会”在中国历史上是一个引人注目的历史事件。

图 2-5-1　山丹军马场，隋唐时的汉阳大草滩图（笔者拍摄）

二、唐朝的戍边之策

隋末唐初战乱，河西“州县萧条，户口鲜少”。尤其是唐太宗贞观十四年（640年），侯君集进军高昌，河西负责军粮运输，负担沉重，结果使河西“十室九空，数郡萧条，五年不复”。有鉴于此，唐王朝采取休养生息和鼓励农耕政策，发布《田令》和《赋役令》，移民实边。贞观初，唐朝政府共召集汉族流亡人口、突厥降卒120万人，他们大部分被安置到包括张掖在内的广大西北地区。据《资治通鉴》记载，唐玄宗开元二年（714年），铁勒回纥、思结等受突厥侵略的部落，徙居甘州、凉州之间。按照《大唐六典》规定“凡军州边防镇守，转运不给则设屯田以益军储”的原则，对移民实行均田制和屯田，兴水利，设屯田，大力发展生产。以畜牧为主的少数民族原本不事农业，但在汉、胡交错的环境中，他们也从汉族那里逐渐学到了农业生产技术，正如唐代诗人王建在《凉州行》中说的，“蕃人旧日不耕犁，相学如今种禾黍”。

张掖的农业条件十分优越（图 2-5-2），土壤肥沃，灌溉便利，《甘州府志》卷6记载：张掖系黑河、弱水漫衍之区。到处洼下，掘土成泉，滞则有沮洳之虞，疏则有灌溉之利。陈子昂奉命巡查西域，向武则天《上西蕃边州安危事》，要求增加兵源屯田，进一步开垦张掖农业，“河西不出数年之间，百万之兵，食无不足，而致仓廪既实，边境又强，则无敌所临，何求不得？”武后派郭元振治理河西，加强防务，后又派李汉通为刺史，进一步开置屯田，发展农业。唐垂拱三年（687年），张掖已有屯田20余万亩。数年间，甘州重新成为西北粮仓，河西之富足远甚于中原。以至于《资治通鉴》卷216“唐玄宗天宝十二年（753年）”条所言，“是时中国盛强，自安远门西尽唐境凡万二千里，闾阎相望，桑麻翳野，天下称富庶者无如陇右”，绝非夸张之谈。

图 2-5-2　张掖独特的农耕条件图（笔者拍摄）

唐代的商业在隋时“交市”基础上又有了进一步发展，其市场发育更加成熟，规章制度比较齐全，“居物之处为邸，沽卖之所为店”。商旅不绝，买卖兴隆。甘州市场上设有“市令”和“平准所”，市令在市场中心高处，可统观全市，管理集市贸易，处理随时发生的事件，每天按时开市和闭市，规定“凡市，日中击鼓三百以会众，日入前七刻击钲三百而散”。农副产品和手工产品均可入市，商贩客胡也可进入集市购销。

唐时的交通四通八达，四个方向都有商道连接全国，向北通往回鹘的商道，《新唐书》卷40《地理志·四》记载：山丹（删丹）“北渡张掖河，西北行出合黎山峡口，傍河东壖屈曲东北行千里，有宁寇军，故同城守捉也，天宝二载（743年）为军；军东北有居延海，又北三百里有花门山堡，又东北千里至回鹘衙帐”。甘州向南是通往陇右节度使驻地的军事通道，也是商道。经大斗拔谷（今甘肃民乐扁都口）、威戎军（今青海门源）、白水军（今青海大通）、鄯城及河源军（今青海西宁）、临洮军驻地（今青海乐都），东经狄道可至长安。向东有两条道通长安，一条是东经凉州、乌城守捉（今甘肃乌鞘岭）、广武（今甘肃永登）、兰州、狄道至长安。另一条是东经凉州、白山戍（今甘肃古浪大靖）、新泉军（今甘肃靖远黄河渡口）、渡黄河经会州（今甘肃靖远）、平凉，沿泾河至长安。向西去是丝绸之路主干道，经建康军（今甘肃高台骆驼城）、肃州、玉门军到瓜州，进入西域。通达的交通带来商业贸易的繁荣，丝绸之路上商贾云集，驼铃声声，沿途店铺林立，酒旗迎风，如《通典》所描述的：“夹路列店肆待客，酒馔丰溢。每店皆有驴赁客乘，倏忽数十里，谓之驿驴；南诣荆、襄，北至太原、范阳，西至蜀川、凉府，皆有店肆以供商旅，远适数千里，不持寸刃。”

唐玄宗天宝十四年（755年）冬，发生了对中国历史有深远影响的“安史之乱”。唐玄宗征调边军勤王，诏令河西、陇右等守军，拜河西节度使哥舒翰为兵马副元帅，督军二十万镇守潼关，以保京师。河西守军大部分东调，兵力空虚。不久，潼关失守，两京俱陷，唐玄宗逃往四川，唐肃宗继位，河西兵马使周泌升为河西节度使。周泌乘征兵布防之机勒索商人，被凉州九姓胡商首领安门物等人联合河西兵马使杀死，河西陷入混乱局面。唐德宗建中二年（781年），吐蕃集中优势兵力同时对甘、沙二州发起进攻，甘、沙二州俱陷，张掖从此沦为吐蕃统治之下。

吐蕃占领张掖后，对本民族仍实行奴隶制统治，而对汉民则实行纳突、差科的封建制统治。社会经济结构方面，汉民族继续从事农业生产，吐蕃等少数民族则以畜牧业为主。整个社会经济水平虽然比战乱时有长进，但与盛唐繁荣时期相比则远远倒退了。

848年，西域回鹘的一支东迁到合罗川，后进驻甘州的山丹境内，历史上称“甘州回鹘”。872年，回鹘陷甘州，在山丹境内设牙帐，称可汗。一直到1028年被西夏所灭，回鹘前后统治甘州达180年之久。

回鹘人以畜牧业为主，兼营农业和手工业，同时善于经商，开创了与中原王朝绢马贸易的先河。他们的商队经常长途贩运，足迹遍布中原和西域，都城山丹则成了东西方贸易的中心，讲突厥语的民族都来回鹘都城进行贸易活动。约941年，大食国（今阿拉伯）旅行家伊宾墨哈黑尔东来到达山丹城，误认为这里就是“中国王城”，他在游记中写道：“是城如此宏伟，故需一日之程乃能横过之。内计六十街，每街各延达于官署。吾人往游一城门，知其墙厚各九十臂。”并说，“地住突厥人，印度人甚多”。[①]当时需要一天时间才能穿过山丹城，而且有60条街，足见其市场之大、商业之繁荣，同时也印证了这里社会经济的繁荣程度。

三、西夏统治的甘州

西夏为党项羌的割据政权。党项人在南北朝时居于今青海西南部，唐朝时吐蕃强大，不断排挤、蚕食党项族，党项族紧附唐朝，唐朝将之安置到今甘肃东部、宁夏南部、陕西北部的广袤地域。这个地域与汉族接触频繁，加速了其社会经济发展与民族融合的过程。五代时中原混乱，党项族的拓跋部以夏州为中心，设官署，征赋税，成为一方割据势力。1022年，党项首领李德明建立大夏国都，西夏与宋朝分庭抗礼。

1028年，李元昊奇袭甘州，大败甘州回鹘，《儒林公议》云：“拓跋元昊少好兵，父德明时，将兵破甘、凉，其可汗自焚，乃俘其妻孥以归，自是益喜战，势亦渐盛。”李元昊留军甘州镇守河西。1032年，李德明病逝，李元昊继位。

① 岑仲勉：《误传的中国古王城与其水力利用》，《东方杂志》1945年第41卷第17号。

党项族是以畜牧业为主的民族，其与汉族杂居后，逐渐兼营农业。西夏政权建立后，农牧业并重，设农田司和群牧司，各司其职。西夏据甘州后，河西成为西夏赖以立国的粮仓和牧马基地。当时西夏的农业也具有较高水平，史书《番汉合时掌中珠》收录的农业词汇几乎涉及今天河西地区农业所有的农事活动，农作物有麦、黍、荞、稞、秫、粳、麻及萝卜、蔓青等，十分丰富。畜牧业更是发达，《金史·西夏传》云：甘州等地“善水草、宜畜牧，所谓凉州畜牧甲天下者也”。山丹的大黄山更被西夏人视为宝山，养马无数，畜种还有牛、羊、驼等。传统手工业有毡、裘、褐纺织业、酿酒等。

西夏也发展商业贸易，在党项人屯聚的地方设榷场，与宋朝商议在保安军（今陕西志丹）置榷场，宋朝以缯绢、罗绮换取西夏的驼、马、牛、羊、毡毯、甘草等，但随着两国外交关系的时好时坏，市场时开时闭，无一定制。

西夏占据河西，阻断了中原与西域贸易往来的丝绸之路。这时，占据青唐（今青海西宁）的角斯罗政权倒向宋朝，中原与西域开通了“青唐路”，代替原先的河西道。这一时期，造船技术进一步发展，罗盘针在航海上得到应用，海上丝绸之路逐渐开通，经陆上丝绸之路通行的商旅越来越少。

党项族是一个笃信佛教的民族，西夏的历代皇帝都对佛教推崇备至，以致他们驾崩后的陵墓（西夏陵）都建造成佛塔的形状。在西北大地上，西夏党项人生息过的地方大都有寺院的遗址，而皇家寺院只有两座，一座是宁夏的承天寺，目前只有一塔为证；另一座就是张掖的大佛寺，基本保存了西夏建筑的原貌。

张掖城区的大佛寺，最初的名字叫“迦叶如来寺”，又名“宝觉禅寺”和“什字寺”，因寺内供奉释迦牟尼涅槃像，故又称“卧佛寺”。因“寺大、佛大、殿大”，老百姓习惯称之为“大佛寺”（图 2-5-3）。

图 2-5-3　张掖大佛寺西夏大殿图（笔者拍摄）

由大佛寺卧佛体内出土的明代铜牌和甘州府志的记载可知，该寺始建于西夏崇宗永安元年（1098 年）。据记载，西夏国师嵬咩云游到张掖，正在一地静坐，忽闻有丝竹之声，循声寻去，却不见演奏者，疑为“天乐”，后在天乐响处掘得碧玉佛像一尊，嵬咩遂认为与佛有缘，发愿建造一座大寺供奉佛祖，于是便在此建寺，遂为大佛寺创建之始。后经明清两朝扩建，至今已有近千年的历史。

在中国佛教界，张掖大佛寺因“三绝”名冠神州：国内唯一的西夏寺院建筑、亚洲第一大室内卧佛和保存最完整的《北藏》佛经及般若金经。张掖大佛寺是一座集建筑、雕塑、壁画、雕刻、经籍、书画及文物珍品等为一体的佛教艺术博物馆，对于研究古代河西乃至整个西域的建筑艺术、民族文化、宗教文化、中西交流等方面都具有独特的地域特色和艺术魅力。

建都银川的西夏王朝，把土地肥沃、农牧业条件优良的张掖作为军需大本营，出于政治的需要，在张掖敕建了西夏皇家寺院——大佛寺。明代宣德年间《敕赐宝觉寺碑记》载，当时的寺院规模宏大，气势壮观，僧客众多，盛名远播。寺院有牌楼，钟楼，前、后山门，大佛殿，观音殿，天王殿，藏经殿，土塔九座建筑，充分体现了“九五之尊”的皇家寺院气派。大佛寺正殿是国内最大的大佛殿，造型与故宫太和殿极为相似，殿宇巍峨壮观，飞檐斗角，周围木构廊庑，古木森然。殿檐下额枋上有龙、虎、狮、象等木雕图画，风格朴拙典雅，数百年之后依然清晰如初。大佛殿正门的两边有两块珍贵的砖雕，为清代早期的雕塑。这两方砖雕和别的砖雕又有区别，它是由50块小方砖雕刻在一起，每一幅都是比较完整的经典国画，一面是起源言法，另一面是西方圣境，里面人物众多，而且有七宝池、金翅鸟等，所有的人与物雕刻精细，富丽堂皇。1957年，文化部副部长郑振铎到张掖的时候，看到这个砖雕惊叹不已，说在这么偏远的地方能够有这么高工艺的砖雕艺术，的确是中国砖雕艺术之珍品。在佛寺的中轴线上座落着弥陀千佛塔，俗称土塔，塔高33.37米，相传置放着释迦摄摩胜骨灰。张掖大佛寺塔由塔基、塔身、相轮三部分组成，造型别致，和北京妙应寺白塔有相似之处。塔基端方，层层向上收小，上有华盖覆顶，垂挂流苏风铃，微风吹过，铃声叮当，如一缕缕梵音自天而降。13世纪中期，意大利著名旅行家马可·波罗在张掖一年多的旅居生活中，数次到大佛寺，寺中规模宏大、法事繁盛的场面和精妙绝伦的建筑艺术，使这位西方人无比惊讶，其对大佛寺的赞叹到了无以复加的地步。

正殿内安放着国内最大的室内卧佛，也就是佛祖释迦牟尼的涅槃像。卧佛安睡在大殿正中1.2米高的佛坛之上，佛身长34.5米，肩宽7.5米，耳朵约4米，脚长5.2米。大佛的一根中指就能平躺一个人，耳朵上能容八个人并排打坐，可见塑像何等的庞大。卧佛为木胎泥塑，金描彩绘，面部贴金，头枕莲台，侧身而卧，两眼半闭，嘴唇微启，造像丰满端秀，怡静安详。右手掌展放在脸下，左手放在大腿一侧，胸前画有斗大“卐”字符号，梵文的意思是“吉祥海云相”。造像精美，比例协调，线条流畅，神态自然，相貌祥和，栩栩如生。卧佛首足处塑优婆夷、优婆塞立像各一尊，女像云髻高挽，彩带飘扬；男像面目威严，峨冠博带。背面是十大弟子举哀像，南北两侧塑十八罗汉群像，神态各异，形象生动。大殿四壁和二层板壁上有明清壁画700多平方米，内容有佛、菩萨、弟子、诸天神将、佛经故事及《西游记》《封神演义》《山海经》故事的巨幅壁画人物等，线条流畅，色泽清丽，构图杂而不乱，形象跃然壁上。特别一提的是《西游记》壁画，它以连环画的形式演绎唐僧师徒四人西去取经的故事，为国内罕见，壁画的历史比《西游记》成书还早300年左右。

正统十年（1445年），明英宗朱祁镇将正统五年宫版印刷的6361卷《北藏》佛经颁赐给张掖大佛寺，由于当时交通不便，经过5年的艰苦跋涉，才将全部经书运到张掖，随后明英宗的圣旨也到了。时值钦差王贵驻守张掖，他对佛经兴趣浓厚，决定出资将《北藏》的第一部分《大般若波罗蜜多经》用金泥重新抄录了一本，数千两真金白银书写的佛经弥足珍贵，这才有了今天人们叹为观止的金经。《北藏》佛经及般若金经是大佛寺的镇寺之宝，被佛学界喻为“佛学百科全书”“佛国天书”“佛门瑰宝”“稀世珍宝”。这些诞生于明代的经书，历经沧桑，保存至今，实乃奇迹。

500多年后，张掖大佛寺发生了一件轰动中国佛教件界的大事。人们在勘测藏经殿时，发现殿内有一面夹墙，拆开夹墙发现了12个大金柜，在金柜里面，藏有6361卷明永乐《北藏》经，还有将近800册用真金研粉书写的《大般若波罗蜜多经》。时任中国佛教协会会长赵朴初先生来张掖去看过后，叹为“国宝，珍宝，稀世之宝”，欣然题写匾额“大佛寺”。中国著名考古学家宿白先生认为大佛寺所藏《北藏》目录是孤本，金书《大般若波罗蜜多经》更应该是孤本，张掖大佛寺应是佛教图书馆。500多年来，明英宗颁赐的《北藏》经卷、12个经橱，包括包经的黄包袱皮、皇帝颁赐永乐藏的圣旨，全部都完好如初，这在国内佛教界是绝无仅有的。

以《大般若波罗蜜多经》为主的张掖大佛寺金银书造佛经便是该寺古代的镇寺法宝。金书《大般若波罗蜜多经》，以珍贵的绀青纸为本，用泥金书写绘画，绫锦包装，绣有精美的龙纹图案，极其华贵，书法工整秀丽，卷首曼荼罗画金线细密，人物云集，场面宏大，充满了熠熠生辉的皇宫金粉之气，富丽堂皇，它不仅是佛教法宝，也是不可多得的书法、绘画艺术珍品。1996年，“金经”《大般若波罗蜜多经》被国家文物局鉴定为“国宝”。

四、元代的甘肃行省

公元1261年，元世祖设中兴中书省，张掖隶属中兴行省。至元十九年（1282年）设甘州行省于张掖，三年后，罢甘州行省，设甘州宣慰司，隶属中兴行省，至元二十三年，将中兴行省的治所移至张掖，称甘肃行省。从此时至明洪武五年（1372年）六月冯胜攻克张掖的86年间，甘肃行省的治所一直设在张掖。马可·波罗东行的游记中也记载这里是“唐古多省（即甘肃行省）的省府城市，颇为宏大，城内有管辖全省的政府机关”。

行省下的行政建制有路、府、州、县。据《元史》载，甘肃行省下辖七路二州，七路为甘州路（今张掖，曾为路总管府）、永昌路、肃州路、沙州路、亦集乃路（今内蒙古额济纳旗）、宁夏路、兀海路（今内蒙古阿拉善右旗）。二州为山丹州、西宁州。以张掖为省会治所，辖境包括今甘肃省黄河以西、宁夏回族自治区黄河两侧一带、内蒙古河套以西及青海湖以东、黄河以北的湟水流域一带。张掖作为河西交通孔道，属咽喉之地，“立行中书省，以控制河西诸郡”[①]。其重要作用再显明不过。

公元1269年，阿只吉（成吉思汗第二子，察合台的曾孙）大王行山丹事，将历史上的“删丹”改为山丹，从此年始，山丹便是元诸王阿只吉的封地、老元帅按竺迩的驻地。山丹州不属于甘州路，隶属亦集乃路（即今内蒙古额济纳旗）。

甘州是豳王出伯的分地。出伯为睿宗拖雷第六子。忽必烈时西部不宁，派出伯在翰端（今新疆和田）、可失哈尔（今新疆喀什）一带驻扎，后又在今新疆库车、吐鲁番一带驻扎，哈剌火州叛，出伯退守哈密、瓜州、沙州。出伯的防卫区，由于天灾人祸，饥民遍野，出伯想回内地，但忽必烈不许。忽必烈逝世，成守即位，出伯回到甘州，加官晋爵，其防区交由

---

①《元史》卷60《地理志·三》，北京：中华书局1976年版，第1449—1451页。

部下撒的迷失掌管。后来，出伯的王位越封越高，赏赐越来越多，生活越过越奢侈。他为了扩充势力，强征站户、屯户成丁入伍，撒的迷失和站户、屯户强烈不满，暗中率军至甘州，抢夺了出伯的财物，并屠杀出伯全家老少，尤其残忍屠杀了500多名孩童。被杀的500多名孩童遗体用小棺木装殓密置于城之中，并秘而不宣。直到明代廖逢节重修甘州城时，才挖出了这些棺木，此事一时震动朝野，被称为“童棺之谜”。

永昌是只必帜木儿的分地，他除了建造永昌城外，还在城西南60千米左右祁连山水草丰盛的天然牧场中，又建造了一座称为“皇城”的城，为只必帜木儿的牧马城和避暑处，永昌王及其嫔妃常在此居住，他们去世后均葬于此。此城即为今张掖市裕固族自治县的皇城区。

甘州被蒙古族征服前，西夏人为应对战争疲于奔命，地方农业生产已受到严惩摧残，人民流离失所，避乱深山。忽必烈时，断然采取赈济措施，安置流民。中统元年（1260年），忽必烈将战乱中“窜匿山谷”的4.5万甘州、山丹饥民召回家，予以赈济。中统三年，甘州发生饥荒，忽必烈即以税银1500锭赈济灾民。至元十八年（1281年），忽必烈给诸王阿只吉粮6000石；至元二十二年，忽必烈拨钱钞12 400锭赈济灾民。忽必烈还以甘州新括的土地每亩三升的地税，移甘州流民复业，对于缺少人力、物力的地区，由朝廷帮助解决耕牛和农具问题。以上这些措施，促使甘州局面稳定，使甘州农业生产得到一定程度的恢复与发展。

整治水利，军队屯田，也是元代发展农业生产采取的重要措施。甘州有黑河，因而，充分利用好水资源，是其搞好农业生产的关键。《元史》卷148《董俊传·附董文用传》载，董文用以中兴省郎中的身份到河西督垦，他首先开渠引水，治理水利，还从中兴引进稻种，种植稻米成功。至元十七年，朝廷派遣汉军（被元收编之金朝降军及北汉人组编的军队）到甘州屯田。公元1281年，四川宣慰司都元帅刘恩率军万人远征翰端（今新疆和田），途经甘州时诏令屯田。刘恩在甘州的黑山、满峪、泉水渠、鸭子翅等地兴修水利，开发垦田，有屯户2290户，有田1164顷，获粮2万多石。

1281年6月，忽必烈又命新附军（被元收编的南宋降军及南方汉人组编之军队）到甘州屯田，首开纳邻站渠和纳邻渠（均在今高台县城东南），播种粮食，收成良好。

元代统治者通过对西亚和欧洲的征服，扩大了对外交往。其时，民族融合也进一步加剧，丝绸之路畅通无阻，商业发展得到繁荣发展。钦察汗国（包括今莫斯科）、伊尔汗国（包括今伊朗和巴格达）和察合台后王封地（包括今伊犁和撒马尔罕）都与丝绸之路相通，方便了阿拉伯人和欧洲人来甘州进行贸易活动。他们将欧洲和阿拉伯的货物源源不断地运往甘州或中国内地，将中国的茶叶、丝织品和甘州的毛褐、毡毯、大黄等运到欧洲和阿拉伯国家。甘州的市场上，除了粮食，还有马牛市、骆驼市、皮毛市等及畏兀儿人、回族商人经营的金银珠宝市。此外，还有残酷的人市，蒙古人从钦察、伊儿等国掳掠的童奴、女奴，灾荒造成的流民和宗室贵族的家奴，都可在人市被明码标价地用于交易。

元代是丝绸之路上国际交流进一步开放的时代，中亚、西亚、欧洲诸国的商旅、使者与元代的商旅、使者经常往来。著名的旅行家马可·波罗于公元1273年到达甘州，并在这里留居一年，他回国后完成了《马可·波罗游记》,《马可·波罗游记》介绍了甘州的风土人情和地道风物，第一次把甘州介绍到欧洲。同一时期，忽必烈的使者拉班·扫马也从中国前往罗马、意大利、法国等地，成为有史记载的第一个出使欧洲的中国人。

第六节　明清时期的张掖发展

明朝建立初，改甘肃行省为甘肃卫，后又设甘州左、右、中、前、后五卫和山丹卫，以及高台守御千户所和镇夷守御千户所（所治今高台县天城村），以加强对张掖地区的统治。经济上张掖依然以农业及畜牧业为主，手工业和商业也有一定程度的发展。清朝初，中央政府在镇压西北民族起义、民族叛乱的同时，调整民族政策，采取扶助农业、移民屯田、救济灾荒等措施，张掖的社会经济得到了较快的恢复和发展。

一、明长城

明朝政权建立后，征西将军冯胜率军至甘肃，大败元军，明政府有效统治河西，但北元蒙古政权退居蒙古高原后骚扰边地，明王朝当时加强边防的主要措施之一就是修筑长城。河西走廊南北都有强悍的少数民族，因而边防非常重要。明巡抚杨博在《屯兵给马疏》中说是“孤悬河外”，巡抚陈棐说是“撑突河外，孤悬绝塞”，二人都指出河西走廊甘州所处的军事要隘的形势或战略地位。

明王朝以长城为依托，沿边设九个镇，也叫“九边”，甘肃镇即为其一。陕西都指挥司设“三边总督”，每镇设总兵官，甘肃镇的总兵官驻地在张掖。明长城是在汉长城的基础上修建的，从庄浪到嘉峪关，长约 700 千米。今天张掖至山丹境内的明长城仍保存完好（图 2-6-1），这些长城均在本地取材，夯土修筑。残高和下部宽度都在 3—4 米，顶宽约 1.5 米，虽然经过数百年的风雨沧桑，但其依然挺拔厚实。明长城与现今的兰新铁路和 312 国道并行横贯千里河西走廊。尤其在山丹的峡口到新河一带，高耸的城墙非常壮观。新河口南面约 1000 米处，发现在一处城墙壁外侧又竖立了一道城墙，两墙并行几百米，交汇处有一座七八米高的墩台，这成了山丹长城的一个奇观，在明长城中十分罕见。

我们在进行学术考察中穿行于高速公路，与明长城平行而过，还依稀能够看到汉长城的遗迹，宛如在穿越时间隧道，心情久久不能平静。

张掖境内除了汉代、明代的古长城外，还有当年的墙壕、崖柞、叠木等防御工事遗存，这些设施除了没有烽火台等之外，在墙的基宽、质量等方面也都不如长城，只能算作长城的补充形式。明朝时河西走廊的边防责任重大，每任巡抚或御史赴任甘肃的一项重要职责就是加筑防御，增强防卫。甘肃都督宋晟，巡抚陈棐、廖逢节，都御史杨博、唐泽等人先后在张掖增筑长城、城墙、堡寨，尤其是陈棐善兵器，将边防与改进兵器相结合，杨博善屯田，将防守与屯田相结合，增强了边防张掖的实力，保持了较为稳定的生产环境。

图 2-6-1　甘肃山丹境内的明长城遗址图（笔者拍摄）

二、明清粮仓

明代在河西地区的粮仓，称为东仓，又名永丰仓，俗名大仓，是明王朝经略西北的粮食基地和后勤保障机关，也是目前国内保存最完整的明代粮仓（图 2-6-2）。同样，清代在河西的粮仓也有一定的规模。

现存坐东面西的仓房 9 间，抬梁式土木结构，门边为青砖砌筑。每间仓房面阔 5 间，17.8 米，进深 3 间，11.3 米。仓库内陈列明清时期仓廪内使用的升、斗、囤、秤、银、石磙、石磨、石碾、犁、耧等计量工具和生产工具数百件。仓房底部为木板结构，高于地面，板下设有通风孔，其结构设计科学合理，储藏粮食无霉变、虫蛀现象。

明粮仓建于明洪武二十五年（1392年），由都督宋晟主持修建；弘治十六年（1503年），都御史刘璋建预备仓于内。清乾隆十八年（1753年）、二十八年、四十一年，前知张掖县杜萠、王廷赞、陶士麟历次详修增建；乾隆四十四年，知县陈澍又添建于旧察院址。

图 2-6-2 明粮仓遗址图（笔者拍摄）

明代在甘州建永丰仓，与当时经营河西的基本国策——屯田有关。据《甘州府志》载，介于河西“夹以一线，孤悬两千里，西控西域，南隔羌戎，北遮胡虏”的重要战略地位，明王朝实行以战促耕、以战保耕的战略，把从他地转输河西的粮草数额减少到最低限度。一方面让驻军开展具有历史传统且行之有效的军屯，另一方面激励移民实边，所征粮食用以充实军饷，保障军队实力，介绍长途运输的成本。这一做法一直延续到清代。年羹尧、岳钟琪平定青海罗卜藏丹津叛乱时，以甘州作为大本营和军需供应地，还在使用这一粮仓。

洪武元年（1368 年），冯胜攻克甘州后，为充实西北战乱地区人口，朱元璋采纳了户部郎中刘九臬的建议，从山西、山东、河南、陕西等地大量移民到黑河流域屯垦，并实行“属兵于农”的屯田制度。驻守卫所的士兵，携带家眷，开辟田园。屯军三分守战，七分耕作，每人授田 50 亩。在甘州五卫中，共计屯田 81.76 万亩。洪武二十四年，明代中央政府派遣陕西右卫及华阴诸卫官兵 8000 余人前往甘肃屯口，其中很大一部分人调到了甘州和山丹等卫垦区。洪武三十年，朱元璋命肃王朱瑛前往甘州“督军屯粮”，屯垦进一步壮大。到了宣德年间（1426—1435 年），甘州六卫二所屯科田 11 875 顷，屯科粮 97 239 石，其中大部分是军队屯垦，而军队的粮食储备则以永丰仓为主。

这座仓库历经 600 多年的风霜雨雪和战争烽火，依然保存着其最初的面貌。它是研究明清经济、农业、文化、军事、建筑的重要遗址，现为市级文物保护单位。

三、清代商帮会馆

清代中叶后，河西商品经济相当活跃。《甘州府志》记载：

> 张掖县城东街有米粮食市、炭市、陶器砂锅市；南街有绸缎市、索棉布及京广杂货市；西街有菜市、木头市、衣具杂货市；北街有油市、房笆市；王府街有药材市、皮货市；长寿街有骡马市、纸货市等。[①]

从中可以看出，甘州府既有市内交易，又有集贸交易，既有钱物交易，也有实物交易。张掖县有炭、菜、木头、房笆、油、麻渣、苇席、骡马等贸易市场，还有栉比鳞次的店铺，出售布、絮、裘、褐、毛、皮及铜、锡、铁等日用品，各省商旅，咸集于此。

---

①（清）钟赓起原著，张志纯等校点：《甘州府志》，兰州：甘肃文化出版社 1995 年版。

商业繁荣的原因，除了有丰富的物产外，更重要的是有利的地理条件。张掖作为丝路贸易重镇，是贸易和物资运转的枢纽之一。康熙三十年（1691 年），清廷下诏给哈密回族往来甘州贸易的特权，促进了新疆与甘州的贸易交往。乾隆二十四年（1759 年），清政府平定准噶尔割据势力后，重新统一了新疆，甘州及河西的商业往来，远达鲁、豫、晋、冀等地，各地商人在甘州逐渐形成自己的驻地——会馆，如山西会馆、陕西会馆、山东会馆、扬州会馆等。这些商帮中，实力最强的是山西会馆和陕西会馆，此两帮商会，不仅操纵了甘州市场，而且操纵了整个河西市场，甚至影响到兰州、山西、内蒙古。据光绪年间（1875—1908 年）的山西和陕西会馆碑记，甘州本地和外来商号达千余家，其中晋帮商号有 44 家，陕帮商号达 152 家。晋帮的“天成号”与“协同号”是山西平遥著名商号的分号，汇通全国，财力雄厚。现甘州城内保存完整的山西会馆和民勤会馆，是清代中叶到民国时期张掖商品经济发展的见证，具有重要的研究价值。

山西会馆在张掖城区南大街，坐西向东，后院与大佛寺相连，现为市文化馆馆址（图 2-6-3）。该会馆始建于雍正二年（1724 年），后多次修葺，是集殿堂、楼阁、戏台、牌坊为一体的完整建筑群，布局严谨、错落有致、飞檐翘角、绚丽多彩。该会馆以牌坊为中心，分为前后两个院落，最前面是 5 间山门，宽 12 米，深 4.2 米，上为戏台，重檐歇山顶，宽 8.25 米，深 9.6 米，两边开月窗。山门两侧有砖砌八字墙，顶部仿木结构，墙上分别镌刻“忠”“义”二字，遒劲有力。山门内的前院南北构成对称的看楼各 7 间，上下两层，楼上两侧有木构天桥与戏台相通，院中立一座木构牌坊，两侧有钟楼、鼓楼各一，牌坊后的南北两面各排列 5 间厢房。最后在轴线上有 3 间大殿，宽 13 米，殿内原有刘备、关羽和张飞 3 人泥塑像，今已不存。大殿前有一座长方形抱厦，檐柱作八角形，前檐券口上雕二龙戏珠，椽枋上立粉堆金彩绘三国故事。山西会馆是张掖市保存最完整的一组清代建筑，为省级文物保护单位。

图 2-6-3　山西会馆外观图（笔者拍摄）

民勤会馆在张掖市第二中学院内，坐北向南，四合院式。建于民国十年（1921 年），现存建筑中牌坊、钟鼓楼、大殿、配殿、厢房保存较完整。木牌坊四柱三门，正楼大，左右次楼小，总面宽 11.2 米，歇山式顶，券口上雕刻二龙戏珠、大象、海马、麒麟，神态生动，正楼正面刻行书“福阴苏山”，背面刻“膏流瀚海”，左右次楼嵌板上刻有 8 字楹联一副。牌坊左右排列两座钟鼓楼，平面正方形，边宽 6.2 米，上下两层，四面坡攒尖顶。下层或东或西正中开门，过牌坊东西两边为对称的厢房，各宽 9 间，深 1 间，悬山式顶，最后正中为大殿 3 间，平面正方形，宽 14 米，深 14.6 米，单檐歇山顶，两侧为东西配殿，规模较小，各宽 3 间，深 1 间。整个建筑主次分明，为张掖市保存较完整的一组民国初期建筑，系市级文物保护单位。

从尚存的两个会馆的建筑规模看，清代的甘州府能够有如此壮观的建筑，须有一定的经济实力，这些建筑都是商帮内部筹集资金所建，说明商帮的组织管理有一套独特的方式，但只是限于资料，尚难找到这方面的原初记载。

四、均水制与圣封山碑

农业开发是张掖地区社会经济发展的重要途径之一，而农业的过度开发却破坏了生态环境，黑河流域也概莫能外。自汉唐以来，历代王朝在黑河流域的开发中都缺乏长期规划，往往只顾近期利益，焚草莱，伐树木，垦荒造田，致使祁连山前、黑河两边的林木尽毁。再加上河西地区频繁的战争，使许多地方变成了荒山野岭，给后人留下了潜在的生态危机。一些有远识的官员在实践中渐渐萌生了自觉保护生态环境的念头并采取果断措施来保护生态环境，留下了传统社会生态治理的佳话。其中，年羹尧均水和苏阿宁治山就是留在张掖山水间的美谈。

黑河中下游渠口、渠系间用水矛盾一直是一个棘手的历史问题。每当灌水紧张时，居上游者用水无序，居下游者发生水荒，严重受旱，争水、抢水事件时有发生，水事纠纷引发的诉讼总是不断，配水不均常常引起社会的不安。

清朝雍正年间（1723—1735 年），地处黑水下游的镇夷千户所、毛目等地提出分水请议，驻甘巡抚年羹尧负责处理此事，订立了一条大似军令的“均水制”，规定芒种前 10 日至芒种，甘州左卫、右卫、中卫、前卫及高台守御千户所黑河各渠口闭口，向镇夷千户所均水 10 天。《高台县志》载：“雍正二年（1724 年），经大学士年羹尧确查奏明，定以芒种前十日，由安肃道派毛目水利县丞巡河，封闭甘州、高台渠口，镇夷、毛目各渠得受水十日，永以为例。”分水时，高台县知县出于对圣旨的尊重，出城迎接。负责分水的官员官升一级，有权临阵处置均水情况。这段史话在黑河沿岸已是家喻户晓。

均水制实行后，黑河水事纠纷骤减，下游灌溉收到了实效。雍正十二年（1734 年），协办军需总理、屯田侍郎蒋同奏报朝廷：“高台县双树墩地方，在镇夷堡口外，自开垦到今，人烟日盛，庐舍加增。皋皋熙熙，皆是康衢之里；熙熙攘攘，无非击壤之俦。昔为旷野荒郊，今尽平畴绣陌。”

通过上述这段话，我们能感受到近 300 年前均水制给下游地区带来的实惠。

1960 年，张掖地区行政公署参照年羹尧的均水制度做出新的规定，把每年一次调水改为两次。第一次是 4 月份，规定每年 4 月 21 日上午 12 时至 4 月 24 日上午 12 时，共 3 昼夜，将当时水量的 50%给金塔鼎新灌区浇苗水；第二次是 5 月份，规定每年 5 月 27 日上午 9 时至 29 日上午 9 时，共 2 昼夜，给下游放当时水量的 80%。是时，黑河总口水管所按分水比例将剩余水量调配各渠，并督促各渠执行均水制度。

这个均水制度，实质是针对下游上段毛苜灌溉头水、二水，因为西北的庄稼关键就取决于头水、二水。该制度在实施初期，在解决金塔县黑河灌区在河道断流期间农作物夏灌一轮、二轮用水问题方面的确起到了积极的作用。但在每年 5—6 月的“卡脖子”干旱期间，用水矛盾依然十分突出，黑河中游地区用水纠纷时常发生。

清朝嘉庆年间（1796—1820 年），有一位叫苏阿宁的满洲官员就意识到保护森林与保护水源的关系。当时，一些商人发现祁连山中有铅矿，就开始进行无序的毁林开采。开始他们还是偷偷摸摸地开采，后来为了取得开采的合法性，商人联名向陕甘总督申请开采权，不明事理的陕甘总督同意了他们的请求。但因此地属于甘肃行省管辖，陕甘总督便向甘肃行省征求意见，当时甘肃行省的驻地在甘州，甘肃提督是满洲人苏阿宁。

接到陕甘总督的要求后，苏阿宁立即亲自骑马带兵，溯河而上，前往祁连山区进行实地勘查。他们一直走到黑河源头八宝山，看到山上松柏森森，芳草鲜美，山顶积雪皑皑，细流涓涓，正是黑河的生机所在，若是伐林开矿，必然毁坏河流之源。因此，苏阿宁在给陕甘总督的呈折中慨然讲道：“此甘民衣食之源，顾可徇一二奸商之意，牺牲数百年所培之松林耶。”苏阿宁写成《八宝山脉说》《八宝山松林积雪说》《引黑河水灌溉甘州五十四渠说》等文章，阐述保护黑河源头的重要性，得到了陕甘总督和朝廷的认可。苏阿宁挫败了奸商毁林开矿的图谋，保护了人民群众的衣食之源。

为警示毁林者，苏阿宁用万斤生铁铸成制封八宝山的“圣旨”二字山碑，旁注：“妄伐一树者斩。”

光绪二年（1876年），陕甘总督、钦差大臣左宗棠受命进疆收复英俄帝国的爪牙阿古柏侵占的领土。左宗棠率部从西安出发，沿途看到西北赤地千里，风沙塞途，就下令边修驿道，边植树木，途经河西走廊，一直通达新疆。当时有人记载：“自泾川以西至玉门，夹道种柳，连绵数千里绿如帷幄。”因植树尤以柳树为多，人们把这些树木称为“左公柳”。

光绪五年，左宗棠旧部杨昌浚西行，看到左宗棠植的树木已经成林，触景生情，欣然题诗《恭诵左公西行甘棠》：

大将筹边尚未还，湖湘子弟满天山。
新栽杨柳三千里，引得春风渡玉关。

左宗棠不但亲自植树，沿途还劝说地方官员重视植树。甘州知县王廷赞在左宗棠的倡导下，掀起了万民植树活动，绿化荒滩数万亩。左宗棠植树绿化河山的思想还影响到了后世，使千里河西大地形成了植树护林的良好传统。晚清进士裴景福遭贬途经河西，记路旁标识：“昆仑之墟，积雪皑皑。杯酒阳关，马嘶人泣。谁引春风，千里一碧？勿翦勿伐，左侯所植。”（图2-6-4）

抗日战争期间，蒋经国考察西北，思考西北开发和建设诸问题，撰写考察报告《伟大的西部》，提出“欲谈开发西北，必先从移民起，欲谈移民，必先从兴水利起”“我们要建设西北，最重要的第一个问题，就是要改良水的问题！要解决水的问题，唯一有效的办法，就是要多种树木”。为了说明植树改善环境的可行性，他引用诗句说，唐朝人云：“羌笛何须怨杨柳，春风不度玉门关”，而左宗棠“新栽杨柳三千里，引得春风渡玉关”，是对历史的回应。

图 2-6-4　河西走廊的绿洲生态（笔者拍摄）

第七节　农耕文明的转型

鸦片战争以后，一方面，由于海上交通的发展和交通运输业的飞速发展，原来活跃的陆路丝绸之路的贸易往来几乎处于封闭状态，张掖地区开始出现了比较封闭型的农业经济。另一方面，由于交通不便，远离战火，张掖较少遭受战争的破坏，农业相对稳定且有了一定程度的缓慢发展。民国初期，军阀混战的烽火也没有殃及张掖，但自 1930 年后，马仲英、马步芳进入张掖，扩军备战，征粮拉丁，使张掖地区农业生产遭到破坏。抗日战争爆发后，甘新公路开通，打破了张掖交通闭塞的状况，苏联援华物资的运输车队源源不断地经过张掖，西北运输的货车和客车、私人的商车也达张掖。张掖设立了汽车站，有了汽车修理厂，农副产品和畜产品大量外运，刺激了农业生产，但这种过境式贸易呈现的表面繁荣，并没有遏制当地居民的生活水平大幅下降的实际情况。

中华人民共和国成立后，农业依然是张掖的主导产业，只是生产的条件和水平发生了新变化。尽管张掖地区农业在发展过程中多有曲折，但生产力有了显著提高，突出表现在科学技术的日新月异、组织化程度的极大提高、工业文明的成果直接影响农业、利用和改造自然的能力不断加强等方面。集体化的生产方式和机械化的生产工具，使大规模的土地整理与开发、大型农田水利建设、提高农作物种植效益和质量成为可能，传统农业逐渐过渡到现代农业，张掖经济社会发展再次呈现出鲜明的转型发展特征。

中华人民共和国成立60多年来，张掖现代农业迅猛发展。首先是耕作制度的不断完善。张掖地区农业经历了从土地改革到合作化生产，再到承包到户，推动了生产力的不断解放，耕地面积也迅速扩大。在“以粮为纲”的计划经济时期，张掖大规模垦荒发展商品粮基地，以占全省7%的耕地面积，为甘肃省提供了35%的商品粮。其次是农业科技全面推广。土壤改良、有机肥料施用、良种推广、田间管理、病虫害防治等现代农业技术广泛运用，极大地提高了张掖地区的粮食产量。其中，小麦单产由20世纪初的亩均126千克提高到20世纪90年代的亩均435千克，玉米产量由20世纪初的单产172千克提高到20世纪90年代的单产750千克左右。张掖于1986年被列入全省商品粮基地，其中，临泽县荣获全国粮食单产冠军县称号。最后，种植结构不断调整。随着经济形态由计划经济向商品经济的转型，张掖地区农业种植结构也有重点地发展商品生产，大面积种植蔬菜、甜菜、油料、经济林、玉米制种等收益较高的作物，以高产、优质、高成为主导方向。经过几十年发展，张掖创造了全国一流水平的绿洲农业，成为全国西菜东调基地、全国最大的玉米制种基地、全国第一个节水型社会建设试点。张掖地区农业现代化不断提高，农业、农村发展进入了一个新的阶段。

现代农业是广泛应用现代市场理念、经营管理理念和工业装备与技术的市场化、集约化、专业化、社会化相对接的产业体系，是以人为本的现代化，体现了生产组织社会化、生产过程机械化、生产技术科学化、增长方式集约化、经营循环市场化、生产绩效高优化、劳动者智能化等特征。土地资源的高效利用和关联产业的协调发展，不仅满足了人们对物质资料的多方位需求，也推动了经济增长方式的转变，更是经济形态转型的又一次新革命，意味着对传统农耕经济与社会组织的颠覆与改造。

第三章

当代张掖经济社会发展分析

张掖地域辽阔，位于黑河上游，兰新线和黑河从境内穿过，具有独特的区位优势。同时，相对丰富的水资源、肥沃的土壤、充足的光照、垂直变化显著的气候、丰厚的历史文化遗产以及多姿多彩的地貌，又赋予了张掖良好的资源禀赋，使得张掖具备发展农业、现代物流业、新能源产业和旅游业的先天优势。

独特的资源禀赋是张掖社会经济赖以维持、发展的重要保障，但也在一定程度上制约了当地产业结构及民生、生态等各个方面。长期以来，张掖经济主要依赖于农业，属于自给自足传统农业型的“一、二、三”产业结构，但由于农业附加值不高，难以推动当地经济水平的整体提高。为解决这个难题，张掖开始积极进行经济结构的转型，加大对工业的支持力度。2005 年，第二产业所占 GDP 比重首次超过第一产业，实现了历史性突破，转变成“二、三、一”产业结构。至 2012 年，第三产业比重超过第二产业，演变成“三、二、一”的内生动力型格局。随着经济结构的不断优化调整、城镇化的快速推进，劳动力和资金不断由第一产业逐步向第二、第三产业转移。但是张掖农业比重高，经济总量小，大多数工业企业产业链条短、产品关联度低，工业“短腿”的局面尚未根本改变。

张掖人口增速稳定，城镇化速度稳步推进，城市、农村居民收入均稳定增长，支出结构渐趋合理，教育、医疗、社会保险均得到了较大的改观。与此同时，张掖不断加快城镇基础设施建设步伐，强化城镇基础设施运行安全保障，目前取得了一定的成效，对全市城乡环境进行综合整治活动，有效提升了城市综合承载能力。但是，张掖在经济社会发展中长期积累的矛盾和问题仍旧较为突出：祁连山水源涵养林区生态环境持续恶化，黑河流域生态环境仍需进一步加以维护，荒漠化程度仍有加剧的趋势，草场退化，生态建设投入不足，近年来地膜的白色污染日益加剧，除草剂、农药污染比其他作物高，对农业的可持续发展造成一定威胁。如何破解这些难题，依旧是张掖未来社会经济发展中需要综合统筹的问题。

第一节　特色资源分布状况

张掖自然资源丰富，有较大的发展潜力。位居全国第二大内陆河黑河中上游，有大小河流 26 条，年径流量 26.6 亿立方米左右，地下水的储量较为丰富。张掖地区地势平坦，土壤肥沃，物产丰饶，以乌江米为最，盛产小麦、玉米、水稻、油菜、胡麻等农作物，为全国重点建设的 12 个商品粮基地之一。2013 年左右，玉米制种已经发展成为张掖的“黄金”产业。每年耕种玉米制种田的面积在 100 万亩左右，生产杂交玉米种子约 4.5 亿公斤，占全国大田玉米年用种量的 40%以上，能满足国家 2 亿亩以上大田玉米的用种需求。瓜果、蔬菜种类多、品质好，洋葱、辣椒、茄子、西瓜及新引进的精细瓜菜畅销全国 20 多个省（自治区、直辖市），是著名的西菜东运基地。同时还出产羌活、板蓝根、当归、麻黄等 80 余种中药材。全年日照 3000 小时，高于甘肃省平均水平，光能资源十分丰富。张掖还具有丰富的矿产资源，有30多种矿藏，其中煤、铁、石灰石、芒硝等储量过亿吨。已探明的金属、非金属资源有煤、石膏、黏土、砖石、铜、铁、锌、钨等，累计储量居甘肃省之首。境内旅游资源丰富，除独特的自然景观外，还有大佛寺、马蹄寺、木塔寺、镇远楼、山丹军马场、丹霞地貌、黑水国遗址等名胜古迹。

一、水资源

张掖地区降水量较少（多年平均降水量为283毫米，其中川区及走廊北山为60—200毫米，南部沿山地区为250—330毫米，祁连山区为400—500毫米），蒸发量大（2000—2700毫米）。境内有26条大小河流，黑河是张掖主要的水源供给者，是张掖的母亲河。张掖市的水质从山区到平原有明显的变化：山区矿化度一般都小于1克/升，水质较好；平原区因积累作用和人为活动的影响造成矿化度升高，近城镇地区的水质有轻微污染。①

（一）地表水资源

张掖境内有中国第二大内陆河——黑河。黑河发源于祁连山北麓，呈由南向北流向，其径流经山前洪积戈壁，形成张掖绿洲和额济纳绿洲。各河流水源主要为祁连山区的大气降水，通过降水、冰雪融水及山区地下水等途径混合补给。河川径流量的年际变化主要受降水的制约，同时还受冰川补给和流域蓄水的影响，年降水时空分布很不均衡，由西北向东南随海拔增高而递增。

分布在全市境内5县区（肃南裕固族自治县除外）的河流有26条，年径流量24.75亿立方米。其中，黑河干流15.8亿立方米，梨园河2.37亿立方米，其他沿山支流6.58亿立方米。年径流量在0.1亿立方米以上的河流有13条，年径流量在1亿立方米以上的河流有6条。张掖属黑河流域东

① 马忠、龙爱华、王勇：《水资源环境经济综合核算与社会化管理研究》，北京：科学出版社2013年版，第16页。

片，年降水量 115 毫米，蒸发量 1700 毫米①，多年人均水资源量仅为 1250 立方米，亩均水资源量为 530 立方米，仅占全国平均水平的 60%和 30%。② 综合而言，全市地表水资源总量为 30.072 亿立方米，其中境外来水量为 13.757 亿立方米，出境水量为 6.609 亿立方米。③

（二）地下水资源

张掖地下水埋藏与分布总的规律是：自山前至盆地内部，地下水埋藏深度由深变浅。山前洪积扇带的地下水位埋深变化比较大，扇顶靠近山前地带地下水水位埋深大于 200 米；细土平原区地下水水位埋深小于 50 米。

据甘肃省地矿局水文地质工程地质勘察院分析，出山河流在透水性极强的山前洪积扇群带大量渗漏补给地下水，径流量小于 0.5 亿立方米的河流几乎渗失殆尽，较大河流的渗失率达 32%—34%。地下水沿地形坡降向细土平原运动，沿沟壑泉水大量溢出地表，汇入黑河成为地表水。黑河河床是各个地下水排泄通道，在正义峡，地下水全部溢出转化为河水。市内泉水主要形成于细土平原带各个泉沟和黑河河床之中，主要分布于甘州区和临泽县，泉水在“河水—含水层—河水”的水循环系统中多次渗入和溢出。全市地表水和地下水多次转化，并多次重复利用，具有内陆河水资源利用的典型特征。

张掖境内平原区地下水总补给量为 16.7 亿立方米。按补给来源分，沟谷潜流与雨洪入渗占 15.9%，河床入渗占 33.4%，渠系入渗占 34.5%，田间入渗占 9.4%，降水、凝结水入渗占 6.8%。平原区地下水通过泉水溢出、蒸发蒸腾、人工开采，排泄量 17.4 亿立方米左右。地下水补给量小于排泄

① 张恒嘉：《河西内陆河流域（张掖）水资源现状及生态环境问题研究》，《现代农业科技》，2009 年第 2 期，第 238 页。

② 马忠、龙爱华、王勇：《水资源环境经济综合核算与社会化管理研究》，北京：科学出版社 2013 年版，第 335 页。

③ 马忠、龙爱华、王勇：《水资源环境经济综合核算与社会化管理研究》，北京：科学出版社 2013 年版，第 16 页。

量，地下水负均衡，地下水位呈整体缓慢下降趋势。按现有用水格局条件计算，地下水允许开采量为7.68亿立方米，其中，甘州区2.227亿立方米、临泽县1.023亿立方米、高台县1.31亿立方米、山丹县0.62亿立方米、民乐县1.83亿立方米、肃南明花区0.67亿立方米、祁丰区0.001亿立方米。[①]张掖境内祁连山区还广布冰川，共有380条，冰川面积为110.27平方千米，冰储量达2.4579亿立方千米。冰川融水补给占各河流的比重最高达26.6%，平均为4%左右。[②]

综合来看，张掖可利用地表水资源量24.75亿立方米，净地下水资源量1.75亿立方米，全市可利用水资源总量26.50亿立方米。人均占有可利用水资源量仅有1250立方米（略高于甘肃省平均水平1150立方米），亩均511立方米（高于甘肃省平均水平367立方米），分别为全国平均水平的57%和29%，是典型的资源型缺水地区，尤其是山丹县，人均水资源量只有600立方米。[③]

二、新能源资源

甘肃省处于中国风能、太阳能等新能源资源都比较富集的中心地带，而甘肃工业基础相对雄厚，制造业体系相对完善，新能源产业的健康发展，可以有效发挥产业的积聚辐射效应。[④]张掖光热资源独特，地域辽阔，光照充足，全年日照时数为3000—3600小时，仅次于全国太阳辐射量最大的西藏自治区和青海省的柴达木盆地，加之张掖气候干燥，降水稀少，十分适合太阳能光伏、光热发电。

① 周宾：《基于“易”理论的水资源循环经济管理研究与实例》，北京：经济日报出版社2013年版，第185页。

② 马忠、龙爱华、王勇：《水资源环境经济综合核算与社会化管理研究》，北京：科学出版社2013年版，第16页。

③ 周宾：《基于“易”理论的水资源循环经济管理研究与实例》，北京：经济日报出版社2013年版，第185页。

④ 杨尚勤、石英、王建康主编：《中国西北发展报告（2012）》，北京：社会科学文献出版社2012年版，第250页。

（一）风能

河西走廊中部属风能资源较丰富的地区之一。[①]由于地形狭窄，山区各地海拔较高，年平均风速 2.0—3.1 米/秒，其中山丹和民乐两地风速较大，分别为 2.4 米/秒 和 3.1 米/秒。张掖市大部分地区风速的各季变化以春季最大，在 3 米/秒 以上，夏季次之，为 2.0—2.9 米/秒，秋冬两季最小。根据甘肃省风能资源区划，张掖市的山丹、民乐两县属风能可利用区。张掖市有效风能密度在 80—150 瓦/米^{2}之间，有效风能时间在 4500—6000 小时，可用风能年贮量在 1674.4—3348.8 千焦·小时/米^2，风能潜力较大，有一定利用价值。张掖市其余地方属风能季节利用区[②]，年平均风速在 2—3 米/秒，有效风能密度在 55—80 瓦/米^2，有效风能时间在 2500—4500 小时，可用风能年贮量在 627.9—1674.4 千焦·小时/米^2。张掖市风能资源虽不太丰富，但利用价值仍较大，如高台和临泽的部分地方有效风能时数在 4400 小时以上，仍有一定开发价值。特别是在冬、春两季，风能资源可为利用小型轻便风力发电机提供能源。

（二）太阳能

河西走廊中部年日照时数 2752—3117 小时，日照百分比在 62%—70%，自东南向西北增多，平均每天日照时数在 8 小时以上，在同纬度地区，仅次于新疆哈密和甘肃敦煌，接近于酒泉和民勤，属全国日照较长的地区。日照时数的季节变化上，夏、秋季最大，冬季最小。从 3 月开始逐月增多，5 月达到最高值，伏期和秋季维持次高状况，冬季 12 月至次年 2 月降到最低值，张掖市川区（甘州区、临泽县、高台县）、山区（山丹县、民乐县、肃南裕固族自治县）年日照变化趋势基本一致。川区夏作物生长季（4—7 月）总日照时数为 1100 小时左右，约占全年日照时数的 36%，平均每天 9 小时以上。秋作物生长季（5—9 月）总日照时数川区为 1400 小时

---

① 陈克恭、史振业：《干旱区生态城市建设理论与实践——基于张掖市生态城市建设的实证研究》，兰州：兰州大学出版社 2010 年版，第 216 页。

② 时璟丽、都志杰、任东明等编著：《中国无电地区可再生能源电力建设》，北京：化学工业出版社 2009 年版，第 43—44 页。

左右，约占全年的45%。浅山区和山区总日照时数（5—8月）为1000小时左右，占全年的35%左右，每天平均日照时数8小时以上。

河西走廊中部晴天日数多，海拔较高，年太阳辐射总量为133.36—148.42兆焦/米^2，由东南向西北递增，最大值在甘州区、临泽县、高台县一带，川区地形开阔，云量少，年总辐射量为146.89—148.42兆焦/米^2，仅次于全国年辐射最大的西藏自治区和青海省的柴达木盆地，在甘肃省境内仅次于酒泉和敦煌，属太阳辐射量的高值区。此外，张掖光质优越，太阳辐射中多蓝紫光，丰富的光能资源为农作物的优质高产提供了最基本的条件。光照丰富，太阳辐射量大，有利于植物进行光合作用，提高农作物、林木、牧草的单位面积产量，是张掖得天独厚的气候资源优势，依此发展塑料大棚、日光温室，提高太阳能利用率，对张掖的发展来说，前景光明。

气温日差较大是热量资源的重要特征，这对张掖境内作物产量和品质的形成，对糖分和淀粉的积累极为有利。张掖境内水能、太阳能、风能、生物质能资源丰富，水电、光电、风电、生物质能发电等新能源产业开发前景广阔。①

三、种植业资源

种植业资源包括农作物品种资源及果树品种资源，农作物品种资源又包括粮食作物、经济作物和蔬菜、瓜果、饲料绿肥等其他农作物两类资源。②就粮食作物而言，主要有小麦、玉米、水稻、豆类等20多个品种。20世纪70年代，张掖开始兴起玉米制种，制种的难点在于隔离，要让不同种田之间至少有20米的隔离区域。张掖戈壁地域辽阔，村子间相隔几千米，一村一种，种子的质量因此得到充分保证。依托独特的自然条件，玉

---

① 殷雪莲、贺建锋：《河西走廊中部气候资源特点及其开发应用》，《干旱区研究》2010年第2期，第188—193页。

② 卢天如、强宏斌主编：《甘肃资源》，兰州：甘肃文化出版社1998年版，第58页。

米制种规模发展迅速，特别是近年来，随着制种效益的持续提高，张掖玉米制种面积保持在 100 万亩左右，种子产量占全国用种量的 40%以上，已成为全国最大的杂交玉米种子繁育基地。当前，张掖已初步形成小麦、玉米、豆类、蔬菜、瓜果、花卉等 20 多个作物种类、100 多个品种的制种生产能力。在种子产业的开发中，张掖市与中国种子集团有限公司、奥瑞金种业股份有限公司、东方正大种子有限公司等国内 10 多家制种企业联合，生产的种子畅销国内外，被誉为全国最佳制种基地。

张掖市另外一项重要的种植业资源是蔬菜。2014 年，张掖市蔬菜种植面积达 70 万亩，产量近 250 万吨，产值达 25 亿元，成为仅次于玉米制种的第二大产业，其中设施蔬菜面积 13.17 万亩，产量达到 60 万吨左右；露地蔬菜面积 55.63 万亩，产量达到约 190 万吨。①设施蔬菜生产形成了以高台县为主的西葫芦种植区，临泽县为主的茄子、辣椒种植区，甘州区为主的韭菜、黄瓜、西红柿种植区，山丹、民乐两县为主的辣椒、西红柿、双孢菇种植区，实现了精细蔬菜的全年供应，对冬春淡季保障市场供给、稳定菜价起到了重要作用。全市新认证无公害蔬菜产品 32 个、绿色食品鲜食蔬菜 34 个、有机食品果菜 3 个。对“碧绿仙”牌甘蓝、花椰菜、青笋、西兰花、辣椒，“金丰源”牌韭菜，“甘绿”牌加工甜椒，“康翠”牌西葫芦，“长虹”牌辣椒干等已通过认证的 9 个农产品注册了商标，其中“金丰源”牌韭菜、“碧绿仙”牌甘蓝已启用了无公害蔬菜标志。②

张掖市野生药材资源比较丰富，主要有板蓝根、甘草、柴胡、大黄、麻黄、锁阳、羌活、防风、车前子等 87 个品种，但产量较低，未形成规模。近年来，有关县（区）和企业积极开展新品种引进、间作套种、覆膜种植、病虫害综合防治等多项技术试验示范，引进驯化和示范种植黄芪、党参、当归、大黄、独活、羌活、红花、牛蒡子等新品种 10 多个，种植品

① 《今年张掖蔬菜种植面积达 70 万亩，产量近 250 万吨》，2014 年 12 月 16 日，http://www.vegnet.com.cn/News/973265.html，2016 年 3 月 9 日。

② 宋丹：《张掖蔬菜产业发展势头强劲》，2014 年 12 月 29 日，http://gansu.gscn.com.cn/system/2014/12/29/010887277.shtml，2016 年 3 月 9 日。

种已由过去的少数几个当家品种发展到 20 多个品种，板蓝根、黄芪、柴胡、甘草、大黄、麻黄草等 10 多种药材经监测浸出物含量均达到或超过药典标准，初步形成传统品种与新品种兼有的多元化种植格局，尤其是以板蓝根、黄芪、甘草、孜然和其他药材品种为主的特色种植区域，道地药材品种规模化种植逐步呈现优势。2014 年，张掖市种植各类中药材 36.43 万亩，药材产量达到 12 万吨左右，中药材主要种植品种达到 20 多种。中药材种植大宗道地品种有板蓝根 15.36 万亩，黄芪 7.21 万亩，甘草 3.08 万亩，孜然 3.79 万亩，肉苁蓉 1.5 万亩，占全部种植面积的 84.9%，总产量 9.4 万吨，占本地中药材产量的 78%左右。[①]

四、矿产资源

张掖全境大体可分为三个地形区，即南部祁连山区，中部走廊平原地区和北部合黎、龙首山区。三个地形区均有较好的成矿条件，其中祁连山西段被原国土资源部确定为全国 12 个重点找矿区之一，是铁、铜、钨、钼、铅、锌、金等矿产的主要成矿带。其主要特征有以下几点：

一是资源赋存相对丰富，地质储量比较充足。目前张掖境内发现并评价的矿种共 33 种，已发现矿床及矿化点 370 多处，其中具有成矿价值的有 151 处。按规模划分，有大型 10 处，中型 10 处，小型 57 处，矿点 74 处。按资源类别划分，有黑色金属矿 46 处，有色金属矿 49 处，贵金属矿 6 处，煤矿 22 处，非金属矿 26 处，矿泉水 2 处。现已初步探获的主要矿种远景资源量为：钨（金属量）50 万吨左右，钼（金属量）约 102 万吨，煤炭 10.5 亿吨左右，铁约 89 308 万吨，石英岩约 28 905 万吨，白云岩 18 617 万吨左右，石灰石约 46 211 万吨，石膏 23 185 万吨左右，芒硝约 2997 万吨，原盐 320 万吨左右，含碘凹凸棒石约 5168 万吨。在临泽县和肃南裕固族自治县分别发现了具有特殊工业价值的海泡石和冰洲石，在甘州、临泽、高台等地发现了地热异常。相对富集的矿产资源，为发展煤化工、盐

① 《张掖市中药材产业发展调研报告》，未刊本。

化工、冶金、建材等工业奠定了物质基础。

二是区域分布较为集中，利于形成产业规模。张掖不同的地质地貌特征表明了不同的地质成矿背景，形成了四个各具特色的矿产资源分布区域。一是西起肃南祁青，东至寺大隆一带的西南部沿祁连山金属、多金属成矿带，是张掖市矿产资源最为富集的区域。其中，位于西段的祁青地区是钨、钼、铁、铅、锌等矿产资源的集中区，位于东段的错沟至大岔牧场一带铜矿和铁矿的分布比较集中。二是西起大野口，东至皇城一带的东部沿祁连山成矿带，是张掖市煤炭资源的主要集中区域，同时分布部分铬铁矿、金矿及铜矿等。三是中部走廊平原一带，是砂石、砖瓦黏土等建筑材料的主要产区。四是北部合黎山-龙首山的非金属矿成矿带，分布有大量的煤、石灰石、萤石、石英石、石膏、含碘凹凸棒石等。这种资源分布结构，有利于围绕若干优势矿种形成采、选、冶、加工为一体的产业体系，构成合理分工又相互协作的区域资源开发利用的工业格局，使全市资源优势和区位优势得到进一步优化。

三是矿种比较优势明显，开发利用前景广阔。根据现有地质资料和预测，张掖境内钨矿资源储量居全国北方前列；铁矿资源储量占甘肃省铁矿资源总储量的86%左右；石膏资源储量占甘肃省石膏资源总储量的约87%；萤石资源储量占甘肃省萤石资源总储量的67%左右；蛭石、钾盐均为全省独有；石英石、含碘凹凸棒石、白云岩、花岗岩、蓝晶石、大理岩、耐火黏土、水泥灰岩等均占全省总储量的较大份额。其中铁、铜、钨、钼、铅、锌、萤石、含碘凹凸棒石、煤炭、水泥灰岩、耐火黏土等资源储量均能够满足较长时间的开发和市场需求。特别是肃南小柳沟钨钼矿，是国家重要的战略资源，其远景资源量十分可观，属特大型矿床，开发利用的潜在价值巨大。铜矿资源品位较高，在进一步探明储量的基础上，逐步扩大对其的开发规模，不仅可以弥补甘肃省铜矿原料不足的问题，也可以在全国铜资源市场中占有一定份额。在非金属开发上，石英石、含碘凹凸棒石资源量大，精深加工产业链长，科技含量和附加值高，开发前景较好。因此，加快对矿产资源的有效开发和利用，对张掖今后社会经济的发展至关重要，意义深远。①

五、旅游资源

张掖地处中国第二、第三级地理阶梯交错带，拥有除海洋类地貌外的所有地貌景观，同时还位于地理空间意义上的河西走廊和历史人文意义上的丝绸之路的核心地段。优越的自然、人文条件使张掖拥有多项国家级乃至世界级的旅游资源。烽燧、城址、驿站、渡口、关隘、墓葬、寺塔、石窟等丝绸之路文化遗址如繁星般地分布于张掖全境，文书、碑刻、壁画、造像等出土文献和艺术品内涵也极为丰富。

结合对张掖主要旅游资源的调研与地方志、其他历史文献，以及地方政府提供的其他相关资料，依据国家《旅游资源分类、调查与评价》（GB/T 18972—2003）的旅游资源分类分级规范，可以对当地的旅游进行分类，见表 3-1-1。

表 3-1-1　张掖旅游资源分布表　　单位：处

主类	亚类	基本类型	旅游资源	数量
地文景观	综合自然旅游地	山岳型旅游地	东大山、焉支山、龙首山、文殊山、素珠琏、玉石梁、镜铁山、昆仑山、雅儿河脑、扎科山、大红山、杆杖达坂、黑山顶	13
		奇异自然现象	怪坡	1
	沉积与构造	地层剖面	东大山沿途地层	1
	地质地貌过程遗迹	奇特与象形山石	金龟探水、西游记、神驼奇峰、莲花仙峰、卧龙回首、金龟吸水、大鹏展翅、五指山	8
		峡谷段落	窟窿峡、扁都口峡谷、黑河大峡谷、白浪河惊涛峡、羊跳峡—花溪、正义峡	6
		丹霞	肃南丹霞地貌与彩色丘陵、临泽彩色丘陵、红沟丹霞、甘州区平山湖丹霞	4
		沙丘地	莲花海子湖畔沙漠、叠月沙丘	2
		岸滩	松木滩、大草滩、张掖国家湿地公园	3

① 《关于全市矿产资源开发利用情况的调研报告》《张掖市新材料产业、矿产品加工产业发展现状、存在问题及对策分析》，内部报告，2015年6月2日。

续表

主类	亚类	基本类型	旅游资源	数量
水域风光	河段	观光河段	东柳沟、海牙沟、长沟寺河谷、白浪河谷、老虎沟、鹿角沟	6
	天然湖泊	观光游憩湖区	皇城柳海、观山海子、明海子、莲花海子、天鹅湖	5
		滩池	临泽八卦葫芦潭	1
	瀑布	跌水	马蹄寺临松瀑布、观山细瀑、金塔眺瀑	3
	泉	冷泉	甘泉、临泽双泉湖	2
		温泉	九个泉热水	1
	冰雪地	冰雪观光地	七一冰川、八一冰川、冷龙岭冰川、摆浪河21号冰川	4
生物景观	树木	林地	九排松、马腰子滩、松木台子、庙儿沟、西水林场、寺大隆林场、正南沟、大依马龙、小依马龙、石头沟、大野口、酥油口、焉支山森林公园、黑河山庄、张掖森林公园、昭武故地游乐园、海潮坝森林公园、大都麻风光区、小都麻风光区、东大山自然风景区	20
		丛树	皇城柳海、桦树湾	2
	草原草地	草地	山丹马场、皇城夏日塔拉草原、马场滩、喇嘛坪、大岔牧场、巧沟膛草原、上游坤岗木景区、黑沟、康乐草原	9
	花卉地	草场花卉地	马蹄寺兰花坪、石佛崖油菜花景观、五松园古松、大衙门榆树、张掖大佛寺古树、民乐三官庙明代古槐、林荫古榆树、宏寺村古杨	8
	野生动物栖息地	陆地动物栖息地	寺大隆国际狩猎场、东大山国际狩猎场	2
天象气候	天气与气候现象	云雾多发区	马莲谷晴岚、烟林	2
		避暑气候区	肃南裕固族自治县（除明花区全部和祁丰区公署驻地外）、山丹县	2
遗址遗迹	史前人类活动场所	人类活动遗址	壕北滩遗址、四坝滩遗址、东灰山遗址、西灰山遗址	4
	社会经济文化活动遗址	历史事件发生地	晾经台、大沙河、高老庄	3
		军事遗址	西路军总指挥部、汪家墩、卡子湾红军战壕、砟子河红军战壕、梨园村小口子红军战壕、红石窝会议遗址、牛毛山战斗遗址、红军窑、东校场遗址、清高总兵宅第	10
		废弃寺庙	长沟寺、雷音寺、转轮寺、水关寺、康隆寺、闪佛寺	6
		废弃生产地	大炼钢铁遗址、红沙渠遗址、明粮仓	3
		故城遗址	骆驼城古遗址、黑水国遗址、许三湾、羊蹄古城、皇城遗址、峡口古城、明海古城、铧尖古遗址、草沟城遗址、冒来泉城堡、草沟井城、新墩子城、永固古城、屋兰古城遗址、唐五松园遗址、八卦营古城遗址、岔家堡遗址、四坝堡遗址、五坝城遗址、山丹县15座、临泽县（有统计的）11座	45
		长城遗迹	新河驿、汉长城遗址、明长城遗址	3
		烽燧	牛心墩烽火台、汉烽燧、临泽（有统计的）29处、甘州区36座、山丹县73座、民乐县38座	178

续表

主类	亚类	基本类型	旅游资源	数量
建筑设施	综合人文旅游地	教学科研实验场所及生产地	山丹培黎农林牧学校、中国工业合作协会山丹工业合作示范区、祁连葡萄酒业开发“三园观光”区、临泽红桥设施葡萄示范基地、张掖国家级玉米种子产业园、民乐园艺场、六坝农业高新开发区农业观赏园、石岗墩高科技农业示范园、西部草业观光园、祁连玉文化产业园	10
		康体游乐休闲度假地	兰花坪度假村、东柳沟休闲度假区、夹心滩雪山乐岛、扁都口生态休闲旅游区、海潮湖风景区、红金度假村、焉支山庄、中华裕固风情走廊、张掖国家沙漠体育公园、西部影视城、西域风情园、西游记文化主题公园	12
		园林游憩区域	南湖生态园、月牙湖公园、圣天寺、甘泉公园、东湖绿色休闲长廊、昭武文化旅游风情园	6
		建设工程与生产地	黑河水电梯级开发工地、张掖火电厂、西部草业牧草生产线及现代化喷灌设备、石岗墩马铃薯全粉生产线、丝路春系列酒生产线、祁连酒业葡萄种植园及葡萄酒酿制工艺、20万只锥形桶生产线	7
	单体活动场馆	祭拜场馆	张掖大佛寺、胜果寺、普光寺、文殊寺、沙沟寺、莲花寺、山丹大佛寺、钟山寺、临泽香古（仙姑）寺、梧桐泉寺、台子寺、龙泉寺、西来寺、道德寺、灵隐寺、民乐圣天寺、海潮音寺、青龙寺、红湾寺	19
		展示演示场馆	长城博物馆、艾黎捐赠文物陈列馆、肃南裕固族自治县民族博物馆、临泽县博物馆、民乐县博物馆、张掖森林公园动物标本馆	6
	景观建筑	佛塔	六坝圆通寺塔、土塔、木塔、李寨土塔、姚寨砖塔、张连庄土塔、永固砖塔、八宝文塔、吕庄土塔	9
		楼阁	太和魁星楼、钟鼓楼、无量阁、三台阁、洪水三台阁、林山堡玉皇阁、列四坝文凤楼、四家魁星楼	8
		石窟	“三十三天”石窟、马蹄殿、上观音洞、中观音洞、下观音洞、千佛洞、金塔寺、文殊寺、石佛崖、赐儿山石窟、童子寺石窟、上天乐石窟	12
		摩崖字画	饮马泉石刻、峡口石刻、洋尕峡石刻	3
		广场	甘州中心广场、佛城广场，高台中心广场、临泽文化体育广场	4
	居住地与社区	特色街巷	马蹄寺仿唐一条街、祁丰乡民族特色餐饮一条街，甘州明清街、马可·波罗街、佛城文物字画商店步行街、甘州中心市场小吃街	6
		名人故居与历史纪念建筑	路易·艾黎故居、西路军烈士纪念塔、西路军陈列馆、甘州区红西路军烈士纪念馆、福音堂	5
		会馆	山西会馆、陕西会馆、民勤会馆、武凉会馆	4
	归葬地	陵区陵园	高台烈士陵园、临泽梨园口战役纪念馆、山丹艾黎与何克陵园	3
		墓（群）	阎相师墓地、永昌王墓、东疙瘩墓群、西疙瘩墓群、上深沟汉墓群、八卦汉墓群、砖包墩汉墓群、黑水国汉墓群、兔坝滩汉墓群、四角墩滩汉墓群、甲子墩墓群、临泽县（有统计的）5处、山丹县11处	27

续表

主类	亚类	基本类型	旅游资源	数量
建筑设施	水工建筑	水库观光游憩区	皇城水库、大野口水库、酥油口水库、海潮坝水库、西大河水库、大湖湾旅游风景区、摆浪河水库、小海子、马尾湖水库、正义峡水库、双泉湖垂钓园、黑河烟林、祁店水库、李桥水库、翟寨子水库、二坝水库风景区、平川水库、红山湾水库	18
旅游商品	地方旅游商品	菜品饮食	青稞烧酒、手抓羊肉、酥油、奶茶、酸奶、油果子、茯茶、民乐搓鱼子、面食、豆腐脑、羊拨拉、糊饽、炮杖子、鸡肉焖卷子、羊肉垫卷子、鸡肠子、清炖雏鸽、烧盒子等	18
		中草药	雪莲、黄芪、锁阳、羌活、大黄、黄参、甘草等	7
		传统手工制品	祁连墨玉、四喜娃娃、大佛寺曼陀罗画、艾黎博物馆胡腾舞俑、麦秆画、绣球、树皮画、裕固族刺绣、编织、山丹烙画、剪纸、贴画、民乐刺绣、木塑画、砖雕、木根雕、石雕、牙雕、牛角雕	19
		其他	甘绿脱水蔬菜系列、苹果梨、马铃薯系列小吃、五松园系列饮料、红枣系列、白酒、保健酒、黑河石系列	8
人文活动	人事记录	代表人物	隋炀帝、马可•波罗、左宗棠、路易•艾黎、乔治•何克等	5
		事件	肃南裕固族自治县成立纪念日	1
	艺术	艺术团体	肃南裕固族自治县歌舞团	1
		文学作品	《裕固族之歌谣》《奔腾的彩虹马》（CD）、《裕固族风情》、戏曲《走娘家》、歌剧《桃花正红》、舞蹈《顶碗舞》等，高台自然风光览胜《驼铃悠悠》（CD），电影《牧马人》《王昭君》《文成公主》《蒙根花》等	11
	民间习俗	民间节庆	明花嬉水节、祭鄂博、补天节、去病节、寒衣节（鬼节）等	5
		民间演艺	民乐顶碗舞、裕固族歌舞、曲艺演唱、宝卷、社火、花灯、木偶、皮影、眉户、秧歌等	10
		民间赛事与健身活动	赛马节	1
		庙会与民间集会	文殊寺文化庙会、沙沟寺文化庙会、“四月四”山丹大佛寺庙会、“六月六”焉支山庙会、灵隐寺北武当文化庙会、“二月二”土地庙会、朝阳洞二月二庙会、城隍庙会、“四月八”灵佛寺庙会、民乐圣天寺庙会、黄泥沟奶奶庙会、五月十三关帝庙会、龙王庙会、张掖大佛寺旅游文化庙会等	14
		特色服饰	东部裕固族服饰、西部裕固族服饰、祁丰藏族服饰、白银蒙古族服饰	4
	现代节庆	旅游节	金张掖马蹄寺旅游观光节、山丹焉支山旅游节、甘州广场春节灯展、甘泉公园花展、中国张掖全国露营大会、中国张掖世界汽车拉力锦标赛、环青海湖国际公路自行车赛、中国裕固族民族风情节、“中国枣乡•魅力临泽”旅游文化节、红色旅游文化艺术节、“绿洲论坛”暨丝绸之路古城邦国际学术研讨会、“金色田园•魅力民乐”旅游文化艺术节暨全国群众登山健身大会（民乐站）	12

资料来源：张掖市旅游局等：《张掖市旅游业发展规划（2014—2020）》，未刊本；魏明孔编著：《甘肃•河西走廊风物志》，昆明：云南人民出版社 2001 年版。

由表3-1-1分类统计可知，目前张掖共有旅游资源不少于600处，涵盖地文景观、水域风光、生物景观、天象气候、遗址遗迹、建筑设施、旅游商品、人文活动8个大类，26个亚类，61个基本类型，旅游资源数量、种类相当丰富多样。

截至2014年11月，张掖市共有国家旅游局颁布的A级景区25家（其中4A级景区13家，接近甘肃省4A景区数量的1/5；3A级景区8家；2A级景区4家），以及国家地质公园1家、国家湿地公园1家、国家级水利风景名胜区6家、国家沙漠体育公园1家、国家爱国主义教育基地2家、国家级文化产业示范基地1家、省级风景名胜区3家、省级森林公园5家。此外，张掖市已建成全国农业旅游示范点1家，形成了以石岗墩高科技农业示范园为龙头、全市20多家休闲度假村为骨干、城郊400多家农（牧）家乐为主体的乡村旅游发展格局。

第二节　产 业 结 构

产业结构优化升级既是经济发展到一定程度的结果和客观反映，也是经济进一步发展的前提和推动经济总量持续扩张的重要因素，推进产业结构调整是加快经济发展方式转变的重要途径和内容，对实现全面协调可持续发展具有重要意义。实践证明，合理的产业结构可以使社会资源得到有效的配置，使国民经济具备良好的结构效益，从而能够促进经济与社会的持续、快速、协调发展。近年来，张掖市深入贯彻落实科学发展观，以建设生态文明为主线，加快转变经济增长方式和经济增长结构，经济总量日益扩大，产业结构不断优化，经济发展的全面性、协调性和可持续性明显增强。

综合而言，20世纪80年代，张掖三次产业结构为47.4∶30.1∶22.5，农业占绝对主导地位，基本属于自给自足传统农业型“一、二、三”结构。据表3-2-1所示，2005年，三次产业结构调整为32∶34∶34，第二产业比重首次超过第一产业，实现了历史性突破，转变成“二、三、一”结构。至2012年，三次产业结构进一步优化调整为26.4∶34.8∶38.7①，第三产业比重超过第二产业，演变成“三、二、一”的内生动力型格局。到2014年，三次产业结构进一步调整为25.2∶33.7∶41.1。随着经济结构的不断优化调整，城镇化的快速推进，劳动力和资金不断由第一产业逐步向第二、第三产业转移。张掖三次产业的这种转变，符合经济发展的长期变动规律，既体现了三次产业之间量的对比关系，也包含了经济运行质量的提升和经济总体实力的增强。

表3-2-1　2005—2014年张掖产业结构变化情况

年份	生产总值（亿元）	第一产业（亿元）	第二产业（亿元）	第三产业（亿元）	三次产业结构
2005	110.79	36.37	36.60	37.82	32∶34∶34
2006	126.70	38.09	44.83	43.78	30∶35∶35
2007	148.11	44.17	54.21	49.73	30∶37∶33
2008	173.75	49.23	66.47	58.05	29∶38∶33
2009	192.07	53.69	72.51	65.87	27.9∶37.8∶34.3
2010	212.78	62.41	75.40	74.97	29.3∶35.5∶35.2
2011	256.84	71.55	96.01	89.28	27.8∶37.4∶34.8
2012	291.92	77.37	101.47	103.08	26.4∶34.8∶38.8
2013	335.97	87.18	117.99	130.80	25.95∶35.12∶38.93
2014	353.43	88.98	119.04	145.41	25.2∶33.7∶41.1

资料来源：2005—2013年的数据由相关年份的《张掖统计年鉴》整理所得，2014年数据来源于《2014年张掖市国民经济和社会发展统计公报》。

① 张鑫：《张掖市产业结构发展轨迹及现状分析》，http://zytj.gov.cn/web/Article/tjfx/2013/09/16/492.html，2015年6月23日。

一、产业结构整体情况

产业结构和经济增长是反映社会经济活动的两个不同的侧面，具有较强关联性。从动态的角度看，经济增长的快慢离不开产业结构这一基础前提，经济产业基础决定经济增长方式，任何一个时期经济的增长都是受一定产业结构的制约。产业结构演变是一个从低级向高级不断转变的过程，随着经济发展，产业结构演变从最初的“一、二、三”比重结构，经过“二、三、一”或“二、一、三”中间过渡，最终必然达到“三、二、一”比重结构。改革开放以来，张掖产业结构发生了明显变化，经历了三次重要转型，这些变化既反映了产业结构演变的一般规律，也体现了张掖地区自身的特点。

（一）农业主导型期

前面已强调，张掖农耕条件优越、地势平坦、土地肥沃、灌溉便利、农业生产水平相对较高，农业比重大、特色浓，是传统的农业大市，是国家现代农业示范区，是全国最大的玉米制种区和重要的粮食、蔬菜、瓜果、油料和牛羊生产基地，曾以占甘肃省6%的耕地和20%的水浇地为甘肃省提供了35%的商品粮，农业增加值总量一直居甘肃省首位。张掖传统农业比较发达，使得张掖产业结构受农业影响较大。在现代社会，农业是附加值不高的产业，与周边地区工业经济高速发展相比较，处于一种“劣势”的尴尬之中，第一产业增长速度快，整个经济增长的速度就快，反之，第一产业增长放缓时，经济增长势头也就会受其影响，趋势放缓。2000年之前，农业比重占到经济总量的40%以上，高的时候则达到50%以上，张掖经济发展主要依靠第一产业，经济增长速度在两位数以下低速徘徊。

（二）工业快速上升期

2003年以来，随着火电和水电开发投产，以及钨、钼、铁的开发和与房地产相关的建材工业的快速发展，工业成为推动或制约经济增长的主要因素，与张掖市经济增长速度同步迈上两位数台阶，推动全市经济结束低速徘徊局面，进入发展的快车道。2004—2008年，张掖工业经济进入快速上升期，年均增长22%，居甘肃省首位，在整体经济中的比重达到29%，比前十年平均上升了10个百分点。[①]这期间，张掖第一产业比重相应下降，2005年第二产业比重达到34%，首次超过第一产业，农业“一头沉”的发展格局基本被打破，结构调整取得实质性进展，并向优化和升级的方向发展。

（三）内生动力型期

长期以来，张掖工业经济增长过度依赖物质资源投入，技术含量较低，许多产业处于全球产业链的低端，高新技术产业基本是空白，新兴产业发展滞后，种子产业比重较大且国内市场基本饱和，工业发展尚未走上创新驱动、内生增长的轨道，拓市场、抗风险能力低，助推全市经济上升的作用有限。有鉴于此，张掖市积极进行产业结构调整，全力建设宜居宜游生态城市，率先实现转型跨越发展。通过发展绿洲经济，建设宜居宜游“金张掖”，不仅促进了第三产业较快增长，也促进了产业结构的调整优化，第三产业发展不断加快，经济发展的活力不断增强，成为推动转型跨越发展新的增长极和最活跃的增长因素，使张掖开始了一种以内生动力驱动发展、以消费拉动增长为主要发展方式的新阶段。

2008年以来，随着经济结构的不断优化调整，城镇化的快速推进，张掖市三次产业就业结构也发生了明显的变化，农村剩余劳动力逐渐向第二、第三产业转移，特别是第三产业就业人员比重明显提高。2013年张掖市第三产业从业人员达到26.45万人，占全部从业人员的35.99%，2011年、2012年第三产业从业人员分别为24.66万人、25.16万人，占全部从业

① 张鑫：《张掖市产业结构发展轨迹及现状分析》，http://zytj.gov.cn/web/Article/tjfx/2013/09/16/492.html，2015年6月23日。

人员的比重分别为33.87%、34.5%，不论是人口数量还是所占比例都在稳步增长。第三产业从业人员年平均工资也在稳步增长，2013年达37 936元，第三产业成为吸纳张掖城乡新增劳动力就业及农村剩余劳动力转移的主要途径。

张掖市第三产业增加值2012年首次突破100亿元，达到106.37亿元，增长了14.8%，增速高于生产总值2.6个百分点，高于第二产业0.5个百分点。张掖市第三产业对经济增长的贡献率达到42.6%，第三产业增加值占生产总值的比重达到36.4%，高于第二产业比重0.9个百分点，首次超过第二产业比重，成为推动和加速经济转型跨越的生力军，经济结构调整呈现出“三、二、一”的内生动力型结构。2013年，张掖市第三产业增长了12.5%，比整体经济快0.8个百分点，居甘肃省第6位，占生产总值的比重达到40.7%，高于第二产业比重6.5个百分点，对经济增长的贡献率达到42.9%，张掖市第三产业税收占税收总收入的比重达到50.9%，已成为推动和加速经济转型跨越的生力军。到2014年，张掖市第三产业增加值达到145.41亿元，增长了9.6%，高于第二产业8.1%的增长幅度，以文化、旅游、服务为引领的第三产业已显现出强劲的发展趋势。

2013年，张掖市第二、第三次产业比重为74.05%，而全国、甘肃省三次产业结构分别为10.0∶43.9∶46.1和14∶45∶41，张掖市第二、第三产业比重分别低于全国、甘肃省15.85个和11.95个百分点。而2013年张掖市第二、第三产业比重与全国、甘肃省的差距为18个和14.3个百分点，这既体现出张掖市经济结构调整取得了一定的成效，又说明未来还需要继续加强这方面的工作，且任重道远。①

① 杜燕：《张掖市结构调整、产业关联及产业选择实证研究》，http://www.gstj.gov.cn/www/HdClsContentDisp.asp?Id=31044，2015年6月23日。

从张掖市各县（区）的情况来看，甘州区第一、第二、第三产业生产水平都是最高的，其他县第一、第二、第三产业在全区的位置不尽相同。以2013年的情况看（表3-2-2），高台县第一产业生产总值仅次于甘州区，之后为临泽县，肃南裕固族自治县第一产业生产总值居全市最后；肃南裕固族自治县第二产业则居全市第二，山丹县第二产业居全市最后；山丹县第三产业生产总值仅次于甘州区，之后是临泽、高台两县，肃南裕固族自治县第三产业生产总值最低，仅占全市的3.6%。

表3-2-2　张掖市2013年各县（区）生产总值情况

县（区）	生产总值（万元）	第一产业（万元）	第二产业（万元）			第三产业（万元）				人均生产总值（元）
			总额	工业	建筑业	总额	交通运输、仓储、邮政业	批发零售业	住宿餐饮业	
张掖市	3 359 718	871 761	1 179 908	885 300	317 700	1 308 049	207 610	204 324	50 730	27 788
甘州区	1 405 361	336 979	380 156	252 514	147 068	688 226	104 051	119 941	34 811	27 491
肃南裕固族自治县	286 272	42 588	195 943	182 846	13 250	47 741	3 573	6 613	2 466	83 951
民乐县	389 287	129 135	143 819	122 841	20 978	116 333	8 984	17 793	2 434	17 591
临泽县	437 700	128 289	167 624	127 019	40 605	141 787	36 598	14 198	6 411	32 350
高台县	455 422	152 680	162 513	121 222	41 966	140 229	24 419	14 953	5 529	31 539
山丹县	386 863	82 089	132 284	78 890	53 833	172 490	35 308	20 907	7 043	23 734

资料来源：甘肃发展年鉴编委会编：《甘肃发展年鉴（2014）》，北京：中国统计出版社2014年版。

三次产业结构中，临泽、高台、民乐县第一产业比重由2008年的32.7%、41.6%和36.8%分别调整为2013年的27.7%、31.9%和30.9%，甘州、临泽、高台、山丹县第三产业比重由2008年的39.6%、24.4%、21.9%和35.7%分别调整为2013年的49.3%、36.2%、34.0%和46.2%，是近年来结构调整成效最明显的县区。第三产业比重在30%以下的县，由3个变为1个，甘州区经济总量占近50%的绝对优势逐渐被其他5县快速发展的势头分化，县域经济之间的经济总量差距和产业结构差距明显缩小，结构更趋于优化合理，既保持了区域发展的优势特色，又保证了区域经济的均衡发展。

二、产业结构内部变化

近年来，张掖市在调整产业结构方面进行了许多有益的探索和努力，并取得了一定的成效。但农业比重高，经济总量小，各产业内部结构依然存在问题。农业内部传统种植业占农业经济总量的比重偏大，达到70%左右，草畜养殖业占20%左右。张掖市现代农业发展处于起步阶段，经营分散，尚未形成规模优势，缺乏规模优势也就难以彰显特色优势。张掖市目前农产品加工业尚处在初级阶段，加工增值链条较短，产品附加值和科技含量较低，农业产品市场化程度偏低，农产品加工龙头企业较少，带动能力不强。工业基础薄弱，缺乏大项目、大企业、主导产业支撑，结构单一，大多数工业企业产业链条短，产品关联度低，工业“短腿”的局面尚未根本改变。2008 年以来，张掖市工业对整体经济的贡献率由 46.7%下降为 2013 年的 24.5%，其中，制造业对经济的贡献率由 34.6%下降为 2013 年的 12.9%；工业税收占总税收的比重由 49.6%下降为 2013 年的 23.5%，制造业税收占总税收的比重由 15.7%下降为 2013 年的 7.2%。[①]制造业作为工业经济的主导行业投资效益低，影响了工业投资产出效益，减弱了工业经济“造血”功能。2014 年，张掖市工业增加值增长 6.9%，低于全国、甘肃省的平均增速，工业增速降到了近 10 年来的最低点；工业经济对 GDP 的贡献率为 25.8%，同比回落 12.9 个百分点，拉动经济增长 2.1 个百分点，回落 2.4 个百分点。工业经济的支撑减弱直接使整体经济减速放缓。[②]

2013 年，张掖市除第三产业、固定资产投资、大口径财政收入、公共财政预算收入增幅明显高于甘肃省平均水平，分别居甘肃省第六位、第三位、第二位、第三位外，其他指标均居甘肃省第九位以后。近年来张掖市

---

① 张鑫：《张掖市产业结构发展轨迹及现状分析》，http://zytj.gov.cn/web/Article/tjfx/2013/09/16/492.html，2015 年 6 月 23 日。

② 张鑫：《2014 年张掖市国民经济和社会发展情况及 2015 年展望》，http://www.gstj.gov.cn/www/HdClsContentDisp.asp?Id=29357，2015 年 6 月 23 日。

第三产业比重提升迅速，这主要得益于区域的生态经济发展战略与转型跨越发展实践。前期的生态投入逐渐开始产生收益，特别是与旅游业相关的餐饮、住宿、租赁、居民服务、文化体育娱乐等行业产值明显增加。

（一）农业总量较大，产业化水平相对较低

产业结构是张掖市绿洲农业生态经济系统的调控主体和绿洲农业生态经济系统是否协调有序的重要标志。

根据产业结构理论，产业结构演变的基本规律是：单一的农业型结构—农工结合型结构—多部门综合型结构。

随着农业结构的调整和农村劳动力向城市转移，张掖地区的农业明显向“轻型农业”演变，实现了农业的重心由“资源型”“劳动型”向“知识型”“技术型”变革，向农业工业化的方向发展。兴起并强劲发展菌产业、奶产业、花卉产业、草产业和加工业，使一部分农民告别土地、告别繁重的体力劳动，走进了农业工厂、车间，进行清洁性生产，这一变革拓宽了农业生产领域，使张掖走向了资源节约型的绿洲农业之路。

农业结构可分为三个层次：第一层次是指大农业生产部门的组成及其之间的关系，即农、林、牧、渔；第二层次是指生产项目结构，如种植业结构，包括粮食作物、经济作物和其他作物等；第三层次是指单项生物生产或产品结构，如粮食作物包括小麦、玉米和水稻等。合理的农业生产结构要求三个层次内部及其之间的关系保持适当比例，以便充分利用人力、物力资源，保持生态平衡。

张掖畜牧业占农业总产值的比重达30%左右，畜牧业正处于由传统畜牧业向现代畜牧业转型的关键时期。全市畜牧部门加快转变畜牧业发展方式，着力培强做大牛、羊主导产业，重点进行畜产品养殖基地建设、畜产品精深加工以及饲草料转化等。2014年末，大牲畜存栏数逐年上升，2014年达到80.77万头（只），比上年末增长4.4%，其中牛存栏增长较快，2014年达65.91万头，比上年末增长5.1%；羊存栏289.06万只，比上年末增长

9.9%；猪存栏72.88万头，比上年末增长1.7%。全年肉类总产量11.69万吨，比上年增长5%；禽蛋产量1.51万吨，比上年增长3.4%（表3-2-3）。①

表 3-2-3 2002—2014 年张掖市畜产品变化情况

年份	肉类总产量（万吨）	猪肉产量（万吨）	禽蛋产量（万吨）	奶产量（万吨）	猪年末存栏（万头）	羊年末存栏（万只）	大牲畜年末存栏（万头）	牛年末存栏（万头）
2002	7.74	5.13	1.28	1.46	54.64	159.69	45.28	28.05
2003	8.51	5.63	1.36	1.59	57.26	168.15	47.15	29.68
2004	9.40	6.22	1.46	1.88	61.60	178.90	50.74	33.41
2005	—	—	—	—	—	—	—	—
2006	11.14	7.36	1.71	2.41	68.84	201.23	55.64	38.71
2007	11.55	7.31	1.69	3.01	64.88	215.11	57.43	42.51
2008	8.70	4.60	1.21	3.71	55.17	195.24	57.71	43.60
2009	9.29	4.77	1.26	4.69	57.53	215.20	62.53	48.87
2010	10.20	5.20	1.34	4.49	63.11	235.50	70.50	56.68
2011	10.47	—	1.55	—	—	—	75.03	—
2012	10.83	5.31	1.59	6.23	69.41	258.43	76.41	61.51
2013	11.14	5.51	1.46	7.30	71.64	262.97	77.38	62.68
2014	11.69	—	1.51	—	72.88	289.06	80.77	65.91

资料来源：2002—2014年的数据由相关年份《张掖市国民经济和社会发展统计公报》统计所得。其中，2005年、2011年、2014年统计公报中未给出数据的项目未做统计。

张掖农业增加值呈上升趋势。由表3-2-4可知，粮食、经济作物、饲料粮三种作物中，粮食作物2009年之前所占的份额在增加，2010年有了较大的改变，2011年开始粮食作物的份额又开始增加，到2014年这种情况又有一定的变化，粮、经、饲比为66.8∶30.3∶2.9，2015年进一步调整为66.9∶29.4∶3.7。经济作物的比重维持在25%—31%，2010年比之前几年增加了3—4个百分点，之后2011—2013年持续下降，2014—2015年又有所增长，主要经济作物面积增加的绝对量和速度均有上升和增长。饲料粮的比重相对较少，2014—2015年有增加的趋势。粮食作物中，玉米、玉米制种在当地农业种植结构中占据着重要的地位，且上升趋势较为明显。但是

① 张掖市统计局、国家统计局张掖调查队：《2014年张掖市国民经济和社会发展统计公报》，http://www.gov.cn/133/49942，2015年6月25日。

近几年制种玉米市场行情较差，导致种植面积下降，为饲用玉米提供了发展空间。蔬菜种植面积逐年增长，大棚养殖、规模化生产有了较大的发展。棉花种植逐步萎缩，油料作物也没有较大的发展（表 3-2-4）。

表 3-2-4 2006—2014 年张掖市种植业的变化情况

年份	农业增加值（亿元）	粮、经、饲比重	粮食总产量（万吨）	小麦（万吨）	玉米（万吨）	玉米制种（万吨）	油料（万千克）	甜菜（万吨）	蔬菜（万吨）	水果（万吨）	棉花（万吨）
2006	37.47	66∶25∶9	88.96	20.88	43.37	38.61	4.17	5.07	97.64	18.64	0.69
2007	43.40	67∶26∶7	92.99	23.77	39.86	26.36	4.12	9.05	97.47	19.61	0.84
2008	48.54	68∶26∶6	94.86	22.79	41.81	29.18	5.24	6.58	99.36	17.96	0.91
2009	52.93	70∶25∶5	102.90	27.00	46.48	36.87	5.80	5.95	103.26	19.29	0.58
2010	62.33	60∶29∶11	109.23	27.70	53.40	41.70	5.90	4.40	107.7	20.10	0.40
2011	72.00	69.1∶27.5∶3.4	121.79	27.60	57.40	47.59	4.46	4.55	114.73	21.94	0.52
2012	—	72∶26∶2	123.55	29.13	60.39	49.67	4.95	5.77	126.83	23.24	0.51
2013	—	74∶25∶1	128.04	30.81	63.15	53.25	4.76	4.87	147.18	24.68	0.46
2014	—	66.8∶30.3∶2.9	132.62	33.19	64.16	—	5.33	—	160.67	26.34	0.37

资料来源：由各年度的《张掖市国民经济和社会发展统计公报》统计所得。

张掖市各县（区）根据自身特色制定了相关的农业政策，积极推进农业结构的转型。甘州区以绿洲现代农业试验示范区为核心，加快国家现代农业示范区建设步伐，大力开展以杂交玉米种子、高原夏菜、奶肉牛、食用菌等产业关键技术的研发试验示范，大力发展高原夏菜、设施蔬菜，推动设施农业向精细化、标准化、规模化方向发展，依托甘肃省千万亩优质林果基地建设规划，以葡萄、优质梨、红枣等优质果品为主，扶持发展一批连片千亩以上特色林果示范基地。山丹县在巩固提升马铃薯、啤酒大麦、油菜等传统产业的基础上，引导、鼓励、扶持发展中药材、高原夏菜、葵花、红地球葡萄、油用牡丹等新型产业，积极发展林业经济。民乐县大力发展中药材、马铃薯、制繁种和高原夏菜等特色优势产业，坚持以土地整理促进土地流转，以土地流转促进规模经营，解放更多劳动力外出务工。高台县大力发展草畜、蔬菜、制种、棉花、番茄等特色主导产业，积极引导农民开展土地经营权流转，推进农业规模化发展。临泽县以省级现代农业示范区建设为总揽，不断培育壮大制种、草畜、蔬菜、红枣、葡萄等特色优势产业，现代农业发展势头强劲；引导发展饲料玉米、蔬菜制种、甜叶菊等作物；狠抓优质蔬菜生产基地建设，启动实施沿“三线”红枣产业带建设，稳步扩大绿色有机农产品生产规模；以全产业链开发和转变发展方式为主线，新建标准化肉牛、肉羊养殖小区。肃南裕固族自治县以扩大舍饲半舍饲养殖规模为核心，推动畜牧业产业链从养殖向饲草料种植、良种繁育和屠宰精深加工延伸，促进传统畜牧业向现代畜牧业转变。

（二）工业化进程缓慢，抗市场风险能力弱

随着经济的快速发展，工业在张掖全市经济中的地位逐步提升，工业对总体经济的支撑带动作用日益增强，但受发展阶段的制约和产业政策的限制，工业基础薄弱，缺乏大项目、大企业、主导产业支撑，结构单一，大多数工业、企业产业链条短、产品关联度低，工业“短腿”的局面尚未根本改变。2012年，张掖工业化率为25.9%，人均GDP达到3834美元，城镇化率为37.11%，第二、第三产业从业人员比重达到51.7%。综合考虑产业结构特征，张掖基本处于工业化中期阶段。通过对张掖市工业化程度的分析可以发现，一方面表明这个发展阶段潜力巨大，另一方面也表明如果主导产业长期得不到应有的加强，必然发展后劲不足，地区经济就有可能陷入长期徘徊甚至退步的局面。工业发展绝不是孤立进行的，而总是与农业现代化和服务业发展城镇化相辅相成的，工业发展不充分，对现代农业、服务业的进一步发展将形成一定压力。

（三）服务业优势明显，发展潜力有待深入挖掘

当前，张掖依托丰富多样的旅游资源，大力发展以旅游为主、商贸物流为辅的第三产业，推动了旅游文化、商贸物流产业蓬勃发展，第三产业比重不断提高，三次产业结构呈现出“三、二、一”的格局趋势。张掖消费需求增大、内生动力增强，一种理想的内生增长型经济结构已

开始形成。张掖经济发展已度过结构调整的“阵痛期”，处在转型拐点，步入一个以内生动力驱动发展、以消费拉动增长为主要发展方式的新阶段。

张掖是坐落在祁连山和黑河湿地两个国家级自然保护区之上的绿洲城市，祁连山水源涵养区、黑河湿地、荒漠戈壁三大生态系统在境内交错衔接，雪山冰川、森林草原、荒漠沙丘、七彩丹霞、田畴沃野、湿地芦苇等地貌交相辉映。其独特的生态优势、明显的区位优势、具备现代服务业发展的条件和基础使得张掖每年接待的中外游客人次逐年增加，2014 年更是有了很大的飞跃，突破了 1000 万人次，旅游收入稳步增长，其在 GDP 中的比重从 2010 年开始逐年稳步上升，旅游业已成为财政税收的主渠道之一（表 3-2-5）。

表 3-2-5　2005—2014 年张掖市旅游业发展情况

年份	全年接待中外游客（万人次）	全年接待海外游客（万人次）	旅游收入（亿元）	占 GDP 的比重（%）
2005	79.80	1.55	2.91	2.63
2006	86.42	1.78	3.20	2.53
2007	94.38	1.88	3.33	2.25
2008	103.86	2.06	3.71	2.14
2009	112.20	2.05	4.15	2.16
2010	187.41	2.50	9.16	4.30
2011	350.00	3.50	17.06	6.64
2012	521.90	5.25	27.14	9.30
2013	662.70	8.18	36.80	10.95
2014	1100.00	—	58.95	16.67

资料来源：由各年度的《张掖市国民经济和社会发展统计公报》统计所得；2011—2013 年全年接待海外旅游人次数据来自《张掖统计年鉴》。

从服务业内部结构来看，张掖市交通运输仓储和邮政业、批发和零售业、住宿餐饮业等传统服务业稳定增长，2013 年三项生产总值分别达到了 207 610 万元、204 324 万元、50 730 万元，在第三产业生产总值中所占的比重分别为 15.87%、15.6%、3.88%，但其比重在第三产业生产总值中在下降，贡献率也减小[①]；教育、租赁和商务服务业、居民服务和其他服务业等新兴行业发展较快，在国民经济中的比重不断提高；金融、信息服务等生产性服务业的带动作用开始显现，但比重还是比较低。

第三节 财 政 金 融

虽然张掖市地方财政实力不断增强，但是其在甘肃省财政实力上仅处于中等水平，收入结构不尽合理，对经济发展的支撑能力不强。地方GDP水平与财政关系比较密切，但是财政支出在GDP中的贡献率下降。张掖市存、贷款余额均有了较大的增长，但是企业直接融资能力弱，融资渠道狭窄，金融生态环境仍需进一步改善。

一、财政收支情况

就财政收入增长速度而言，2002—2006年张掖市年均增长为17.6%，甘肃省为19.6%，全国为19.7%，其分别比甘肃省、全国低2%和2.1%左右，与甘肃省、全国的差距逐步缩小。从表3-3-1来看，2008—2013年，张掖市财政收入由12.72亿元增加到40.08亿元，增长了2倍多。2008年，张掖市财政收入增速为20.1%，甘肃省为20.2%，全国为19.5%。2009年，张掖市财政收入增速有了一个较大的变化，比甘肃省整体增速水平低10个百分点，比全国高6.6个百分点。2010年起，张掖市财政收入增长速度开始超过甘肃省、全国的平均水平，2013年，张掖市财政收入增速达32.9%，甘肃省为8%，全国为10.1%（表3-3-1）。2014年，张掖全市大口径财政收入完成48.1亿元，占预算的101.7%，同比增长20%；财政支出完成121.3亿元，占预算的99.8%，同比增长3.5%。

---

① 甘肃发展年鉴编委会编：《甘肃发展年鉴（2014）》，中国统计出版社2014年版，第200页。

表 3-3-1　2005—2013 年张掖市财政收入情况

年份	张掖市			甘肃省		全国	
	财政收入（亿元）	财政收入增速（%）	人均财政收入（亿元）	财政收入增速（%）	人均财政收入（亿元）	财政收入增速（%）	人均财政收入（亿元）
2005	6.55	17.54	508	18.10	977	13.70	2426
2006	7.90	20.80	614	20.70	1133	24.40	2975
2007	10.59	33.95	832	32.70	1499	32.40	3893
2008	12.72	20.10	995	20.20	1796	19.50	4629
2009	15.04	18.30	1171	28.30	2295	11.70	5134
2010	19.26	28.10	1548	23.40	2870	21.30	6210
2011	25.00	29.90	2079	25.30	3644	24.80	7721
2012	30.15	20.50	2500	17.30	4202	12.80	8678
2013	40.08	32.90	3315	8.00	4434	10.10	9514

资料来源：各年度的《张掖统计年鉴》。

财政收入是国家财政参与社会产品分配所取得的收入，财政收入高低应以其占 GDP 的比重来衡量。这个比例过高，就会影响政府、企业和劳动者个人在初次分配中的所得，挫伤其积极性；反之，又会影响国家财政再分配的保障能力，制约国家重点建设和社会公共事业的发展，最终影响政府、企业和劳动者的根本利益。张掖市财政收入占 GDP 的比重变化从较为均衡的状态开始逐步上升，但一直在偏低空间徘徊，在甘肃省比较靠后。2002—2006 年，张掖市财政收入占 GDP 的比重变化不大，最低值为 5.94%，最高值为 6.43%，平均值为 6.22%，变化幅度在 0.2 个百分点之内，呈平稳均衡变化的态势。张掖市财政收入与甘肃省、全国比较，差距明显拉大。2002 年，张掖市财政收入占 GDP 的比重为 6.38%，分别比甘肃省、全国低 5.82 和 9.32 个百分点；2006 年张掖市财政收入占 GDP 的比重为 6.24%，分别比甘肃省、全国低 6.72 和 12.16 个百分点，差距分别拉大了 0.9 个和 2.84 个百分点；2012 年，全国财政收入占 GDP 的比重为 2.6%，甘肃省为 19.1%[①]，张掖市为 10.3%；2013 年全国财政收入占 GDP 的比重为 22.7%，

① 宋凯、彭阳坤：《我国财政收入占 GDP 比重的比较研究》，《中国财政》2013 年第 14 期，第 36—37 页。

甘肃省为18.3%，张掖市为11.9%。

张掖市人均财政收入水平较低，与周边地区的差距较为明显，在甘肃省人均财政收入中居中等水平。2013年前，张掖市人均财政收入为甘肃省的50%—60%，不足全国的30%；2013年有了较大的提高，约为甘肃省的74.8%，全国的34.8%。但张掖市人均财政收入的绝对量与全国人均财政收入差距逐年扩大。2002年，张掖市人均财政收入381元，甘肃省为567元，全国为1472元，分别比甘肃省、全国低186元和1091元；2006年，张掖市人均财政收入为614元，甘肃省为1133元，全国为2975元，分别比甘肃省、全国低519元和2361元；2012年，张掖市人均财政收入为2500元，甘肃省为4202元，全国为8678元，分别比甘肃省、全国低1702元和6178元；2013年，张掖市人均财政收入比甘肃省低1119元，差距有所减小，比全国低6199元，其与全国的差距依然是增大的。

张掖市财政收入持续高增长动力不足主要受工业经济“短腿”、骨干财源不足的影响。张掖市财政收入超额完成主要来自非税收入的增长，非税收入占大口径财政收入比重达43%，收入结构不尽合理、质量不高的问题仍然存在。

财政政策方面，张掖市积极推行“省直管县”改革。山丹县、民乐县、肃南裕固族自治县、临泽县、高台县5县全部纳入“省直管县”改革范围，市级财政不再组织5县税收，不再参与税收分成，增强了县级财政保障能力，激发了县域经济发展活力。财力分配总体上向县乡倾斜。张掖市不断完善“乡财县管”体制，强调把增收的空间留给县乡，增强县乡财政实力。同时，通过加大转移支付力度等措施，进一步增强了县级财政保障能力。

从表3-3-2来看，张掖市财政支出的绝对量逐年递增，财政收入的相对量，即财政支出占GDP的比例，也呈逐年上升的趋势。但是与甘肃省的情况进行比较，张掖市财政支出的相对量仍然偏低（表3-3-2）。

边际公共支出倾向，用财政支出的增加额占GDP增加额的比例来测量，用于衡量国民生产总值的增加额中用于增加财政支出的份额。由表 3-3-2 可知，张掖市边际公共支出倾向呈先上升后下降的趋势，但 2013 年又有所升高（表 3-3-2）。

表 3-3-2　2006—2013 年张掖市财政变动情况

年份	甘肃省						张掖市					
	GDP（亿元）	财政支出（亿元）	财政支出的相对量（%）	边际公共支出倾向（%）	财政支出弹性（%）	财政支出的贡献率（%）	GDP（亿元）	财政支出（亿元）	财政支出的相对量（%）	边际公共支出倾向（%）	财政支出弹性（%）	财政支出的贡献率（%）
2006	2277.35	528.59	23.21	0.29	1.30	0.65	126.70	20.20	15.94	0.31	2.29	0.79
2007	2703.98	675.34	24.98	0.34	1.48	0.63	148.11	27.00	18.23	0.32	1.99	0.79
2008	3166.82	968.43	30.58	0.63	2.54	0.48	173.75	37.60	21.64	0.41	2.27	0.68
2009	3387.56	1246.28	36.79	1.26	4.12	0.18	192.07	53.20	27.70	0.85	3.93	0.34
2010	4120.75	1468.58	35.64	0.30	0.82	0.50	212.78	65.87	30.96	0.61	2.21	0.31
2011	5020.37	1791.24	35.68	0.36	1.01	0.50	256.84	81.07	31.56	0.34	1.11	0.54
2012	5650.20	2059.56	36.45	0.43	1.19	0.31	291.92	93.60	32.06	0.36	1.13	0.37
2013	6268.01	2309.62	36.85	0.40	1.11	0.27	335.97	117.10	34.85	0.53	1.66	0.38

资料来源：GDP、财政支出数据来源于甘肃发展年鉴编委会编：《甘肃发展年鉴（2014）》，北京：中国统计出版社 2014 年版；其他各项由项目组成员计算所得。

财政支出弹性，用财政支出增长百分比/GDP 增长百分比表示，衡量 GDP 的增长引起财政支出增长幅度的大小。张掖市财政支出弹性多数情况下高于甘肃省平均水平，基本大于 1，但 2008 年、2009 年、2012 年张掖市财政的支出弹性比甘肃省平均水平小（表 3-3-2），一方面说明张掖市财政支出的增长幅度大于地区收入的增长幅度，另一方面也说明张掖市地方经济对财政的依赖比较大。

财政支出的贡献率为 GDP 的增加值与财政支出的比值，在一定程度上可以反映财政支出的效果，以及 GDP 的增长对于财政支出的依赖程度。张掖市财政支出的贡献度远远大于甘肃省总体水平，但整体上有所降低，说明 GDP 的增长在一定程度上与财政支出的增加有关，这种依赖性最近几年有所下降。但是 2010—2011 年的情况比较特殊，2010 年张掖市财政支出的贡献率低于甘肃省水平，到 2011 年张掖市财政支出的贡献率有一个爆发性的上涨（表 3-3-2）。

张掖市财政支出上述几个方面的变化，与最近几年张掖市固定资产投资较快增长、开工建设项目增多有一定的关系。近几年张掖市政府对保障性住房建设、小型农田水利工程、工业园区循环化改造、黑河湿地保护等重大项目的财政支持力度比较大。但是整体上由于财源不足，自身财力有限，支持经济社会发展的能力较弱，收支矛盾仍然突出。

从财政收支结构来看，以 2014 年为例，张掖市大口径财政收入完成 48.1 亿元，财政支出完成 121.3 亿元。分类收支完成情况是：公共财政预算收入完成 22.1 亿元，同比增长 32.4%；支出完成 107.8 亿元，同比增长 11.8%。政府性基金预算收入完成 11.9 亿元，同比增长 5.6%；支出完成 13.5 亿元，同比下降 35%。社会保险基金预算收入完成 18.4 亿元，同比增长 13.5%；支出完成 16.6 亿元，同比增长 12.4%。

二、金融运行情况

张掖市金融运行总体良好。金融机构各项存、贷款呈持续增长；个人存款、贷款稳步增长；个人储蓄存款和单位定期存款有所回升；资金自给水平不断提升，金融机构支付正常。2014 年末，张掖全市金融机构各项贷款余额为 390.72 亿元，比上年增加 96.82 亿元，增长 32.9%。张掖市各项存款余额为 500.51 亿元，比上年增加 64.05 亿元，增长 14.7%。其中，居民储蓄存款余额为 294.09 亿元，增加 34.54 亿元，增长 13.3%。[①]最近几年，大金融机构对工业、特色农业和重大项目建设的支持力度都在加强，有效地助推了张掖县域经济快速发展。

但是目前存在的主要问题是，张掖市增加信贷投入存在多重瓶颈制约。从外部环境看，商业银行实行全国统一的信贷风险控制和企业信用评级标准，抬高了县域企业贷款的门槛，难以适应县域中小企业资金需求

① 张鑫：《2014 年张掖市国民经济和社会发展情况及 2015 年展望》，http://www.gstj.gov.cn/www/HdClsContentDisp.asp?Id=29357，2015年6月23日。

“短、频、快”特点。从内部环境看，玉米制种企业等农业产业化企业出现了全行业持续性的资金紧缺和产品积压，难以获得银行的青睐。另外，企业直接融资能力弱，金融生态环境仍需进一步改善，企业竞争力低，抗风险能力弱。

2015 年 6 月，张掖市被确定为首批“全国小微企业创业创新基地城市示范”15 个试点城市之一。迄今为止，张掖市已经成立了大量的小微企业。这些企业数量大、分布广、类型多、活力强，但与此同时，小微企业规模小、资产少，以及内部治理和抗风险能力较弱等劣势，使其在融资的“关键环节”屡屡碰壁。如何切实解决张掖市小微企业的融资难问题，还需要政府各项政策的支持。

第四节　民　　生

张掖市人口增速稳定，城镇化速度稳步推进，城市、农村居民收入均稳定增长，支出结构渐趋合理，教育、医疗、社保均得到了较大的改观。

一、人口

人口问题的实质是经济问题、发展问题。张掖是经济总量小、人均水平较低的地区，虽然经过 30 多年的努力，人口过快增长的势头得到了有效控制，实现了人口低生育水平，但是人口与经济、社会、资源、环境的矛盾仍然比较突出，人口对经济社会发展和资源环境的压力将长期存在。近几年来，张掖市贯彻控制人口数量、提高人口素质的国策，统筹解决人口数量、素质、结构、分布问题，有效地缓解了人口对资源、环境的压力。

（一）人口总量保持低速增长

从《2014年张掖市国民经济和社会发展统计公报》数据来看，2014年末全市常住人口为121.33万人，比上年末增加0.28万人，人口自然增长率为5.26‰。其中，城镇人口48.93万人，占总人口的40.33%，比重比上年提高1.62个百分点；乡村人口72.4万人，占总人口的59.67%。甘肃省年末常住人口为2590.78万人，人口自然增长率为6.10‰，其中，城镇人口1079.84万人，占总人口的41.68%，比重比上年提高1.55个百分点；乡村人口1510.94万人，占总人口的58.32%。[①]

按年龄分，0—14周岁人口19.45万人，占总人口的16.03%；15—64周岁人口92.79万人，占总人口的76.48%；65周岁及以上人口9.09万人，占总人口的7.49%。全年人口出生率为11.48‰，比上年末上升0.04个千分点；死亡率为6.22‰，比上年末上升0.02个千分点；人口自然增长率为5.26‰，比上年末上升0.02个千分点。甘肃省0—14周岁人口占常住人口的17.01%，15—64周岁人口占常住人口的74.44%，65周岁及以上人口占常住人口的8.55%，比重同比提高0.05个百分点。[②]

张掖市5县1区中，人口增长幅度较大的是肃南裕固族自治县、民乐县、山丹县，2013年三县人口分别增长6.27‰、6.1‰、6.01‰，人口增长幅度最小的是高台县，人口自然增长率不足5‰。2011—2013年，肃南裕固族自治县、民乐县、山丹县人口自然增长率在下降，而临泽县、高台县的人口自然增长率在增加。各县（区）常住人口的增长与流动人口密切相关，经济发展较快的地区流入人口较多，导致常住人口较快增长；经济发展较慢的地区，外出打工人数较多，导致常住人口缓慢增长。但整体而

① 甘肃省统计局：《2014年甘肃省国民经济和社会发展统计公报》，http://www.gstj.gov.cn/www/HdClsContentDisp.asp?Id=29437，2015年3月27日；张掖市统计局、国家统计局张掖调查队：《2014年张掖市国民经济和社会发展统计公报》，http://zytj.gov.cn/web/Article/sjfb/tjgb/2015/03/27/1330.html，2015年6月23日。

② 甘肃省统计局：《2014年甘肃省国民经济和社会发展统计公报》，http://www.gstj.gov.cn/www/HdClsContentDisp.asp?Id=29437，2015年3月27日；张掖市统计局、国家统计局张掖调查队：《2014年张掖市国民经济和社会发展统计公报》，http://zytj.gov.cn/web/Article/sjfb/tjgb/2015/03/27/1330.html，2015年6月23日。

言，张掖5县1区人口自然增长率水平差异不算太大。

张掖市人口数量地域分布相对集中，甘州区人口超过全市人口的40%；民乐、临泽、高台县人口总数虽少于甘州区人口数，但整体上也超过全市人口的40%；肃南裕固族自治县人口最少，但是数量呈上升趋势。从各县人口数占全区人口的比重来看，民乐县、临泽县逐年下降；甘州区、肃南裕固族自治县在经历了2012年的下降之后，2013年有所上升；山丹县2012年上升，2013年有较大幅度的下降。人口分布是随着各地工业化、城镇化进程的不断推进而逐步发生变化的。

（二）人口自然增长率缓慢回升

从2005年开始到2014年，第三次出生高峰期出生的人口陆续进入生育期，导致人口出生率的回升，但回升的幅度较小。2013年，张掖全市人口出生率为11.44‰，比上年增加0.05‰（表3-4-1）。2000年人口普查时，甘肃省人口死亡率的年龄分布已进入典型的J型结构，青壮年死亡率稳中有降，死亡人口年龄提高，死亡人口重心移向老年人口。主要原因是随着人口年龄结构的变化，甘肃省65岁及以上老年人口比例逐年增加，在现行医疗水平没有重大突破的情况下，死亡率应呈逐年缓慢上升的态势[①]，张掖的情况也类似。

表3-4-1　2011—2013年张掖市各县（区）人口情况

县区	常住人口（万人）			出生率（‰）			死亡率（‰）			自然增长率（‰）		
	2011年	2012年	2013年	2011年	2012年	2013年	2011年	2012年	2013年	2011年	2012年	2013年
全市	119.95	120.46	120.76	11.38	11.39	11.44	6.15	6.17	6.20	5.23	5.22	5.24
甘州区	50.93	51.05	51.18	10.16	10.17	10.27	5.01	5.03	5.12	5.15	5.14	5.15
肃南裕固族自治县	3.39	3.40	3.42	11.56	11.55	11.51	5.09	5.17	5.24	6.47	6.38	6.27
民乐县	22.05	22.11	22.15	12.14	12.06	12.06	5.94	5.93	5.96	6.20	6.13	6.10
临泽县	13.49	13.52	13.54	11.58	11.58	11.62	6.57	6.55	6.52	5.01	5.03	5.10
高台县	14.38	14.42	14.46	11.17	11.18	11.26	6.95	6.44	6.27	4.22	4.74	4.99
山丹县	16.22	16.62	16.30	12.54	11.42	11.42	6.04	5.33	5.41	6.50	6.09	6.01

资料来源：由各年度的《张掖统计年鉴》统计所得。

① 人口就业处：《2008年甘肃人口发展状况与特点分析》，http://www.gstj.gov.cn/www/HdClsContentDisp.asp?Id=19871，2015年6月23日。

2013年张掖市人口死亡率为6.2‰，比上年增加0.03‰。各县（区）的情况又有差异，临泽、高台、山丹县2011—2013年的人口死亡率总体有所下降。但是各县（区）人口出生率、死亡率比较稳定，随着经济社会快速发展，人民生活水平不断提高，以及计划生育政策逐步深入人心和人们少生快富、优生优育观念的逐步建立，张掖市人口生育水平逐渐稳定在一个较低的水平上。随着医疗卫生事业的发展和物质条件的不断改善，张掖市人口死亡率也基本稳定在一定的水平上，只是由于老年人口比重不断上升而缓慢回升。

（三）城镇化进程稳步推进

城镇化水平是衡量经济发展水平特别是工业发展水平的重要标志之一。近几年来，随着工业化进程的推进和经济的持续快速发展，张掖市进行了撤乡改镇及城中村的改造建设，甘肃省城镇建设的范围和规模继续扩大，农村剩余劳动力向城镇转移流量大大增加，从而加快了城镇化进程，使城镇化水平进一步提高。张掖市城镇化率2005年以来呈稳步提高的趋势（表3-4-2）。2014年末，全市常住人口为121.33万人，低于2005年128.44万人的水平，其中城镇人口48.93万人，高于2005年43.03万人的水平。从城镇人口所占的比例来看，2014年末为40.33%，比2005年高出15.73个百分点，比2013年高出1.62个百分点。[①]

表3-4-2　2005—2013年张掖市各县（区）城镇化率　　单位：%

县区	2005	2006	2007	2008	2009	2010	2011	2012	2013
全市	24.60	25.16	25.86	27.27	27.43	27.60	35.98	37.11	38.71
甘州区	35.73	36.38	36.76	36.96	36.84	36.70	41.00	43.06	44.17
肃南裕固族自治县	29.99	30.28	30.36	30.69	31.20	31.60	33.00	34.28	34.92
民乐县	12.44	12.91	13.44	13.92	14.53	15.00	27.50	28.78	30.26
临泽县	14.92	15.11	15.38	15.76	16.08	16.40	34.52	35.92	37.34
高台县	15.38	15.55	15.89	16.37	16.77	17.20	28.71	29.75	34.21
山丹县	24.42	25.13	25.65	34.84	34.88	35.20	36.77	37.78	38.97

资料来源：由各年度的《张掖统计年鉴》统计所得。

① 张掖市统计局、国家统计局张掖调查队：《2014年张掖市国民经济和社会发展统计公报》，http://zytj.gov.cn/web/Article/sjfb/tjgb/2015/03/27/1330.html，2015年6月23日。

近年来，张掖市各县（区）随着改革开放和经济建设步伐的加快，城镇建设的范围和规模不断扩大。就业制度和社会保障制度的逐步建立、人口迁移政策的放宽、进城难问题的逐步解决，使农村人口转为城市人口的数量大大增加，有力地推进了各县（区）城镇化进程，使城镇化水平稳步提高。2013年张掖全市5个县（区）城镇人口比重最高的甘州区，城镇化率高达44.17%，其次为山丹县，达38.97%，而山丹县的城镇化速度从2007年开始加速，甘州区、民乐县、临泽县、高台县城镇化速度从2010年开始增加。肃南裕固族自治县城镇化速度一直比较稳定（表3-4-2）。从张掖市在甘肃省范围来看，城镇化增幅也是比较快的，地区间的差异在逐渐缩小。

二、收支结构的变化

张掖市城镇居民人均可支配收入低于全国平均水平，也低于甘肃省整体水平，但其农民人均纯收入水平远高于甘肃省平均水平，2006年之前张掖市农民人均纯收入水平高于全国水平，2006年开始低于全国水平。2014年，张掖市全年城镇居民人均可支配收入17 386元，比上年增长9.5%（表3-4-3）；城镇居民人均消费性支出15 583元，比上年增长10.3%；城镇居民家庭恩格尔系数（即居民家庭食品消费支出占家庭消费支出的比重）为31.85%，比上年降低0.09个百分点。农村居民人均纯收入9489元，比上年增长12.1%；农村居民人均生活消费支出8227元，比上年增长12.3%；农村居民家庭恩格尔系数为37.55%，比上年降低0.11个百分点。

表3-4-3 2002—2014年张掖市人均收入情况 单位：元

年份	城镇居民人均可支配收入			农民人均纯收入		
	张掖市	全国水平	甘肃省水平	张掖市	全国水平	甘肃省水平
2002	5 960	7 703	6 151	3 092	2 476	1 590
2003	6 360	8 472	6 657	3 274	2 622	1 673
2004	6 995	9 422	7 377	3 535	2 936	1 852
2005	7 595	10 493	8 087	3 751	3 255	1 980
2006	7 995	11 759	8 921	3 934	3 587	2 134

续表

年份	城镇居民人均可支配收入			农民人均纯收入		
	张掖市	全国水平	甘肃省水平	张掖市	全国水平	甘肃省水平
2007	8 595	13 786	10 012	4 137	4 140	2 329
2008	9 315	15 781	10 969	4 515	4 761	2 724
2009	10 153	17 175	11 930	4 989	5 153	2 980
2010	10 855	19 109	13 189	5 575	5 919	3 425
2011	12 400	21 810	14 989	6 467	6 977	3 909
2012	14 395	24 565	17 157	7 504	7 917	4 507
2013	15 877	26 955	18 965	8 465	8 896	5 108
2014	17 386	—	—	9 489	—	—

资料来源：2002—2013 年《张掖统计年鉴》；《2014 年张掖市国民经济和社会发展统计公报》。

（一）农村居民收入

如表 3-4-3 所示，2014 年末，张掖市农民人均纯收入达到 9489 元，较上年增加 1024 元，增长 12.1%，与 2010 年相比，增加 3914 元，增长 70.2%。同期甘肃省农村居民人均纯收入 5736 元，与 2010 年相比增长 12.3%。[①]由于 2014 年全部的统计数据尚不全，我们拿 2013 年的情况进行分析，可以发现，从纵向看，2013 年农民人均纯收入张掖市为 8465 元，全国为 8896 元，甘肃省平均水平为 5108 元，张掖市农民人均纯收入高于甘肃省 3357 元，比全国低 431 元[②]；从横向看，2013 年，张掖市农民人均纯收入在甘肃省 14 个市（州）中位列第四位，比前三位的嘉峪关、酒泉、金昌市分别低 3387 元、2386 元和 398 元，比第五位、第六位的兰州、武威市分别高 1350 元、1501 元，比第十三位、第十四位的临夏回族自治州、陇南市分别高 4838 元、4929 元。而在 2010 年，张掖市农民人均纯收入在甘肃省 14 个市（州）中位列第四位，比前三位的嘉峪关、酒泉、金昌市分别低 2290 元、1659 元和 378 元，比第五位、第六位的兰州、武威市分别高 988 元、1064 元，比第十三位、第十四位的临夏回族自治州、陇南市分别高

① 甘肃省统计局：《2014 年甘肃省国民经济和社会发展统计公报》，http://www.gansu.gov.cn/art/2015/4/10/art_5588_232953.html，2018 年 7 月 9 日。

② 张掖市统计局、国家统计局张掖调查队：《2014 年张掖市国民经济和社会发展统计公报》，http://zytj.gov.cn/web/Article/sjfb/tjgb/2015/03/27/1330.html，2018 年 7 月 9 日。

3200元、3276元。从区域内部来看，2013年肃南裕固族自治县农民纯收入最高，达到9469元，高于全国平均水平，也远高于张掖其他县（区）的水平，而收入最低的是民乐县，只有6393元。

张掖市农民收入主要呈以下特点：首先，工资性收入增长较快，成为拉动农民增收的重要因素。随着劳务输转力度的不断加大，外出务工人数持续增加，务工工资不断提高，以外出务工为主的工资性收入快速增长。2010年，张掖市农民工资性收入人均1499元，比上年增长15.1%，占农民人均纯收入的26.9%，工资性收入对农民人均纯收入的贡献率达到33.6%。2012年，张掖市农民人均纯收入元7504元，工资性收入2145元，外出从业收入为1300元。2013年，张掖市农民工资性收入人均为2474元，占农民人均纯收入的29.2%（表3-4-4）。2005—2013年，工资性收入的年增长率大于农民人均纯收入的年增长率，外出从业收入的年增长率高于工资性收入的年增长率。不论是工资性收入的增长水平，还是占农民人均纯收入的比重以及对农民人均纯收入的贡献率，工资性收入已经成为拉动农民增收的重要因素。

表3-4-4　2013年张掖市农民收入结构　　单位：元

地区	农民人均纯收入	工资性收入	家庭经营纯收入	财产性收入	转移性收入
全市	8465	2474	5208	231	551
甘州区	7943	1850	5556	139	397
肃南县	9469	1984	5744	37	1704
民乐县	6393	2095	3799	7	491
临泽县	7992	1530	6077	30	355
高台县	7555	2453	4691	44	368
山丹县	7316	3119	3505	200	491

资料来源：甘肃发展年鉴编委会编：《甘肃发展年鉴（2014）》，北京：中国统计出版社2014年版。

其次，家庭经营收入在农民人均纯收入中占据主导地位，仍然是农民收入的主要来源。一方面，家庭经营收入总额处于上升趋势，由2005年的2784元上升到2013年的5208元（表3-4-5）；另一方面，它所占比重逐年下降，由2005年的74.2%下降到2013年的61.5%。张掖市粮食种植面积逐年增加，粮食产量稳步增长，粮食等主要农产品价格不断上涨，各项惠农政策全面落实，促使农民家庭经营性收入快速增加。家庭经营收入中第一产业收入稳步增长，所占的比重较为稳定。这与近几年张掖市传统农业向现代农业发展，大力发展规模养殖肉牛基地建设、马铃薯等新型产业培育，发展玉米种植等有一定的关系。目前，张掖市已经形成了川区以玉米制种、日光温室、舍饲养殖、蔬菜及优质林果为主，沿山地区以马铃薯、啤酒大麦、油料、草畜为主的产业发展格局，农业产业化经营水平不断提高。但是应该看到，第二、第三产业收入增长相对滞后，其中第三产业在经营收入中的比重逐年下降，已经从2006年的13.8%下降到2013年的11.5%，成为制约张掖市农民收入快速增长的瓶颈，这也是与收入较高地区差距拉大的重要原因。

表3-4-5　2005—2013年张掖市农民人均纯收入变化情况　　单位：元

年份	农民人均纯收入	工资性收入				家庭经营收入			财产性收入	转移性收入
		总额	非企业组织中的收入	非本乡地域收入	外出从业收入	总额	农业	第三产业		
2005	3751	882.0	120.6	252.6	508.8	2784	1546.0	—	15.4	70.0
2006	3934	929.6	92.3	272.0	565.7	2907	1635.0	400.0	12.6	85.2
2007	4137	1019.0	105.0	291.0	623.0	3004	1696.0	419.0	10.0	104.0
2008	4515	1154.0	132.0	304.0	718.0	3172	1765.6	429.7	12.5	176.0
2009	4989	1303.0	154.0	352.0	797.0	3453	1929.0	448.0	18.0	215.0
2010	5575	1499.0	152.0	420.0	927.0	3810	2141.0	472.0	22.0	244.0
2011	6467	1787.0	173.0	507.0	1107.0	4377	2415.0	555.0	36.0	268.0
2012	7504	2145.0	203.0	642.0	1300.0	4812	2690.0	568.0	91.0	456.0
2013	8465	2474.0	—	—	—	5208	2911.0	601.0	231.0	551.0

资料来源：由各年度的《张掖统计年鉴》统计所得。

最后，财产性收入和转移性收入持续增加，成为新的增收亮点。由于农民收入不断增加，理财观念不断更新，加上政策性支农、惠农的范围不断扩大和扶持力度的加大，农民家庭财产性收入和转移性收入成为新的增收亮点。财产性收入2013年更是有了突破性的增长，由2012年的91元增长到2013年的231元（表3-4-5），增长了1.5倍多。转移性收入包括退耕还林还草补贴、粮食直接补贴、良种补贴收入，这几方面的增长对农民人均纯收入的增加起到了较强的推动作用。2013年，财产性收入为231元，转移性收入为551元，二者在农民人均纯收入中所占的比重为9.2%（表3-4-5）。

虽然张掖市农民人均纯收入保持了持续较快的增长，农民生活质量不断提高，但还存在一些制约因素和问题。

首先，外部环境的压力不断加大，与嘉峪关、酒泉、金昌的收入差距逐年拉大。

其次，城乡居民收入差距逐年扩大，从收入上制约了城镇化进程，影响了新农村建设水平，扩大了城乡居民消费能力的差距。

再次，依靠增加产量增收的空间缩小。以目前张掖市工业化、城镇化的发展形势，张掖市耕地面积只能维持在总体平衡的水平，而几年来单产不断创出新高，再提高的难度更大。如果没有农业科技的创新和应用，依靠增加农产品产量达到提高农民收入的难度越来越大。同时，受农业自然灾害的不确定性影响，对粮食产量的增加和提高单产的制约性因素也不容忽视。

最后，通过提高农产品价格增收的影响因素减弱。国家对农产品价格的政策导向是以“稳”为主基调，通过农产品价格上涨增加农民收入的因素逐步减弱，对农民收入增长影响较大。同时，农产品的价格上涨必然要传导到工业和相关非农产业，相应会引起和带动农业生产资料价格的上涨，增加农业生产成本，反而抵减了农产品价格上涨给农民带来的收入。农业生产成本和费用依然偏高，农业产业化经营水平不高，分散式经营仍然是农民种植、养殖的主要方式，农业产业链条短，依靠农副产品深加工、精加工的企业少，高附加值的农产品加工业发展滞后，农村第二、第三产业不发达，农业、农村产业结构调整慢，农民依靠直接出售农产品及初级加工产品获取效益低，农业综合效益不能充分发挥等，是制约张掖市农民收入增长的主要因素。

（二）农村居民消费结构的变化

2005年以来，张掖市农民人均生活消费支出逐年增加。2013年，张掖市农村居民人均生活消费支出7325元，较上年增加980元，增长13.4%；恩格尔系数37.65%，比2005年下降3.65个百分点（表3-4-6）。到2014年，农村居民人均生活消费支出8227元，比上年增长12.3%；恩格尔系数为37.55%，比上年降低0.11个百分点。①2014年，甘肃省农村居民人均生活消费支出5272元，比上年增长8.7%；农村居民家庭恩格尔系数为37.6%，比上年提高0.5个百分点。②衣着、居住、家庭设备用品及服务、医疗保健、交通和通信、文化教育娱乐用品及服务支出都有不同程度的增加。2013年，生活质量综合实现程度82.24%，其中，农村居民恩格尔系数和农民生活信息化程度实现程度分别达到99.04%和91.88%，农民居住质量指数和农民文化娱乐消费支出比重实现程度分别达到77.82%和60%。③

表3-4-6　2005—2013年张掖市农村人均消费变化情况

年份	农民人均生活消费支出（元）	食品支出（元）	恩格尔系数（%）	衣着（元）	居住（元）	家庭设备用品及服务（元）	医疗保健（元）	交通和通信（元）	文化教育娱乐用品及服务（元）	其他商品和服务（元）
2005	2704	1117	41.30	—	—	—	—	—	—	—
2006	2981	1197	40.20	—	—	—	—	—	—	—
2007	3272	1354	41.40	—	—	—	—	—	—	—
2008	3616	1462	40.40	—	—	—	—	—	—	—

① 张掖市统计局、国家统计局张掖调查队：《2014年张掖市国民经济和社会发展统计公报》，http://zytj.gov.cn/web/Article/sjfb/tjgb/2015/03/27/1330.html，2015年3月27日。

② 甘肃省统计局：《2014年甘肃省国民经济和社会发展统计公报》，http://www.gstj.gov.cn/www/HdClsContentDisp.asp?Id=29437，2015年3月27日。

③ 《张掖市农村全面小康监测分析》，http://www.gsei.com.cn/html/1286/2013-03-08/content-143645.html，2018年7月9日。

续表

年份	农民人均生活消费支出（元）	食品支出（元）	恩格尔系数（%）	衣着（元）	居住（元）	家庭设备用品及服务（元）	医疗保健（元）	交通和通信（元）	文化教育娱乐用品及服务（元）	其他商品和服务（元）
2009	3914	1570	40.10	—	—	—	—	—	—	—
2010	4416	1770	40.10	291.80	661.59	312.76	541.86	425.66	319.92	92.12
2011	5210	2035	39.06	364.69	819.66	401.59	381.55	656.09	406.29	145.39
2012	6345	2379	37.47	486.00	983.00	474.00	462.00	915.00	551.00	159.00
2013	7325	2758	37.65	525.00	1131.00	478.00	968.00	660.00	640.00	166.00

资料来源：由各年度的《张掖统计年鉴》和《甘肃发展年鉴》统计所得。由于2005—2009年某些项目统计口径与2010—2013年的有差异，所以对衣着、居住等项主要对2010—2013年的数据进行了收集。

对2005—2013年张掖市农民人均生活消费支出各个方面的情况进行比较可以发现：张掖食品消费质量提高，膳食结构逐步优化。消费食用油和肉、禽、蛋、奶及制品支出，消费蔬菜及制品支出，消费豆类食品、水产品及制品、茶叶和饮料、其他类食品等支出均有增长。衣着日益时尚，穿着档次不断提升。住房质量普遍提高，居住条件不断改善。农村小康住宅建设速度加快，农村居民有的已经住上了楼房，居住条件趋于宽敞化、舒适化。家庭设备更新加快，耐用消费品趋于时代化。交通通信设备紧跟步伐，信息化程度明显提高。文化教育需求日增，医疗保健消费大幅增长。农村居民精神生活日益丰富多彩，用于文化教育娱乐和医疗保健消费有了一定程度的增加。

（三）城市居民收入

2005—2013年张掖市城镇居民人均收入和可支配收入保持了平稳增长态势，分别由2005年的7789元、7595元增长到2013年的17 138元、15 877元。从收入构成看，工资性收入、经营性收入和转移性收入成为支撑居民收入增长的三大支点（表3-4-7）。

表 3-4-7　2005—2013 年张掖市城镇居民人均收入变化情况　　单位：元

年份	城镇居民人均收入	可支配收入	工资性收入	经营性收入	财产性收入	转移性收入
2005	7 789	7 595	5 235	497	35	2 022
2006	8 247	7 995	5 795	778	65	1 609
2007	8 873	8 595	6 189	786	9	1 890
2008	9 827	9 315	7 323	449	30	2 024
2009	10 998	10 153	8 270	452	54	2 222
2010	11 817	10 855	8 484	866	100	2 367
2011	13 308	12 400	9 695	1 078	110	2 425
2012	15 452	14 395	11 278	1 336	139	2 669
2013	17 138	15 877	12 356	1 434	196	3 152

资料来源：由各年度的《张掖统计年鉴》统计所得。

2005—2013 年工资性收入平稳增长，依然是城镇居民家庭收入的主流，占 60%—80%，是拉动可支配收入增长的主要因素。2013 年，城镇居民人均工资性收入 12 356 元，比上年增长 9.55%，占家庭总收入的 72.1%。经营性收入较快增长，成为收入增长的新动力。近年来，随着对非公经济和自主就业扶持政策力度的不断加大，私营个体经济发展迅速，全市个体私营劳动者人数稳步增加，加上张掖市积极落实国家扩大内需的各项政策，城镇居民经营利润提高，经营性收入成为居民家庭收入稳定增长的有力补充。2013 年，城镇居民人均经营性收入 1434 元，比上年增长 7.3%。转移性收入显著增长，与继续落实提高低保标准，扩大低保面，增加企业退休人员基本养老金等社会保障措施，以及有效地促进了转移性收入显著增长相关政策的实施有较大关联。2013 年，城镇居民人均转移性收入 3152 元，比上年增长 18.1%（表 3-4-7）。

而与甘肃省其他市进行比较可以发现，2013 年张掖市城市居民人均总收入、可支配收入在甘肃省处于中下水平，在 14 个市（州）中排第十。财产性收入居甘肃省第九位，转移性收入居第七位（表 3-4-8）。

表 3-4-8　2013 年甘肃省城镇居民人均收入变动情况　　单位：元

地区	总收入	工资性收入	经营净收入	财产性收入	转移性收入	可支配收入
兰州市	22 060.73	14 033.63	614.62	619.00	6 793.48	20 766.76
嘉峪关市	27 469.68	20 382.04	875.89	897.66	5 314.09	24 294.50
金昌市	26 234.38	19 529.94	2 025.40	171.32	4 507.72	23 786.38
白银市	19 362.22	14 247.51	1 774.28	106.55	3 233.88	18 279.74
天水市	18 010.42	13 553.32	1 573.44	329.54	2 554.11	16 892.30
武威市	19 589.69	15 039.90	1 391.75	196.35	2 961.69	17 368.30
张掖市	17 138.11	12 355.93	1 434.13	196.23	3 151.82	15 877.41
平凉市	18 419.39	12 227.09	1 748.82	526.85	3 916.63	17 351.00
酒泉市	24 213.97	16 305.60	3 941.03	255.00	3 712.33	22 389.20
庆阳市	20 046.06	15 013.34	2 025.10	345.06	2 662.56	18 760.90
定西市	16 637.21	12 282.43	1 765.66	69.98	2 519.13	15 723.17
陇南市	16 319.60	12 083.69	1 947.02	304.86	1 984.03	15 554.77
临夏回族自治州	12 994.06	7 535.37	2 397.32	89.21	2 972.14	12 616.90
甘南藏族自治州	16 936.62	14 425.18	1 327.52	71.97	1 111.95	15 065.00

资料来源：甘肃发展年鉴编委会编：《甘肃发展年鉴（2014）》，北京：中国统计出版社 2014 年版。

（四）城市居民消费结构的变化

张掖市城镇居民随着收入水平的提高，生活消费保持平稳增长态势，消费结构更趋合理。2013 年城镇居民人均总支出额为 17 765 元，比上年增长 18.3%。八大类消费全面增长，衣着、文化教育娱乐和交通通信三大类消费支出增长相对较快。城镇居民生活消费呈现新的变化特征（表 3-4-9）。

表 3-4-9　2006—2013 年张掖市城镇居民人均消费变动情况　　单位：元

年份	总支出	消费性支出	服务性消费	食品	衣着	居住	家庭设备服务	医疗保险	交通通信	文化教育娱乐	其他	财产性支出	转移性支出	社会保障
2006	8 053	7 121	—	2 389	1 034	889	455	550	643	954	208	—	724	207
2007	9 286	8 063	—	2 571	1 255	956	559	708	644	1 144	225	3	992	229
2008	10 536	8 989	—	2 733	1 396	1 152	704	812	723	1 186	284	2	1 097	449
2009	11 377	9 578	—	2 780	1 530	1 160	742	960	731	1 293	382	4	967	828
2010	11 010	9 377	2 346	2 886	1 496	1 100	704	932	740	1 143	377	1	882	750
2011	13 074	11 024	2 572	3 524	1 908	1 250	775	929	864	1 284	487	2	1 164	884
2012	15 016	12 486	2 991	4 042	2 188	1 432	854	1 067	971	1 378	555	1	1 511	1 017
2013	17 765	14 128	—	4 512	1 990	1 677	867	1 251	1 520	1 933	376	7	2 429	1 199

资料来源：由各年度的《张掖统计年鉴》统计所得。

张掖市居民食品消费比重下降，饮食消费更加注重营养。食品消费呈现营养化、多样化的趋势。肉、蛋、奶、鱼、水果等营养型食物消费总支出增长。在外就餐升温，宴请亲朋好友越来越多地选择在外就餐。张掖市居民衣着消费有了较快增长，消费档次有所提升，品牌化、个性化、多元化成为当前消费潮流。居住消费增长趋缓，居住环境不断改善，卫生、取暖条件日趋完备，居住环境逐步改善。家庭设备用品消费较快增长，家电产品换代升级。医疗保健消费增长趋缓，居民保健意识有所增强。随着医疗卫生体制改革的不断深入，居民医药费负担有所减轻。居民生活习惯与健康理念正在悄然改变，自我保健意识不断增强。各类健身保健器材逐步进入普通居民家庭。交通通信消费较快增长，家用汽车、智能手机成热点。文化教育娱乐消费增速居“八大类”之首，旅游、休闲娱乐消费升温。一方面城镇居民越来越重视子女的特长教育，学有所长的教育理念深入人心；另一方面随着收入水平的提高，居民对旅游、休闲娱乐等精神文化生活消费需求增加。

与甘肃省其他地区进行比较，张掖市城市居民消费性支出 2013 年居甘肃省第五，食品消费相对份额不高，恩格尔系数较低，衣着、居住与其他地区支出比相对较多（表 3-4-10）。

表 3-4-10　2013 年甘肃城镇居民人均消费支出情况

地区	消费性支出（元）	食品（元）	衣着（元）	居住（元）	家庭设备用品及服务（元）	医疗保健（元）	交通通信（元）	文化教育娱乐服务（元）	其他商品和服务（元）	恩格尔系数（%）
兰州市	15 716.42	5 691.50	1 867.84	1 770.49	1 216.68	1 162.69	1 590.11	1 787.44	629.69	36.21
嘉峪关市	15 628.20	5 712.68	1 590.42	1 178.67	760.93	906.07	2 658.68	2 346.33	474.41	36.55
金昌市	18 157.37	5 850.74	2 025.42	1 051.51	1 163.20	1 324.22	3 021.51	2 773.99	946.78	32.22
白银市	12 042.29	4 308.23	1 809.46	1 200.34	839.59	675.07	1 450.45	1 274.72	484.43	35.78
天水市	10 410.43	3 628.89	1 529.45	995.43	626.64	724.07	1 322.26	1 156.65	427.05	34.86
武威市	13 180.05	4 452.59	1 800.59	1 479.77	713.64	968.67	1 517.93	1 901.69	345.18	33.78
张掖市	14 128.08	4 512.22	1 990.47	1 677.34	867.29	1 251.49	1 519.77	1 933.08	376.42	31.94
平凉市	11 497.21	3 813.86	1 454.97	1 296.46	754.30	1 324.85	1 313.70	1 154.04	385.02	33.17
酒泉市	17 997.23	5 817.68	2 405.00	1 630.45	1 200.61	1 327.45	2 629.60	2 294.15	692.28	32.33
庆阳市	13 447.47	4 405.47	1 968.81	1 207.94	794.37	1 638.15	1 535.02	1 347.01	550.71	32.76

续表

地区	消费性支出（元）	食品（元）	衣着（元）	居住（元）	家庭设备用品及服务（元）	医疗保健（元）	交通通信（元）	文化教育娱乐服务（元）	其他商品和服务（元）	恩格尔系数（%）
定西市	8 818.07	3 256.32	1 169.02	1 092.28	687.47	517.09	812.65	1 040.71	242.53	36.93
陇南市	9 368.12	3 131.01	1 217.61	1 001.02	868.91	904.01	878.86	1 065.12	301.59	33.42
临夏回族自治州	7 665.23	3 126.87	789.64	900.21	619.83	825.91	755.24	436.70	210.83	40.79
甘南藏族自治州	11 983.28	4 642.51	1 894.80	1 328.49	837.96	561.47	1 220.70	1 019.76	477.58	38.74

资料来源：甘肃发展年鉴编委会编：《甘肃发展年鉴（2014）》，北京：中国统计出版社2014年版。

三、教育、医疗、社会保险情况

2002年以来，张掖市小学学龄儿童入学率、初中生入学率均超过98%，九年义务教育普及率较高。向全国各类高、中等专业院校输送新生人数逐年增加，高考录取率呈上升趋势，普通高等学校在校人数有了较大的提升，幼儿园入园人数最近几年也逐年上升（表3-4-11）。

表3-4-11　2002—2014年张掖市教育情况

年份	小学学龄儿童入学率（%）	初中生入学率（%）	向全国各类高、中等专业院校输送新生（人）	高考录取率（%）	普通高等学校在校人数（人）	普通高中（人）	初中（人）	小学（人）	幼儿园（人）
2002	99.78	98.09	7 739	80.06	7 357	19 136	60 951	121 657	34 735
2003	99.81	98.09	6 615	80.80	9 146	25 339	62 108	116 375	29 812
2004	98.80	98.07	6 588	83.46	8 253	28 995	59 322	115 682	31 303
2005	98.81	98.47	8 249	80.02	10 324	32 942	54 341	113 976	25 754
2006	98.81	98.47	8 001	64.13	11 008	33 802	60 475	118 458	28 459
2007	99.99	99.47	8 240	60.84	14 290	32 830	58 359	113 255	27 170
2008	100.00	99.80	10 265	72.68	16 154	30 325	60 898	103 784	26 368
2009	100.00	99.86	11 309	78.48	16 585	—	—	95 755	28 303
2010	99.50	99.86	11 628	86.17	17 192	31 164	59 804	90 219	28 790
2011	100.00	99.90	12 709	90.47	17 818	32 543	55 228	86 860	31 989
2012	100.00	99.99	12 216	95.11	19 646	32 604	50 930	81 262	33 147
2013	100.00	99.90	17 456	94.04	20 390	31 215	46 362	75 597	33 805
2014	100.00	100.00	14 253	91.15	20 139	30 208	43 958	73 862	34 188

资料来源：由各年度的《张掖市国民经济和社会发展统计公报》统计所得。

截至2014年，张掖市有各级、各类学校和幼儿园819所，其中，幼儿园435所，小学278所，初级中学54所，九年一贯制学校29所，特殊教育学校1所，普通高中11所，中等职业学校11所，普通本科院校1所。在校（园）学生（幼儿）191 398人，其中，在园幼儿34 188人，小学生73 862人，初中生43 958人，特殊教育学生166人，高中生30 208人，中职生9016人。教职工16 284人，其中专任教师14 525人，专任教师中幼儿教师1980人，小学教师5900人，初中教师3684人，特教学校教师44人，普通高中教师2161人，中职教师756人。

办学条件得到了较大的改善。全市教育基本建设项目8大类63项，总投资29 308万元（中央资金14 800万元，省级资金4414万元，市县区资金10 094万元），新建、改扩建学校80所，校舍面积6.907万平方米。“全面改薄”的37项校舍建设类项目开工率100%，完工率62.2%。全市校舍总建筑面积228.2173万平方米，生均建筑面积11.9平方米，小学10.9平方米、初中14.9平方米、普通高中11.6平方米、中职24.3平方米。全市499所农村义务教育学校的77 002名学生全面享受营养餐。投入资金3792万元，破解了食堂设施条件差、厨师工资无保障等难题。全年累计投入教育信息化建设资金2100万元，生机比达9.5∶1，师机比达2.3∶1，66%的学校实现了“班班通”，100%的学校接入互联网，45.6%的学校建成校园网，76%的教室建成多媒体教室，420所中小学建成了“无门图书馆”，5所学校各投资40万元在全市率先建成高清录播教室。

围绕贯彻落实教育规划纲要，分层次制定对县区政府和教育局工作目标管理责任书。研究出台《张掖市扶贫攻坚教育发展规划（2014—2016年）》《张掖市全面改善贫困地区义务教育薄弱学校基本办学条件项目规划（2014—2018年）》等一系列教育配套政策。深入开展调研活动，推行权力清单制度，下放和撤销10项审批项目。召开学校管理改进行动项目推进会，深入推进“学校文化提升年”活动，推动学校管理方式转变。制定下发《张掖市教育局关于进一步规范办学行为的通知》，从14个方面提出了

30 条措施，进一步规范办学行为，推进依法治教工作。健全完善校（园）长、教师表彰奖励制度，开展师德、师风主题教育和德能测评活动，将测评结果与评优、晋职、考核挂钩。实行城镇教师到农村学校任教服务期制度和农村学校教师到城镇学校挂职学习制度，全市教师流动达 1600 多人次。召开义务教育管理模式工作会议，推行学区管理、捆绑发展、资源共享，为均衡发展强基固本。

医疗条件有了较大的改善。据统计，张掖市各类医疗卫生机构、县以上医院、中心卫生院、拥有病床、卫生技术人员、有医疗点的行政村、乡村医生和卫生员等方面情况都有了较大的提高（表 3-4-12）。

表 3-4-12　2002—2014 年张掖市医疗条件的变化情况

年份	全市共有各类医疗卫生机构（个）	县以上医院（个）	中心卫生院（个）	拥有病床（张）	卫生技术人员（人）	有医疗点的行政村（个）	乡村医生和卫生员（人）
2002	1197	23	25	3425	5356	842	1268
2003	1103	22	25	3464	5098	765	1165
2004	1045	19	26	3456	3415	795	1019
2005	137	24	28	3641	3415	831	1978
2006	142	27	31	4117	5913	840	1263
2007	429	27	30	4495	4431	879	1297
2008	428	13	31	4527	5017	866	1263
2009	408	—	—	5067	4393	802	1964
2010	447	—	—	5460	5208	—	—
2011	1350	—	—	5835	5614	—	—
2012	1391	—	—	6676	8424	—	—
2013	1398	—	—	7242	8843	—	—
2014	1540	—	—	7380	9667	—	—

资料来源：由各年度的《张掖市国民经济和社会发展统计公报》统计所得。

2009 年以来，张掖市通过大力实施农村卫生机构标准化建设，8 个县级医院达到二级甲等标准、3 个达到二级乙等标准；乡镇卫生院基本实现了“房屋、设备、人才、管理、服务、院园文化、医德医风”配套建设目标，48%的乡镇卫生院达到一级甲等标准；45%的村卫生室达到“四室分开”标准。2011年全市农民参合率达到98.51%，就诊服务呈现出“三升六降”的良好态势：门诊人次、住院人次、中医药品收入分别提高7%、1.2%、2%；次均门诊费用、次均住院费用、药品收入、抗生素用量、自费药使用、门诊输液人次分别下降12%、8.6%、7.2%、3.2%、2.8%、1.4%。①

张掖市把加强新型农村合作医疗“一卡通”信息化建设作为推进医药卫生体制改革、提高基层卫生服务水平的重要措施。到2011年，张掖市新型农村合作医疗（简称新农合）参合农户24.88万户，参合农民达93万余人，参合率为96.91%，比2009年提高0.41个百分点。全市农村五保户、特困户参合率达100%。②新农合有效地缓解了农村群众看病难、看病贵的问题。同时，张掖市各县（区）进一步完善新农合信息管理系统，健全县、乡农村合作医疗管理委员会办公室（简称合管办）和定点医疗机构合作医疗信息平台，极大地方便了参合农民医药费补偿结算，提高了工作效率和服务水平，同时也提升了新农合管理水平。

为有效降低医药费用，减轻农民就医负担，张掖市按照医改工作要求，在六县（区）启动了国家基本药物制度，乡镇卫生院、村卫生室、社区卫生服务机构全部配备了国家基本药物，84个乡镇卫生院、526个村卫生室、8个社区卫生服务中心实行了药物零差价销售。在此基础上，六县（区）组织开展了基本药物二次议价工作，实现了基本药物以县为单位统一采购、统一配送、统一药价，并进一步降低了药价。与省级中标价相比，二次议价后基本药物价格平均下降了23%。随着国家基本药物制度和

① 张掖市卫生局：《张掖市启动金穗惠农新农合“一卡通”工作》，http://www.gsws.gov.cn/detail.jsp?articleId=22973，2015年6月23日。

② 王芳、王晓梅：《张掖市新型农村合作医疗工作综述》，http://zyrb.gansudaily.com.cn/system/2011/01/31/011875353.shtml，2015年6月23日。

基本药物零差价销售的全面推行，药品价格大幅降低，农民群众得到了更多实惠。[①]

随着张掖市新型城镇化建设的不断推进，现代农业、养殖业和生态产业的快速发展，使农业转移人口市民化总体呈现出存量较大、增量发展后劲充足的特点。近年来，市、县（区）劳动监察部门以建筑施工企业、餐饮业等使用农村劳动力就业相对集中的行业和用人单位为重点，将农民工劳动合同签订作为劳动保障年审工作的重要内容，结合“春暖行动”在全市范围内开展小企业劳动合同制度实施专项行动。同时，制定实施了《张掖市 2011—2013 年推进工资集体协商工作规划》，对三年工作任务和目标进行了分解，在已建立工会组织的企业推行集体合同制度和工资集体协商协议制度。

第五节 基础设施

张掖市不断加快城镇基础设施建设步伐，强化城镇基础设施运行安全保障，创新完善体制机制，努力构建功能配套、管理科学和安全高效的城镇基础设施支撑体系，全力提升城镇化建设水平。为全面提升城市基础设施水平，重点在加快城区道路建设、加快实施城市水厂扩建和供水管网改造、大力推进城镇集中供热工程建设、配套完善城镇生活垃圾及污水处理设施、稳步推进城镇燃气利用工程建设、积极开展全市城乡环境综合整治活动、努力提升城镇园林绿化水平等方面持续发力，有效提升了城市综合承载能力。

① 王芳、王晓梅：《张掖市新型农村合作医疗工作综述》，http://zyrb.gansudaily.com.cn/system/2011/01/31/011875353.shtml，2015年6月23日。

一、水、电、气

2014年张掖在城市基础设施建设上投资力度不小。开工建设各类城市基础设施项目75项，完成投资12.87亿元，在滨河新区、玉水苑、甘州府城、热电联产集中供热、三水厂等重点建设项目上进展顺利。①

2015年全市城镇供水水质达标率、供水普及率均达100%；总投资8.8亿元的市区热电联产集中供热项目竣工投入运营，市区供热能力达到1250万平方米；市区污水处理二期项目竣工投入使用，山丹县、肃南裕固族自治县城污水管网改造工程完工；市区天然气利用工程完成12 544户局面管网安装和挂表。临泽、高台、山丹县城市天然气开发利用项目进展顺利。②

2015年10月14日上午，在张掖城郊，总投资超过10亿元的城市基础设施建设项目——张掖市热电联产集中供热、滨河三水厂及污水处理二期工程竣工并正式投入运营。这项以绿色、低碳、节能、环保为标签的民生工程，为该市发展循环经济、打造宜居宜游城市的进程添上了浓墨重彩的一笔。

二、垃圾处理

2011—2013年，张掖市累计共争取农村环境连片整治项目资金8883万元，以黑河湿地国家级自然保护区和现代农业示范区、主要景区周边为重点整治区域，实施完成了以生活污水处理、生活垃圾收集转运处置、饮用水源地保护、畜禽养殖污染防治为主要建设任务的农村环境连片整治项目，惠及六县区25.8356万人。项目的建成运行使项目实施村生活垃圾、生活污水得到有效处理，农村饮用水源地得到有效保护，对群众居住生产生活环境的改善起到了良好的效果。2014年，张掖市又争取到农村环境综合整治示范项目资金360万元。按照省环保厅批复的《2014年农村环境综合

---

① 严存义、张学明、姜玉勇：《张掖发挥资源优势走可持续发展之路》，http://gsrb.gansudaily.com.cn/system/2014/10/30/015236456.shtml，2015年6月23日。

②《我市城镇基础设施建设提速》，《张掖日报》2015年11月27日，第1版。

整治示范项目实施方案》，临泽县、山丹县、民乐县、肃南裕固族自治县的6个村对主要建设污水处理设施、铺设污水管网，购置压缩式垃圾车、垃圾清运车、吸污车、人力保洁车，垃圾斗、垃圾仓、分类垃圾箱等设施设备，开展环境宣传教育培训。项目建成后，将有效解决农村环保设施投入滞后，农村生活污水产生面广、来源多、增长快的问题，推动当地人民群众建立新的生活秩序和良好的生活习惯，改善农村生产生活环境，并将为张掖市生态县（生态乡镇）创建和“四化”新农村建设打下基础。

“十二五”期间，张掖规划环境保护项目共13大类195个，总投资100.7945亿元。其中工业结构调整淘汰、关停项目22个；水污染防治项目44个，投资8.0104亿元；饮用水源保护项目15个，投资6.0949亿元；城镇生活污水处理项目6个，投资3.3045亿元；大气污染防治项目31个，投资15.0146亿元；重金属及砷污染防治项目2个，投资1.3800亿元；固体废物综合利用及处置项目29个，投资28.3925亿元；清洁生产与循环经济示范项目8个，投资18.2584亿元；环保基础设施（集中供热、生活垃圾处理设施）建设项目7个，投资3.8978亿元；土壤污染治理项目5个，投资1.1655亿元；农村环保项目3个，投资1.2764亿元；生态保护项目5个，投资11.0123亿元；环保能力建设项目18个，投资2.9872亿元。按投资额划分，投资额在1000万元以下项目92个，投资额在1000万元（含）以上、5000万元以下项目39个，投资额在5000万元（含）以上、1亿元以下项目26个，投资额在1亿元以上的项目16个。项目资金主要来自国家投资、企业自筹和银行贷款。①

2013年3月26日，张掖市与华西能源工业股份有限公司签署了生活垃圾焚烧发电项目框架协议，拟建日处理500吨生活垃圾的发电项目。项目投运后，张掖市范围内的生活垃圾将“变废为电”。目前，全市已建成6个生活垃圾填埋场和1个医疗废物垃圾处理场，其中甘州城区生活垃圾填埋

①《张掖市环境保护十二五规划》，未刊本。

场日处理垃圾280吨①，但由于容量有限，再过三年一期库容将满。根据发达国家和中国四川、广西等省市采用新型处理工艺，建设垃圾焚烧发电项目的成功做法，张掖市拟建生活垃圾焚烧发电项目，进一步提高全市人居环境质量，实现生活垃圾环保和资源化处理。

三、城市布局

经国务院批准设立地级张掖市后，2003年委托上海同济城市规划设计院对城市总体规划进行修编。2004年11月经甘肃省建设厅组织专家进行了评审，2005年5月正式批准实施。②到2011年，张掖城市建成区面积29.2平方千米，人口24万人，城区基本形成了老城区和东北部工业群集聚区的城市格局。老城区道路基本沿袭“三横三竖加一环”的布局形式。缺陷在于城内道路与城市周围道路联系较弱，道路网密度较低，区北历史保护建筑与新建筑混杂。

2011年，为了适应新时期的发展要求，之后又委托咸阳市规划设计研究院对张掖市（一区五县）4.2万平方千米进行了市域城镇体系规划，为了城市建设和发展需求对张掖市区（即甘州区主城区）、城市近郊区、城市行政区域，进行了规划。同时将东至东三环，西至西三环，南至南三环，北至由滨河大道、湿地公园北线、昆仑大道、昌运路所围的界限作为中心城区进行了规划。③在原有主城区、东北部工业产业园区、西部新城区基础上增加了北部湿地生态区，强调生态建设与人的和谐共存。在原有城市职能的基础上增强城市作为旅游接纳地、科研教育基地、城市人口聚集地的第三产业服务职能，注重城市综合功能的提升。

其中，张掖城镇体系采用点轴空间发展模式，空间组织结构为“一心、三轴、五片区”。市域城镇体系包括四级规模结构，积极发展中心城市

---

①《我市与华西能源工业股份有限公司签订生活垃圾焚烧发电项目框架协议》，《张掖日报》2013年3月28日，第2版。

② 秦伟：《张掖城市规划问题研究》，兰州：甘肃科学技术出版社2007年版，第5页。

③《张掖城市总体规划（2012—2020）》，未刊本。

即“一心”，加快发展政治、经济、文化、旅游、商贸等综合功能，提升其城市化带动能力和经济辐射能力。“三轴”：规划在市域范围内形成三条城镇发展轴线，分别为交通型城镇发展主轴线、生态资源型城镇发展次轴线、矿产资源型城镇发展次轴线。“五片区”：遵照现有的行政边界，各县形成一个经济发展片，利用各自的自然资源和区位、交通条件，以各自现有行政中心城关镇作为片区连接中心城区的节点，承担片区内部社会经济活动组织功能。

为加快城市旅游文化发展，构建“一心、两带、五区、八线”的旅游空间布局，即以甘州区历史文化名城为中心，打造丝绸之路历史文化旅游带和祁连山北麓腹地生态旅游带两大特色旅游带，开发五大重点旅游区，培育八条旅游线路。

“一心”：打造张掖历史文化名城游客集散中心。

“两带”：包括东起山丹的峡口古城，经甘州府城、临泽昭武故地至高台骆驼城的丝绸之路历史文化旅游带；东起肃南皇城，经山丹县、民乐县、肃南裕固族自治县县城，至肃南七一冰川、嘉峪关的祁连山北麓腹地生态旅游带。

“五区”：张掖历史文化名城湿地休闲观光游览区、张掖丹霞地质公园观光旅游区、宗教石窟文化艺术欣赏旅游区、草原森林休闲观光度假旅游区、裕固风情休闲体验度假旅游区。

“八线”：包括精品旅游线路一条、特色旅游线路七条。精品旅游线路为以马蹄寺风景名胜区、张掖国家湿地公园、中华裕固文化长廊、山丹马场、七一冰川、中国工农红军西路军烈士纪念馆、丝绸之路古城邦等为支点的贯穿全市、联通周边的旅游线路；七条特色旅游线路为环湖环山环沙区域联合自驾游、湿地风光休闲游、中国最美丹霞游、裕固风情体验游、祁连风光览胜游、丝路文化体验游、爱国主义教育红色游。

旅游业及物流产业的发展与交通条件的改善密切相关。张掖依托国家铁路主通道建设，正积极做好兰州至张掖铁路新增三、四线的配合服务工作，促其尽快建成运营，提升东西通道运力。为克服之前城区与城区外部交通联系不紧密的弊端，张掖将过境道路通过张掖市的二环相衔接，引导过境交通路线经过城市。规划建设城区间的二级公路建设，构筑市内县区之间、特色产业区之间的快捷通道。

在历史文化遗产保护方面，张掖将其丰富的历史文化底蕴纳入考量，规划构建“一山一水一古城”的市域历史文化遗产保护框架。“一山”为祁连山自然环境保护带，“一水”为黑水河自然环境保护带，它们不仅是张掖重要的历史文化遗存，同时也对当地生态环境建设具有重要意义。“一古城”是古城遗产保护核心，即张掖老城区。

值得一提的是，张掖将城市绿地系统规划、生态建设与环境保护规划纳入城市布局总体规划之中，将生态建设与城市的发展紧密联系起来。城市绿地系统整体构思为“以水带绿，以绿融城”，在城市建设用地外围建设绿色生态外环，在老城区建设绿色河道内环，以楔形绿地连接市区和郊区，以绿色廊道串联城市水系，以公园绿地形成“环廊成网”的绿地系统。生态建设方面，划分三类环境保护区并对大气质量、环境噪声等都做了详细的要求。环境保护规划方面，整体格局为“三环、二廊、一链、多核”，“三环”为老城区绿环、滨河新区绿环、环城公路绿环，“二廊”为滨水生态廊、过渡区生态廊，“一链”为生态核心链，承担链接生态核心区的功能。“多核”则指各城区由多个生态核组成，相互渗透。

第六节 生态环境

生态是经济发展的基础，生态环境的容量决定了经济系统的发展规模。张掖地处河西走廊的中部，南有祁连山水涵养区，中有人工绿洲和黑河天然湿地，北有荒漠戈壁，三大生态系统在张掖境内交错衔接，生态环境独特。[①]雪峰冰川、森林草原、戈壁沙漠、丹霞丘陵、湖泊湿地、绿洲沃土等地貌相间分布，形成了张掖生态的多样性和独特性。[②]张掖地处全国重点生态安全屏障区内，地区生态环境保护已经上升到国家安全层面。张掖生态安全与否，不仅是事关张掖绿洲经济社会可持续发展的基本条件，而且对于维护西北乃至全国生态安全、巩固国防、促进边疆民族地区和谐稳定与区域经济可持续发展都具有十分重要的战略意义。

一、生态环境概况

祁连山水源林是祁连山生态系统的主体，发挥着重要的水源涵养功能，长久以来一直为河西走廊社会—经济—生态复合系统提供着非常宝贵的水资源，是该系统维持和发展的必备条件、河西走廊500万人民赖以生存和发展的经济命脉、河西地区实施可持续发展战略的保障。

（一）祁连山水源涵养区

祁连山是位于青海省东北部与甘肃省西部边境的巨大山系，分布有丰富的冰川、雪山、森林、湿地和草地资源，现有大小冰川2859座，冰储量811.2亿立方米，祁连山北麓形成了石羊河、黑河、疏勒河三大内陆河和56条大小支流，灌溉了河西走廊和内蒙古额济纳旗的约70万公顷农田、110万公顷林地和800万公顷草场，保障了河西走廊500多万人口的生产生活用水。1988年经国务院批准，建立了甘肃祁连山国家级自然保护区，是森林和野生动物类型的自然保护区，地跨张掖、武威、金昌3市及中牧山丹马场，总面积265.3万公顷。祁连山保护区张掖段面积199.7万公顷，占保护区总面积的75.3%[③]，不仅是祁连山水源涵养林保护的核心

① 徐中民、宋晓谕、邓晓红，等：《转型张掖的理论与实践——静看蜂教诲》，郑州：黄河水利出版社2012年版，第40页。

② 陈克恭：《“转型”张掖——生态经济之路》，兰州：甘肃文化出版社2012年版，第25页。

③ 聂斌、王清忠：《祁连山重点生态功能区生态保护与建设思考》，http://www.zgzyw.com.cn/a/zy/content/2014-09/28/content_1646480.htm，2015年6月23日。

区，也是发源于祁连山的中国第二大内陆河——黑河流域主要径流形成区，地理位置特殊，生态区位重要，对保障西北地区乃至国家生态安全，促进黑河全流域发展，维护民族团结和边疆稳定，具有十分重要的意义。

长期以来，张掖市比较重视祁连山水源涵养区和黑河流域生态环境保护与建设工作，构建以祁连山水源涵养林、黑河湿地保护和节水型社会建设为核心的生态保护与建设体系，大力实施祁连山生态环境保护与综合治理，使祁连山水源涵养区张掖段森林、湿地、水源涵养功能和生物多样性得到有效保护。截至 2013 年底，天然林面积达到 510 万亩，占张掖市森林总面积的 62.2%；林木蓄积量达到 1337 万立方米，占张掖市林木总蓄积量的 85.8%；山区湿地面积 250 万亩，占张掖市湿地总面积的 79%。[①]2015 年，全市森林总面积达 945.56 万亩，森林覆盖率 17.25%，其中非天保区森林面积 522.99 万亩，覆盖率 19.33%。[②]

为加强祁连山生态保护治理，甘肃省于 2009 年启动了《祁连山水源涵养区生态环境保护和综合治理规划》编制工作，经过多次修改完善、中国国际工程咨询有限公司评估、甘青两省合并，2012 年正式上报国务院，2013 年获得批复，2014 年正式出台。规划中将张掖市肃南裕固族自治县、甘州区、民乐县、山丹县及山丹马场列入规划范围，投资 18.46 亿元。规划主要建设内容包括林地保护与建设工程、草地保护与建设工程、湿地保护与建设工程、水土保持工程、冰川环境保护工程、生物多样性保护工程及科技支撑体系建设等。[③]

① 张晓龙：《浅论祁连山北麓张掖段生态保护与治理现状及对策》，《甘肃林业》2014 年第 1 期；王顺利：《祁连山水源涵养林生态水文作用分析》，http://www.gs-zy.com/point/2013-08/05/content_867954.htm，2015年6月23日。

② 《张掖市森林总面积达 945.56 万亩，森林覆盖率达 17.25%》，http://www.zgzyw.com.cn/news/system/2015/07/22/010008049.shtml，2018年7月9日。

③ 《祁连山水源涵养区生态环境保护和综合治理规划（2012—2020 年）》，未刊本。

（二）绿洲和黑河湿地

张掖湿地地处河西走廊中部、黑河冲积扇形成的三角洲之上，是由河流、草本沼泽、湿草甸等天然湿地，以及人工湖、池塘、沟渠等人工湿地为主体构成的复合湿地生态系统，湿地类型多样，原生态特征突出。甘肃省第二次湿地资源调查结果显示，张掖市有各类湿地总面积 251 348.52 公顷，占甘肃省湿地总面积的 14.84%。与第一次湿地调查结果相比，新增湿地 120 多万亩，湿地面积跻身甘肃省第三位。①

近年来，张掖市坚持把黑河湿地保护作为构筑西部生态安全屏障的核心，大力实施甘肃黑河流域湿地保护建设，张掖黑河流域中游湿地恢复与治理一、二期工程，张掖国家湿地公园建设工程等项目，强力推进甘州滨河生态新区、高台黑河湿地生态恢复保护示范区、临泽大沙河流域综合治理等重大湿地保护工程，建立重点湿地保护区 9 个，恢复湿地 11.5 万亩，封滩育草 9000 亩，疏浚水系 20 多条 37.6 千米，退耕还湿地 3600 亩，全市湿地资源得到有效保护，保护区生态环境明显改善②，物种不断丰富，各类湿地水禽由建区时的 209 种增加到 247 种，数量由 2009 年的近万只增加到 5 万—6 万只。③目前，张掖市湿地面积萎缩、生态功能退化趋势得到有效遏制，湿地服务区域经济社会发展的效果日益显现。

张掖黑河湿地国家级自然保护区是黑河流域湿地生态系统的重要组成部分，是河西走廊区域的重要生态屏障，对保护黑河流域湿地、维持湿地生态系统的功能、保障人类福祉的实现具有十分重要的作用。张掖黑河湿地具有显著的湿地生态特征、干旱半干旱地区独特的湿地景观和丰富的生物多样性，本地资源丰富，区位优势明显，生态价值突出。尤其是近年

---

①《张掖湿地面积跻身甘肃省第三》，http://gansu.gscn.com.cn/system/2014/12/25/010884566.shtml，2015 年 6 月 23 日。

②《生态张掖：不断加快“宜居宜游金张掖”建设步伐》，http://gansu.gscn.com.cn/system/2013/01/31/010256961.shtml，2015 年 6 月 23 日。

③《张掖湿地面积跻身甘肃省第三》，http://gansu.gscn.com.cn/system/2014/12/25/010884566.shtml，2015 年 6 月 23 日。

来，在国际、国家及地方性政策法规的大力支持下，张掖黑河湿地自然保护区管理局致力于湿地生态系统基础监测以及鸟类的保护、救助、监测等工作，开展了大量卓有成效的湿地保护工程。近年来，随着对张掖黑河湿地保护力度的加大，境内湿地植被不断恢复，湿地地表、地下水源得到补充，沙漠对湿地的威胁减弱，湿地功能逐步恢复，生态环境改善。

（三）沙漠戈壁

张掖地处腾格里沙漠和巴丹吉林沙漠边缘，两条大沙带横穿全境，风沙线长约400千米，植被稀少，生态环境十分脆弱。历史上张掖水资源的过度引用造成水资源严重短缺，因干旱缺水，地下水位下降，防风固沙林带和荒漠植被旱象严重。超载过牧等导致草原退化、沙化和盐碱化十分严重，20世纪末，全市沙漠戈壁面积达12 046平方千米，占全市面积的28.7%。①

多年来，张掖市坚持生态保护和绿色屏障建设，沿312国道和北部风沙线建起了总长达440千米的15条防风固沙基支干林带，65%的道路和80%的渠实现了林网化，市区周边沙化较重的沙滩经过围栏封护，植被覆盖度已经达到42%，绿洲内9处沙窝得到了有效治理，灾害性天气明显减少。②

二、生态环境变迁与危机

张掖走生态经济之路发展战略是在实践中逐步形成和完善的。2008年7月，从维护湿地生态平衡、实现资源可持续利用的角度出发，提出“顺应自然、生态立市”的发展战略。2009年，进一步明确了生态建设在各项工作中的主导地位。2010年6月，提出要紧紧围绕生态建设、现代农业、通道经济三个工作重点，建设生态文明大市、现代农业大市、通道经济特色

① 陈东景：《环境经济综合核算的理论与实践》，郑州：黄河水利出版社2005年版，第56页。

② 陈克恭、史振业：《干旱区生态城市建设理论与实践——基于张掖市生态城市建设的实证研究》，兰州：兰州大学出版社2010年版，第224页。

市、民族团结进步市的新的区域发展思路，进一步确定把发展生态经济作为转变经济发展方式的主线，把建设生态经济示范区作为经济结构战略性调整的主攻方向，立足于生态安全屏障、立体交通枢纽、经济通道的区域发展定位，着眼“四市”建设的发展目标。2011 年 9 月，提出要坚定不移地发展生态经济，建设宜居宜游新张掖。“十二五”期间，张掖以发展生态为主线，按照“一心、两带、四区”的空间布局，构筑生态安全屏障，打造生态品牌，建设生态文化，推动生态文明建设。迄今为止，张掖生态环境恶化趋势得到根本遏制，重要生态功能保护区的生态效益显现，湿地生态作用明显发挥，生态市建设取得重大进展；环保监管能力明显加强，环境安全得到保障。

但是，张掖在经济社会发展中长期积累的矛盾和问题仍旧较为突出：祁连山水源涵养林区生态环境持续恶化；黑河流域生态环境仍需进一步加以维护；荒漠化程度仍有加剧的趋势；草场退化；生态建设投入不足；工业总量小，产业层次低，高耗能、高污染、资源利用率低的工业技术仍旧存在；传统农业大而不强，现代生态农业建设任重道远；旅游业刚刚起步，开发与保护之间存在较为突出的矛盾；生态管理机制尚待健全。

随着气候的变迁、人口增长和经济社会的不断发展，水资源的需求量不断增大，加上传统的大水漫灌的灌溉方式，以及近年来实施的黑河流域省际调水工程，没有充分考虑中游生态用水，导致地下水位下降，大片湿地缺少水源补给，黑河流域生态环境问题越来越突出，雪线上升、森林萎缩、草原退化、湿地缩小、土地盐渍化和沙化等问题日益显现。来自甘肃省气象局的一份最新资料表明，祁连山冰川融水比 20 世纪 70 年代减少了大约 10 亿立方米。冰川局部地区的雪线正以年均 2 —6.5 米的速度上升，有些地区的雪线年均上升竟达 12.5 —22.5 米。①

绿洲农业的自净功能较弱。西北绿洲城镇、绿洲工业的三废处理工作落后，城市生活污水、工业废水常常直接用于灌溉，或排至水库仍被下游

① 赖先齐主编著：《中国绿洲农业学》，北京：中国农业出版社 2005 年版，第 12 页。

用于灌溉。加上绿洲农业的植被生长期短、土壤质地较粗、土壤有机质含量低、土壤微生物的活性较弱等，造成绿洲农业的物理、化学、生物的自净能力较差，水体及农田易造成污染危害。近年来地膜的白色污染日益加剧，除草剂、农药污染比其他作物高，对农业的可持续发展造成不可低估的威胁。

第四章

张掖主导产业发展历程

进入21世纪，张掖市国民经济取得了快速发展。“十五”期间，张掖市生产总值年均增长10%左右，总量实现110.79亿元，比“九五”末增加46.8亿元，人均达到8651元；5年内地方工业累计建成投资超过上千万元、销售收入3000万元以上的工业项目65个，销售收入上亿元的企业由1户增加到2户，上千万元的企业由32户增加到72户；全市农业四大主导产业基地面积达到280万亩，占总耕地面积的83%，龙头企业和小型加工企业对农产品初级加工能力达到72%，龙头企业加工转化率达到47%，参与农业产业化经营的农户达到80%，农业产业化进入初始阶段；以旅游业为主的第三产业年均增长11.5%，三次产业结构比重由2000年的42∶29∶29调整到2005年的32∶34∶34，5年内第一产业下调10%，第二产业上升5%，第二产业超过第一产业，实现了历史性跨越。①

5年后，即“十一五”收官之际，张掖全市生产总值突破200亿元大关，达到212.69亿元，年均增长率11.6%。人均生产总值年均增长11.3%，超出“十一五”规划目标13 000元，达到16 400元。张掖坚持走以矿产、

①《张掖市国民经济和社会发展第十一个五年规划纲要》，2009年5月6日。

农畜产品等优势资源开发为重点的工业发展路子，特色农产品加工、矿产开发、电力能源等支柱产业不断发展壮大，5 年内累计建成投资上千万元、销售收入上 3000 万元的重点工业项目 119 个，规模以上工业企业由 121 户发展到 160 户，销售收入过亿元的企业由 2 户增加到 22 户；园区建设步伐加快，为全市招商引资和工业发展搭建了良好平台。张掖市充分利用实施“十大工程”取得的工作先机，组织实施了一大批农业及生态、工业、能源、交通、水利、公共服务和民生保障等方面的项目，5 年累计建成投资亿元以上项目 54 个，5000 万元以上项目 111 个，千万元以上项目 670 个。三次产业结构比重由 2005 年的 32∶34∶34 调整到 2010 年的 29∶36∶35，产业结构进一步优化。①

自从“丝绸之路经济带”倡议提出以来，张掖更是迎来了经济发展的黄金时期。2014 年，张掖市经济发展再上台阶，实现生产总值 353.43 亿元，比 2010 年增长了 66.17%，含第一产业增加值 88.98 亿元，第二产业增加值 119.04 亿元，第三产业增加值 145.41 亿元。文化产业实现增加值 7.03 亿元，占生产总值的 1.98%。实现旅游综合收入 58.95 亿元，占生产总值比重达 16.7%。三次产业结构比重由 2010 年的 29∶36∶35 调整为 2014 年的 25.2∶33.7∶41.1，以旅游为代表的第三产业占 GDP 比重在 2012 年就已经超过第二产业。②

回顾 2005—2014 年张掖国民经济发展历程可以发现，近 10 年中，不仅张掖的经济总量实现了每 5 年翻一番，而且产业结构和产业形态也发生了比较大的变化，特别是现代农业、生态工业、以旅游文化产业和现代物流业为代表的第三产业的迅速崛起，成为推动张掖国民经济快速发展的主导力量。

---

①《张掖市国民经济和社会发展第十二个五年规划纲要》，2011 年 6 月 5 日。

② 张掖市统计局、国家统计局张掖调查队：《2014 年张掖市国民经济和社会发展统计公报》，2015 年 3 月 25 日。

第一节 现代农业

什么是现代农业？目前还没有一个能被各国各界广泛采纳的概念。中国农业部前部长杜青林曾对中国的现代农业做过一个概述："现代农业是以保障农产品供给，增加农民收入，促进可持续发展为目标，以提高劳动生产率、资源产出率和商品率为途径，以现代科技和装备为支撑，在家庭经营基础上，在市场机制与政府调控的综合作用下，农工贸紧密衔接，产加销融为一体，多元化的产业形态和多功能的产业体系。"①

从经济发达国家和地区的农业转型历程来看，传统农业向现代农业转变的过程，主要包含两个方面的内容：一是农业生产的物质条件和技术的现代化，即利用先进的科学技术和生产要素装备农业，实现农业生产机械化、电气化、信息化、生物化和化学化；二是农业组织管理的现代化，即运用现代组织形式和管理方式经营农业，实现农业生产专业化、社会化、区域化和企业化。

进入21世纪，特别是2010年12月19日张掖市委办公室正式印发《中共张掖市委、张掖市人民政府关于建设现代农业大市的意见》（市委发〔2010〕40号）以来，张掖市结合当地资源优势和农业传统优势，从科学技术和组织管理两个方面，加大了引导传统农业向现代农业转型的力度，而且取得了一定成效。

一、运用现代农业技术建设现代农业

张掖平均海拔较高、气候干燥、可耕地少、水资源稀缺，但是农业区地势平坦、光热充足、耕地集中、土质肥沃，而且太阳辐射强、日照时间

① 杜青林：《强化社会主义新农村建设的产业支撑》，《人民日报》2006年4月7日，第9版。

长、昼夜温差大。依托当地的自然环境和农业传统优势，张掖市进入21世纪以后逐渐形成了玉米制种、畜禽养殖、高原夏菜三大优势主导产业和中药材、马铃薯、食用菌、设施农业、林果五大区域特色产业。“十二五”期间，张掖市委、市政府又通过多种渠道，引导各方力量，给优势主导产业和区域特色产业注入了更多科技含量。

一是组织实施科技项目。“十二五”期间，张掖市共组织实施国家、省、市各类科技项目253项，共争取国家、省级科技经费6407万元，带动社会资金投入7.36亿元，直接涉农的项目达63项，包括14项农业科技成果转化项目和49项农业科技示范推广项目，占项目总数的1/4左右。[①]

二是引进外部科技力量。“十二五”期间，张掖市政府除了与中国科学院兰州分院续签了新一轮科技合作协议外，还先后与中国农业科学院、中国农业大学等科研院所、高等院校达成合作关系。为此，还专门设立了市级科技合作专项资金100万元，引导扶持各类企业与省内外高校、科研院所开展产学研合作，促进科技成果转化和产业化。此外，从2010年起，还连续举办了五届绿洲论坛，先后邀请了10多名中国科学院院士和800多名国内外知名专家学者与会，为张掖的社会经济，特别是绿洲农业转型“会诊把脉”。[②]

三是组织农业技术推广服务。截至2015年，张掖市已建成乡镇农业技术站36个、区域农业技术站10个，基本形成上下贯通、运行有效的市、县、乡三级技术推广网络，市、县（区）农业部门主要领导联系县、乡镇，驻点专业技术人员、挂职农业科技副乡（镇）长、农业科技特派员、外聘农民技术员包片包村或驻点开展技术指导服务、示范点创建的农业科技服务体系，长年驻扎推广的农业技术人员达到总编制的2/3以上。截至

---

① 张掖市科学技术局：《“十二五”科技工作总结“十三五”科技工作规划暨2015年科技工作总结2016年科技工作计划》（未公开出版），2016年2月。

② 张掖市科学技术局：《“十二五”科技工作总结“十三五”科技工作规划暨2015年科技工作总结2016年科技工作计划》（未公开出版），2016年2月。本课题组成员魏明孔教授就曾参加过在高台县举行的张掖绿洲论坛。

“十二五”末期，张掖市农业科技进步贡献率达到了约 59%；主要作物良种覆盖率达到了 95%以上；农业节水面积达 160 万亩左右，约占农作物总播种面积的 44%；测土配方施肥面积达 284 万亩左右，覆盖率达 80%以上；尾菜处理利用率达 77.6%；农作物耕种收综合机械化水平达 71.34%，跨越了 70%的台阶，农业机械化水平基本实现了由初级阶段向较高级阶段的跨越。①

四是推进农业标准化生产，保障农产品质量安全。自 2001 年开始实施“无公害食品行动计划”以来，张掖市的农产品质量安全监管工作基本实现了从行政推动到依法监管、从机构确立到体系框架形成、从产品检测到标准化生产的转变。

2010 年，张掖市正式启动实施国家农产品质量安全检测体系建设项目，先后争取到国家和甘肃省农产品质量安全项目 37 项（批次），下达项目资金 2798 万元，争取上级财政农产品质量专项资金 1925 万元，初步建成了以市农产品质量检测检验中心为龙头，各监管部门和县区、乡镇检测机构为骨干的农产品质量安全监控检测体系。②

2013 年 10 月 25 日，张掖市委、市政府又正式发布《关于建设农产品安全大市的意见》，提出“要坚持以绿色发展为导向，以增加农民收入为核心，秉持‘立于生态、兴于经济、成于家园’的理念，积极探索生产绿色有机农产品与提高农民收入相生相伴的增收体系。严格落实生产绿色有机农产品‘禁用清单’，严禁任何企业和个人在张掖从事繁育、销售和使用转基因种子的经营活动，严禁使用违禁肥料和农药，严禁使用违禁饲料、兽药和添加剂，严禁使用违禁食品添加剂，严禁超标准使用农业投入品。通过落实‘一严格、五禁止’措施，努力建设以绿色有机为标志的农产品安全大市”③。同时提出了实施绿色农业宣传引导行动、农业标准化

---

① 张掖市农业局：《张掖市“十三五”现代农业发展规划（2016—2020）》（讨论稿），2016 年 10 月 31 日。

② 张掖市农业局：《张掖市“十三五”现代农业发展规划（2016—2020）》（讨论稿），2016年10月31日。

③ 张掖市委、市政府：《关于建设农产品安全大市的意见》，2013 年 10 月 25 日。

生产监管行动、质量安全认证和品牌建设行动、绿色有机农产品基地创建行动、绿色农业科技推广行动、绿色有机农产品营销行动等六大具体措施。

经过5年多的努力，张掖市农业标准化生产面积已达约317万亩，占总耕地面积的80%左右；无公害、绿色、有机农产品生产面积达约186.15万亩，占农作物总播种面积的50%以上；特色农产品生产采标率达90%以上；农产品质检机构共抽检蔬菜样品1841个，合格率达99.7%；认证“三品一标”农产品146个，比“十二五”增加了18个，“三品一标”养殖规模占总养殖规模的45%以上；“张掖肉牛”“张掖玉米种子”两个地理标志证明商标和“临泽小枣”“民乐紫皮大蒜”“张掖酿酒葡萄”“甘肃高山细毛羊”四个地理标志保护产品通过原国家工商总局和原农业部认证。此外，重大动物疫病集中免疫密度已达99%，群体免疫密度达100%。[①]

案例1：张掖玉米制种业

张掖曾是中国的商品粮种植基地，20世纪70年代，玉米制种开始落地张掖。近年来，张掖市委、市政府高度重视玉米制种产业，把玉米制种产业作为全市农业产业的首位产业来培育。如今，玉米制种产业已发展成为张掖市产业化程度最高、联系农户最广、农民收入比重最大、农业效益最为显著的支柱产业，主要表现为：

（1）专业化基地初步形成。通过整合项目投入、加强基础设施建设、提高作业机械配套等措施，引导企业向生产优势区域集中，连续多年，全市玉米制种面积达到100万亩以上，年生产优质杂交玉米种子4.5亿千克，占全国大田玉米年用种量的40%以上，能满足国家近2亿亩大田玉米生产用种，已成为全国最大的市级玉米制种基地。

（2）种子企业加工水平显著提高。全市共有玉米种子企业59家，包

① 张掖市农业局：《张掖市“十三五”现代农业发展规划（2016—2020）》（讨论稿），2016年10月31日；张掖市委政策研究室：《关于张掖市现代农业发展情况调研报告》，2013年11月。

括15家育繁推一体化企业和世界排名前五位的种业巨头美国先锋集团、美国孟山都公司、瑞士先正达、法国利马格兰集团。全市已建成现代化农作物种子加工中心20个、果穗烘干线56条、籽粒烘干线60条、加工包装线35条，加工能力达到5亿千克以上。玉米种子加工已经实现了鲜果穗从田间直接进入加工厂，减少了农户晾晒环节，保证了种子质量。

（3）第二、第三产业有效带动。全市玉米制种主产区农民人均玉米制种收入达4000元，占农民人均纯收入的70%以上，成为张掖市产业化程度最高、联系农户最广、农民收入比重最大、农业效益最为显著的支柱产业和“黄金产业”。同时，玉米制种业也有效带动了包装、运输、建筑、旅游、餐饮等第二、第三产业的快速发展。

（4）玉米制种产业品牌效应显现。“张掖玉米种子”成功注册，成为全国唯一的农作物种子地理标志证明商标。张掖市本级和甘州区、临泽县、高台县被认定为国家级杂交玉米种子生产基地。

张掖市的玉米制种业能取得上述成就，与张掖市政府大力推进种子生产专业化、经营集团化、加工现代化、包装标准化、销售社会化、管理法制化是分不开的。

一是引进、培育龙头企业，提升产业化水平。2012年4月17日，张掖市政府制定下发了《张掖市人民政府关于加快推进现代农作物种业发展的实施意见》，引进、扶持培育了10多家经济实力强、科研创新能力强、市场开拓能力强的育繁推一体化骨干龙头企业，建立现代化加工中心和稳定的种子生产基地，形成了产权多元化、投资社会化的新型种业格局。同时，加大种子法律法规宣传力度，不断增强企业和制种基地农户的法律意识、质量意识和诚信意识，有力地促进了依法生产、合法经营。

二是加大规划引导力度，促进产业科学发展。2012年，张掖市政府编制了《张掖国家级玉米制种基地建设规划（2012—2020年）》，并据此编制、上报了一批项目科研报告，最终获得国家划拨资金4.26亿元。2015年下达资金1.03亿元（含中中央预算内投资0.76亿元）。

三是推行标准化生产，强化种子质量管理。2009年以来，张掖市政府制定了《张掖市无公害种子生产技术规程》《张掖玉米种子地方质量标准》等文件，建立健全了种子质量监督检验制度、种子生产合同制度、标准化种植制度、企业信誉等级评估和种子生产基地认定制度、种子产地检疫制度，统一了产地标识，加快了种子加工、包衣包装、品牌商标的标准化进程。

四是加强技术培训，壮大专业化制种队伍。张掖市已把制种技术的培训纳入“30万农村劳动力技能培训工程”内容，每年都由制种企业对村社干部、种植大户进行统一培训，使农民在实践中熟练掌握制种技术，提高标准化生产技能和科技应用能力。同时还积极引进大中专毕业生，吸纳城乡剩余劳动力和下岗职工，通过送出去深造、请进来培训等方式，为制种企业培养了一大批懂生产、懂经营、会管理的专业技术人员。目前，全市玉米制种企业职工中80%以上的人员具有中专以上学历，公益性农业技术推广机构中60%的专业技术人员参与种子产业服务。

资料来源：张掖市农业局：《关于全市玉米制种产业发展情况的调研报告》，2015年10月11日。

二、依托农业科技园区建设现代农业

农业科技园区是指一定区域内，以“三高”农业为目标，以调整农业结构为突破口，以先进适用技术为依托，以政府引导企业等社会力量广泛参与为手段，对区域农业与农村经济具有较强示范带头作用的现代农业科技示范区和现代农业科技企业密集区。[①]

农业科技园区对推动传统农业向现代农业转型的贡献是不言而喻的。

① 黄高宝：《现代农业的发展趋势与建设途径》，参见谢铭主编：《第二届绿洲论坛报告文集》，内部印刷，2011年。

根据国家农业科技园区联合管理办公室提供的数据，2002—2008年，全国36个国家农业科技园区共引进科技项目3067个，自主开发科技项目2331个，引进农业新技术3870项、新品种14 729个、新设施16 122套，共组织各类科普培训近3.5万次；种子种苗生产、农产品加工等产业所占比重比所属地区高25%以上，畜牧业、花卉、蔬菜等所占比重比所属地区高40%以上；2008年，实现产值959.52亿元，年利润额131.51亿元，年出口创汇37.75亿元；通过园区内企业的有效组织和带动，周边地区2862万农民人均年收入增加800—1000元，创造社会效益3000亿元以上。①

2009年5月16日，张掖市与中国农业科学院签订科技合作框架协议，结合张掖市现有农业产业的基础，与甘州区合作建设张掖绿洲现代农业试验示范区。2010年8月，甘州区被农业部认定为第一批国家现代农业示范区，张掖绿洲现代农业试验示范区被确定为甘州区国家级现代农业示范区核心区。当年9月，甘州区政府又委托中国农业科学院农业资源和农业区划研究所，编制《甘肃省甘州区国家现代农业示范区建设总体规划》。按照规划，整个现代农业示范区被划分成“一区三基地”，即核心区——张掖绿洲现代农业试验示范区和优质制种、优质畜牧、优质果蔬三大产业基地；力争用5年的时间，把甘州区建设成节水农业示范区、全国最大的优质玉米杂交种子繁育基地、优质肉牛养殖加工基地、全国生猪调出大县、着力打造出口蔬菜基地和全国“西菜东调”基地；把张掖绿洲现代农业实验示范区建成院地农业科技合作的窗口、绿洲农业示范推广的基地、农业科技孵化辐射的源头、绿洲产品标准生产的中心、“三农”工作综合性试验示范的样板和西部农村金融创新的平台。②

以甘州区国家现代农业示范区获批为重要起点，2012年2月，临泽县又被认定为甘肃省第一批省级现代农业示范区；山丹、高台、民乐县亦启

① 黄高宝：《现代农业的发展趋势与建设途径》，参见谢铭主编：《第二届绿洲论坛报告文集》，内部印刷，2011年。

② 中国农业科学院农业资源和农业区划研究所编制：《甘肃省甘州区国家现代农业示范区建设总体规划》，2013年1月。

动了现代农业示范园区的建设工作。根据张掖市农业局提供的数据，截至2014年底，张掖绿洲现代农业试验示范区已累计完成投资17.39亿元，启动建设种业、草畜、蔬菜、食用菌4个现代农业示范园，相继开展了以蔬菜育苗、林果新品种示范、优质玉米种子标准化繁育为主的400多项农业科技试验示范项目，先后建立现代农业高值示范园、现代农业高新技术示范园等农业科技新品种新技术展示园，引进各类新品种267个，新技术58项；临泽县按照“一区、二园、三带、四业”的省级现代农业示范区总体规划，大力实施农业产业化重点工程行动计划，建成了30万亩左右的玉米种子、约20万头奶肉牛、约2万亩高效设施农业、13万亩左右的红枣生产基地；山丹县现代农业示范园区已建成以红提葡萄、双孢菇为主的设施栽培大棚4400多亩，引进甘肃爱福农业发展股份有限公司、甘肃宏武农业科技有限公司、张掖市泰丰现代农业设备有限公司等龙头企业3家，成立山丹润丰、龙首源、三益等食用菌专业合作社6家，入社农户200余户；继临泽、山丹之后，2014年，高台和民乐的现代农业示范园区亦开始启建，高台的绿色蔬菜产业园区规划占地1.8万亩，规划总投资63 800万元；民乐的六坝现代农业示范园区规划总投资19 493万元，计划建成规模化优质粮食作物生产功能区、特色经济作物种植功能区、特色优势农产品加工功能区等7个功能区，目前已完成投资8400万元。①

案例2：张掖绿洲现代农业试验示范区

张掖绿洲现代农业试验示范区是张掖市与中国农业科学院合作共建的国家级现代农业试验示范区、甘州区国家现代农业示范区的核心区和张掖“1+5”生态城市框架格局的重要组成部分。园区位于市区以南，含党寨、梁家墩和大满3个镇、11个村和3个农林场、1个畜牧科技试

① 张掖市农业局：《张掖市“十三五”现代农业发展规划（2016—2020）》（讨论稿），2016年10月31日。

验场，总人口达 10 820 人，分为“一主两翼三板块”，北以 G45 张高速公路起，沿张党公路向南到大满干渠，以张党公路为中轴，向东西两侧各规划 500 米，再向西延展到雷寨村主干道，向东延展到党寨村主干道，总面积 31 125 亩。项目总投资 3.2427 亿元，建成后效益为 1.3 亿元。

园区建设启动 5 年来，已初步形成集农业科学试验研究、农业科技示范推广、现代农业科技展示、教育培训、休闲观光为一体的现代农业科技试验示范平台，集新农村建设试验示范、农村体制机制创新试验示范、农村综合改革试验示范、城乡一体化建设试验示范的“三农”工作综合试验示范平台。

过去 5 年间，园区按照“优势集中、产业集聚、要素集约”和“主体多元、科技支撑、机制创新、示范引领”的工作思路，依托农业高科技企业、科研院所、农技推广单位和专业合作经济组织等主体，采取多种模式搭建杂交玉米种子繁育与生产加工及种子延伸产业试验示范平台；1 万平方米研发中心主体工程已经建设完成；中国科学院遥感试验站正常投入运行；绿洲现代农业展馆完成设计，开始布展；国家肉牛牦牛产业技术体系张掖综合试验站、中国农业大学奶牛科研教学实验站和兰州大学草地科学技术学院张掖教学培训基地、甘肃农业大学科技服务专家院、全国农村实用人才培训基地等项目正在建设中；引进了中国农业科学院旱生超旱生试验基地、登海种业杂交玉米种子加工厂、甘肃前进牧业科技有限责任公司（以下简称前进）、荷兰瑞克斯旺种苗集团公司、北京联创种业股份有限公司、上海善之荣生物科技有限公司等科研院所和科技型企业；与中国科学院、中国农业科学院、甘肃省农业科学院、中国农业大学、甘肃农业大学等科研院所和高校建立了长期的科技合作关系；已建立高标准日光温室机械配套示范点 4 个，配套卷帘机 219 台，微耕机、植保机 18 台；建立全程机械化规模养殖示范点 1 个，新增机械15台；依托甘州区农乐农机合作社建立示范点秸秆回收利用示范推广点1个；种业、草畜、蔬菜、食用菌4个现代农业示范园已启动建设；先后建立了现代农业高值示范园，现代农业高新技术示范园等农业科技新品种新技术展示园，引进各类新品种267个，新技术58项，进一步增强了示范区试验示范的核心功能，为示范区科技引领和农业科技推广提供了强有力的科技支撑。

资料来源：《张掖绿洲现代农业试验示范区科技创新成效显著》，http://www.zgzyw.com.cn/a/zy/content/2014-09/01/content_1576861.htm，2015年9月6日。

三、引导农村土地流转建设现代农业

中共中央十一届三中全会提出的家庭联产承包责任制极大地激发了中国农民的生产积极性，解决了中国十几亿人口的温饱问题。但是，经过近四十年的发展，以户为单位的小农生产模式潜力较小，而它束缚以集约化、专业化、市场化为基本特征的现代农业发展的一面却日益显露了出来。正因为如此，中共中央十七届三中全会提出要在稳定家庭联产承包责任制的基础上改革农村土地制度的问题。

根据中共中央十七届三中全会决议的精神和发展现代农业的需要，张掖市政府从2010年以来就按照依法、自愿、有偿的原则，引导农民进行土地流转，推进适度规模经营。2009年11月，张掖市政府根据甘肃省政府的通知精神，制定下发了《关于积极稳妥推进农村土地承包经营权流转工作的通知》。2011年，张掖市委、市政府专门召开了土地流转工作推进会，成立农村土地流转工作协调领导小组，鼓励农民围绕玉米制种、马铃薯、设施果菜、中药材等特色优势产业开展土地流转，支持土地承包经营权向专业大户、家庭农场、农民合作社、农业企业流转。随后，各县区均制定出台了扶持土地流转的优惠奖补政策，设立专项扶持资金，根据流转面积、流转期限对流转经营主体、乡镇和村社给予扶持奖励。

为了推进土地流转政策有序有效落地，张掖市各区县还建立了土地流转服务中心。根据张掖市农业局提供的信息，截至 2014 年 10 月，张掖六区县已建立乡镇土地流转服务站 59 个、村级土地流转服务点 694 个，基本形成“县有中心、乡有站、村有点”的土地流转服务体系。各级农村土地流转服务机构的主要职能是指导土地流转双方签订合同、公证鉴证，建立健全流转土地登记备案，搜集、发布土地流转信息，提供政策法规咨询，调解仲裁纠纷。

根据张掖市统计局 2015 年 9 月末发布的统计数据，截至 2015 年第三季度，张掖农村土地流转面积达到 116.7 万亩，占承包面积的 47%，涉及农户超过 9 万户，土地规模经营面积达 105.2 万亩，占承包面积的 42.3%。① 目前，张掖市的土地流转已大致形成以下六种形式。

一是租赁经营，即把承包地租赁给本村农业合作组织、公司和种植大户用于综合性农业开发生产。从最近 5 年土地流转的情况来看，租赁经营是各方比较容易接受的方式。截至 2014 年，租赁经营的土地达 77 万亩，占流转面积的 75.3%。

二是转包经营，即把承包土地的使用权转包给第三方，实现一定期限内土地使用权转移。截至 2014 年 10 月，转包经营土地面积达 13.7 万亩，占流转面积的 13.3%。

三是互换，即户与户之间为方便耕作，用承包地块互相兑换，原承包关系不变。互换是土地流转中落地比较早的形式，主要局限于村组内部，但是，规模始终不大。截至 2014 年 10 月，互换的土地面积仅为 9 万亩，占流转面积的 8.8%。

四是股份合作经营。张掖是农村土地承包经营权入股改革开展得比较早的地区之一。2012 年 11 月，张掖组织人员学习山东的经验后，对 5 个以土地租赁经营为主的合作社进行了改制，使之变成以土地折股、实行“保底分红+二次分红”的股份合作制合作社。虽然目前实行股份合作经营的土

① 张掖市统计局：《前三季度张掖市农业农村经济形势调研报告》，2015 年 9 月 30 日。

地面积仅有1.1万亩，仅占流转面积的1.1%，但是5个合作社经济效益明显增加，入股农民反映良好。

五是代耕代种，即一些外出务工、经商的农户把承包的土地委托给亲友、邻居耕种，不参与产品分配。截至2014年10月，代耕代种的土地面积达1.2万亩，占流转面积的1.2%。

六是转让。因为转让土地经营使用权还存在诸多法律及技术障碍，目前规模不大，转让的土地面积仅为0.3万亩，仅占流转总面积的0.3%。①

要保证土地流转顺利推进和流转后不产生纠纷，还必须解决土地承包经营权的确权问题。2013年，张掖市选择临泽县新华镇西街村、倪家营乡倪家营村开展了土地承包经营权确权试点工作，试点面积7150亩。通过试点，摸清了工作流程、理出了存在问题并制订了相关问题的处理办法。2014年，张掖市开始扩大试点范围，确定临泽县新华镇和山丹县东乐乡进行整乡推进，甘州区、高台县、民乐县、肃南裕固族自治县各完成1—2个村确权登记颁证试点工作，试点涉及农户10 483户，面积13.7万亩。截至2014年10月，各县区已制订下发试点工作实施方案，落实试点工作经费150.03万元，举办培训班6期，培训业务人员62人。甘州区、临泽县、高台县、民乐县已完成企业招投标工作，整体工作已进入入户调查摸底、清理二轮承包档案、农户信息登记、土地权属调查阶段。②

四、提高农业生产组织化程度建设现代农业

通过土地流转，分散经营的农民承包地被“组织”了起来，同时还需要解决的问题是如何把分散的个体农户组织起来。

张掖是全国范围内较早实行农民专业合作化的地区之一，2004年张掖市政府便制定下发了《关于加快发展农民专业合作经济组织的实施意见》。当2007年7月《中华人民共和国农民专业合作社法》正式实施的时候，张

① 张掖市农业局：《张掖市深化农村土地制度改革调查》，2014年10月。
② 张掖市农业局：《张掖市深化农村土地制度改革调查》，2014年10月。

掖市已经建成农民专业合作社182家。2008年和2010年，张掖市又先后发布《张掖市农民专业合作经济组织建设实施方案》和《张掖市关于开展农民专业合作社示范社建设行动实施意见》，采取行政推动、政策牵动、试点带动、服务促动等措施，加快推进农民专业合作社的发展，截至2014年底，张掖市工商登记注册的合作社已达4477家，比2013年增加了1765家，增长1.7倍，含国家级示范社17家、省级示范社47家、市级示范社147家，合作社数量居甘肃省第二；入会成员4.65万人，带动农户17.5万户，占总农户的63%，拥有资产44.2亿元，年经营服务收入达31.98亿元，纯收益7.08亿元。在数量快速增加的同时，合作社的质量亦有所提高。比如甘州区杰灵养鸡专业合作社已实现了统一生产标准、统一购买鸡苗、统一饲料供应、统一疫病防治、统一品牌包装、统一销售的"六统一"，年饲养肉蛋鸡30多万只，生产的鸡蛋占全市市场份额的60%以上，入社会员达到206户，带动600多户农民走上了专业化养鸡的致富道路。2012年，甘州区杰灵养鸡专业合作社与金盛蔬菜种植合作社被评选为"农业部农民专业合作社示范社"（图4-1-1）。[①]

张掖市的农民专业合作社主要围绕两个原则铺开：一是依托特色主导产业建社。玉米制种、肉牛、马铃薯、高原夏菜是张掖的主导产业，红枣、中药材、葡萄则是张掖具有特色的优质农产品。最近几年，张掖市政府按照"民办、民管、民受益"的原则，围绕上述产业和产品引导组建了1063个农民专业合作社，占现有合作社总数的45%。二是针对农民一家一户干不了、村级集体组织统不了的问题建社，比如目前全市共有654个农民专业合作社就是围绕土地流转、农机服务、农业病虫害统防统治等建立的。[②]

---

① 李奋辉、高斌：《张掖市农民专业合作社发展现状》，《农业科技与信息》2015年第21期，第105—107页。

② 李奋辉、高斌：《张掖市农民专业合作社发展现状》，《农业科技与信息》2015年第21期，第105—107页。

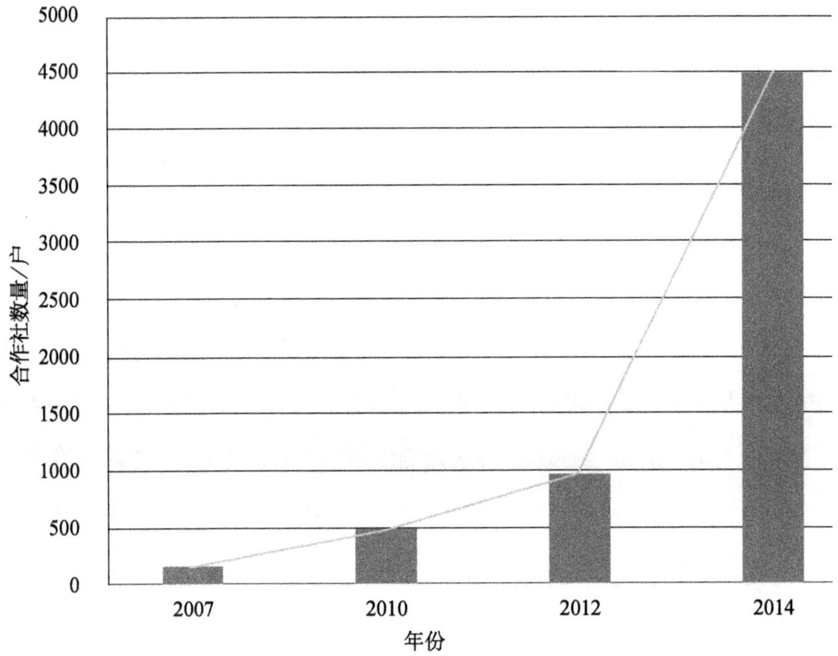

图 4-1-1　2007—2014 年张掖农民专业合作社增长图

资料来源：根据《张掖统计年鉴》公布的数据整理

合作社是比企业更低一级的社会经济组织形式，因此它的模式更多样、协作更灵活。最近几年，经过由协会到合作社的变迁，由松散到规范的过渡，张掖市农民专业合作社逐步形成了依托龙头企业建立“公司+合作社+农户”的企业支撑型、基层组织建立“党支部+合作社+农户”的乡村组织引导型、专业市场建立“市场+合作社+农户”的市场牵动型、能人大户组建“能人大户+合作社+农户”的农民自主型合作社、改革供销管理体制建立“供销社+合作社+农户”的供销合作社等五种模式。各种类型的合作社多层次、多领域、多形式覆盖了农村发展的各个环节，成为农村跨越发展的一支重要力量。

张掖市甘州区建涵农产品保鲜农民专业合作社成立于 2010 年 12 月，是由甘州区供销社和明永乡沿河村农民共同出资组建的股份制合作社，现有股东 7 人，注册资金 1000 万元，占地面积 20 万平方米，固定员工 53

人，成员 500 多人（均为农民），拥有种植基地面积 20 000 亩（含示范培训基地 2000 亩）。合作社经营范围涉及高原夏菜订单农业种植保鲜销售、高效日光温室红提葡萄种植保鲜销售。4 年来，合作社带动周边农户 5462 户以“合作社+农户+基地”的模式，为菜农提供产前、产中、产后服务，组织菜农开展订单生产。2011 年，合作社引导农户种植高原夏菜 3600 亩，亩均保产值 4500 元，实现营业收入 5346.8 万元，利润 189.6 万元；2012 年种植高原夏菜 6800 亩，亩均收入 7000 元；2013 年种植高原夏菜面积扩大到 2 万亩，亩均收入 7800 元，2014 年高原夏菜种植面积进一步扩大到 4 万亩。此外，合作社还投资 4500 万元于沿河村集体荒滩修建瓜果保鲜库 1 座 50 间 20 000 平方米、14 000 吨、占地 50 亩的蔬菜深加工厂房一间和占地 350 亩的农产品交易市场一处；2014 年又建成面积 6000 平方米的高标准大棚自动化育苗基地，年可生产种苗 2000 万株。5 万吨有机肥及 2.5 万吨配合饲料尾菜加工项目正在立项建设中。

甘州区前进牧业是张掖农业合作社经济形态的一个成功案例。甘州区前进奶牛专业合作社位于张掖市甘州区长安乡前进村，是按照“公司+基地+合作社+党支部+农户”的发展模式，由农民集资入股创办的集体经济企业，下有甘州区前进奶牛专业合作社、甘州区汇源奶牛农民专业合作社、甘州区绿洲奶牛繁育农民专业合作社、张掖市五泉奶牛养殖农民专业合作社、张掖市蓼泉奶牛养殖农民专业合作社 5 个分社。

合作社成立后，从本村农户手中组织流转土地 100 多亩，建立了第一个千头规模的标准化奶牛养殖场；2010 年通过租赁、扩建、改造方式，以原张掖市甘州区良种奶牛厂为基础建立了占地 15 亩的第二个千头规模的标准化奶牛养殖场；2011 年政府划拨荒地 330 亩，于张掖绿洲现代农业示范区内规划新建了第三个 3000 头规模的标准化奶牛繁育示范场；2012 年又以甘州区现有三个分社为基础，于临泽县境内成功复制两个标准化养殖场；2013 年与甘肃亚盛集团临泽分公司合资创建集优质牧草种植、良种奶牛养殖、鲜奶生产销售为一体的生态化养殖基地，同时建设集现代化、集约化、规模化肉牛养殖与奶牛养殖相结合的生态化万头牧场。截至2015年注册资金1.4亿元，资产总额达3.41亿元，入社会员686人，从业人员320人，含管理人员58人，技术人员72人，奶牛存栏8500头，年产鲜奶2.5万吨，与内蒙古伊利实业集团股份有限公司、内蒙古蒙牛乳业股份有限公司建立长期合作关系。

合作社实行的是“专职管理+股东共决”的治理体制和“一分四统”的合作机制。所谓“专职管理+股东共决”就是设有专职的监察部、基建部、财务部、设备部、畜牧部、繁育部、供应部、项目部、人力资源部、施工队及办公室等专职职能部门，负责合作社各项制度的执行；但合作社的章程修改、重大制度出台和董事会、监事会选举必须由全村股东参与、表决。所谓“一分四统”就是所有权分属农户所有，统一规划、统一挤奶、统一售奶、统一服务。

不过，与《中华人民共和国农民专业合作社法》的要求、政府的政策预期相比，张掖的农民专业合作社还存在明显的不足。一是内部运行机制还不够规范。部分合作组织经营运作、事务管理、账目管理还不完善、不健全，有的虽然成立了理事会、监事会等组织机构，但日常运作包括重大事务决策往往还是个别人说了算，不严格按照章程办事；一些合作社还没有独立的财务制度，财务不够公开，利益返还机制不健全，影响了带动力。二是自我发展能力不足。合作社成员整体文化程度偏低，综合素质不高，特别是带头人和管理人员的组织管理、协调指导、市场开拓、对外交流能力比较低；一些合作社还没有必要的收购场地和仓库等基础设施，缺乏及时准确收集发布信息所需的现代化办公设备；多数合作组织没有形成自己的品牌商标，影响了市场拓展。三是辐射带动功能不强。合作社虽然数量不少，但大部分产业规模小、辐射面窄，合作经营的有效半径不超出村社范围，跨乡镇、县区合作的较少，辐射带动能力有限，市场经营组织功能较弱。四是政策扶持力度还不够。尽管目前国家和甘肃省制定一系列扶持合作社发展的优惠政策，但扶持力度不够大，范围不够广，受益面很小；金融机构扶持合作社发展的贷款额度普遍较小，门槛较高，合作社通过融资实现借力发展的难度较大。

五、培育、引进龙头企业和扶持大户带动现代农业建设

除了各类农民专业合作社，作为比合作社更高一级的社会经济组织形式，农业龙头企业对于带动张掖市农业现代化转型亦发挥了重要作用。除了张掖的主导产业之一——玉米制种行业活跃着含全球四大种业巨头的59家企业外，肉牛、高原夏菜、林果、食用菌等领域龙头企业均在起作用。2014年，张掖市政府分别给予高台博峰农牧业科技集团（以下简称博峰）和张掖沅博农牧产业集团（以下简称沅博）100万元补助，用于企业发展。2015年，博峰和沅博两家牛羊肉屠宰生产加工企业采取“公司+基地+合作社+农户”为主的运营模式，进行肉牛全产业链建设，已发展成为西北地区一流水准的现代畜牧企业。博峰引进荷兰MPS公司的全自动流水线设备，执行欧盟食品卫生标准，计划总投资5亿元，建设万头育肥牛场、5000亩饲草种植基地和10万头优质肉牛加工生产线。沅博总投资6亿元，建成无公害万头肉牛养殖基地2处、大型农畜产品交易市场、玉米蔬菜花卉种植基地、30万头牛羊养殖屠宰精深加工现代农牧产业循环经济示范园。以上述两家农业产业化大型重点龙头企业为代表，张掖市建成了一批集饲草种植、牛羊养殖、定点屠宰、精深加工、冷链物流、终端销售到网络交易为一体的全产业链现代化畜牧业龙头企业，它们通过“公司+合作社+基地+农户”的合作模式，不仅推进了张掖农业产业化经营，而且提高了张掖农业生产组织化程度。

食用菌产业是张掖市最近两年兴起的重要产业。张掖市政府按照“政府引导、科研支撑、公司带动、农户参与、以销定产”的发展思路，采取“原料生产工厂化、菌种生产标准化、出菇管理规范化、销售加工专业化”的生产管理模式，充分利用农作物秸秆和畜禽粪便为原料发展以草腐菌为主的食用菌（双蘑菇、鸡腿菇、杏鲍菇、秀珍菇、平菇等），以木屑为主要原料适

度发展木腐菌（香菇、木耳、猴头菇、灵芝等），再用废菌料生产有机肥还田，实现绿色循环高效，走“种—养—菌—肥”一体化的现代循环农业路子。

张掖食用菌产业目前已形成三大发展模式：一是龙头带动、农户参与模式。甘州区善之荣现代农业有限公司、山丹县爱福农业发展股份有限公司和民乐县南古镇左卫寨村引进的江苏富园集团有限公司都是引进龙头企业，由企业统一发料、统一技术指导、统一收购、统一销售，农户仅负责生产管理，实现双方共赢。二是“能人”牵头、租赁承包模式。由“能人”组织修建大棚，租赁给农户种植，保证租户最低收入，并提供产前、产中、产后的全程服务。民乐县永固镇滕庄村的亨丰种植专业合作社就属于此种模式。三是政府引导、合作发展模式。民乐县丰乐乡通过组建农民专业合作社，于7个村建设了食用菌生产基地共620棚，乡政府统一聘请江苏徐州“土专家”于荣亚做技术指导，并提供菌种和产品收购。顺化乡草营村6户农户建起了专业合作社，发展食用菌产业，并配套建设恒温库，乡上为他们提供水、电、路等基础设施。

截至2014年底，张掖市建成双孢菇大棚4227座，食用菌工厂化和半工厂化生产基地11个，栽培种类已由双孢菇、平菇扩展到杏鲍菇、香菇、秀珍菇等10多个品种，形成了“主栽品种规模不断扩大，珍稀菌类齐头并进”的发展局面，年产量和年产值分别达到1.5万吨和1.2亿元。[①]

此外，一些农业生产大户亦充分利用自身专长和政策优势，发挥带动引领作用。比如民乐县永固镇滕庄村村民何江从打工起步，成长为包工头，有了自己的建筑队。2014年，他回乡创业，牵头成立了亨丰种植专业合作社，高薪聘请河南双孢菇专家韩金陵为技术总监，建设食用菌生产基地。2015年又改造层架式大棚40座，并提供发料、菌种、技术、收购等服务，把大棚租赁给农户种植双孢菇，保证每棚纯收入不低于1万元。山丹

① 张掖市经作站：《张掖市食用菌产业发展现状、问题及建议》，2015年10月。

县位奇镇四坝村青年“能人”张金铭致富后积极返乡创业，利用荒滩投资2800万元新建山丹万晟养殖场，修建高标准暖棚羊舍13幢13 000平方米，预计年养殖量可达2万只，出栏量可达到1.5万只，产值1500万元，带动30多户农户发展养殖产业。因为“能人”大户的带动，山丹县规模养殖近几年发展迅速，草畜产业因此迅速崛起为农民增收致富的主导产业。民乐县顺化乡张宋村“能人”王富祥采取“大户建小区、合作社带农户、农户变社员、土地作股份”的思路，投资1500万元建成集引种、繁殖、育肥、销售为一体的股份制养殖企业，以“权”作“股”的方式，吸纳本村26户农户以380亩土地的30年承包经营权为股份，建成千头肉牛养殖场和千只种羊场各一个，合作社经济效益达300万元。26户以“地”入“股”的农户，除正常的土地流转收入之外，土地入股年分红23万元，户均实现增收9000元左右。

六、调动金融资源支持现代农业建设

与传统农业相比，现代农业的资本密集程度显然更高。张掖市工业和信息化委员会2014年12月25日至2015年1月2日牵头所做的一次调查就发现，融资贷款难和投入不足是张掖市农产品加工及食品工业企业存在的最为普遍的一个问题。原因主要有二：一是农产品加工及食品工业企业项目建设和技改投资非常大，且生产具有鲜明的季节性，必须于农产品收获季节购进全年加工原料，流动资金需求量非常大。比如和田昆仑农产品有限公司、云鹏控股集团有限公司、中化番茄制品有限公司等企业逢原料收购季节，自有资金仅能满足需求的50%左右；博峰、牧沅清真肉食品有限公司（以下简称牧沅）、沅博三家屠宰加工企业，满足正常生产的周转资金需要75亿元，如此巨大的资金需求量，当地银行很难解决。二是张掖绝大多数农产品加工企业起步较晚，规模偏小，原始积累少，上市难度大，一般很难通过资本市场进行直接融资，主要靠银行贷款和民间借

贷，但银行贷款门槛高、手续多、程序复杂、报批时间长、贷款额度小，无法满足企业生产经营的资金需求。①

为支持现代农业建设，张掖市各级政府动用了多种渠道动员金融资源。

从2013年起，张掖开始试点用土地承包经营权抵押贷款，以支持土地流转后的经营活动。当年，张掖市农业局与中国人民银行当地支行联合下发了《张掖市金融支持农村土地流转发展的指导意见》，明确了以农村土地承包经营权抵押、创新农贷产品的意见。一年多来，单就以农村土地承包经营权抵押向农户发放贷款的笔数很少，原因主要有二：一是金融部门对土地承包经营权抵押贷款态度谨慎，担心风险无法控制；二是还没有机构对土地承包经营价值进行评估。为此，高台县进行了一些尝试——以农村土地承包经营权、农村居民房屋产权（商业门店）、林权、日光温室产权、养殖场区产权和农民的城镇房屋产权等“六权”为抵押申请贷款。高台县委、县政府制定下发《关于开展农村金融服务改革创新试点工作的意见》。中国人民银行高台县支行组织银行类金融机构按照“一行一品”的要求，开发金融支持农民专业合作社发展、土地流转、产业发展、农民自主创业、扶贫开发等支农惠农新产品，拓展动产抵押、收益权质押、应收账款抵押等新型信贷业务。各商业银行则至少选择一个区域、一个品种、一项产业、一类业务试点“六权”抵押贷款。该县巷道乡东联村采取成立农民专业合作社，利用村级集体积累和动员农户入社参股的方式，筹集担保风险金，目前已筹集资金1000多万元，同时向合作银行注入担保履约金500万元，帮助社员获得了5000万元的授信额度。按照银行授信要求，合作社向银行担保，合作社社员利用“六权”抵押向合作社提供反担保，则合作银行可按照担保履约金1∶10放大贷款额度。截至2014年10月，银行已

① 张掖市工业和信息化委员会：《全市农产品加工及食品工业产业发展调研报告》，2015年1月。

发放贷款103户、3100万元。①

2015年7月24日，张掖市又正式宣布成立张掖市首家以农业为重点投资领域的市级投、融资公司。该公司由张掖市金苑投资有限责任公司作为政府出资代理人，采用PPP模式②，联合河北卓达集团、甘肃银行及沅博、博峰、前进三家本市农牧企业共同投资组建，注册资本2亿元，它的主要职能就是撬动更多资金投入农业产业化发展，为张掖“农字号”中小企业、小微企业发展提供融资担保服务。

虽然自2005年张掖市第一产业占GDP比重首次被第二产业超过以来，其第一产业占GDP的比重一直呈下降趋势（图4-1-2），但是，主要由于现代农业的快速发展，张掖市农民人均收入一直呈快速上升之势，10年间翻了一番多（图4-1-3）。

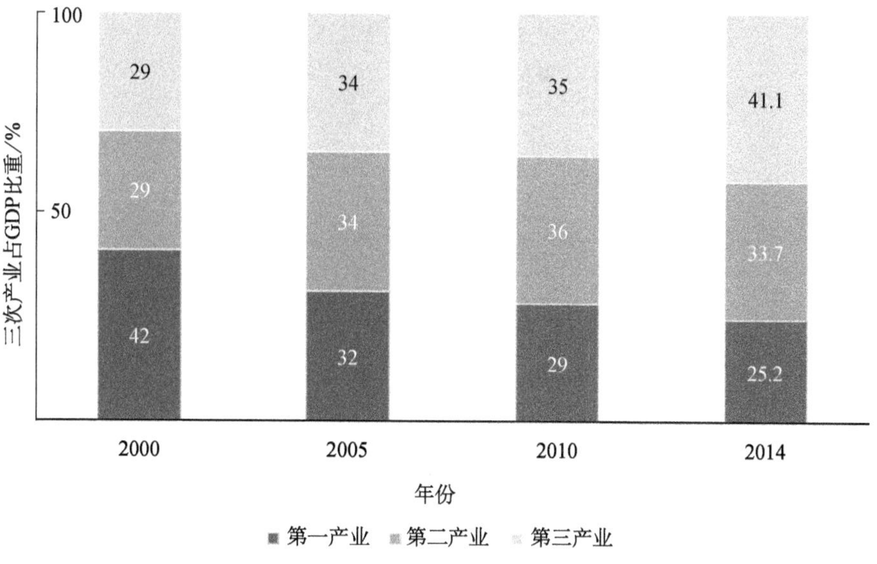

图4-1-2　2000—2014年张掖三次产业结构变化图

资料来源：根据《张掖市十一五规划纲要》和《张掖统计年鉴》等公开的数据整理

① 张掖市农业局：《张掖市深化农村土地制度改革调查》，2014年10月。

② 指政府与私人组织之间，为了提供某种公共物品和服务，以特许权协议为基础，彼此之间形成一种伙伴式的合作关系。

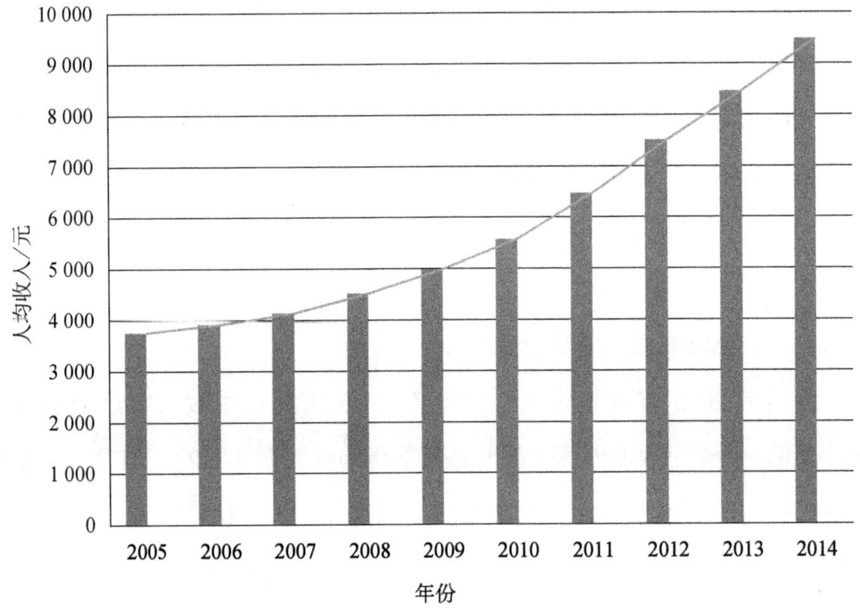

图 4-1-3　2005—2014 年张掖市农民人均收入增长图

资料来源：根据《张掖统计年鉴》公布的数据整理

第二节　生 态 工 业

和很多学术概念一样，目前学术界对生态工业仍没有一个统一的认识，比较有代表性的观点认为，生态工业是模拟生态系统的功能，建立起相当于生态系统的“生产者、消费者、还原者”的工业生态链，以低消耗、低（甚至无）污染、工业发展与生态环境协调为目标的工业。

根据上述定义，发展生态工业必须从宏观上使工业经济系统和生态系统耦合，协调工业的生态、经济和技术关系，促进工业生态经济系统的人流、物质流、能量流、信息流和价值流的合理运转和系统的稳定、有序、协调发展，建立宏观的工业生态系统的动态平衡；微观上做到工业生态资源的多层次物质循环和综合利用，提高工业生态经济子系统的能量转换和物质循环效率，建立微观的工业生态经济平衡，从而实现工业的经济效益、社会效益和生态效益的同步提高，走可持续发展的工业发展道路。

据张掖市发展和改革委员会（简称发改委）主任兼党组书记伏世祖撰文分析称，新时期，张掖市至少拥有发展生态工业的四大优势：一是张掖地处“丝绸之路经济带”的黄金区域，随着国家“一带一路”倡议的推进，大量的资源、能源、产品必然会通过高铁、高速公路、国道通往国外，张掖由此会成为对外开放的重要城市，为工业发展提供广阔的市场；二是张掖“居中四向”，是区域性交通枢纽中心，除拥有较为富足的农产品、矿产资源、水资源、能源等优势资源外，内蒙古、青海等周边地区大量尚待开发的煤炭、铁、铜等矿产资源是就近的聚集开发区域，区域联合发展潜力巨大；三是随着互联网时代的到来，张掖已有的传统产业有很大的改造空间，技术升级、改造转型的空间较大，特别是一些特色农畜产品的加工产业有很大的市场前景；四是张掖工业化程度低，发展的环境容量相对较大，具有较强的后发优势。

与此同时，张掖面临的挑战亦是显而易见的：一是全国大量的工业行业产能过剩，市场压力巨大；二是张掖工业基础薄弱，工业人才十分缺乏；三是张掖地处内陆，距离消费市场遥远，运输成本高，对工业发展带来不利影响。

“十二五”以来，围绕张掖市委、市政府提出的建设“电煤钨铁种芓红”七大项目体系和打造能源基地、矿产化工基地、特色农产品加工基地、钨钼之都“三基一都”的工作思路，以及《中共张掖市委　张掖市人民政府关于加快生态工业发展的意见》（市委发〔2013〕10号）确定的“两个园区、千亿产值”的工作重点，张掖对新能源、农畜产品加工、新材料、高载能、装备制造等五大产业以及工业园区建设投入了大量精力，而且取得了一定的成效。

一、新能源产业

张掖具有发展新能源的天然优势：张掖地势平坦广阔，未利用土地占总土地面积的27.6%，主要为戈壁荒漠，是实施“大漠光电工程”的理想地区。全市太阳能资源丰富，全年可利用天数多达280天以上，日照长达2790—3100小时，总辐射高达5800—6270兆焦/米^2，仅次于全国太阳辐射量最大的西藏自治区和柴达木盆地，具有开发建设大型太阳能基地的良好条件。张掖距河西千万千瓦级风电基地中心酒泉200千米，是整个河西新能源基地的重要组成部分、国家“西电东送”750千伏送变电工程与新疆—青海电网联网的最佳节点，和最终形成瓜州、张掖、青海三地750千伏环网运行的关键点。此外，建设张掖新能源产业基地还能进一步增强河西乃至甘肃电网的电源支撑能力，形成水电、风电、光电、生物质能发电与传统火电同网合理配置，极大提高电网输送线路的稳定性、安全性、经济性。

2010年，张掖市委、市政府利用《国务院办公厅关于进一步支持甘肃经济社会发展的若干意见》（国办发〔2010〕29号）支持建设河西新能源基地和甘肃省委、省政府“建设河西风电走廊，再造西部陆上三峡”战略部署提供的重大机遇，编制了《张掖市千万千瓦级新能源产业发展规划纲要（2012—2020年）》（以下简称《发展规划纲要》），随后又委托设计单位对六县区符合开发条件的区域进行资源评估，明确了项目选址、产业园区设计、电网输电规划编制等工作。根据《发展规划纲要》，“十二五”期间，张掖要以建设6个千兆瓦级太阳能光电和6个千兆瓦级风电产业园为重点，培育壮大水能、风能、太阳能、生物质能等新能源产业。截至2012年末，全市累计争取新能源项目49项，总装机容量1797.5兆瓦，计划投资183.2亿元，包括光伏发电37项，装机容量1318.5兆瓦，投资143.3亿元；风电8项，装机容量396兆瓦，投资32.4亿元；生物质能发电3项，装机容量63兆瓦，投资6.3亿元；余热发电1项，装机容量20兆瓦，投资

1.2 亿元。已完成投资 27.33 亿元，建成 3 项，分别是国电龙源南滩 10 兆瓦光伏发电项目、平山湖 49.5 兆瓦风电项目和黑河水电南滩 50 兆瓦光伏发电项目。①

二、农畜产品加工

张掖的农牧业基础良好，拥有发展农畜产品加工业的天然优势。根据张掖市工业和信息化委员会提供的数据，截至 2014 年底，张掖共有农业产业化重点龙头企业 109 家（含国家级 1 家、省级 40 家、市级 68 家），占全部农产品加工及食品工业企业总数的 42.91%，年销售收入上亿元的农产品加工及食品工业企业达到 18 家；拥有国家驰名商标 2 个，甘肃省著名商标 30 个，已认定的无公害农产品 41 个，绿色食品 75 个，有机食品 19 个，4 个农产品获得地理标志证明商标。②

在农畜产品加工数量增长的同时，部分加工企业依靠引进国内、国外领先技术和先进工艺，提升装备水平，由最初的粗加工逐步走向精细加工，比如粮油加工由普通面粉和食用油加工开发出谷朊粉、蛋白粉和色拉油、胚芽油；红枣加工由小包装走向饮料、枣蜜、食醋等精细化加工；白酒由低端产品迈向九粮液等高端产品；葡萄酒由普通干红开发出系列高端冰酒；马铃薯加工由普通淀粉生产开发出雪花全粉、薯片、薯条系列食品；番茄加工由大桶包装外售走向开发小罐包装进入超市销售，直接面向销售终端。

三、新材料产业

张掖市是甘肃境内金属矿产、能源矿产和冶金辅料、化工原料等非金属矿产的集中区，煤炭、钨钼、铁、石膏、凹凸棒石、钾盐等矿种探明资源储量较大，因而矿产业最近几年一直是张掖市的主要产业支柱和财政

① 中国民主建国会张掖市委员会：《关于全市新能源产业发展情况的调查报告》，2014 年 9 月 26 日。
② 张掖市工业和信息化委员会：《全市农产品加工及食品工业产业发展报告》，2015 年 1 月。

支柱。

根据张掖市工业和信息化委员会提供的数据，截至2014年底，张掖市的金属矿产开采加工企业共有17户，建成了60万吨钨采选项目，形成了年生产3200吨钨精粉的生产能力；非金属矿产开采加工企业17户，形成盐硝生产加工能力8万吨，萤石加工生产能力5万吨，氟石粉加工能力3万吨，蛇纹岩开采加工能力100万吨，凹凸棒开采加工能力3万吨，硅石开采加工能力10万吨；原煤开采加工企业23户，已经形成开采能力400万吨，煤炭洗选企业4户，加工能力900万吨。①

以有色金属钨钼和新型绿色建材为代表的新材料，是张掖最近几年为壮大矿业支柱产业而重点培育的产业。

新材料钨钼采选项目由甘肃新洲矿业有限公司实施。新洲地处肃南裕固族自治县祁青工业园区，成立于2005年5月，矿区面积0.4518平方千米，开采深度为由3526—2900米标高。2007年以后，公司先后投入500多万元，对加温浮选、废水利用、摇床技术设备等生产工艺、设备进行了技术改造：精选作业改加温浮选为常温浮选，使加工过程中所需燃料煤由5603.54吨/年降至2900吨/年，排放烟尘量由74.17吨/年降低为27.07吨/年；回水利用技术改造，使水资源得到了再次利用、尾矿回水达到了零排放标准；摇床设备技术改造，加大了尾矿回收利用，仅2010—2012年通过摇床技术和硫化矿车间综合利用回收尾矿20 100吨，就创造经济效益890多万元，减少污染物排放量19 800吨，减少土地占用面积200亩，减小对尾矿库排量19 800吨。截至2014年，公司处理原矿累计526万吨，上缴税金累计6.87亿元，但从2014年11月便处于亏损状态。

钨钼深加工项目由张掖联鑫钨钼科技发展有限公司实施。公司落户于张掖市循环经济产业园区，是2014年通过招商引资引进江西联鑫钨钼科技发展有限公司成立的一家公司，计划建设钨尾矿综合回收及钨钼系列产品

① 张掖市工业和信息化委员会：《张掖市新材料产业、矿产品加工产业发展现状、存在问题及对策措施》，2015年1月。

深加工项目，总投资 11.7 亿元，包括小柳沟钨矿年处理 100 万吨钨尾矿综合回收项目、钨深加工生产线及钼深加工生产线。

新型绿色建筑材料项目由卓达集团投资建设，位于甘州区工业园区，集团要求 2015 年 10 月底投产运营。项目建成后可生产各类新型绿色建材 100 万平方米，满足张掖市及周边市县对新型节能环保型建材的需求，实现年销售收入 25 亿元，年上缴税金 7846.2 余万元，为当地创造近 2300 个就业岗位。

四、高载能产业

高载能产业，又称能源消耗密集型产业，是指产品产值中能源成本所占比重较高的产业。张掖的高载能主要以铁合金、电石、硅锰合金、锰铁冶炼为主。张掖市现有铁合金企业 9 户（规模以上企业 4 户），共有电炉 18 台，电炉总容量为 145 800 千伏安，设计总生产能力为 21.8 万吨，从业人员共 965 人，含普通硅铁 1.2 万吨、特种合金 1.8 万吨，高纯硅 3.6 万吨、硅锰 11.6 万吨、铬铁 3.6 万吨。截至 2014 年底，共生产铁合金 11.2 万吨，同比增长 24.7%，实现工业总产值 7.1 亿元，实现主营业务收入 7.3 亿元，实现税金 1497 万元，9 户铁合金企业累计亏损 1863 万元。

另有富锰渣、生铁冶炼企业 1 户，35 立方米冶炼炉 6 台，设计生产能力 30 万吨左右，主要采取国家鼓励的火法升温富集法冶炼富锰渣，同时回收炼生铁。2012 年开工建设 30 万吨锰铁精矿选矿厂项目，湿法选矿项目原定 2015 年 5 月份投入使用。截止 2014 年底，公司累计生产富锰渣 1.27 万吨，生铁 57 688 吨，销售收入 2.7 亿元，上缴利税 1176.32 万元，累计亏损 6672.01 万元。

正在建设的聚鑫达 80 万吨锰铁铅锌矿循环经济综合利用项目总投资 18 亿元，两座 179 立方米的富锰渣炉原定 2015 年 10 月份正式投产运营。项目全部建成后，预计年均可实现工业产值 16 亿元，销售收入 10 亿元，新增税收 2.2 亿元，可解决当地 200 多人就业。同时正在建设的还有甘肃鑫泰化工有限公司年产30万吨电石项目，总投资6亿元，原定2015年11月份一期项目投产运营。项目全部建成后，预计年均可实现工业总产值15亿元，销售收入4亿元，税金1亿元，可解决当地400多人就业。[①]

从上述统计数据可以看出，张掖市高载能产业才刚刚起步。根据发改委提供的材料，张掖市政府下一步打算重点推进三方面的工作：一是适应市场需求，生产特种钢铁生产企业所需要的特种铁合金。二是通过技术改造把铁合金电炉的炉型改造提升到符合国家产业政策的12 500千伏安以上。三是重点推进山丹花草滩循环经济产业区现代高载能产业示范园和甘州区西洞滩冶金建材产业园建设项目，特别是2×30万千瓦煤矸石发电建设项目，实现就地直供电交易，切实降低铁合金及高载能企业的生产成本，最终形成以“两园三区”为主，其他企业多元发展为补充的高载能产业发展格局。

五、装备制造业

张掖现有的装备制造业主要集中于三块：农业机械、水工机械、建筑机械，最近几年又因为太阳能、风能的开发利用而逐渐发展起了太阳能光伏组件，下一步计划推进汽车零部件装备和新型环保装备制造业。

农业机械是张掖市依托当地产业特色而发展起来的装备制造业。根据张掖市工业和信息化委员会提供的数据，截至2014年底，全市共有装备制造企业18家，其中涉农装备企业就达11家，另有建筑机械制造企业2家，新能源装备制造企业3家，供暖设备制造企业1家和高频直缝焊管生产企业1家。这18家企业中，9家是2010年后新成立的，另外9家是国有企业改制而来的。根据张掖市统计部门发布的数据，2014年，18家装备制造企业资产总额为6.29亿元，负债总额3.28亿元；完成工业增加值2.8亿元，同比增长30.73%；实现主营业务收入3.07亿元，同比增长24.18%；利润总额2027.95万元，同比增长15.93%；税金558.52万元，同比增长

① 张掖市工业和信息化委员会：《全市高载能产业发展调研报告》，2015年1月。

27.68%；从业人员 800 多人。①

从上述统计数据可以看出，张掖的装备制造业明显呈现出行业总体规模小、实力弱的特征。另外，产品品种差异小、附加值低，又进一步限制了其竞争力的提升。因此，张掖市提出，今后要扶持几家当地龙头企业、引导企业抱团发展、引进有实力的外地企业，以壮大张掖市的装备制造产业。

六、工业园区建设

张掖市的各类官方文件中，建设各类工业园区被当作推进生态工业发展的重要抓手。

2013 年 3 月 22 日，《中共张掖市委 张掖市人民政府关于加快生态工业发展的意见》，提出要“以不破坏自然生态和不污染人居环境为前提，以发展循环经济为核心，以发展特色农畜产品深加工、新能源和矿产品精深加工为重点，以科技创新和开放开发为动力，以工业园区和项目建设为载体，着力构建循环工业产业链，推进循环发展和清洁生产，努力推进工业生态化、生态产业化，走出一条绿色、环保、可持续的生态工业化发展的新路子，促进全市工业转型跨越发展”，而且明确提出，要举全市之力，集中打造一个产值千亿级的高标准生态工业园区。随后，各县（区）纷纷推出了各自的园区规划。根据张掖市工业和信息化委员会提供的数据，截至 2015 年，全市已建成 5 个省级工业园区和 1 个工业集中区，规划面积从 2010 年的 141 平方千米发展到 425.6 平方千米，各园区基本形成了农副产品加工、矿产品加工、新能源产业、高载能产业、生物医药、装备制造等六大产业；入园企业总数由 2014 年的 483 户发展到 830 户，规模以上工业企业由 65 户发展到 126 户；从业人员由 1.4 万人增加到 6.66 万人；园区实现生产总值、工业增加值、地方财政收入年均增长 15%以上。②

---

① 张掖市工业和信息化委员会：《全市装备制造行业发展现状、存在问题及对策措施》，2014 年 12 月 31 日。

② 张掖市工业和信息化委员会：《“十二五”生态工业总结及“十三五”发展思路》，2015 年 10 月 22 日。

张掖市经济技术开发区的前身是创立于1994年的张掖工业园区。2006年5月，张掖工业园区经甘肃省政府批准，通过国家发改委、国土资源部等部委审核公告为省级开发区，核准规划面积760公顷，先后被确定为全省循环经济示范区、新型工业产业化示范基地、农业产业化示范基地。2013年，张掖工业园区被国务院办公厅批准升级为国家级经济技术开发区，定名为“张掖经济技术开发区”，成为甘肃省第5家国家级经济技术开发区。张掖经济技术开发区晋升为国家级经济技术开发区后，园区已形成生态科技产业园、循环经济示范园、农产品产业园和煤化工产业园“一区四园”的发展格局，规划面积152.87平方千米，建成区面积约22平方千米。

生态科技产业园位于张掖市区东北郊，规划面积23.5平方千米，以发展高科技产业和农副产品加工业为主，主要布局一类工业项目，现已有中国种子集团有限公司、正大集团、上海航天能源股份有限公司、和田昆仑农产品有限责任公司、甘肃甘绿脱水蔬菜股份有限公司、张掖华瑞麦芽有限责任公司等一批骨干企业入驻，是目前项目比较集中的区域。

循环经济示范园位于张掖市区以北13千米，规划面积36.01平方千米，主要发展循环经济产业，布局二、三类工业项目，重点培育电力能源、煤化工及煤炭资源综合利用、矿产品深加工等产业，目前已有张掖火电厂一期工程、张掖市钧方新型建材开发有限公司、中能煤业发展有限责任公司、张掖市三益化工外贸有限公司等15户企业入住。

农产品产业园位于甘州区甘浚镇，距市区10千米，规划面积约43.36平方千米，是中国“金张掖”玉米制种基地的重要组成部分和种子加工产业聚集地，现有玉米制种加工企业11户，建成果穗烘干线9条，籽粒烘干线16条，年种子加工能力达24.4万吨，辐射带动玉米制种面积30万亩。

煤化工产业园位于甘州区平山湖蒙古族乡，距市区约60千米，规划面积约 50 平方千米，定位为煤制天然气等煤炭资源综合开发利用产业，已探明储量 5.3 亿吨，该项目已通过甘肃省发改委核准。

经过 20 年的建设，开发区内企业达 524 户，含工业企业 187 户，规模以上工业企业 36 户，形成了以中国种子集团有限公司、正大集团、甘肃甘绿脱水蔬菜股份有限公司为龙头的农副产品加工产业，以甘肃张掖巨龙建材有限责任公司、张掖市巨龙铁合金有限公司、张掖市钧方新型建材开发有限公司等企业为龙头的有色冶金新材料产业，以张掖火电厂、甘肃黑河水电开发股份有限公司、国电龙源电气有限公司、张掖神舟新能源有限公司、甘肃天源工程机械有限公司等企业为龙头的新能源及装备制造业，以甘肃昆仑生化有限责任公司、甘肃河西制药有限责任公司、张掖市大弓农化有限公司等企业为龙头的生物制药化工产业，以张掖市新乐物流配送有限责任公司、张掖市捷安物流有限公司、甘肃泰鑫物流有限公司、张掖国际物流园等企业为龙头的现代服务业等五大支柱产业。2014 年，开发区完成地区生产总值 83.55 亿元，完成工业总产值 80.61 亿元，完成工业增加值 22.86 亿元，实现销售收入 159.42 亿元，实现税收 4.96 亿元，完成进出口总额 330 万美元，完成固定资产投资 14.18 亿元，已成为全市工业经济的重要增长极和产业聚集地。①

民乐生态工业园区始建于 1994 年，前身为“民乐县六坝高新实用技术开发区”，1996 年被国家农业部批准为“全国乡镇企业东西合作示范区”，2006 年被省政府确定为“省级工业园区”，2007 年更名为“民乐生态工业园区”，2010 年被省工业和信息化委员会确定为“全省循环经济试点园区”，2012 年被省工业和信息化委员会确定为“省级新型工业化示范基地”和“甘肃省中小企业创业孵化基地”。

民乐县以工业园区作为促进全县工业经济转型跨越发展的重要平台，

---

① 朱希斌、付聪林：《张掖市经济技术开发区形成一区四园发展格局》，http://gansu.gscn.com.cn/system/2015/07/14/011060035.shtml，2015 年 7 月 9 日。

着力打造集聚效应明显、服务功能完善、特色产业突出、生态环境友好的现代工业园区。一是高起点修编发展规划。坚持“高起点规划、高品位设计、高标准建设、高质量管理、高效益经营”的发展原则，编制完成了《民乐生态工业园区总体规划（2013—2030年）》，远景规划面积400平方千米，近期规划面积140平方千米。二是高速度建设先行发展区。近期规划面积中单独划出48平方千米作为先行发展区，集中进行道路、标准化厂房、给排水、供暖、供电、污水处理、通信、绿化及公共服务设施建设，先后完成投资3.5亿元。截至2013年，园区建成绿洲6.5万亩、机井80眼、道路124千米、输变电线路125千米、标准化厂房2.38万平方米、公租房1.68万平方米、天然气供应站1座，敷设给排水、供热、供气、供电等管网97千米。三是高标准引进生产企业。按照“两个园区、产值千亿”和“产业循环”要求，创新园区发展机制，积极引进低耗能、高产出的新兴企业，2013年，先后引进和开工建设48兆瓦光伏发电、5000吨彩钢钢构系列生产、中药饮片加工等重点项目12项，培育规模以上企业9户。截至2013年，园区已入驻各类企业51户，从业人员6900多人，已形成特色农产品加工、新材料、新能源及装备制造、生物制药等优势产业，被省工业和信息化委员会认定为全省循环经济示范园区。①

综观“十二五”以来张掖的生态工业发展，大致可以看出以下几个趋势。

一是工业经济增长平稳。截至2014年，全部工业增加值由2010年的55.4亿元增加到94.5亿元，年均增长13.74%；规模以上工业实现增加值由2010年的45.4亿元增加到73.5亿元，年均增长13.63%（图4-2-1）。

二是项目建设成效显著。“十二五”期间，累计建成投资1000万元以上重点工业项目218个，完成投资209.3亿元，含亿元以上项目55个，

① 民乐县科技局：《民乐县高标准打造生态工业园区》，2015年6月20日。

5000 万至亿元项目 54 个，1000 万— 5000 万元项目 119 个。完成工业固定资产投资由 2010 年的 39.79 亿元发展到 136 亿元，年均增长 25.2%。累计建成的 218 个重点工业项目中达产达标 162 项，达产达标率达 74.31%。

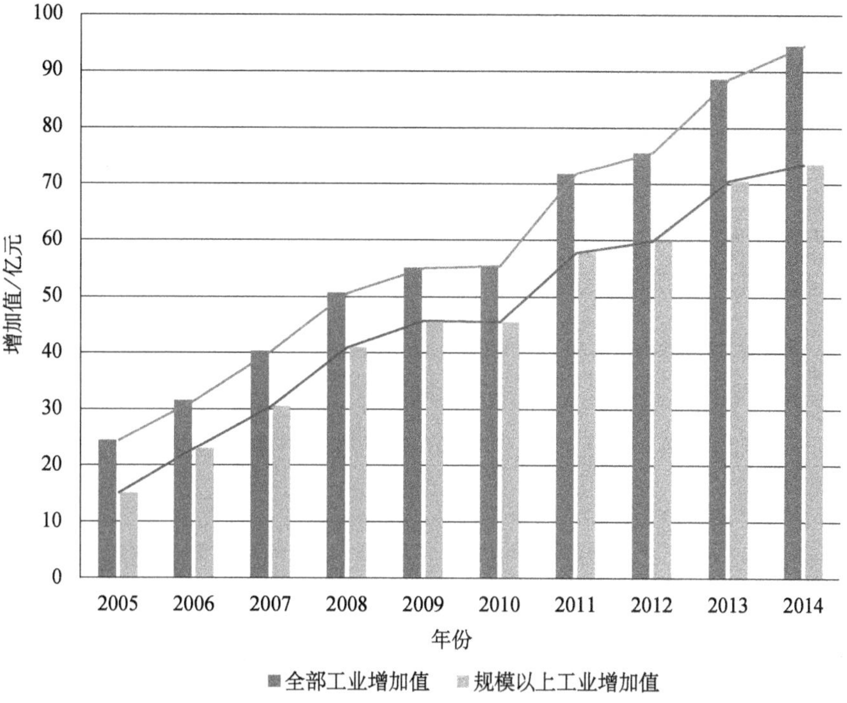

图 4-2-1　2005—2014 年张掖全部工业及规模以上工业增加值增长图

资料来源：根据《张掖统计年鉴》公布的数据整理

三是主导产业更加凸显。培育发展形成了新能源产业、新材料产业、矿产品深加工产业、煤炭清洁能源转化及深加工产业、特色农畜产品加工产业“两新两深一特”五大优势主导产业发展格局。

四是中小企业发展迅速。截至 2015 年 10 月，全市工业企业总数从 2010 年的 849 户发展到 1200 户，规模以上工业企业由 121 户增加到 230 户，年均培育规模以上企业 25 户；主营业务收入过亿元的企业由 27 户增加到 60 户。全市工业中小微型企业行业分布更加全面，涵盖了 35 个工业大类，占工业行业大类的 85.4%。

五是节能降耗成绩显著。“十二五”期间，累计淘汰落后产能项目36项，淘汰落后产能212.56万吨，争取补助资金5182万元；关闭各类高耗能、高污染、安全隐患突出的小企业46户，争取国家补助资金6791万元；争取节能节水技术改造项目13个，争取补助资金1073万元。万元工业增加值能耗从2010年的3.425吨标煤下降到2.30吨标煤，全市规模以上工业万元增加值能耗累计下降43.39%，单位工业增加值用水量由2010年94立方米下降到58立方米/万元，规模以上工业企业用水重复利用率由2010年的58.2提高到75%。

六是循环经济深入推进。围绕特色主导产业，重点构建了农产品精深加工及资源综合利用产业链、新型建材循环经济产业链、钨钼开采及精深加工循环经济产业链等7个工业循环经济产业链条。建成循环经济项目54个，总投资达76.1亿元，16个循环经济项目获得省级专项资金1165万元。全市通过资源综合利用认证企业达到11家，累计综合利用各类固体废渣300万吨，生产资源综合利用产品510万吨，累计实现工业产值20亿元。52户企业开展了强制性清洁生产审核，39户通过了验收，10户企业开展了自愿性清洁生产审核，规模以上工业企业推行清洁生产的比例达到31%左右。全市共培育省级循环经济示范园区3个，试点园区2个，省级循环经济示范企业9户，试点企业3户。①

七是创新能力不断增强。全市50%以上规模的工业企业与高校、科研院所、科技型企业建立了稳固的科技合作关系，技术创新能力和自主研发能力不断增强。建成省级企业技术中心8户，市级企业技术中心19户，活动人员达到983人，累计实施科技项目287项，拥有专利121件。2户企业被认定为甘肃省技术创新示范企业；甘肃祁连山生物科技开发有限责任公司祁连冰泉优质饮用水生产技术被认定为甘肃省优秀新产品新技术。

① 张掖市工业和信息化委员会：《“十二五”生态工业总结及“十三五”发展思路》，2015年10月22日。

第三节　旅游文化产业

文化与旅游，分属两种不同的产业，但是从最近二三十年的全球产业发展趋势来看，二者的关联性、协同性正变得越来越强，文化的旅游属性与旅游的文化属性融合共生已经成为大势所趋，大致表现为以下四个方面：

一是资源产品融合。旅游资源包括能对游客构成吸引力的所有有形和无形事物，即旅游吸引物，而文化产业中的文艺创作与表演、文化遗产的保护与创新、文化创意产品等，早已构成一种旅游吸引物。二者的融合带来了双赢的结果：旅游产业借助文化产业大大丰富了内涵和外延，文化产业借助旅游产业获得了更多的经济资源和发展动力。

二是市场融合。简而言之，旅游产业就是六个字：吃、住、行、游、购、娱。借助旅游产业的六大服务，文化产业的市场得以从当地延伸至异地；而文化产业的一个重要功能是传播影响力，借助文化产业的传播力，旅游产业的市场获得了极大的扩展。

三是渠道融合。互相借助现有资源实现共赢只是文化与旅游产业浅层次的融合，更深层次的融合是能够互相促进产品和业态创新，比如旅游产业的发展推动很多旅游景点推出了大型实景演出，而文化产业的发展则催生了诸如迪士尼主题公园、北京 798 艺术区之类的旅游形态和项目。

四是企业融合。旅游与文化产业的资源产品融合、市场融合和渠道融合正在催生一批跨越旅游和文化产业的企业和集团。比较典型的就是美国迪士尼公司。迪士尼最初主要从事的是动漫动产，但是随着迪士尼动漫产品影响力的扩大，公司又推出了迪士尼主题公园，成为一家跨界经营文化产业和旅游产业的跨国商业巨头。[①]

张掖，不仅作为历史文化名城，拥有绚丽的历史文化遗产；作为多民族聚居区，拥有丰富多彩的民族文化形态，而且作为中国地形第一级阶梯与第二级阶梯分界线的中点，拥有绚丽多姿的自然景观，具有文化产业与旅游产业融合发展的优越条件。

作为古丝绸之路咽喉要道——河西走廊的中段，中国西部多民族、多文化、多宗教融合的交汇点，张掖2000多年来积淀下丰富的丝路文化、农耕文化、长城文化、佛教文化、民族文化，境内拥有世界最大的室内泥塑卧佛，洞窟艺术珍品肃南马蹄寺、金塔寺、文殊寺石窟群，国内保存最完整的北凉古都骆驼城遗址，长达百里的汉、明长城，世界最大的、具有2000多年历史的皇家马场山丹马场，别具一格的裕固族民族风情和蒙古族、藏族风情，等等。

植根于深厚的历史文化遗产，最近几年，张掖市的现代文化产业亦获得了快速发展。根据第三次经济普查的结果[②]，截至2013年底，张掖市文化产业增加值达5.9亿元，占GDP总量的1.75%；文化产业法人单位786个，从业人员11 390人，资产总计34.25亿元，增加值5.31亿元，比上年增长45.32%，是2008年第二次经济普查时的5.7倍。与全国和甘肃全省同期相比，张掖文化产业增加值占GDP的比重比全国平均水平低1.88%，比甘肃全省平均水平高出0.06%，但环比增速比全国平均水平高出34.22%，比甘肃全省平均水平高出2.02%，同比增速比全国平均水平高出2倍，比甘肃全省平均水平高出2.4倍。另外，甘肃14个市（州）中，张掖文化产业

① 基本观点来自蔡克信：《旅游与文化产业融合发展路径探讨》，《中国旅游报》2012年6月18日，第6版。

② 根据文化产业的定义，文化产业的统计范围包括以下四方面内容：一是以文化为核心内容，为直接满足人们的精神需要而进行的创作、制造、传播、展示等文化产品（包括货物和服务）的生产活动；二是为实现文化产品生产所必需的辅助生产活动；三是作为文化产品实物载体抑或制作（使用、传播、展示）工具的文化用品的生产活动（包括制造和销售）；四是为实现文化产品生产所需专用设备的生产活动（包括制造和销售）。按照文化产业的统计范围，文化产业的统计包括文化服务业企业、文化事业单位、文化非营利组织及其他单位、文化制造业企业和文化批发零售业企业等五大类。

增加值排名第五位，与排名前四位的兰州、酒泉、庆阳、天水的差距较大，与排名第六、第七位的平凉和白银相比优势甚微。[①]

除了丰富的历史文化资源外，独特的地理位置同样赋予了张掖绚丽多姿的自然风光：坐落于两大国家级自然保护区——祁连山国家级自然保护区和张掖黑河湿地国家级自然保护区之上，赋予了它中国西部生态安全屏障的地位，原生态城市湿地、丹霞地貌、油菜花海、祁连山草原，还有雪山、冰川、森林等构成了张掖旖旎的自然景观群。

基于丰富的历史文化资源、多彩的自然风光和便利的交通条件，张掖市从“十一五”开始，就把旅游产业当作主导产业来抓，推动旅游产业与文化产业的融合。

一、历史文化名城保护

1986 年，张掖被国务院公布为国家历史文化名城。

能被称为历史文化名城，一个最基本的条件是，辖区内必须保存有特别丰富的文物。根据张掖市文化广播影视新闻出版局的调研结果，张掖辖区内保存有各类不可移动文物 1270 多处，其中全国重点文物保护单位 16 处，省级文物保护单位 40 处，县级文物保护单位 574 处。张掖市馆藏文物 3.4 万余件（含三级以上珍贵文物 2900 余件）。张掖市政府所在地甘州老城区内就保存有全国重点文物保护单位 5 处、省级文物保护单位 6 处、县级文物保护单位 40 处以及历史文化街区 2 处。[②]

“十二五”以来，为彰显历史文化名城特色，打造宜居宜游生态城市，促进文化旅游产业发展，以 2011 年 10 月中共张掖市第三次代表大会通过的《中共张掖市委关于进一步加强历史文化名城保护的意见》为起点，张掖市政府明显加大了历史文化名城保护的力度，集中出台了一系列

---

① 转引自张掖市统计局王同安：《张掖市文化产业发展现状及趋势研究》，http://www.zytj.gov.cn/web/Article/tjfx/2015/11/09/1909.html，2015 年 11 月 9 日。

② 张掖市文化广播影视新闻出版局：《张掖历史文化名城保护工作调研报告》，2015 年 10 月。

保护历史文化名城的措施：出台《张掖历史文化名城保护管理办法》，为名城保护建章立制；把名城保护列入全市 12 项重点工程加以推进；设立历史文化名城保护专家委员会和历史文化名城保护基金；下发《关于对历史文化名城保护重点工作任务进行分解的通知》《关于分解落实 2012 年市政府重点工作任务的通知》《张掖市加快推进历史文化名城及重点文物大遗址保护工程实施方案》等，从规划编制、风貌恢复、“三馆”建设、住房保障、文物保护、文物利用、丝绸之路申遗、项目争取、基础设施改善、宣传教育等十个方面对历史名城保护工作进行了部署。截至 2014 年底，张掖的历史文化名城及文物、大遗址保护工作主要取得了以下四个方面的进展。

一是对张掖市区及市内重点文物保护单位的周边环境进行了整治，市区整体风貌有了明显改善。建设张掖国家湿地公园（图 4-3-1），美化了城区环境；控制文物建筑周边建筑物的性质、高度、体量、色彩及风格，拆除怡锦源商住楼顶部 3 层和明粮仓院内有碍观瞻的建筑物，恢复了文物周边风貌；拆除张掖宾馆，建设了大佛寺文化广场；搬迁甘州区委区政府，新建了市博物馆、文化馆、图书馆等公共文化设施，形成了以大佛寺文化广场为中心的文化传承带；对老城区马神庙街、北环路人行道及非机动车道、民主西路东段、大衙门街和东环路西侧人行道等五条道路进行了改造整治；青年西街改造维修工程，北环路改造续建工程，西、南二环路维修工程，甘泉巷改造续建，老南环路排水工程等五项市政设施建设工程已全部完工；两处历史文化街区内的道路、排水、路灯等基础设施配套情况已完成调查摸底，做好了投资计划衔接和施工准备工作。

二是完成了一系列关于历史文化名城和重点文物保护的规划编制。《张掖历史文化名城保护规划》已由甘肃省政府公布实施；《张掖历史文化街区专项保护规划》修改完善工作接近完成；《骆驼城遗址及墓群总体保护规划》已由甘肃省政府公布实施；《张掖大佛寺及山西会馆保护规划》《马蹄寺石窟群文物保护规划》《文殊山石窟群文物保护规划》已经获国家文物局批复同意；《张掖民勤会馆保护规划》《张掖鼓楼保护规划》《西来寺保护规划》已呈报国家文物局审核；《黑水国遗址保护规划工作计划》和《圆通寺塔保护规划编制》已经获国家文物局批复立项，正在启动编制工作。

图 4-3-1　张掖国家湿地公园图（笔者拍摄）

三是对全市文物进行了普查，对部分文物和大遗址进行了修缮。全市第三次全国文物普查已经完成，共普查登记各类不可移动文物 1270 处，含新发现 574 处；长城资源调查工作已经完成，确认汉代长城 287 千米，其中 90%以上为新发现；完成甘州区青年东街文庙巷和西大街法院以南两处历史文化街区的普查、建档、保护范围划定和古民居挂牌工作；黑水国遗址、双墩滩墓群、甲子墩墓群等重点文保单位全部埋设了文物界桩，树立了重点文物保护标志碑；骆驼城遗址和许三湾城及墓群进入“十二五”时期国家 150 处重要大遗址保护项目库名单。2011 年以来，全市争取到位各类文物和大遗址保护资金 1.5 亿多元，相继实施了骆驼城遗址、许三湾城遗址、许三湾城址西南墓群、明长城山丹段、金塔寺石窟和文殊山石窟群岩体抢险加固，马蹄寺石窟群安防，大佛寺、山西会馆、鼓楼防雷，山西会馆、鼓楼、福音堂医院旧址、高总兵宅院、东仓、青年东街文庙巷 32 号古民居本体维修，许三湾城遗址及墓群、明长城丰城堡段、新河段、板桥段防洪等26项文物保护工程。2014年底，计划启动实施大佛寺及山西会馆消防、民勤会馆和西来寺防雷、骆驼城西南夯土台式墓维修加固、文殊山石窟群安防和壁画修复、骆驼城遗址及墓群二期安防等7项保护工程。①

四是加大了舆论宣传力度，提高了民众的保护意识。根据张掖市政府发布的《关于组织开展保护历史文化名城集中宣传战役的实施方案》，张掖市文物和宣传部门以报纸、电视、广播、网络、手机等为宣传平台，开设历史文化名城保护专栏；举办张掖历史文化名城百题知识竞赛、历史文化名城保护培训班、张掖历史文化和宜居宜游“金张掖”专题展览；组织全市社科理论界专家、学者、学术研究人员及相关部门开展建设生态张掖、保护历史文化名城大讨论，形成了一批理论文章；制作《张掖历史文化名城保护现状令人堪忧》专题片和新闻引导片，通过新闻综合频道黄金时段播出；利用《聚焦张掖》《张掖周刊》《人文张掖》《今晚有约》《领导访谈》等栏目，深层次采访报道历史文化名城保护的现状、问题、根源以及采取的应对措施，集中解读《中华人民共和国文物保护法》及《中华人民共和国城乡规划法》等相关法律法规，强化舆论引导；制作发放旅游宣传品，更新高速公路、国道和通往景区道路及城区入口的大型宣传广告牌，为保护历史文化名城营造良好的社会氛围。

虽然张掖的历史文化名城及文物、大遗址保护工作取得一定进展，但其与国家历史文化名城的标准和建设丝绸之路古城邦、宜居宜游“金张掖”的要求相比还存在很大的差距：一是名城保护意识还有待进一步加强，重开发轻保护的现象时有发生。二是资金投入严重不足。六区县中，仅肃南裕固族自治县和临泽县的政府预算拿出了固定经费用于文物保护，剩下的四区县均没有文物保护专项经费，致使文物“四有”等基础性工作不能有效开展，业余文保员报酬无法兑现，许多县级文物保护单位处于自生自灭的境地。加之筹资渠道不广，多元化投入格局尚未形成，资金短缺成为影响历史文化名城保护的一个重要制约因素。三是管理机构尚未健

① 张掖市文化广播影视新闻出版局：《张掖历史文化名城保护工作调研报告》，2015年10月。

全，没有专门的管理机构，现有的相关机构的职能又与名城保护的要求不尽相符，导致很多措施难以落实到位，开发利用不专业、不充分。

二、旅游景区建设

2010年6月25日，张掖市委、市政府正式发布《中共张掖市委 张掖市人民政府关于进一步加快旅游业发展的意见》，提出要“把张掖打造成体验‘七彩丹霞、裕固花乡、文化名城、戈壁水乡’的‘金张掖’旅游目的地和全国著名的夏季休闲度假胜地；丝绸之路黄金旅游线宜居宜游地和区域性游客集散中心；全国重要的湿地、绿洲、冰川等生态保护、科考、研究体验基地，使张掖真正成为丝绸之路旅游线上新的热点旅游地区之一”。同时提出，要“依托祁连山自然风光、黑河湿地、丹霞地貌、古城遗址、滨河新区、山丹马场、大佛寺、马蹄寺、中国工农红军西路军纪念馆、‘金张掖’历史文化、肃南裕固族民俗文化等特色优势旅游资源，开发培育以七彩丹霞为龙头的国家级张掖丹霞地质公园观光旅游区、以湿地公园为特色的张掖历史文化名城湿地休闲观光游览区、以马蹄寺为中心的宗教朝圣休闲观光度假区、以山丹马场为支撑的祁连山草原森林风光休闲观光度假区、以祁连山腹地旅游环线为纽带的裕固风情、草原风光、森林氧吧观光休闲度假区等‘五大特色旅游景区’，重点打造丹霞地质公园、大佛寺、马蹄寺三个精品旅游景区。着力打造以丹霞地质公园、马蹄寺风景名胜区、城市湿地公园、山丹马场草原、七一冰川等为支点的‘五条精品旅游线路’，提高全市旅游业的核心竞争力”。

随后，张掖市委、市政府先后发布《张掖市宜居宜游城市发展规划纲要》《关于加快推进旅游大景区建设的意见》《张掖市“十二五”旅游业发展规划和远景发展目标（2011—2020年）》《中共张掖市委 张掖市人民政府关于促进旅游业改革发展的实施意见》，召开三次全市旅游发展大会，确定了加快推进旅游发展的总体目标、行动计划及工作重点，各县（区）随即跟进，编制了各自的旅游业发展总体规划和张掖丹霞国家地质公园（图4-3-2）、张掖国家湿地公园等15个重点景区景点开发建设规划。

图4-3-2　张掖七彩丹霞图（笔者拍摄）

围绕景区建设，张掖市各级政府采取了如下几种措施予以推进。

一是项目带动。张掖市委、市政府发布的《中共张掖市委 张掖市人民政府关于进一步加快旅游业发展的意见》，就明确提出了“以规划为先导，以项目为抓手”的指导思想。随后，张掖市政府又进一步提出了“推进开工建设项目、抓好招商引资项目、筛选储备后续项目”的推进思路。截至2015年10月，张掖丹霞国家地质公园、中华裕固风情走廊、张掖国家沙漠体育公园、大湖湾、焉支山、山丹皇家马场、扁都口等重点景区56个投资上千万元的基础设施项目已开工建设，完成投资62.45亿元；对照国家产业政策和投资方向，经过调查评估，论证储备了总投资超过100亿元的丝绸之路精品旅游、祁连山环线生态旅游、红色旅游、黑河湿地生态旅游、文化创意旅游5大类42个后续旅游项目。

二是市场化运作。2010年以后，张掖市政府尝试打破政府主导投资开发旅游景区的传统模式，实行旅游景区经营权、管理权和所有权相分离的市场运作方式，先后成立市山水文化旅游公司等14家旅游文化投资开发公司，整合景区实物资产和优质资源、经营权、收益权、土地使用权等无形资产，以股份制等方式与知名企业合作开发旅游资源，实现景区旅游资源市场化、规模化、高效化经营。张掖丹霞国家地质公园、张掖大佛寺、马蹄寺、文殊寺、焉支山、山丹皇家马场、扁都口、中华裕固风情走廊等重点景区经营机制改革工作推进基本顺利，景区建设档次和管理水平明显提升。

三是招商引资。旅游景区经营体制的改革，为景区建设引进社会资本创造了条件。张掖市推出的招商引资责任制中，旅游项目被列入了权重最高、奖励力度最大的项目。最近几年，张掖市选择张掖丹霞国家地质公园等 12 个重点景区景点和 2 个开发项目，由市委、市政府主要领导带队，先后组团赴北京、南京、广州、深圳和安徽、福建等地开展项目推介，筛选确定开发理念新、投资实力强的知名大企业主动对接，实行定向精准招商。2010 年以来，先后签约旅游招商引资项目 29 项，落实到位资金 30 亿元。①新加坡华德集团张掖华德生态城项目、甘肃省公航旅集团张掖丹霞国家地质公园建设项目和焉支山旅游开发项目等一批招商引资项目已开工建设。

四是引导资源向重点景区集中，培育品牌景点。张掖市采取领导联点挂项、干部驻点指导和目标考核、项目倾斜、政策扶持等措施，每年确定 4—5 家景区进行重点培育，集中人力、物力、财力提升质量等级、创建精品景区。2010 年以来，张掖市共新创 A 级旅游景区 15 家，其中 4A 级 9 家、3A 级 4 家、2A 级 2 家，张掖丹霞地质公园被国土资源部评定为国家地质公园，张掖沙漠公园则被评定为国家沙漠体育公园。至此，张掖全市已经拥有 A 级旅游景区 25 家，其中 4A 级 13 家、3A 级 8 家和 2A 级 4 家。②

① 张掖市旅游局：《加快建设丝绸之路文化旅游经济带着力推进张掖旅游业发展的调查与思考》，2015 年 10 月。

②《张掖市又增 2 家 4A 级旅游景区 全市 A 级景区达 25 家》，http://www.gs-zy.com/news/2015-01/26/content_1790670.htm，2018 年 9 月 17 日。

三、产业链延伸

2015年3月16日张掖市政府第50次常务会议和3月24日市委第5次常委会议审议通过的《中共张掖市委 张掖市人民政府关于促进旅游业改革发展的实施意见》提出，要着力实施旅游大景区晋等升级行动、旅游全产业链打造行动、旅游管理服务水平提升行动、旅游全民宣传行动“四大行动计划”。

这样，打造旅游全产业链，被提高到了相当的高度。

旅游业虽然被划入第三产业，但与别的第三产业相比，旅游业的产业链显然要长得多，直接涉及交通、酒店、餐饮、文化、零售等五大产业。2010年以来，由于政府的推动和企业的投入，张掖的旅游产业链获得了极大的延伸。

一是依托精品景区，推动文化与旅游产业融合，培育出一系列旅游文化产品。张掖市政府采取政府适度补贴和企业市场化运作的方式，建立了马蹄寺、文殊寺、中华裕固风情走廊3家景区旅游文化演艺中心和张掖市七一剧团、肃南民族歌舞团2家大型演艺公司，开发出《天籁·裕固》、东纳藏族大型歌舞剧等独具地域特色的景区旅游文化演艺节目①，设计出数百种独具地域特色的文化旅游商品。截至2015年10月，马蹄寺、文殊寺、大佛寺、冰沟丹霞景区、张掖国家湿地公园等景区的旅游文化演艺节目已实现常态化演出，100多种文化旅游商品已投入生产销售。②依托大佛寺、玉水苑、国家沙漠体育公园、中华裕固风情走廊等大景区打造出大佛寺文化产业园、祁连玉文化产业基地、户外运动及赛车基地、裕固民俗文化产业基地等9个集文化研发、文化展示、文化考察、文化体验、观光游览、

① 张掖市旅游局：《加快建设丝绸之路文化旅游经济带着力推进张掖旅游业发展的调查与思考》，2015年10月。

② 杨世智：《打造丝路旅游的新高地——写在张掖旅游接待人数突破1400万人次大关之际》，《甘肃日报》2015年10月29日，第4版。

休闲娱乐、餐饮购物等于一体的文化旅游功能区。[①]木塔寺大唐文化旅游街区、万寿街特色旅游文化街区、裕固民俗风情一条街、高台汉唐文化一条街、河西民俗文化街区、玉水苑、水韵食尚街区等旅游文化特色街区已开工建设甚至投入运营。

二是培育旅游新业态。2010 年以来，张掖市各大景区开发推出了山地滑雪、戈壁探险、登山健身、黑河漂流、水上娱乐、田园观光采摘、垂钓、赛马、赛车、动力三角翼观光、直升机观光等 17 个新型旅游项目[②]，投入运营的项目包括民乐扁都口景区、康乐大草原、大湖湾风景区的自驾游营地，张掖国家沙漠体育公园的全国露营基地和文殊寺、扁都口、祁连山的滑雪场；已经开工和准备开工的项目包括焉支山森林公园景区自驾游营地和甘肃省公航旅集团投资兴建的张掖自驾游营地。

与此同时，张掖市还立足乡土文化特色，推行支农项目资金与乡村旅游开发项目挂钩，采取景区带动、公司+农户、综合开发、整村推进等方式，开发生态农业观光型、民俗风情体验型、绿色产业庄园型、滨水休闲度假型等复合型乡村旅游产品，培育丹霞七彩镇、康乐白银旅游小集镇和甘州迎恩村、临泽南台村、高台国庆村、山丹中河村、民乐炒面庄村、肃南文殊村和榆木庄村共 13 个特色旅游村镇和 578 家农家乐（牧家乐），乡村旅游从业人员达到 7000 多人。[③]甘州流泉四社旅游村、临泽丹霞民俗文化村、山丹祁店乡村旅游区、民乐民联东寨旅游村、高台巷道五里墩旅游村等一批新型乡村旅游项目已开工建设。

三是酒店和旅行社数量 5 年内翻了一番多。根据张掖市统计部门提供的数据，2010—2015 年，张掖市的星级旅游饭店由 17 家增加到了 34 家

---

① 杨世智：《打造丝路旅游的新高地——写在张掖旅游接待人数突破 1400 万人次大关之际》，《甘肃日报》2015 年 10 月 29 日，第 4 版。

② 张掖市旅游局：《加快建设丝绸之路文化旅游经济带着力推进张掖旅游业发展的调查与思考》，2015 年 10 月。

③ 杨世智：《打造丝路旅游的新高地——写在张掖旅游接待人数突破 1400 万人次大关之际》，《甘肃日报》2015 年 10 月 29 日，第 4 版。

（其中包括四星级旅游饭店 7 家），接待床位由 1.1 万张增加到了 3.2 万张，旅行社及分社由 18 家增加到了 42 家，全市旅游直接就业人数由 1.3 万人增加到了 2.6 万人。①

四、品牌打造

什么是品牌？现代营销学之父科特勒出版的《市场营销学》一书中，曾对品牌给出一个简要的定义：“品牌是销售者向购买者长期提供的一组特定的特点、利益和服务。”科特勒的定义表明，品牌首先是一种能给拥有者带来溢价的无形资产；其次它必须拥有一个独特的载体，比如产品和服务的名称、术语、象征、记号、设计及设计组合；最后建立品牌是一个长期的过程，因为要赢得顾客的认可和信任，不仅要提供品质优良的产品和服务，还必须与顾客的购买行为长期磨合。

张掖市委、市政府发布的《中共张掖市委　张掖市人民政府关于促进旅游业改革发展的实施意见》提出，张掖要着力打造四大旅游品牌——中国地貌景观大观园、暑天休闲度假城、丝绸之路古城邦、户外运动体验区。为此，除了改善景区物质环境、提升景区硬件水平、挖掘旅游文化内涵、丰富旅游业态，张掖市还从提升旅游服务水平、净化旅游市场秩序和加强旅游市场推广等方面做出了持续的努力。

2010 年以来，张掖市先后推出了“旅游服务质量提升计划”“旅游服务质量督查整治专项行动”“旅游行业创先争优活动”，通过严厉打击超范围经营、恶性竞争、购物欺诈、“黑车”、“黑导”等违法违规行为，提高了旅游景区的服务质量和整个旅游行业的服务环境。

2014 年 1 月，根据《国家旅游局办公室关于印发〈旅游市场秩序专项整治工作方案〉的通知》和甘肃省发布的《全省旅游市场秩序专项整治工

---

① 杨世智：《打造丝路旅游的新高地——写在张掖旅游接待人数突破 1400 万人次大关之际》，《甘肃日报》2015 年 10 月 29 日，第 4 版。

作实施方案》，结合张掖承办“第四届敦煌行·丝绸之路国际旅游节”的需要，张掖市政府下发《全市旅游市场秩序专项整治工作实施方案》，主要针对旅行社、星级宾馆、A级景区、旅游汽车公司的违法违规行为和服务质量问题进行为期5个月的专项整治。同时为旅游服务人员量身定制了《“五要十不”行为准则》，于重点景区设立了12315消费维权站和流动投诉接待点，以期对旅游服务监督形成常态。

2015年7月15日，张掖市又召开旅游市场秩序集中整治动员会议，市委副书记兼市长黄泽元代表市委、市政府提出，要以交通运输、景区景点、宾馆饭店、旅游经营市场秩序集中整治为重点，下狠手、下硬手，出实招、见成效，打出一套旅游市场秩序集中整治的“组合拳”，大力提升旅游服务管理的质量和水平，努力营造文明、和谐、健康、有序的旅游发展环境，让游客不仅能“进得来”，享受到优质服务，而且能形成“留得住”的效果；要建立完善旅游市场监管的机制办法，进一步强化市县两级政府的常态化管理，形成有效处置投诉和突发事件的快速反应机制。会议还宣读了《张掖市旅游景区景点集中整治工作方案》《张掖市提升出租汽车旅游客车服务水平集中整治工作方案》《张掖市旅游市场经营秩序集中整治工作方案》《张掖市宾馆住宿业集中整治工作方案》等。

另外，为了提高旅游从业人员服务水平，张掖市还实施了旅游人才培训项目工程，与复旦大学、浙江大学、四川大学、甘肃政法学院合作建立旅游人才培训基地，同时采取集中办班培训、基地实践培训、院校委托培训、学历提升培训、赴外考察培训和技术比武、岗位练兵等方式，强化旅游管理人员和从业人员教育培训。近年来，先后举办各类培训活动600多期次，参训人员达6万多人次，举办服务技能大赛28场次。[①]

---

① 杨世智：《打造丝路旅游的新高地——写在张掖旅游接待人数突破1400万人次大关之际》，《甘肃日报》2015年10月29日，第4版。

与此同时，张掖市相关部门还利用各种渠道，宣传推广张掖的旅游景区，重塑张掖的旅游行业形象：①编印发行《中国国家地理》杂志张掖宣传专刊和《多彩张掖》画册，改版编印张掖旅游指南、张掖旅游交通图、张掖旅游自驾游地图和“金张掖”旅游形象宣传画册等宣传品；②通过中央电视台综合频道、甘肃卫视、《读者》杂志、《中国旅游报》、《海峡时报》、《中国日报》等媒体刊播张掖旅游景区宣传广告；③组织旅游大篷车先后赴北京、上海、郑州、广州、西安、银川、兰州、西宁、重庆等重点客源地城市进行旅游推介和项目招商；④市、县区旅游局和旅游企业建成了以旅游门户网、旅游资讯网、旅游政务网、旅游电子商务网和旅游微博、微信平台、手机客户端为重点的旅游官网集群，初步形成集搜索、展示、交易、管理、服务多功能于一体的智慧旅游服务平台，加入平台的旅游企业、餐饮单位、汽车租赁公司已达 210 家；⑤策划举办“湿地之夏·金张掖旅游文化艺术节”、全国露营大会、全国群众登山健身大会、中国汽车拉力锦标赛、中国裕固族民族风情节、祁连玉石文化旅游博览会等品牌节会和赛事活动，着力宣传张掖独特的自然景观和丰富的人文资源；⑥建立周边地区旅游合作联盟，与 15 个市州和 122 家旅游企业签订合作协议，联合推介营销区域特色旅游景区和精品旅游线路；⑦承办“2014 年第四届敦煌行·丝绸之路国际旅游节”开幕式，19 个国家和地区、国内 29 个省（区市）的 500 多名嘉宾参加开幕式活动，260 家国内外企业参加丝绸之路旅游产品展览会暨第四届中国玉文化展销会，共认购展位 356 个，提升了张掖旅游的吸引力和美誉度，2014 年 6 月 15 日至 7 月 15 日旅游节期间，张掖接待境内外游客 180 万人次，同比增长了 68%[①]，景区、宾馆旅游旺季提前到来，以自助游、自驾游为主的旅游市场空前火爆，表明节会的聚集效应已开始显现；⑧2015 年冠名开行“金

① 张掖市旅游局：《加快建设丝绸之路文化旅游经济带着力推进张掖旅游业发展的调查与思考》，2015 年 10 月。

张掖号”“裕固风情号”“张掖丹霞号”“甘州号”品牌列车，开通运营上海—张掖、宁波—张掖、合肥—张掖、杭州—张掖的旅游包机 150 架次，落实全国重点城市到张掖的旅游专列 40 列；⑨先后邀请 700 多家国内知名旅游企业负责人和 300 多家境外知名旅游企业负责人来张掖考察踩线，邀请 20 多家国内媒体和 10 多家境外媒体来张掖拍摄制作旅游专题宣传节目。

媒体公开的信息显示，张掖旅游文化产业 2010 年以来取得了超乎预期的增长。

根据张掖市统计部门统计，2010 年，张掖全市共接待境内外游客 187.41 万人次，同比增长 62.5%，实现旅游综合收入 9.16 亿元，同比增长 63.6%，占全市 GDP 的 4.36%。《张掖市“十二五”旅游业发展规划和远景发展目标（2011—2020 年）》据此提出，到 2015 年接待游客人数要达到 800 万人次左右，年均增长 20%以上，全市旅游业综合收入要达到 40 亿元以上；到 2020 年，接待游客人数要达到 1500 万人次左右，年均增长 20%以上，全市旅游业综合收入要达到 100 亿元以上。①

但是，实际增长情况远远超出了规划者们的预期。2014 年，张掖全市就共接待境内外游客 1100 多万人次，同比增长了 46%；实现旅游综合收入 58.95 亿元，同比增长了 50.69%。2015 年 1—10 月，全市共接待境内外游客 1407.22 万人次，实现旅游综合收入 81.37 亿元，同比分别增长了 33.73%和 44.5%②，提前两个月超额实现了张掖市委、市政府 2015 年 3 月发布的《中共张掖市委 张掖市人民政府关于促进旅游业改革发展的实施意见》提出的目标（图 4-3-3、图 4-3-4）。

---

①《张掖市“十二五”旅游业发展规划和远景发展目标（2011—2020 年）》，2010 年 11 月。

② 转引自董文龙：《前十月，张掖市接待游客超过 1400 万人次》，http://gansu.gansudaily.com.cn/system/2015/11/24/015775888.shtml，2016 年 3 月 17 日。

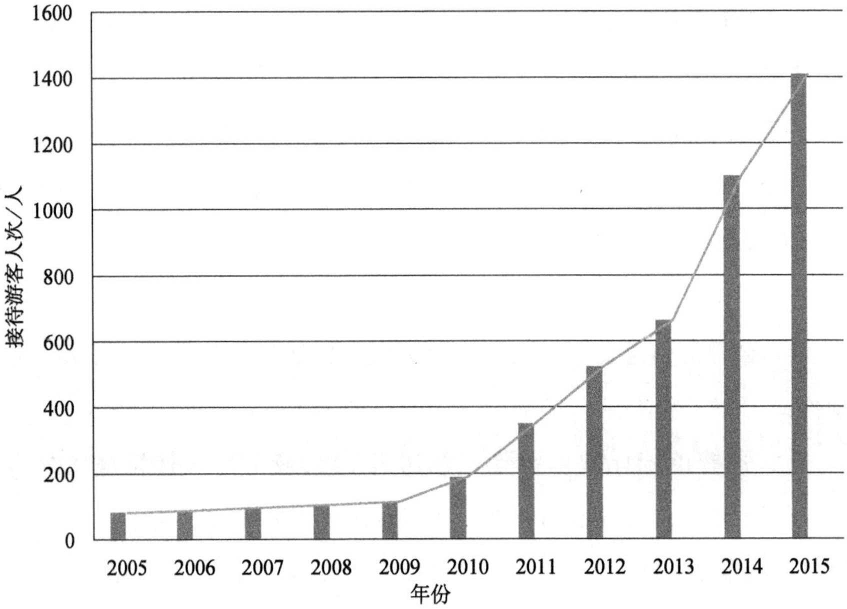

图 4-3-3　2005—2015 年 10 月张掖旅游业接待游客人次增长图

资料来源：根据《张掖统计年鉴》公布的数据和张掖市旅游局公布的数据整理

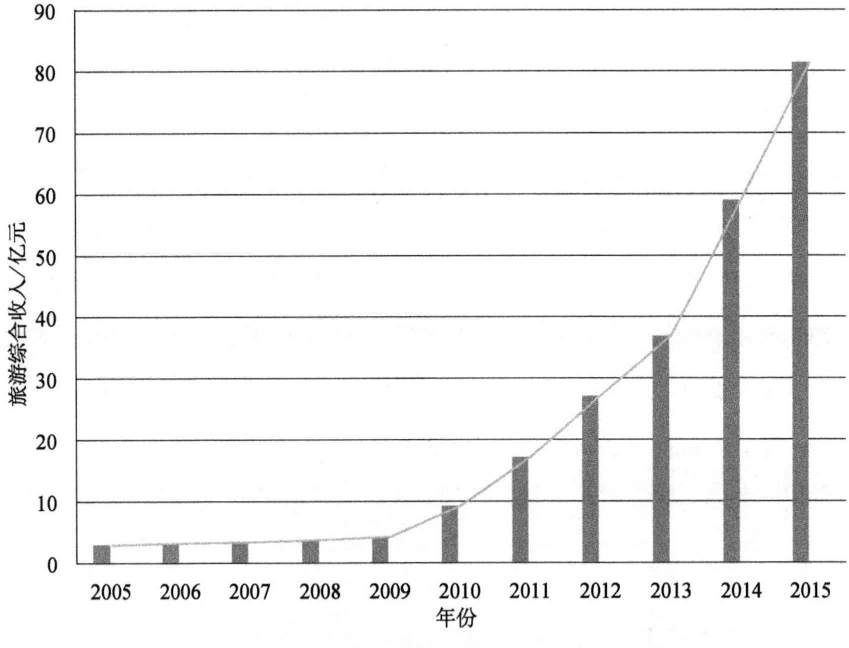

图 4-3-4　2005—2015 年 10 月张掖旅游业综合收入增长情况图

资料来源：根据《张掖统计年鉴》公布的数据和张掖市旅游局公布的数据整理

第四节　物 流 产 业

物流业，曾被视为末端产业，但随着市场经济的发展，它早已上升为引导生产、促进消费的先导产业。作为古丝绸之路的咽喉和亚欧大陆桥的必经之地，张掖市的确具有发展现代物流业的天然优势：①区位和交通优势。张掖市位居河西走廊中段，东接内陆、西连新疆、南通青海、北靠内蒙古，自古就是“居中四向”之地。青海、新疆、内蒙古的航空、铁路、公路自此经过，构成了立体的交通网络，张掖机场的通航、兰新高铁的建设、甘州北至阿右南至祁连公路的开通，更凸显了张掖作为西北立体交通枢纽和青藏、内蒙古两大高原物流通道的特殊地位。②资源优势。张掖市拥有丰富的农作物资源、矿产资源、旅游资源，产品仓储与流通、往来客流需求巨大。③农畜产品加工业优势。依托良好的农牧业基础，张掖的农畜产品加工业已初具规模，对现代物流的需求日益提升。

最近几年，“一带一路”构想的提出与逐渐落地、第三方物流的快速崛起、中国东中部产业的加快转移、中央和甘肃省的政策支持，又给张掖发展现代物流提供了新的机遇：

第一，建设“丝绸之路经济带”，必然大幅增加中国与中亚、南亚国家之间能源、矿产、棉花及粮食等品类资源的互通。中国与欧洲之间装备、能源、矿产等大宗商品的互市，使作为亚欧大陆桥重要节点的张掖市拥有更加广阔的发展空间。

第二，商品和人员跨地域往来日益活跃，推动了第三方物流的快速崛起，使物流企业跨地域扩张的趋势越来越明显。张掖市拥有广袤的荒地、低廉的劳动力和优越的区位，无疑是现代物流企业落脚的理想之所。

第三，中国最高决策层早已认识到现代物流业对经济发展的重要性，

2009年，国务院把物流业列为调整和振兴的十大产业之一，出台了《物流业调整和振兴规划》。2010年5月2日，国务院办公厅颁布《国务院办公厅关于进一步支持甘肃经济社会发展的若干意见》，提出要大力发展保税加工和保税物流，支持甘肃符合条件的地区设立海关特殊监管区，提升甘肃的对外开放水平，而且提出要“加快推进兰州、嘉酒、天水、张掖、平凉等公路运输枢纽及物流园区建设”。根据国务院的规划，甘肃省政府编制了《甘肃省“十二五”物流业发展规划》，提出要把建成功能比较完善的物流基础设施平台、物流信息技术平台和物流政策平台作为主要工作目标，培育一批大型骨干现代物流企业和人才队伍，形成以兰州为中心的覆盖全省、辐射西北地区的多层次、多功能、专业化、社会化、信息化的现代物流服务网络体系，使甘肃成为西北地区的现代物流中心。而该规划赋予张掖的定位则是，张掖是铁路、公路的运输枢纽，是构建新亚欧大陆桥物流通道和金张武物流聚集区。

第四，随着中国东中部劳动力成本的上升和环境压力的加大，东中部产业向西转移的步伐正在加快。借助“丝绸之路经济带”的建设，张掖不仅可以承接东中部的产业转移，而且可以作为中国东中部、中国和中亚物流的中转集散地。①

正是基于上述认识，2011年1月7日张掖市第二届人民代表大会第六次会议审议通过的《张掖市国民经济和社会发展第十二个五年规划纲要》把“大力发展现代物流业”作为“培育发展现代服务业，提升产业发展水平”的重要抓手，提出要“按照省上建设张掖等地区性物流中心的总体布局，以东西通道为重点，以市区为中心，政府主导，企业参与，着力构建高效、便捷、通畅、安全的现代物流体系”，而且对“十二五”期间的工作重点做出了安排：积极推动张掖区域性物流中心建设，加快建设滨河新区综合性物流园区、张掖火车站物流园区和南二环物流园区，建立完善县区物流园区及配送中心，加快农村乡镇集贸市场改造升级力度，完善城乡流

① 上述有关张掖发展现代物流业优势与机遇的观点援引自王健：《刍议加快发展张掖现代物流业的思路与对策》，《新农村（黑龙江）》2014年第22期，第262—263页。

通网络体系；实施冷链物流项目和恒温保鲜仓储设施建设项目，使全市冷链吞吐能力达到30万吨，形成以市区大型物流园区为主体、县城物流配送中心为配套、农村集贸市场等各类流通资源为补充的物流集散格局；积极引进国内外著名物流企业来张掖建设物流基地，大力推广连锁、代理、配送等现代营销方式，发展第三方物流。

2011年10月召开的中共张掖市第三次代表大会重申了上述观点，提出要“顺应区域经济一体化趋势，加强物流基础设施规划建设，以物流业推动商贸服务业快速发展”。

2013年9月，习近平出访哈萨克斯坦，正式发出构建“丝绸之路经济带”的倡议之后，张掖市委、市政府顺应潮流，于2014年提出要“加快发展与丝绸之路经济带建设相衔接的生态工业和商贸物流业”，“围绕建设丝绸之路经济带构建辐射联动周边区域的商贸流通大‘互市’，推进交通运输、仓储配送、货运代理、联运企业入驻绿洲现代物流园区，发挥立体交通枢纽优势发展通道经济”，而且要以物流业作为推动张掖全市现代服务业发展和产业结构优化的新型产业，按照“大通道、大市场、大物流”的发展思路，抢抓国家建设“丝绸之路经济带”的历史机遇，发挥张掖独特而重要的区位交通优势，大力发展新型物流产业，加快建设商贸流通“大互市”，特别是要加快建设滨河新区综合型物流园区、南二环路物流园区及各县商贸物流区，形成立足河西、辐射周边的商贸物流中心。

张掖市商务局提供的资料显示，截至“十二五”期末，张掖市的商贸物流发展基本实现了《张掖市国民经济和社会发展第十二个五年规划纲要》提出的目标，建成各类商业网点3万多个（其中包括75个营业面积超过5000平方米的大型商业网点），总经营面积达137.3万平方米，年营业额达81.56亿元；各类交易市场83个，年交易额达76.5亿元；冷链仓储企业近40家，静态冷链库容约25万吨；改造建设标准化农家店1610个，初步形成了80%行政村有农家店、重点乡镇有农贸市场、农畜产品主产区有大型批发市场、农产品流通领域有骨干龙头企业的城乡市场体系。主要表现在以下六个方面。

一是商贸物流业基础设施建设规模和水平大幅提升。“十二五”以来，全市商贸流通基础设施投资年均增长超过20%。甘肃新乐集团公司投资6848万元建成全省规模最大，自动化、信息化水平最高的商贸物流配送中心；甘肃嘉禾农产品有限公司投资6175.69万元建成2.5万吨恒温库1座；张掖市南关果蔬菜批发市场经改造升级已成为西部地区重要的果蔬集散中心和价格形成中心；甘肃仕通汽贸城、新张掖国际商贸城、临泽县银先商贸步行街、临泽县浙商中央商业广场、高台县宇阳国际大酒店、临泽县万佳购物广场、民乐八一步行街等一批重点项目按计划建成并投入运营。

二是现代商贸物流园区建设成效显著。“十二五”规划中设置的四个大中型物流园区建设项目中，位于甘州区滨河新区的张掖市物流园区改为张掖绿洲现代物流园区，已建成集绿色农产品储运、外来资源加工转换和商贸服务为一体的区域性物流园区。园区规划占地总面积4.63平方千米，比“十二五”规划扩大了4.4倍，功能规划为“六中心”，主要有物流、信息、交易、展示、要素供给、商务服务、生活服务等功能。自园区启动建设以来，先后引进北京、四川、青海等地客商投资建设的商贸城、农贸市场、建材市场、汽车销售及基础设施项目28个，总投资额达40多亿元，已开工建设21个，累计完成投资20多亿元。

火车站物流园区、南二环路物流园区及航空机场物流园区建设项目因城市总体规划发生变化，尚未进行整体规划，截止到2015年仅为一些小型运输、仓储、物流经销企业自发经营。

2014年新建的张掖国际物流园位于山丹县城西，G30高速山丹西收费站和东乐收费站之间、国道312线和连霍高速公路所夹狭长地段。规划面积21平方千米，是张掖市委、市政府顺应“一带一路”倡议构想，依托欧亚大陆桥甘肃省河西走廊黄金段的区位和物流节点优势、张掖立体交通和“古丝绸之路”历史影响，面向国际国内市场建设的大型现代化物流园。截至2015年，园区内已建成高标准主干道3.2千米，硬化园区道路4千米，建设路基工程 5 千米，铺设供水管网 3.5 千米，架设供电线路 2 千米，入驻企业 26 家，完成投资 6.4 亿元。

三是农村商流基础设施建设步伐加快。全市共改造建设标准化农家店 1610 个，建设商品配送中心 9 个、乡镇商贸中心 7 个，改造建设信息化农家店 400 个，基本达到了“万村千乡市场工程”县（区）、乡镇、村三级全覆盖。通过社会投资、招商引资、争取甘肃省商务厅“退市还路”项目资金等方式，实施乡镇农贸市场标准化改造建设工程。2011—2015 年，共新建和改造甘州区靖安乡和龙渠乡、临泽县平川镇、高台县黑泉镇、山丹县清泉镇、民乐县六坝镇等 16 个乡镇农贸市场，进一步提升了农贸市场的整体规模、服务功能、交易频次和辐射半径。

四是县区专业市场建设稳步推进。“十二五”以来，全市新建家居、建材市场 7 个，扩建、新建汽贸市场 8 个，新建废旧物资交易市场 5 个，新建大型农副产品批发交易市场 2 个。到“十二五”期末全市共有各类交易市场 83 个，含家居建材、汽车贸易、再生资源回收、二手车交易等各类专业市场 32 个，年交易额 39.58 亿元；综合批发市场 9 个，年交易额 23.92 亿元；改造建设标准化乡镇农贸市场 42 个，年交易额 13 亿元。改造建设了张掖市废旧金属交易市场和再生资源（非金属）交易市场，新建“金张掖”再生资源回收交易市场、高台县吉祥再生资源回收交易市场、山丹县再生资源回收交易市场，形成了以再生资源回收交易市场为龙头、回收站点为载体的再生资源回收利用网络体系。启动建设张掖玉米种子暨农产品交易中心和张掖绿洲农产品批发交易市场，张掖玉米种子暨农产品交易中心已列入甘肃省八大农产品批发市场，并被列为甘肃省公益性农产品批发市场之一。

五是交通运输客运周转量和货运周转量快速提升。2005 年，张掖全市的客运周转量和货运周转量分别为 65 158 万人千米和 90 818 万吨千米，到 2013 年，客运周转量和货运周转量已分别增长到 304 407 万人千米和 339 146 万吨千米，分别增长了 3 倍多和 2 倍多（图 4-4-1、图 4-4-2）。[①]

① 张掖市统计局、国家统计局张掖调查队：《张掖统计年鉴》，2005—2013 年。

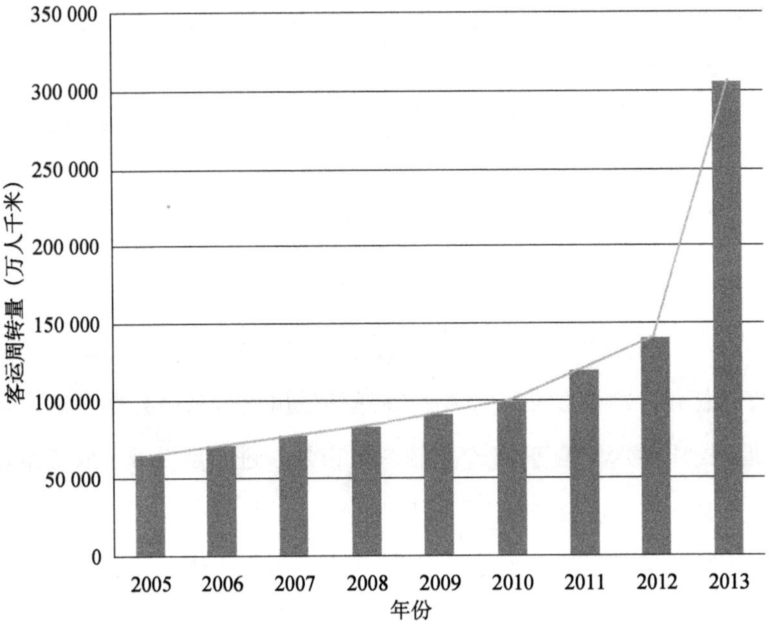

图 4-4-1　2005—2013 年张掖市交通运输客运周转量增长图

资料来源：根据《张掖统计年鉴》公布的数据整理

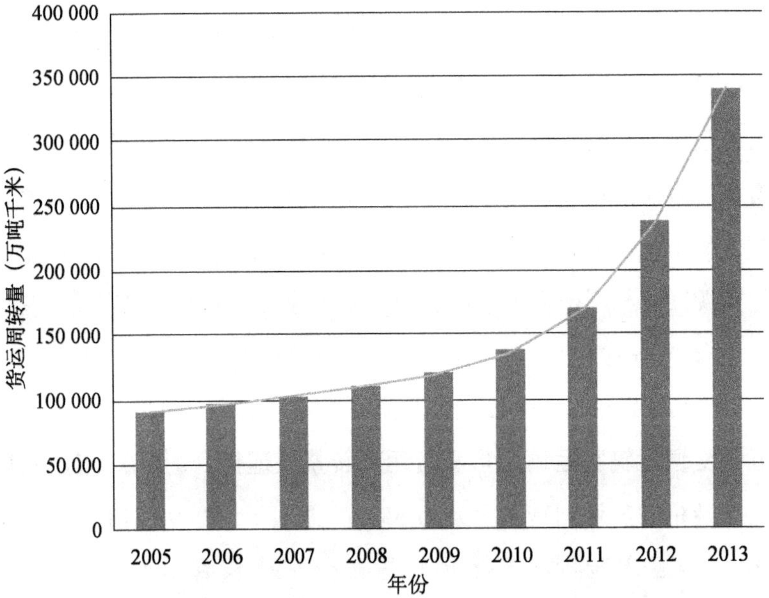

图 4-4-2　2005—2013 年张掖市交通运输货运周转量增长图

资料来源：根据《张掖统计年鉴》公布的数据整理

六是对外经贸稳步增长。截至 2015 年，张掖市有出口业绩的企业增至 10 多家，出口市场由 12 个扩展到 15 个，出口品种由 7 大类增加到 9 大类，备案和注册基地由 8.2 万亩增加到 10 万亩。2014 年，全市进出口总值实现 2327 万美元，但缺少出口额超过 500 万美元的龙头企业的带动，对外贸易仍处于转型调整和低速运行的过程中。[①]

---

① 张掖市商务局：《“十二五”全市商贸物流业发展现状及“十三五”规划思路》，2016年11月。

第五章

张掖发展面临的挑战

近年来，张掖市经济发展呈现迅速增长势头，其中经济增速格外突出。从宏观数据来看，2009—2014 年，张掖市 GDP 年均增长率高于全省 1 个百分点，高于全国 1—4 个百分点；固定资产投资增长率逐渐接近全省水平，高于全国 5—10 个百分点；财政收入增长率、工业增加值增长率以及社会消费品零售总额增长率皆高于全省、全国平均水平。然而，张掖作为西部欠发达地区，经济基础差、经济总量小、发展能力弱的问题仍然很突出。另外，张掖市在甘肃省内部也属于发展水平相对较弱地区。2014 年，甘肃省 GDP 为 6835.27 亿元，约占全国 GDP 的 1.1%，在全国 31 个省级行政区（不包括港澳台）中排名倒数第 5 位；张掖市 GDP 为 361.78 亿元，占全省 GDP 的 5.3% 左右，在全省排名第 7 位。多年来，甘肃省 GDP 在全国所占比重，以及张掖市 GDP 在甘肃省 GDP 中所占比重皆未有明显突破。

张掖市各项指标的人均水平的增速皆超越全省、全国平均水平。2009 年，张掖市人均 GDP 占全国平均水平的比重为 58.5%；2014 年，张掖市人均 GDP 占全国平均水平的比重提高到 64%。然而增加值则显著低于全国水平，并且与全国人均 GDP 差距还在逐渐拉大。2014 年，张掖市人均 GDP

为 29 852 元，高出全省 3425 元，低于全国 16 800 元，说明张掖市与全省、全国的经济发展水平差距仍然明显（图 5-0-1）。此外，张掖市收入水平低、城乡收入差距大、地区收入差距明显等问题仍然很突出。

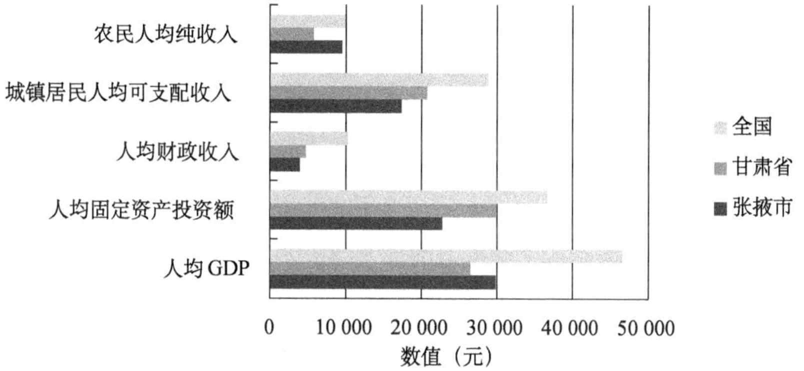

图 5-0-1　2014 年张掖市经济发展各项人均指标

根据《2013 年城市竞争力蓝皮书》，2012 年甘肃省城市竞争力排名垫底；在全国 294 个城市综合竞争力排名中，甘肃省有 6 个城市排名在 280 位以后，其中张掖市排第 287 位；在全国 287 个可持续发展竞争力综合排名中，甘肃省包括张掖市在内的 5 个城市排位在倒数 20 名之内，陇南县倒数第二，排名第 293 位。[①]以上数据反映出，无论从全省范围内的横向比较，还是从全国范围内的横向比较，目前张掖市经济发展整体竞争力都处于较弱的水平。在经济新常态之下，张掖市在转变经济发展方式、调整经济结构、推进城镇化进程、增加居民收入等方面仍然充满挑战。

张掖是农业大市，经济结构长期以农业为主导。传统农业依靠劳动力、土地、水资源等要素投入实现农业经济增长，在水资源严重缺乏、生态承载力相对薄弱的环境下实现了连续 13 年粮食增产、农业增值、农民增收，同时也对西北地区的脆弱生态环境造成极大的破坏。近年来，水资源总量减少与需水量日益增加的矛盾日益严重；过度开垦与超载放牧造成黑

① 倪鹏飞主编：《中国城市竞争力报告 No.12——沪苏浙皖：一个世界超级经济区已经浮现》，北京：社会科学文献出版社 2014 年版，第 1—30 页。

河上游祁连山水源涵养区生态屏障遭受严重破坏，如果放任这种情况继续发展，可能会为将来的水资源危机埋下隐患；土地荒漠化仍然在扩展，时刻威胁着绿洲生态经济系统，然而治沙速度远不及沙化速度。以上几种因素严重制约着张掖市经济的可持续发展。传统农业发展方式已经难以维系，必须努力推进现代农业生产方式。

2015年国务院下发的59号文件《国务院办公厅关于加快转变农业发展方式的意见》指出：“把转变农业发展方式作为当前和今后一个时期加快推进农业现代化的根本途径，以发展多种形式农业适度规模经营为核心，以构建现代农业经营体系、生产体系和产业体系为重点，着力转变农业经营方式、生产方式、资源利用方式和管理方式，推动农业发展由数量增长为主转到数量质量效益并重上来，由主要依靠物质要素投入转到依靠科技创新和提高劳动者素质上来，由依赖资源消耗的粗放经营转到可持续发展上来，走产出高效、产品安全、资源节约、环境友好的现代农业发展道路。”

目前，张掖市现代农业发展仍然处于起步阶段，在产业基础设施、多种形式农业规模经营、健全社会服务体系、延长农业产业链条、加强科技创新与提高劳动者素质等方面，现实情况与预期目标仍然存在较大差距。

张掖是历史上的商业重镇，具有悠久的过境贸易传统，在西北地区经济发展曾经达到辉煌的顶峰。在国家提出“丝绸之路经济带”建设的重大历史机遇下，张掖立足于自身拥有的重要区位优势与雄厚的自然、历史、人文资源基础，第二产业中的农产品加工、新能源，第三产业中的旅游、物流等产业所具有的极大发展潜力正在逐渐释放。然而，由于经济结构长期不平衡、行业基础设施落后、扶持力度不足、资金不足、信息化推动不足、科技创新能力不足等问题，深刻制约着其第二、第三产业的高速发展。

第一节 生态保护的压力不断加剧

当代资源和生态环境问题日益突出，向人类提出了严峻的挑战。产业革命以来“高生产、高消费、高污染”的传统发展模式，在全球各地复制，造成全球性的环境问题与生态破坏。中国自改革开放以来，用 30 年时间走完了发达国家 200 年的工业化进程，对资源的消耗达到了无以复加的程度，经济发展对自然资源的利用已经接近或者超过了自然所能承载的极限。2004 年一项研究显示，1962—2001 年，中国人均生态承载力逐步下降，人均生态足迹则逐步上升，中国人均生态足迹已经超过人均生态承载力。据估算，2001 年中国的总生态足迹已经超过生态承载力的约 40%。[①]21 世纪初，生态破坏已成为威胁中国经济可持续发展的重要因素。因而，正确处理好经济发展同生态环境保护的关系已成为新时代的重要课题。2005 年，党的十六届五中全会明确提出，要加快建设资源节约型、环境友好型社会，促进经济发展与人口、资源、环境相协调，这正是在对现实问题深刻了解的基础上，为中国经济可持续发展指明了一条可行道路。党的十八大将生态文明建设纳入中国特色社会主义事业“五位一体”总体布局，绿色发展成为新时期中国经济发展重要内容之一。

张掖地处青藏高原与内蒙古高原的过渡地带，南面为祁连山区，北面为合黎山地与巴丹吉林沙漠，中部为走廊平川，黑河蜿蜒南北勾勒出西北地区最大一片绿洲，森林、草原、荒漠、绿洲构成了张掖市美丽而独特的生态系统。然而，要供养全市 120 余万人的生产生活消费，这样的生态系统是极其脆弱的，难以承受人类的予取予求。张掖是农业大市，而水是农

① 刘宇辉、彭希哲：《中国历年生态足迹计算与发展可持续性评估》，《生态学报》2004 年第 10 期，第 2257—2262 页。

业的命脉，日益紧缺的水资源供给同逐渐增加的用水需求的矛盾，严重制约了当地的经济发展。同时，随着经济发展的逐渐加快，经济活动过程中一些忽视生态保护的行为造成对生态环境的掠夺，使祁连山水源涵养区生态破坏、荒漠化等问题日益严重。

一、水资源短缺

（一）张掖市水资源现状

水资源是经济增长与人类社会发展最重要的自然资源之一。中国是一个水资源极为紧缺的国家，水资源总量为世界第 6 位，但人均占有量仅排世界第 121 位，是全球 13 个人均水资源贫乏国之一。中国人均水资源拥有量正在逐渐下降，21 世纪初，人均水资源仅为 2151 立方米，为世界人均水平的 1/4 左右。按照国际公认的标准，人均水资源低于 3000 立方米为轻度缺水；人均水资源低于 2000 立方米为中度缺水；人均水资源低于 1000 立方米为重度缺水；人均水资源低于 500 立方米为极度缺水。中国目前有 16 个省人均水资源低于严重缺水线，6 个省处于极度缺水区。

甘肃省是一个水资源极为短缺的省份，水资源总量在 28 个省（自治区）中排名第 24 位；全省人均水资源拥有量为 1100 立方米，仅为全国平均水平的 1/2 左右，其中农业灌溉用水量要占全省总用水量的 80%左右。而地处西北甘肃省河西地区的张掖市，人均水资源拥有量为 1250 立方米，仅比全省平均水平略高一点，但仍属于典型的资源型缺水区。

张掖市位于黑河流域中段，黑河干流以及流经境内的 26 条黑河支流构成全市可用地表水源，它们也是张掖市用水的主要来源。其中，黑河干流年径流量 15.8 亿立方米、梨园河 2.37 亿立方米、其他沿山支流 6.58 亿立方米，总计 24.75 亿立方米。自 2000 年国务院正式对黑河干流实施全流域、跨省（自治区）水量调度，在多年平均来水条件下，张掖还要经正义峡向黑河下游下泄 9.5 亿立方米。因此，张掖市实际可利用地表水资源非常紧张。

张掖各河流水源主要依靠祁连山区的大气降水，通过江水、冰川融水及山区地下水等途径混合补给。因而，河川径流量的年际变化主要受降水制约，同时还受到冰川补给和流域蓄水的影响。张掖市地处内陆干旱气候区，多年来，黑河中游年均降水量为127.5毫米，年均蒸发量却高达2047.9毫米，蒸发量是降水量的近16倍。

张掖水资源另一部分构成来自地下水。境内平原区地下水总补给量16.7亿立方米，可允许开采量6.43亿立方米。其中，甘州区可允许开采量2.01亿立方米、临泽县1.3亿立方米、高台县1.5亿立方米、山丹县0.42亿立方米、民乐县0.53亿立方米、肃南裕固族自治县明花区0.67亿立方米。张掖水资源的特点是地表水和地下水多次转化，并多次重复利用，具有内陆河水资源利用的典型特征。张掖市可用地下水中，与地表水不重复的净地下水资源量为1.75亿立方米。

张掖市可利用水资源总量为26.5亿立方米。其中，可用地表水源拥有量为24.75亿立方米，与地表水不重复的地下水资源拥有量为1.75亿立方米。而其人均水资源拥有量仅1250立方米，为全国平均水平的约57%，是典型的资源型缺水区。尤其是山丹县，人均水资源拥有量只有600立方米，水资源严重紧缺。多年来，全市水资源可利用总量却逐渐下降，而水资源需求总量却持续上升。2014年，张掖市国民经济各部门及居民总用水量为24.12亿立方米，其中地表水18.43亿立方米、地下水5.69亿立方米，地下水使用量已接近允许开采量上限。因此，水资源短缺已是制约张掖市经济社会发展的重要因素之一。

（二）水资源供需矛盾显著

张掖市农业用水占总用水量近90%，因而可利用水资源总量的紧张与耕地用水不足构成张掖市农业发展的主要生态瓶颈。张掖市土地亩均水资源量只有360立方米，为全国土地亩均水资源总量的29%，也低于甘肃省土地亩均水资源量380立方米的水平。2014年张掖地区耕地总数401.12万亩，有效灌溉耕地 273.49 万亩，仅占耕地总数的 68%左右。同时，河源水资源的时空分布不匀，也加剧了张掖农业灌溉的紧张。每年 4—6 月份全市河源来水量占全年来水量的 26.6%，而同期正是农作物需水期，灌溉需水量占全年总需水量的约 35%。张掖市最大的河流——黑河，干流年径流占全市可利用地表径流的 63.8%，但每年 4—6 月径流量仅为 2.94 亿立方米，不足全年径流量的 1/5；同期农田灌溉需水量为 3.92 亿立方米，平水年缺水量为 0.98 亿立方米，枯水年更甚；全市每年有 70 万—90 万亩农田因不能适时灌溉而受旱，并时常引发一系列水事纠纷。[①]水资源区域分布也不均衡，甘州区、临泽县、高台县耕地水资源相对丰沛，而民乐县 104.48 万亩的耕地中，有 1/3 左右的耕地处于缺水状态；山丹县 104.32 万亩的耕地中，超过 50%的耕地处于缺水状态。

特定的气候条件和地理位置，决定了张掖市当地农业生态环境极为脆弱，其最突出的问题是旱灾频繁。张掖市每 2—4 年出现一次旱情，当地农民将其概括为“三年两头旱”。1990—2014 年的 25 年中，张掖市有 11 年出现灾情，1995 年、2001 年两年受灾最为严重，受灾面积分别达 133.05 万亩、189.26 万亩，占耕地总面积的 1/3—1/2。从历年数据来看，旱灾对于张掖市农业发展造成的威胁最为严重，并且以民乐与山丹两县首当其冲。自 2000 年开始黑河跨省区调水以来，张掖市农业受旱情的威胁更为严重，2000 年春夏张掖有 130 万亩农田受旱，60 万亩农田绝收；2001 年，张掖又遭遇 60 年不遇的特大旱情。2000 — 2005 年，平均每年因缺水而对张掖农地造成的直接旱情损失达 2500 万元。

河西走廊是一个狭长盆地，祁连山水是其地下水的主要外给源流。黑河浅层地下水蓄量仅为 2.91 亿立方米，具有循环交替更新快、埋藏较浅、开采便利等特点。在 20 世纪 90 年代之前，黑河中游的张掖地区地下水的利用仅限于城乡居民生活用水，开采量占用水总量很小的一部分。自 2000 年后，张掖市在荒漠地区大量打井垦荒，地下水开采规模逐年增加，尤其

① 尉光文：《张掖市水资源利用现状分析与可持续利用对策》，《甘肃农业》2005 年第 12 期，第 106—107 页。

是高台、山丹两县，发展为地下水严重超采区。高台县2005年和2008年地下水开采量分别较2000年增加了79%和40%；山丹县2008年地下水开采量占用水总量的比重也由34.3%增至 2013年的43.1%。2011年，全市开采地下水7.31亿立方米，而张掖地下水资源扣除与地表水重复部分，净地下水资源1.75亿立方米，地下水允许开采量7.68亿立方米，地下水开采已接近允许开采量的极限状态。黑河流域的水源补给系统也遭到重大破坏，原先打1.2米就见水的地方，如今井深须打到80米甚至100米，方能见水。

大规模开采地下水造成地下水位快速下降。据甘肃省水文水资源局地下水动态观测资料，除临泽、民乐两县地下水位变化不明显外，其他县区地下水位总体呈下降趋势。从2000年到2011年，甘州区黑河沿岸除山丹桥地区以外地区，地下水位下降了0.3米；张掖农场和碱滩杨家庄一带，地下水位下降了6.38米，平均每年下降0.58米。高台、山丹两县情况尤其严重，高台县地下水位下降了9.02米，平均每年下降0.82米；山丹县东乐一带，地下水位下降了7.59米，平均每年下降0.69米。[①] 过度开采地下水导致地面沉降。当一个地区地下水开采量超过地下水补给量时，其地下水位就会下降，如果这种地下水位下降是持续的和不可恢复的，那么就会形成“地下水漏斗”。山丹县已出现大面积的地下水漏斗区，被列为甘肃省九大“漏斗区”之一。

（三）水资源利用效率低

2014年，张掖市万元GDP用水量为623立方米，为全国平均水平112立方米的近5.6倍。从水资源使用结构来看，2014年，张掖全年全市用水总量24.12亿立方米，其中：农业灌溉用水21.47亿立方米，约占89.01%；工业用水0.57亿立方米，约占2.36%；生活用水0.61亿立方米，约占2.53%；生态用水1.47亿立方米，约占6.09%。同比全国用水结构，2014年全国总用水量6095亿立方米，其中：生活用水占总用水量的12.6%；工业

---

① 王天雄：《张掖市地下水资源开采现状及其对策》，《地下水》2014年5期，第264—265页。

用水占22.2%；农业用水占63.5%；生态环境补水占1.7%。张掖市农业灌溉用水比重明显过高，工业用水比重偏低。

从水资源投入产出效率来看，张掖市水资源使用中，农业用水效率和用水效益远低于其他行业，直接耗水用水程度高，直接产出一般；而工业、建筑业和服务业直接耗水用水程度一般，直接产出却高。①因此，张掖市以农业为主的经济结构，是其对水资源过度依赖的主要原因，也使其水资源需求压力进一步增大。另外，随着张掖市工业化、城市化和生态建设的逐步推进，非农用水和生态用水需求将持续增加，水资源供需将会面临更紧张的局面。

张掖农业用水主要依赖黑河径流。黑河河源来水时空分布不均，干流缺少骨干调蓄工程设施，田间工程设施不配套，灌溉水利用率偏低，部分机井老化失修，“带病”运行。目前田间水利用系数仅为0.85，未达到SL207—1998《节水灌溉技术规范》旱作物灌区不低于0.90的要求；全区渠系水利用系数为0.693，灌溉水利用系数为0.509，仅达到全国平均水平；而中国灌溉用水效率与世界先进地区仍有很大差距，发达国家灌溉水利用系数已达到0.7—0.8。②

此外，农业生产中化肥、农药、地膜等农用品的普遍施用，对水环境造成严重污染。中国化肥、农药用量相当大，生产和使用量都是世界第一。中国农作物亩均化肥用量21.9千克，远高于世界平均水平（每亩8千克），是美国的2.6倍，欧盟的2.5倍。③多年来，中国农药施用量也呈逐渐上涨趋势，2012—2014年农作物病虫害防治农药年均使用量31.1万吨，农药亩均使用量为0.16千克。张掖市农药亩均使用量为0.57千克，是全国平均水平的3.6倍。2014年，张掖市耕地化肥平均施用量为每亩24.84千克，

① 蔡国英、徐中民：《黑河流域中游地区国民经济用水投入产出分析——以张掖市为例》，《冰川冻土》2013年第3期，第770—775页。

② 虎营萍：《张掖市甘州区建设高效节水灌溉工程的必要性分析》，《环境科学》2015年第3期，第16—17页。

③《到2020年化肥使用量零增长行动方案》，2015年2月17日；《到2020年农药使用量零增长行动方案》，2015年2月17日。

是全国平均水平的 1.13 倍。由此可知，农药平均利用率低是造成污染的主要原因之一。中国农药平均利用率仅为 35%，比发达国家低 15%—20%；大部分农药通过径流、渗漏、飘移等流失，污染土壤、水环境、空气，影响农田生态环境安全。

地膜使用构成西北地区农业水污染的重要原因。地膜具有保温、保肥、保墒、防霜冻等作用，大面积推广可以提高作物产量，使农业增产增效，因而被农民广泛使用。张掖市自 1983 年开始引进地膜覆盖技术，1985 年地膜覆盖面积不足 2000 亩，2004 年增长至 100 万亩，2014 年达到 274.03 万亩，近 30 年间地膜使用年均增长率为 27%。然而，地膜均系高分子化合物聚乙烯和聚氯乙烯，属于不可分解塑料，如果滞留在土壤中，将形成永久性白色垃圾，在自然环境中残留废旧地膜分解需要近 300 年，分解后还会对土壤、地下水系等造成严重污染。[①]目前，张掖市地膜亩均使用量已由 2010 年的 3.78 千克/亩增加至 2014 年的 4.51 千克/亩。地膜污染已经严重影响张掖市土壤安全。据张掖市农业科学院调查：2014 年张掖市绿洲灌区土壤地膜残留量已达 1.34 千克/亩，最高达 1.98 千克/亩，按目前残留量的 30%推算，20 年后，张掖市绿洲灌区土壤的地膜残留量将达到 90 千克/亩。

工业污染也是构成中国水污染的主要来源之一。目前，中国的水污染形势非常严峻，工业污染尚未得到根本遏制，工业废污水入河排放量一直居高不下，河源污染问题日益突出，湖库型水源地富营养化问题日趋严重。2014 年，张掖市工业用水量为 0.57 亿立方米，占全市用水总量的 2.36%，所占比重虽不大，但因全市资源加工型产业占工业总量比重大，煤炭、建材、火电、冶炼、农副产品加工等重污染行业所占用水量比重大，主要水污染物化学需氧量的排放总量仍居高不下。近年来，随着全市工业快速发展及工业园区入驻企业的增多，工业用水重复利用率呈现显著下降的趋势，同时，工业污水治理的压力也愈发增大。数据显示，2009 年张掖市工业用水重复利用率为 80.71%，至 2010 年迅速下降至 67.56%；同期，

---

① 《加快地膜污染防治工作迫在眉睫》，《张掖日报》2015 年 6 月 15 日，第 3 版。

全国平均工业用水重复率为85.7%，张掖较全国相差约18个百分点；至2014年张掖市工业用水重复利用率降至36.5%。

二、祁连山区生态保护严峻

祁连山区是中国重要的水源涵养区，也是张掖生态环境的屏障和黑河源头。祁连山在张掖市面积达25 733平方千米，占全市总面积的66%左右。祁连山山峰海拔多在4000—5000米，最高峰疏勒南山的团结峰海拔5827米。据中国科学院兰州冰川冻土研究所的考察，祁连山境内约有现代冰川2859条，总面积19.73万公顷，储水量811.2亿立方米。冰川分布区是张掖各条主要河流的发源地，也是河西走廊地表水资源的主要产流区，每年有72.6亿立方米的出山水通过石羊河、黑河、疏勒河3大水系56条内陆河，为河西走廊地区提供充足的水源，犹如“天然水库”，是河西走廊灌溉农业之本。①

1988年，国务院批准建立祁连山国家级自然保护区。祁连山东西总长约800千米，其中650千米在甘肃省张掖市肃南裕固族自治县境内，因而祁连山的生态保护与张掖的经济开发息息相关。长期以来，地区经济发展主要依赖增加物质资源消耗的粗放式发展模式，经济迅速发展的同时带来严峻的环境污染、生态破坏问题。“十二五”以来，张掖市开始向生态经济转型，走可持续发展道路，认识到正确处理经济发展与生态保护的结构性矛盾至关重要，解决好前期经济发展过程中累积的生态问题，是当下面临的重要挑战。

第一，超载放牧。地处祁连山北麓的肃南裕固族自治县，经济发展以畜牧业为主，草场退化的情况较为严重。肃南裕固族自治县草原面积占全县总土地面积的80.31%，约占全省草原面积的10%，以草原畜牧业为经济主体，是甘肃省重点牧业县和主要的高山细毛羊生产基地。从20世纪90

① 张掖地区志编纂委员会编：《张掖地区志（远古—1995）》，兰州：甘肃人民出版社2010年版，第243—244页。

年代起，随着畜牧业加快发展，草原超载放牧现象日益突出。肃南裕固族自治县现有天然草场 180 万公顷，正常载畜量 120 万只，而实际载畜量已达 140 万只，超载量达到 16.7%。超载放牧造成草地退化、沙化、盐碱化，自然灾害频繁发生，草原生态明显恶化，并且草场退化的速度有加剧之趋势。2009 年，肃南裕固族自治县草场退化面积 44.46 万公顷，占总面积的 26%；2010 年，全县草场退化面积达 59.89 万公顷，较 2009 年增加 15.43 公顷，增速达 34.7%。此外，草场盐碱化面积 5.8 万公顷，占 4.1%；沙化面积 4.47 万公顷，占 3.14%；水土流失面积 12.23 万公顷，占 8.6%。①草场退化也导致草场生产力严重下降。2009 年肃南裕固族自治县草原荒漠化草原类、典型草原类、高寒草甸类草原产草量分别为 38.9 千米/亩、50.02 千米/亩、37.8 千米/亩，比 2000 年分别下降了 1.54%、25.85%、12.7%。草场退化对于肃南裕固族自治县畜牧业的可持续发展构成极大挑战。

第二，违规开发矿产资源。肃南裕固族自治县矿产资源丰富，是甘肃省重要的矿产资源分布区和开发区，矿产开发也较为活跃。目前肃南裕固族自治县境内已探明的金属矿和非金属矿有 34 种，分布在 305 处，目前开发的有 15 种，是国家确定的全国 12 个找矿重点区带之一和全省黑色、有色金属矿产的富集区。矿产资源开发是肃南裕固族自治县经济支柱产业之一，20 世纪 90 年代，肃南裕固族自治县的矿产企业多达 300 家以上，清理整合之后剩下的 60 多家，其中一半以上在缓冲区，其余在实验区和新划定的外围地带。矿产资源开发收入一度达到肃南裕固族自治县财政收入的 80%以上。②

由于缺乏科学的发展观与环境保护意识，许多企业只重视生产，忽视环境保护、恢复和污染治理，对祁连山区生态环境造成严重影响。过度的矿产资源开发导致地表植被破坏，并伴随对原有景观地貌的改变和破坏，

① 施瑾：《对肃南牧区生态建设与经济发展的思考》，《甘肃农业》2013 年第 14 期，第 36—38 页。

② 王博、黄文新、范培珅：《违规开采屡禁不绝，祁连山陷生态“黑洞”》，《经济参考报》2015 年 9 月 7 日，第 5 版。

加速和扩大了土壤侵蚀；尤其是露天开采，因剥离表层土壤量大，不仅破坏原生态自然景观，掩埋地表植被，还造成坍塌和水土流失，引发地质灾害。矿山开采过程中的废弃物堆置需要占用大面积土地，从而对周边的草地造成破坏；同时废弃物遇风容易引发扬尘，污染大气环境。开采过程中产生的有害废物、废水，也会造成水质恶化和环境污染。矿业废水中含有大量重金属等有害物质，矿业废水达标排放率低，造成地表水、土壤和水资源的严重污染。

祁连山区矿产开采对冻土层的破坏构成祁连山开矿区生态环境最大的破坏。冻土是一种对温度极为敏感的土体介质，短时或季节的冻土在夏季为湿地提供水源，而永久冻土可以阻隔地表水分蒸发，有利于维持地表生态。因冻土层具有涵养水源的功能，被誉为天然形成的固体水库。据2014年监测，祁连山冻土层厚度在最近18年中减少了24厘米。[①]除去全球变暖的因素以外，开矿是造成祁连山冻土层退化的重要因素。开采矿产，尤其是露天开采对冻土层的破坏是毁灭性的。地下冻土层受到影响后产生的地表地质灾害，将会使地表大面积干旱化，从而导致草场退化加速，生态植被遭受不可逆转的破坏。大规模施工和探矿采矿产生的粉尘、矿渣还加速了积雪融化和冰川萎缩；地表植被的破坏使涵养水源的功能下降，大量水源直接渗入地下，直接威胁下游地区人们的生存发展与引水安全。

第三，水电设施建设缺乏统筹。此外，水电设施建设过量，对山区生态系统也造成极大破坏。祁连山区年降雨量较大，水资源较为丰沛。然而由于缺乏对水资源利用的整体规划，水电设施建设繁多，水资源利用处于无序状态。目前在黑河中游水电站设置极为密集，不足10千米内便矗立着小孤山、大孤山、二龙山、三道湾、寺大隆等多座水电站。在高山峡谷间，拦腰修建了蓄水库，造成水电站下游河道干涸，对于黑河下游地区的生态造成显著破坏。[②]

---

① 袁于飞：《祁连山冻土层18年减少24厘米》，《光明日报》2014年10月31日，第6版。

② 唐学仁：《过度开发祁连山难以承受之痛》，《西部商报》2015年10月30日，第9版。

受到气候变暖、超载放牧、坡地垦殖、采矿探矿、劈山修路、水电项目、盲目的景区开发等多种因素影响，近年来，祁连山冰川大幅缩减，水源涵养功能减弱，祁连山区生态呈现日益恶化的态势。目前，祁连山区生态现状存在以下几大问题。

其一，冰川退缩，储量减少，雪线上升。20 世纪 80 年代末期以来，随着全球变暖与人为开发活动的影响，祁连山冰川退缩加剧；祁连山中段、西段冰川面积共减少了 116.21 平方千米，冰储量减少了约 50 亿立方米，分别占 1956 年该区域冰川面积和储量的 10.2%和 8.9%。与此同时，局部地区雪线正在明显上升。据甘肃省气象局监测，近年来祁连山冰川局部地区的雪线正以年均 2—6.5 米的速度上升，有些地区的雪线年均上升达 12.5 —22.5 米。根据专家预测，祁连山雪线还会继续升高（图 5-1-1），将由 2000 年的 4400 —5100 米上升到数十年后的 4900 —5600 米；冰川冰面将继续减薄，冰川的萎缩态势也将继续。冰川退缩导致水源涵养效能减弱，近年来石羊河流域的出山流量平均减少了约 3.03 亿立方米。

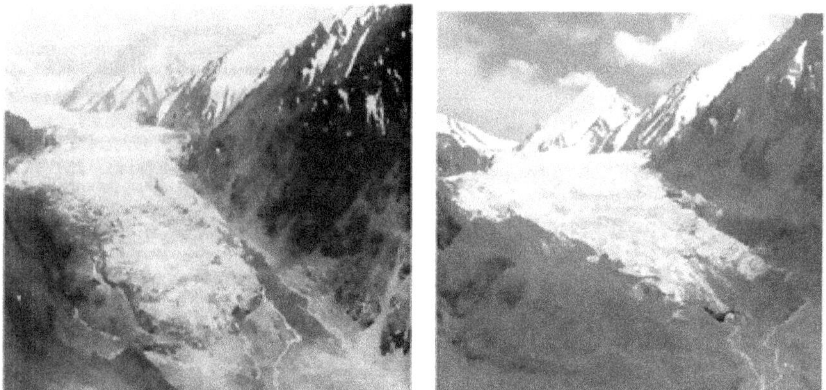

(a) 1976年　　(b) 2006年

图 5-1-1　祁连山雪线上升图

图片来源：甘肃省气象局

其二，森林面积减少，物种减少。据第八次全国森林资源清查主要结果（2009—2013 年），全国森林面积 2.08 亿公顷，森林覆盖率 21.63%。

2014年，张掖市森林覆盖率为17.25%，低于全国平均水平。森林总面积减少林区主要为祁连山水源涵养林区。据调查，祁连山森林分布下限由1950年的1900米上升到2014年的2300米；乔木林年均生长率仅为2.87%，低于全国林木平均生长率3.98%的水平。现状林分结构大部分为同龄单层林，天然云杉林主林层郁闭度大多在0.6—0.9，相当一部分超过0.9，林下灌木层不明显，盖度在5%以下，仅见矮化小灌木。由于全球气候变暖以及人为生产生活的干扰，较之历史上森林茂密、水草肥美的祁连山，如今的祁连山北坡森林资源面积减少很多，现存林分处于林片破碎、林分稳定性差，生长缓慢的状态，森林面积变化处于长期剧减、短期增加的状态。[①]森林面积的减少，致使森林水源涵养功能退化和山区径流减少，加剧了山区小气候变化，导致野生动物栖息地遭到破坏，一些野生动植物种群数量下降，马麝、雪豹、野牦牛、白唇鹿等珍稀野生动物处于濒危状态。

其三，草场退化严重，生产能力下降。由于祁连山区人口规模的不断增加，加剧了对当地森林、草原、湿地等自然资源的开发利用；而经济生产方式多简单粗放，过度垦殖与超载放牧致使农田侵蚀林草地，牧场占据林地导致草地生态严重退化。目前，祁连山区全区退化草地面积99.94万公顷，占全区草地总面积116.3万公顷的85.9%。与20世纪50年代相比，牧草产量下降30.4%，牧草覆盖度下降11.11%，牧草盖度下降41.09%，畜均草地占有量由中华人民共和国成立初的2.25公顷减少到21世纪初期的0.6公顷。[②]

其四，荒漠化加重。甘肃省荒漠化监测中心2009年监测表明，祁连山北坡荒漠化土地面积达到215.8万公顷，占监测区总面积321.9万公顷的67.04%。黑河上游肃南裕固族自治县浅山区荒漠化面积达到62.8万公顷，其中重度面积7.7万公顷，极重度面积2.5万公顷。

2011年，国家实施了第一轮草原生态补助奖励政策，肃南裕固族自治

① 王建宏：《祁连山生态环境存在的主要问题及对策研究》，《2010绿洲论坛论文集》，张掖，2010年7月，第170—178页。

② 王建宏：《祁连山生态环境存在的主要问题及对策研究》，《2010绿洲论坛论文集》，张掖，2010年7月，第170—178页。

县对680万亩草场实施禁牧，1411万亩实施草畜平衡。实施至今，禁牧区草原恢复得很好，但草畜平衡区退化仍在加剧。对保护区内大部分采矿、探矿、直排等项目实施了关闭或冻结；对于探采矿权在有效期内的，严格按照生态恢复治理与矿权注销补偿分开的原则继续推进。但对于大规模采矿探矿造成的大面积地表植被破坏、地表塌陷、水土流失等问题多数只是完成了初步回填、平整等物理工程过程，没有采用科学的生态修复技术开展修复。[①]近年来，祁连山的生态破坏程度之严重，引起了国家高层领导的重视。2015年9月，环境保护部与国家林业局联合约谈张掖市政府、甘肃省林业厅和甘肃祁连山国家级自然保护区管理局等部门主要负责人，并要求限期整改。

总体而言，祁连山国家级自然保护区的生态修复工作仍然进展缓慢，张掖市面临的生态修复和整治工作可谓任重道远。

三、土地荒漠化加剧

荒漠化是指包括气候变异和人类活动在内的种种因素造成的干旱、半干旱和亚湿润干旱地区的土地退化。它是干旱地区因土壤开发利用不当，植被破坏，造成表土风蚀、土壤生产能力降低的现象。中国是世界上受到沙漠化和沙尘暴危害严重的国家之一，尤其在中国西北地区，土地荒漠化和沙化是经济发展面临的最严峻的生态问题之一。

据第四次全国土地荒漠化和沙化监测结果，中国荒漠化土地面积为262.37万平方千米，占国土总面积的27.33%；全国沙化土地面积为173.11万平方千米，占国土总面积的18.03%。而西北地区新疆、内蒙古、西藏、青海、甘肃五省（自治区）荒漠化土地面积与沙化土地面积分别占全国土地荒漠化与沙化土地总面积的95.48%和93.69%，甘肃省土地沙漠化严重程度在全国18省中排名第4位。[②]甘肃省荒漠化土地面积19.21万平方千米，

---

① 王涛、高峰、王宝，等：《祁连山生态保护与修复的现状问题与建议》，《冰川冻土》2017年第2期，第229—234页。

② 国家林业局：《第四次中国荒漠化和沙化状况公报》，2015年12月29日。

占全省土地总面积的45.12%；沙化土地面积11.92万平方千米，占全省土地总面积的28%左右。此外，甘肃省还有2.18万平方千米具有明显沙化趋势的土地，分布在武威民勤、金昌、张掖、酒泉敦煌、嘉峪关、甘南、庆阳等10个市（州）的37个县市区。甘肃省平均每年因土地荒漠化和沙化造成的经济损失达5亿多元。

张掖地处甘肃西部，河西走廊中段，在巴丹吉林沙漠边缘、黑河流域中游，系甘肃乃至全国通往西部的交通要道和重要生态屏障，生态地位非常重要。同时，张掖也是甘肃省内荒漠化比较严重的地区之一，张掖市全市93个乡镇中就有82个在风沙、戈壁、沙漠沿线及边缘，风沙的侵袭成为当地群众生存的严峻挑战。近年来，受到过度开垦、超载放牧、水资源利用不合理等因素的影响，荒漠化总体呈现扩张趋势。2009年，全市沙漠化土地面积1082万亩，占总土地面积的17.2%，其中流动沙丘222万亩，半固定沙丘202万亩，固定沙丘71万亩，戈壁503万亩，风蚀残丘53万亩，潜在沙丘31万亩。

荒漠化的发展给全市农业开发与经济建设造成巨大困扰。2013年，荒漠化导致的耕地受害率达29.8%，草地受害率7.7%，村庄受害率49.2%，道路受害率63.7%，水渠受害率43.8%。全市因干旱少雨、超载放牧、不合理开发以及人为破坏等因素，退化草场面积达109.3万公顷，占全市草场总面积的43.0%；水土流失面积占全市土地总面积的62.0%，其中风蚀面积占总面积的60%以上；农田土壤沙化面积达1.57万公顷，盐化土地面积达5.9万公顷，草原60%以上呈荒漠、半荒漠景观。同时，张掖市人口密度为31.26人/千米^2，约是联合国1997年在内罗毕召开的沙漠化会议上提出的干旱区土地对人口承载压力的极限值7人/千米^{2}的4.5倍。众多的人口和有限的资源，使综合开发利用和持续经营的矛盾日渐突出，原本脆弱的生态环境破坏加剧，干旱、霜冻、干热风、沙尘暴等灾害性天气日趋加重。①

---

① 王清忠、明海国、于伟华：《张掖生态安全屏障的保护与建设》，http://www.docin.com/p-1793439463.html，2018年7月9日。

土地荒漠化与沙化在极端气候下极易引发灾害，在西北地区其典型代表便是沙尘暴。张掖市土地荒漠化与沙化问题和其自然气候有着密切的联系。甘肃地处巴丹吉林沙漠边缘，特殊的地理位置为该地区沙尘天气的频繁活动提供了丰富的沙源。张掖属于大陆性沙漠气候，降水少，蒸发量大，2000 米以下属于冷温带干旱区，2000 米以上低山地为祁连山高寒亚干旱区。据气象站实测，多年平均降水量仅为 129 毫米，蒸发量却高达 2047.9 毫米。张掖每年春夏季节多风，干燥的气候环境下，因植被稀疏，裸露的地表在强劲的风力作用下易于粗化且形成沙丘，随着冷空气频繁地活动，将地表沙尘卷入高空，并向南移动，带来扬尘、沙尘暴天气。据史料记载，早在公元前 86 年，张掖地区就曾出现过沙尘暴天气。然而人类的经济活动给脆弱的生态环境带来的破坏，构成近几十年来沙尘暴天气多发的主要原因。据相关统计，中华人民共和国成立以来张掖市沙尘暴天气发生频率，20 世纪 60 年代较少，70 年代最多，80 年代至 90 年代中期逐渐递减，从 90 年代末至今，又呈现显著增加的趋势。

农垦是造成张掖成为沙尘暴多发地的主要人为扰动形式。据观测，土壤风蚀危害程度与旱耕有密切关系。土地翻耕之后在 7—12 级风力作用下的风蚀量为未翻耕土地风蚀量的 148 倍。超载放牧带来的草场退化是沙漠化扩展的一个重要原因。过度放牧使草原植物难以休养生息，植株变得低矮，覆盖率下降，草原上出现零星分布的裸露地表，容易形成新的沙地。

沙尘暴对张掖市农牧业经济发展造成极大的困扰与损失。1993 年 5 月 5 日，河西走廊发生历史上罕见的特大沙尘暴，一道黑色的沙墙高达数百米，以每小时 50—60 千米的速度前移，数小时之间横扫河西走廊、宁夏、内蒙古、陕西等地，造成农作物受灾面积达 560 万亩，死亡 85 人，伤 264 人，死伤牲畜约 120 万头（只），部分公路、铁路运输及供电线路中断，大树从中折断，小树连根拔起，直接经济损失达 5.5 亿元。1996 年 5 月 29 日，河西走廊出现 10 级强沙尘暴，风以每秒 27 米的速度推进，刚刚萌发出绿叶的小麦、玉米、棉花顷刻叶落枝折，仅张掖市就造成 60 多万亩玉米受灾，数百万棵果树绝收，给农业生产带来极大破坏。

2010 年 4 月 24 日，张掖地区遭受 1989 年以来最大规模沙尘暴，阵风 8—9 级，平均最大风速 16.2 米/秒，极大风速 24.4 米/秒，沿山地区降雪达 36 厘米。灾害波及 6 县区、60 个乡镇、770 个村、16 万户、58 万人，造成经济损失约 2.63 亿元。此次灾害对张掖市农牧业造成极大损失：49.12 万亩耕地受灾，占全市播种面积的 14.9%，其中日光温室 3.44 万亩、钢架大棚及大小拱棚 5.88 万亩、大田覆膜 39.79 万亩；大风致使 3539 间畜禽棚舍倒塌，4616 头（只）牲畜丢失、死亡；因暴风雪造成 200 多万亩草原受灾，致使 7 万多头（只）牲畜缺饲草料。同时，灾害给全市市政、电力等城市基础设施造成一定损害，并引起 13 起火灾，造成经济损失 105.5 万元。①强沙尘暴天气还引发 13 起火灾，其中甘州区 11 起、临泽县 2 起，甘州区火灾造成 1 人死亡。

2013 年 7 月 30—31 日，受强对流雷暴天气影响，张掖境内出现大风、沙尘暴、雷电阵雨天气，致使该市部分乡镇农业设施及农作物受损，张掖市城区多处广告牌倒塌，树木折断，烟囱断裂。根据张掖市有关部门统计，截止到 7 月 31 日 17 时，甘州区 6 个乡镇的 63 个村 3215 户 8476 人受灾，农作物受灾面积 1460 公顷，造成直接经济损失 1900 万元；高台县 3 个乡的 52 个村 4449 户 13 411 人受灾，农作物受灾面积 1130 公顷，造成直接经济损失 854 万元；民乐县 8 个乡镇的 16 个村 1905 户 7100 人受灾，农作物受灾面积 225 公顷，直接经济损失 222 万元。

2014 年 3 月 20—21 日，甘肃张掖市甘州区、高台县、山丹县遭受 7—8 级大风和扬沙，导致 7600 余人受灾，农作物受灾面积 300 余公顷，直接经济损失近 1700 万元。2014 年 4 月 24 日，张掖市遭受沙尘暴袭击，甘州区党寨镇群众蔬菜大棚遭到严重破坏。西北地区经济开发过程中，如果忽视生态环境的保护，将付出巨大的代价。

目前，张掖市土地荒漠化发展与治理并存，局部地区沙化得到有效控

① 张俊德：《我市遭受强沙尘暴、暴雪低温天气灾害》，《张掖日报》2010 年 4 月 27 日，第 3 版。

制，但沙漠化动态总体呈扩展趋势，沙漠化发展的总体趋势仍然是“局部治理，整体恶化”，防治沙化仍然需要经历一个漫长的过程。

第二节　现代农业的比较优势渐衰

张掖市灌溉农业拥有悠久的历史，相对发达的农业经济是其经济发展具有的传统优势，农业经济在甘肃省居领先地位，曾以全省5%的耕地提供了35%的商品粮。2014年，全市粮食生产实现连续13年增产。然而，在以往“以粮为纲”的政策引导下，过度依赖资源投入的农业经济给地区脆弱的生态环境带来了极大的挑战，地区环境承载能力已达到或接近上限。同时，偏重农业经济导致地区经济结构明显失调，农业一头独大的经济格局尚未根本改变。当今中国经济发展进入新常态，经济增长方式、产业结构面临着转型升级，如何加快推进农业现代化，促进农业与第二、第三产业有机融合，引导经济结构趋向平衡，仍然存在诸多困境。

一、“以粮为纲”造成的滞后格局

2014年，张掖市三次产业结构比重为24.6∶33.0∶42.4，甘肃省为13.2∶42.8∶44.0，全国为10.1∶42.6∶47.3。张掖市第一产业比重高于全省平均水平11.4个百分点，高于全国平均水平14.5个百分点。第二产业比重较2013年下降1.2个百分点，低于全省9.8个百分点、低于全国9.6个百分点。第一产业比重高，但大而不强，工业小而弱，市场消费升级慢，三次产业内部结构依然存在问题，经济结构不合理凸显了张掖经济发展质量和发展水平的差距。

中华人民共和国成立以来长期奉行“以粮为纲”的农业经济指导方针，是造成张掖现在产业结构形态的重要历史原因。张掖是中国传统的灌溉农业区之一。考古资料显示，早在5000年前左右，该地区就已经有大麦、小麦、高粱、粟等农作物种植。近代以前的农业经济时代，张掖地区历来被视为河西地区的粮仓，农业水平持续提升。民国时期，由于战争、自然灾害以及鸦片大量种植，张掖地区的农业生产曾受到严重破坏。中华人民共和国成立以后，张掖市农业进入恢复发展期。20世纪50年代初期，张掖人口只有55万人，耕地面积仅有103万亩。然而，在第二、第三产业极不发达的情况下，农业生产仍然占据国民经济的绝对主导地位。20世纪60年代末以来，为保障甘肃省粮食供给，在“以粮为纲”的大环境下，张掖地区开始大规模垦荒发展商品粮基地，使灌溉面积增长了3.2倍。20世纪70年代，在全国北方农业会议以后，张掖市开始加强农田基本建设，推广使用化肥、改革耕作制度，使农业产量大幅提高。1978年，农村经济体制改革，张掖各县相继实行家庭联产承包责任制，大大解放了农业生产力。“七五计划”以来，国家在张掖建立商品粮生产基地。自1986年起，张掖每年向国家出售商品粮25.3亿千克，提供了甘肃省1/3的商品粮。1998年，张掖市被甘肃省政府批准为省级农业高科技示范园区，粮油产量连年增长，发展为全国十大商品粮基地和十二大蔬菜瓜果基地之一。2000年以来，由于黑河调水工程张掖可用地表水源量大量减少，为适应张掖水资源紧缺的新形势，玉米制种在全市农村进行大规模推广，张掖已发展为全国最大的玉米制种基地。

中华人民共和国成立以来，张掖市大农业结构中种植业占据绝对优势，这一格局至今仍未被打破。1983年的大农业结构中，种植业占78.7%，林业占1.9%，牧业占12%，副业占7.4%。2014年，种植业占68.5%，畜牧业占24.6%，林业占1.0%，渔业占0.2%，服务业占5.7%。种植业中，粮食作物面积所占比重超过2/3，粮经比例持续高位。1949年，全市农作物总播种面积为143.73万亩，其中粮食作物占135.3万亩，粮经比重为94.1∶5.9。1970年，播种面积扩张近1倍，粮经比重仍然居高不下，为91.4∶8.6。十一届三中全会以后的农村改革进程中，经济作物发展速度受到重视，

1979 年 10 月 28 日《中共中央关于加快农业发展若干问题的决定》明确指出："要有计划地逐步改变我国目前农业的结构和人们的食物构成，把只重视粮食种植业、忽视经济作物种植业和林业、牧业、副业、渔业的状况改变过来。" 1980 年，贯彻执行"决不放松粮食生产，发展多种经营"方针，随着蔬菜、中药材、油料作物等经济作物种植面积逐渐扩大，粮经比重逐渐缩小。1986 年，农村进行第二步改革，粮经比重调整为 70∶30 左右。目前种植业格局基本保持稳定，粮经比重略有下降，但粮食作物总量仍然很大（图 5-2-1）。

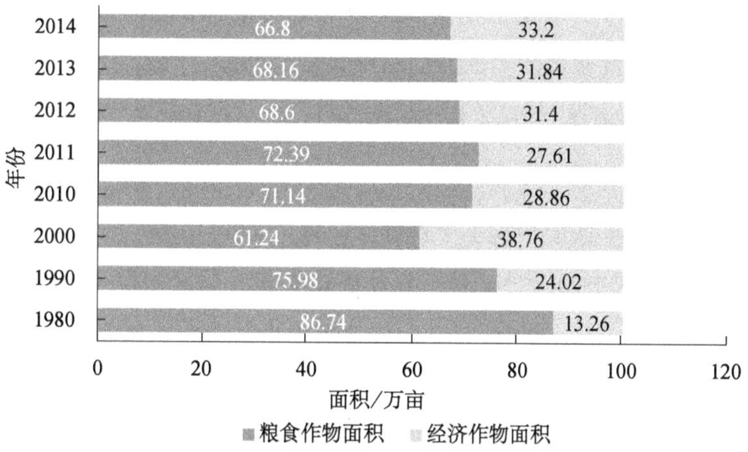

图 5-2-1　张掖市粮经作物播种面积比值图

1949 年，张掖市三次产业结构比重为 58.1∶3.2∶38.7，第一产业占比超过半数。1949—2005 年以前半个多世纪时间，第一产业比重始终占据绝对优势，1954 年，第一产业占比甚至高达 73.3%。1958 年以前，张掖市工业极不发达，第二产业比重一直局限在 10%及以内。1958 年，"大跃进"运动开始，农业生产严重受挫；"三年困难时期"导致张掖农业发展几乎降至 1949 年以前水平，第一产业比重首次跌至 50%以下；同时，因持续三年的全民"大炼钢铁"，第二产业比重突破 10%，占其 GDP 的 1/4—1/3。然而，这种不科学、不合理的生产方式造就的工业产值迅猛增加只是昙花一现，此后 10 年时间，工业比重又恢复中华人民共和国成立初期的发展水平。改革开放以来，历经20余年的发展，第二产业比重逐步增长；直至2005年，第二产业比重首次超越第一产业，三次产业结构比重为32∶34∶34。此后，第二产业总产值一直徘徊在占生产总值1/3的水平。近几年，随着全国工业经济发展速度放缓，第二产业处于调整期，张掖市推进第二产业发展也面临新的问题。

中国正处于工业化中后期，工业产值占经济主导，而张掖农业发达，工业“短腿”的经济结构不利于在区域竞争中保持优势地位。农业主导的产业结构造成全市土地利用结构不合理，农业用地比重大，工业用地比重偏小，工业、商业、仓储、物流等生产用地比重偏小。这种结构决定了水资源、劳动力等重要资源在产业间与区域间的分配。[①]农业人口比例过重也不利于城镇化的推进。2014年，张掖市总人口121.33万，其中城镇人口48.93万人，约占总人口的40.33%，农村人口72.4万，约占总人口的59.67%。城镇化率低于全省1个百分点，低于全国14.44个百分点，仅相当于2010年的全国平均水平。各区县城镇化率也有明显差距，其中民乐县总人口22.19万，城镇化率仅为31.86%。第一产业人口最多，第二产业吸纳劳动力能力不足的问题仍然严重。近年来，全市第一产业从业人员占全部从业人员比重近半。过多的劳动力被束缚在土地上，一方面降低了农业的整体效益，另一方面抑制了第二、第三产业的发展，也不利于经济结构的调整。

在经济新常态的大环境下，农业发展也面临着深层次问题。国内农业生产成本快速攀升，大宗农产品价格普遍高于国际市场，已成为农业经济新常态。2015年，时任中央农村工作领导小组办公室主任陈锡文指出，当前“三农”面临四大问题：第一是国内主要农产品的价格已经超过了国际市场；第二是农产品成本上升，“地板价”不断上升，“天花板”不断下压，中间的活动空间越来越小；第三是补贴的“黄箱”问题；第四是生态环境对农业亮起了“红灯”。

---

① 张掖市人民政府：《张掖市土地利用总体规划（2006—2020年）》，2010年10月。

近年来，国际农产品价格持续下降，受到国际原油价格下跌的影响，短期之内国际农产品价格下跌的趋势仍然非常明显。一方面，伴随着中国农产品成本价格的上升，农产品价格出现倒挂的情形越发严重。2008年，大豆出现价格倒挂。2014年，中国粮、棉、油、糖等农产品国内价格均高于国外产品配额内进口到岸税后价。另一方面，农业成本明显上升，劳动力价格、土地租金与农业生产中农机、化肥、农药、农膜等投入品越来越多，农业的成本快速增加。因此，国内外农产品价格的倒挂可能会成为常态。伴随着“地板价”不断上升，“天花板”不断下压，农产品生产与贸易扭曲加大，已经接近中国加入世界贸易组织（WTO）时承诺的补贴上限不超过农业产值8.5%，目前，国内对各类农产品价格的补贴已接近“黄线”。传统农业发展空间越来越小，也越来越不可持续。

二、发展现代农业面临多重挑战

2015年中央发布“三农”问题的一号文件《关于加大改革创新力度加快农业现代化建设的若干意见》，指出要优化产业结构，转变农业发展方式，加快推进中国特色农业现代化。拥有悠久灌溉农业传统的张掖市，由于长期对农业资源的不合理配置与低效率使用，传统农业发展在水资源、生态承载能力等束缚下已经接近极限；长期以来以家庭经营的农业模式占据主导，农业规模化经营仍处于较低水平，现代农业发展尚处于起步阶段。

2009年，张掖市与中国农业科学院合作，在甘州区合作建设张掖绿洲现代农业试验示范区。在此基础上，2010年8月，甘州区被农业部认定为首批国家现代农业示范区，2013年，又被农业部、财政部等部委认定为国家农业改革与建设试点示范区、国家农业产业化示范基地。逐步培育形成优质制种产业、优质畜牧产业和优质果蔬产业三大现代化农业主导产业。张掖绿洲现代农业试验示范区建设的强力推进，有力地引领和支撑了甘州区国家现代农业示范区和国家农业改革与建设试点示范区建设。按照规模化布局创优基地、标准化生产打造品牌、产业化经营提升效益的总体要求，转变发展方式，优化产业结构，夯实农业基础，国家现代农业示范区建设取得了显著成效，积极探索建立统筹生态建设与现代农业相生相伴的耦合体系的先行道路。目前来看，全市发展现代农业仍面临如下诸多挑战。

挑战之一：农业抵御自然灾害的能力不强。张掖属温带大陆性季风气候，季风的年际不稳定性造成地区农业生产的许多自然灾害。夏季风雨致使大范围旱涝灾害频繁发生，冬季的低温灾害时有发生。张掖市农业以玉米制种为主，玉米生长季节正是风、雹、涝等气象灾害多发季节，每年都有不同面积、不同程度的玉米受灾，并且阴雨频繁造成玉米锈病、马铃薯晚疫病的扩散和流行。2015 年全区受 7 月中下旬高温天气的影响，玉米制种单产降低 25%以上。由于农业生态环境和农业基础设施比较脆弱，防害、抗灾能力较弱，给农业生产造成一定经济损失。2015 年 7 月 3—4 日，高台县新坝镇南部沿山地区发生强降雨天气，强降雨天气造成 21 011 亩（绝收 1911 亩）农作物受灾，经济损失约 955 万元，其中小麦 611 亩、玉米 9872 亩、蔬菜花卉制种 5104 亩、紫花草 2385 亩、洋葱 2741 亩、其他农作物 298 亩。小麦绝收 174 亩，蔬菜花卉绝收 782 亩，洋葱绝收 650 亩，其他作物绝收 305 亩，造成部分基础设施受损，经济损失约 1545 万元。

挑战之二：玉米制种面积持续扩张，但比较效益下降。连续多年，全市玉米制种面积达到 100 万亩以上。截止到 2015 年 10 月，张掖全市玉米制种面积达到 97.18 万亩，较 2014 年增加 21.25 万亩。而全国玉米种子市场供大于求、市场饱和、产能过剩。受全国种子市场波动的影响，张掖玉米制种供求关系发生严重失调，企业库存积压量大，种子价格下降，农民收入降低。2013 年、2014 年农户玉米制种亩产效益持续下滑。2013 年、2014 年亩产价值 2100 元左右，较 2012 年全市玉米制种平均亩产值减少 400 元，降幅达 16%。2015 年亩产价值虽然提高到了 2400 多元，但仍然没有达到历史最高水平。而同期农物资、劳动用工等价格平均增加值在 200

元以上。国际农产品价格普遍走低，而农物资价格上涨导致农业成本增加，农民持续增收空间越来越小，难度越来越大。

挑战之三：产业发展基础仍然薄弱，机械化、电气化等设施农业水平发展不足，规模化、标准化生产程度低。玉米制种业是张掖农业第一支柱产业，但全市现有的玉米制种基地绝大多数都是由农户分散经营，田块小、平整度差、田间道路狭窄，不利于大中型机械作业；农户生产单元小，不利于病虫害统防统治、统耕统收，难以实现机械化；距离规模化、机械化、标准化、集约化“四化”玉米种子基地的标准尚有较大差距。国家发改委批准建设甘肃国家级玉米制种基地建设项目，张掖市承担建设任务 23 万亩，不及全市常年制种面积的 1/4，大面积的制种基地仍然为基础设施薄弱的普通农田，不利于产业健康、可持续发展。

发展林果业是张掖市调整农业产业结构、转变农业发展方式的重要途径。张掖市位于北纬 38°，气候干燥、光照充足、昼夜温差大，是梨、枣、葡萄等特色林果的适宜产区，但全市优质林果基地规模较小。2015 年，全市林果面积 38.83 万亩，其中临泽全县林果总面积 17.48 万亩，红枣种植面积为 13.2 万亩、葡萄种植面积为 1.7 万亩，基地面积仅占全省 1000 万亩建设指标的 0.17%。临泽县临泽小枣、无公害葡萄是其发展特色农业的主导品牌，获得“甘肃十大名果”荣誉称号。临泽县已建设“全国绿色食品原料（临泽小枣）标准化生产示范基地”。但全县小枣、葡萄的种植仍较为零散，集中连片的高标准产业基地较少。果园生产基本上是以家庭为单位生产为主，规模小，投入不足，产业化程度不高，制约着果业产业链发展。全市果园生产投入偏少，水果生产的基础条件差，果园大多为旱作栽培，部分山地果园配制农药、叶面追肥用水都很困难，田间道路状况差，抵御自然灾害能力十分脆弱。果园整体效益不高，2014 年甘肃苹果亩产 670 千克左右，分别是全国、陕西、山东及苹果生产先进国家亩产的 61%、71%、32%、22%。

挑战之四：设施农业投入不足。推进现代农业发展的重要方向之一是发展设施农业。设施农业属于高投入、高产出、高回报产业，但由于农民收入有限，集中连片筹资能力弱，先期投入问题仍然是制约设施农业发展的重要因素。一是高标准设施投入资金量较大。以日光温室为例，建造一座1亩砖钢结构温室大约需要8万元，建设一座占地面积0.7亩的土钢结构温室大约需要4万元，加上水、电、路基础设施配套建设，资金投入更大。同时，由于建筑材料的不断上涨，建筑成本增加逐年攀升，进一步加重了农民负担。设施农业需要应用比较先进的设施装备，如卷帘机、小型微耕机、滴灌等新产品新技术，但农民购置能力有限，而作为主要融资渠道的农村信用合作社，因贷款额度小、还款期限短、利率偏高、手续烦琐等原因，无法满足设施农业对资金的需求。二是政府基础设施投入不足。推进设施农业规模化经营，离不开基础设施的配套建设。据不完全统计，平均每栋日光温室水、电、路等基础设施建设成本约需5000元，而各级政府财政补贴和奖励、科研开发、技术培训、综合服务等各项资金的缺口较大，与现代设施农业发展需求相距甚远。①

挑战之五：农户科学文化素质低，缺乏技术支持。当前农业生产大多还停留在以家庭为单位的传统生产方式阶段，农民普遍文化素质不高，观念保守，思想落后，农业生产技术和生产知识装备低。农户对生产技术知识的掌握仅停留在一般的日常管护上，遇到病虫害的发生，缺乏有效的技术支撑。加之农业技术服务体系不够健全，农业技术推广力量薄弱，使得新技术的推广应用普及不到位，严重制约着全市农业现代化进程。目前全市农技人员中，懂温室大棚种植、农产品加工和研究开发的专业人员十分匮乏，专业技术人员年龄、知识结构不合理，无法为群众提供选种、播种、施肥、除虫、采收等全程技术指导和服务，导致设施农业产品质量低、产量少、效益差，市场竞争力不强，甚至有些新建大棚闲置无人种植。

挑战之六：社会服务体系不健全，产业化程度低。市场运作机制不完善，协会管理运行不到位，生产、加工、销售之间的关联度低，储藏运输等

① 王应功：《张掖市设施农业发展现状、问题及对策研究》，2013年9月6日，张掖市统计信息网。

营销流通设施、手段还不适应发展的需要，产、供、销没有形成一体化发展。建成的农产品交易市场和专业合作社等流通组织规模小，辐射带动能力不强。张掖市有机、绿色、无公害农产品数量在甘肃省位居前列，但由于流通体系不完善，农产品不能实现优质优价，甚至个别产品还存在卖难问题。

挑战之七：农产品安全问题突出。传统农业主要依靠化肥、农药、地膜的投入来增加农业产量，加之工业“三废”乱排乱放、农业废弃物乱堆乱用，导致土地污染、水污染、空气污染等问题极为严重；污染物聚集于植物体内，造成农产品质量安全风险。据 2014 年《土地整治蓝皮书：中国土地整治发展研究报告（NO.1）》显示，2013年中国耕地受到中度、重度污染面积约 5000 万亩。2012 年对广州、山东潍坊两大农产品供应区域的土壤、水、大气环境的采样调查，采集了 55 个土壤样品、42 个水体样品，以及两地持续 30 天的空气样品，通过对这些样本中 180 种农药残留的监测，发现所有土壤、水和空气样品中均含有百种以上农药。张掖市具有丰富的矿产资源，开采矿产等经济活动造成土壤重金属污染，也能影响农产品质量安全问题。张掖市环境监测站与中国科学院寒区、旱区环境与工程研究所对张掖市绿洲农业区内部分农田土壤重金属污染问题的检测显示，绿洲区域农田土壤中 8 种重金属元素的平均含量未能达到中国土地环境质量二级标准。目前全区土壤重金属污染存在轻度生态风险，但镉元素污染存在中度生态风险。①

保证农产品质量安全。一方面，需要加强农业的标准化生产，对农产品生产、管理、采收、包装等环节采用统一标准来组织实施，生产出高品质的农产品，提高市场竞争力。但是目前，张掖市传统农业生产经营模式仍然占据主导地位，农业生产以家庭经营为主，分散的生产经营方式不利于农产品标准化生产的推进，也极大地制约了农产品质量安全的提升。另一方面，需要对农药化肥的使用加以严格约束，加强对农产品质量监督。

---

① 杨仲玮、朱晓霞、尤全刚：《张掖绿洲农田土壤重金属污染潜在风险评价》，《甘肃农业大学学报》2015 年第 3 期，第 138—142 页。

但目前张掖市对农产品质量安全的监管力度不足：农产品质量安全技术基础、检测设施薄弱，追踪服务欠缺；缺乏专门人才培养机制，全市农产品质量安全监管仍然存在较大问题。此外，消费者对农产品安全意识有明显提高，对农产品质量安全的信息关注也逐渐加强，但对农产品质量安全的权威信息平台仍未建立，导致消费者容易受到负面信息的引导，从而对农产品市场造成极大冲击。

第三节　工业“短腿”的局面尚未破题

工业经济毫无疑问将成为今后一个时期内张掖市经济工作中聚焦发力的重要工作方向。“十二五”以来，张掖市发展生态工业初步取得了良好的发展业绩。但张掖市工业基础薄弱、工业发展不平衡、经济总量小的基本情况尚未改变。从2014年的数据来看，张掖市工业经济提供的就业岗位、财政收入及对第一、第三产业的带动作用，都完全没有达到应有的水平和规模。产业发展呈现“三多三少”的现象，即：传统产业多，新型产业少；重工业多，轻工业少；资源依赖型产业多，高新技术产业少。产业层次低，运行质量不高，工业“短腿”、发展不足等问题仍很突出。主要工业集中在农副产品加工和矿产品加工上，且都是产品的初级加工，没有形成一条完整的产业链，工业增加值较低。不论是在全省，还是与河西等几个市相比，张掖市工业转型明显滞后，传统支柱产业发展速度缓慢，新兴产业尚难对工业的发展起到支撑作用，新旧产业接续压力明显上升。当前，全市工业经济发展在主导产业培育、工业园区建设、破解融资难题等一系列具体问题上，仍面临重大挑战。

一、农产品加工业发展水平不足

调整农业经济结构的一个有效途径是发展农产品加工业。张掖市是全国重要的商品粮和瓜果、蔬菜生产基地，具有丰厚的特色农产品资源优势。近几年，张掖市依托这一资源优势，把发展农产品加工业作为统筹城乡协调发展、推动农业现代化经营的主要途径，并将其摆在农业农村经济发展的突出位置，农产品加工业已经取得了快速发展，目前已发展为张掖市工业之主导产业。2014 年，张掖市规模以上工业中，农副食品加工业增加值 15.13 亿元，占规模以上工业增加值的 22.7%；规模以上农产品加工业产值突破 106 亿元，收入达到 83.45 亿元。但总体来看，张掖市农产品加工业仍处于初步发展阶段，农产品加工具有以下两大主要特征。

其一，农产品加工率低。“十二五”期间，张掖市农产品加工转化率仅为 58%左右，且大部分停留在粗加工的水平，目前全市有相当大一部分农产品仅以原料形式投入市场。张掖市农产品加工大体反映了全国平均水平。2015 年中国主要农产品加工率达到 55%以上，其中果品加工率 10%，肉类加工率达到 17%；与《全国优势农产品区域布局规划 2008—2015 年》设定的 2015 年全国农产品加工率达 65%以上，粮食加工率达 80%，水果加工率超过 20%，蔬菜加工率达 10%，肉类加工率达 20%，水产品加工率超过 40%，主要农产品精深加工率达到 45%以上等标准，仍有一定距离。[①]与发达国家相比差距更是明显，美国 80%以上的农产品都是经过加工后上市的，发达国家农产品经过深加工的比例更是高达 95%以上。由于农产品加工转化滞后，严重影响了农业产业化的推进。

其二，农产品加工增值率低。2014 年，张掖市农产品加工业产值与农业产值比为 1∶0.73[②]，全国水平为 2.1∶1，而发达国家国家农产品加工业

---

① 农业部农产品加工局：《关于我国农产品加工业发展情况的调研报告》，《农产品市场周期》2015 年 23 期，第 41—43 页。

② 刘俊仁：《张掖市着力推进农产品加工业发展 2014 年产值突破 106 亿元》，http://www.gs-zy.com/news/2015-01/28/content_1793680.htm，2018 年 9 月 15 日。

产值与农业产值之比大多在3∶1以上。张掖市农产品加工业普遍表现为产业之间关联度不高、链条短，产品以粗加工为主，精深加工不够，缺乏高附加值产品。

综合分析张掖市农产品加工产业发展状况，主要存在产业层次低、结构不合理；技术装备落后，产业链短，产品附加值低；原料保障能力差，产能利用率不足；技术装备落后、研发能力低下；科技支撑不足，研发能力低下，企业核心竞争力不强；融资能力不足，企业发展受到制约；物流业与第一、第二产业衔接不足，不利于提高产业竞争力等问题。

问题之一：产业层次低，结构不合理。在张掖市农产品加工业中，种子加工产业发展势头强劲，呈“一业独大”之势。张掖市254户农产品加工及食品工业企业中，77户是玉米制种企业，约占总数的30.31%；规模以上农产品加工及食品工业企业中，38户是玉米制种企业，占总数77户的49.35%。2014年，有44家种子企业入驻甘州区，占全区农产品加工企业的近1/3；全区38家规模以上农产品加工企业中种子企业就占到23家，种子加工产业集群效应逐渐形成。但就总体而言，全市农产品加工企业的数量、规模与全区农业发展在全省的地位还不相匹配，制约了农产品生产与加工业链条的有效衔接。全市规模以上企业在全省农产品加工企业中的占比较小，其中中小型企业占较大比例，缺乏龙头企业。全市农产品加工及食品工业企业中98.8%为小微型企业，没有一家大型企业，企业普遍起点低、规模小，低水平重复建设多，缺少带动能力强、辐射范围广的企业。例如，枣业是临泽县主导产业之一，其生产品质好，但仅有以甘肃西域食品有限责任公司为代表的3家企业对其进行精深加工，其他企业大多只是进行简单的初加工。

问题之二：技术装备落后，产业链短，产品附加值低。张掖市的农产品加工及食品工业技术与加工设备比较落后，大部分企业还是沿用传统的甚至是家庭作坊式的加工方式，许多新的生产技术和设备还没有得到应用，多数农产品出售的还是原始产品。张掖地区的绝大多数玉米制种公司在果穗收获之后仍然采用原始的自然晾晒法进行干燥，然后经过简单的粗加工手段处理种子。这种种子生产方式抵御阴雨、早霜等常见自然灾害的能力较低，并且缺乏通过种子的精选、分级和包衣包装二次提升种子质量和价值的能力。

张掖全市小麦、番茄、马铃薯等轻工原料初级加工产品占主导地位，产品附加值较低；果蔬制品加工产品品种单一，蔬菜加工仍然停留在冷藏保鲜、储运和切片烘（冻）干阶段；肉制品加工产业中，除沅博有分割肉、排酸肉等中高端产品，区内大批牛羊都以活畜或生鲜肉的形式流入外地市场；乳制品加工产业中，区内生产鲜奶除部分本地消化外，大都外运销售，还没有上规模、上档次的乳制品加工企业；饲料加工产业中，大都采用传统的生产工艺，生产传统的饲料产品，产品特色优势不明显，市场同质化竞争激烈；中药材加工产业中，一些企业只是对中药材进行了切片处理，其他企业均以原药材销售给制药企业，还没有推出更多适应市场需求的高附加值中成药和高端保健品。

副产物利用率低。受技术和装备水平的制约，一些中小型企业生产比较粗放，粮食、家禽、水果等行业加工过程中产生的麦麸、米糠、果渣、禽畜骨血副产物综合利用率较低，造成资源浪费严重，甚至成为环境污染的源头。此外，农产品加工业物耗、能耗、水耗较高，造成自然资源浪费、环境污染与生态恶化，也制约着农产品加工业的健康发展。

问题之三：原料保障能力差，产能利用率不足。张掖现有农产品种植基地面积稳定在340万亩左右，已形成100万亩制种玉米、48万亩林果、45万亩马铃薯、40万亩蔬菜、37万亩油料、21万亩啤酒大麦、4万亩棉花等农作物种植面积和1875万头（只）畜禽年饲养量的种植养殖规模。但种植、养殖基地与农产品加工之间关联度不高，真正能为农产品加工业提供原料的土地不足一半，基地建设规模远远不能满足加工企业的需要。[①]而且绝大部分企业没有自己的原料基地。部分企业虽采取与村社、中介组织、

① 刘雅琴：《张掖市特色农产品深加工问题研究》，《发展》2014年第11期，第101—102页。

农户签订单的合作模式，但这些合作模式只是松散的买卖关系，缺乏具有法律效力的约束机制，压价收购、抬价收购和价高惜售现象时有发生，企业与农户常常因市场价格波动出现合同违约情况。而分散的农业生产经营模式，也难以保证加工企业对生产原料的品种、质量、规格等方面的需求，分散性生产与集中性加工构成了显著矛盾。如高台中化番茄制品有限公司、临泽天润汇丰农业发展有限公司的番茄酱、番茄种子非常畅销，利润也很好，但就是因为基地落实不理想，导致企业原料不足而只能发挥40%左右的产能；甘州区中粮屯河番茄公司因基地无法落实，无原料可加工，已面临停产倒闭的风险。全市大多数农产品加工及食品工业企业实际产能达不到设计产能的50%。

农业初加工产能相对过剩，是当下全国农产品加工业面临的重要问题。全国小麦加工行业产能利用率只有60%左右，稻谷产能利用率只有约13%。张掖市农业种植结构的失衡加重了农产品加工的原料保障问题，导致产能过剩问题更为明显。玉米制种产业是农产品加工业的主导产业，受此影响，全市玉米制种面积居高不下，多年来，种植面积均在100万亩左右。受产业比较效益等因素驱动，全市商品玉米、脱水蔬菜、加工小麦、菊芋、啤酒大麦、小杂粮等农作物种植面积锐减，致使一些加工企业原料严重短缺，不能满负荷生产，个别企业因“无米下锅”，处于停产、半停产状态。

2013年11月张掖市粮食局粮油加工重点行业产能专项调查显示：2012年，张掖市10户重点加工企业原料消耗量为181 705吨，产品产量127 590吨，成品率为70.2%，产能利用率为30.7%。其中：小麦粉加工企业原料消耗量为81 234吨，产品产量58 215吨，成品率为71.7%，产能利用率（原料处理能力按250天计算）为23.4%；玉米深加工企业原料消耗量为100 471吨，产品产量69 375吨，成品率69.0%，产能利用率（原料处理能力按300天计算）为41.0%。2013年1—9月，10户重点加工企业中，3户小麦粉加工企业停工停产。7户加工企业原料消耗量为132 328吨，产品产量66 243吨，成品率50.1%，产能利用率为29.8%。其中：小麦粉加工企业原料消耗量为 48 793 吨，产品产量 31 648 吨，成品率 64.9%，产能利用率（原料处理能力按 187 天计算）为 18.8%；玉米深加工企业原料消耗量为 83 535 吨，产品产量 34 595 吨，成品率 41.4%，产能利用率（原料处理能力按 225 天计算）为 45.4%。

本地生产原料供应不足迫使企业不得不转而从外地市场购买，最近几年，企业从外地采购原料的成本逐年增大，利润空间明显压缩。如张掖市金鹰食品工业有限公司，年设计加工小麦 10 万吨，目前甘州及全市周边县区原料供给不足 20%，80%以上需从新疆、河南、陕西、山东等地外调，年原料运输费用（按 1000 千米运输半径，平均每吨 200 元计算）高达 1600 万元；高额的运输成本和原料囤积资金，使企业不堪重负，2012 年该企业开工率为 45%、2013 年为 50%、2014 年不足 30%。全市最大的啤酒麦芽生产企业——张掖市华瑞麦芽有限责任公司，设计生产能力 8 万吨，本地原料供应不足 5%，每年原料运输费用 1000 万元以上，年实际生产能力仅 4 万吨左右。

问题之四：科技支撑不足，研发能力低下，企业核心竞争力不强。以农产品生产加工产业中占主导的玉米制种企业为例：入驻张掖市的玉米制种企业中，具有自主知识产权的企业不足 20 家，多数企业为委托型、代理型生产公司。虽然中国种业骨干企业中有 15 家落户张掖市，但没有一家在张掖设立总部和研发、营销中心，大部分企业主要从事种子代繁生产，拥有自主知识产权品种的企业不到 1/3，企业的核心竞争力不强，参与制种的农民和企业在整个产业链中获得的收益微乎其微。全市从事育繁推一体化的企业仅 12 家，培育的品种仅有蠡玉系列、金凯系列、兴达系列等玉米新品种 20 多个，市场占有率低，利润空间小。

对产品研发的科技支撑不足导致研发能力低下，是整个张掖市农产品加工业的突出问题。其表现，一是研发力量不足，企业管理资源和人才资源不足，缺乏高端研发科研人员和领军性人才，特别是农产品精深加工及食品工业的研发人才严重不足，新品种研发创新能力弱。二是研发经费投入少，企业普遍不重视技术人才的培养和引进，给予技术人才的待遇也不高，研发经费无保障，对技术人才缺乏吸引力。多数种子企业重生产、轻科研，对企业职工的培训不系统，更没有重视对企业核心研发人员的培养，对基地的农民也缺乏长期的培训。三是企业家队伍素质不高。大部分企业属“家族式”企业，管理团队素质不高，眼界不宽，缺乏现代企业管理知识，预测、决策与协作能力不强，直接影响了企业的长远发展。

问题之五：融资能力不足，企业发展受到制约。融资贷款难和投入不足是张掖市农产品加工及食品工业企业普遍面临的问题。一方面，农产品加工及食品工业企业项目建设和技改投资都非常大，且生产具有鲜明的季节性，必须在农产品收获季节购进全年加工原料，收购原料期间企业流动资金需求量也非常大。如博峰、牧沅、沅博三家屠宰加工企业，满足其正常生产的周转资金就需要 75 亿元，如此巨大的资金需求量，当地银行很难解决。另一方面，全市绝大多数农产品加工企业起步较晚，规模偏小，原始积累少，上市难度大，一般很难通过资本市场进行直接融资，主要靠银行贷款和民间借贷，但银行贷款门槛高、手续多、程序复杂、报批时间长、贷款额度小，无法满足企业生产经营的资金需求。这两者之间的矛盾靠企业自身来解决难度非常大，政府也未设立扶持农产品加工及食品工业发展的专项资金，融资难已经成为制约张掖市农产品加工及食品工业企业发展的突出瓶颈。据调查，张掖市内和田昆仑农产品有限责任公司、云鹏控股集团有限公司、高台中化番茄制品有限公司等企业在原料收购季节的流动资金需求量巨大，企业自有资金仅能满足需求的 50%左右，资金缺口比较严重。

问题之六：物流业与第一、第二产业衔接不足，不利于提高产业竞争力。2014 年以来甘肃省加大向西开放，向西部“丝绸之路经济带”国家的出口规模不断扩大。其中，农产品出口占据了很大比重。张掖市的特色农业，使其在农产品出口贸易具有极大潜力；生鲜农产品是农业经济的特色与支柱，年产量非常高；玉子种子、高原夏菜、牛羊养殖加工等农产品加工业已经成为张掖市工业经济支柱产业；生鲜农产品市场与农产品加工业市场存在极大的物流需求潜力。但农产品加工产业链短，造成对物流的重视度低，物流配送体系不健全，致使农产品加工业与物流产业尚未建立起有效的产业链接。

物流业与第一、第二产业衔接不足，对现代农业与生态工业发展构成明显制约。农产品流通体系不健全，物流基础设施薄弱，物流技术水平落后等原因，导致物流成本过高；尤其是缺乏规模化、集约化发展冷链物流，导致农产品物流损耗严重，农产品物流效率低下。目前我国冷链物流存在诸多问题：冷链物流设施设备不完善，冷冻冷库房不足，设备陈旧，不能满足现代商品对冷链物流的要求；冷链物流设备严重不足，尤其是冷藏保温车、机冷车、冷藏集装箱拥有量低；冷链物流缺乏上下游的整体规划与整合；冷链物流的上游、中间环节和下游没有很好地衔接起来，尚未形成完整的冷冻冷藏链。[①]据统计，中国农产品物流环节的损耗率高达35%，是日本、美国等发达国家的十倍左右，西北地区农产品物流产业中的损耗比例则更大。物流体系不完善，一方面提高了农产品的消费价格，另一方面也增加了食品安全方面的风险。[②] 冷链物流的不发达也限制了农产品的远距离运销、农产品加工业产业链的进一步延长，缩小了农产品的增值空间。

二、新能源与高载能产业遭遇双重挑战

（一）新能源产业发展受到诸多制约

张掖市水能、风能、太阳能资源极为丰富，为发展新能源产业提供了良好的基础与优越的条件。依托于甘肃省委、省政府确立“建设河西风电走廊、再造西部陆上三峡”的战略部署，给张掖市新能源产业发展迎来了大好机遇。2012年《张掖市人民政府关于加快全市新能源产业发展的意见》提出：切实把新能源产业开发建设作为“十二五”乃至今后一段时期工业发展的主攻方向，采取有效措施，科学布局、快速推进，促进全市新

① 李学农：《我国农产品冷链物流现状及发展趋势》，《综合运输》2010年第4期，第45—49页。
② 汪旭晖、文静怡：《我国农产品物流效率及其区域差异》，《当代经济管理》，2015年第1期，第26—32页。

能源及相关产业做大做强，为实现全市经济社会转型跨越发展提供重要保障。同时提出将张掖打造成“千万千瓦级新能源基地”的宏伟目标。经过近几年的发展，张掖已由过去的电力短缺市转变为全省重要的电力输出市，能源资源的有效利用和能源结构的调整已成为事关全局的重大战略性任务。但目前张掖的新能源产业发展因在政策，基础设施，项目投、融资方面，受到明显制约，要想真正做大做强，还存在一些急需解决的问题。

其一，电力送出规划编制进度缓慢，审批程序较复杂。甘肃省仅有2家有资质的单位编制电网送出规划，编制单位业务繁忙，技术人员紧缺，截至课题组调研时，仍有3个县电网送出规划迟迟不能完成，造成单个项目接入系统设计工作无法开展，影响项目的核准、融资及开工建设进度。已编制完成的送出方案经省电力公司同意后由电力经济技术研究院规划评审中心评审，结论报省电力公司发展策划部审查，同意后转报国家电网公司审批，审查批复程序复杂，一定程度上制约了张掖市新能源项目建设进度。

其二，电网支撑条件薄弱，新增电量输出困难。张掖市电网现有330千伏变电站3座，110千伏变电站15座，电网基础设施薄弱，市内各新能源产业区输出条件不足，限制了张掖市新能源所发电量的送出。根据《国务院关于促进光伏产业健康发展的若干意见》精神，光伏电站建设应按照“合理布局、就近接入、当地消纳、有序推进”的总体思路进行。张掖市一部分项目因无法实现就近介入，输电线路跨县区建设增加了协调难度和项目投资；一部分项目无法找到接入点，无法完成电网接入系统设计，达不到备案条件。上述情况致使已经取得“路条”的业主对电力送出产生顾虑，影响了其进行项目开工建设的积极性，还有一部分“路条”面临过期或者即将过期的问题。

同时，借助光伏发电的“春天”，甘肃省各市县区推进光伏大规模集中建设，地面电站快速增加，2013年底，甘肃省累计装机容量在全国23个省（自治区、直辖市）中位列第一。随着短期内装机容量的大规模增加，新增的发电量无法通过现有电网消纳，导致全省光伏电站“限电弃光”问题严重。张掖市光伏发电企业受限于河西 750 至雷台 330 双回线路，只能以装机容量的 40%运行。2014 年，“限电弃光”问题在张掖乃至整个甘肃省皆较为严重。2014 年国家能源局发布的监管报告显示，甘肃一些地区由于配套送出工程没有与风、光伏发电项目同步规划建设和改造，送出能力不匹配，受限比例最高可达 78%。据甘肃省电力公司在 2015 年 11 月 13 日重新调整的省内各光伏电站的出力比例，甘肃省整个地区最大出力比例仅为 37.99%，而张掖地区 731 兆瓦电站最大出力比例为 40.41%。

其三，内部消纳能力不足。消纳能力是建设光伏电站的基础条件。但受到外部环境以及经济下行压力的影响，全市经济增速放缓，本地电力消耗增长较慢。2013 年张掖地区全社会用电量 33.14 亿千瓦时，较 2012 年的用电量 31.76 亿千瓦时增长 4.3%，较 2011 年用电量则仅增长 2.1%；2014 年全社会用电量 34.94 亿千瓦时，较 2013 年增长 5.4%。高载能行业上下游产业均不景气，使高载能停产产能达 60%左右，用电量显著缩小。加之甘肃省缺乏电价优势（电价高于内蒙古、宁夏、青海等周边省区，平均高 0.08 元/千瓦时左右），进一步抑制了张掖市本地电量消耗能力。张掖市现有发电量的增长远远超出用电量的需求。

其四，光电项目融资困难。目前国有四大商业银行对光电项目融资政策不明确，开发企业发展新能源产业融资困难，制约了项目建设。而现有投、融资方式存在的突出问题是模式单一、成本过高，光电项目融资主要依赖传统的资产抵押来获取。2015 年，时任中国能源经济研究院常务副院长红炜指出，传统资产抵押式的投、融资思维给光伏发展带来的主要问题在于，“光伏企业可抵押资产规模的绝对值有限，而且光伏产业可抵押资产规模的增长远远落后于融资需求的增长”。与此同时，大规模的“弃光限电”导致的并网问题突出，张掖市光电装机容量不能实现满负荷运转，已建成项目难以实现预期利益，也极大地打击了投资商的积极性。

（二）高载能产业发展陷入瓶颈

张掖市自然光热条件优越，矿产资源丰富，非常适于发展高载能产业。高载能产业与新能源发展有着互相促进的功能，加快发展现代高载能产业是消纳过剩电能的重要途径。近两年，受到经济持续下行的影响，张掖市高载能企业发展面临极大挑战。

其一，高载能企业亏损严重。受钢材行业市场不景气的影响，铁合金价格持续震荡，导致高载能产业原材料大幅上涨；张掖市与周边内蒙古、宁夏等省（区）铁合金企业相比较，仅原料、产品运输成本每吨上升 300 多元。随着高载能企业原材料价格大幅上涨而产成品价格持续下跌，企业一直处于亏损经营状态。2014 年底，张掖全市有 9 户铁合金企业累计亏损 1863 万元；据不完全统计，全市亏损高载能企业已增至 10 户，亏损额高达 8535.01 万元，是 2013 年的 4.5 倍。截至 2014 年 12 月底，张掖地区 18 台电炉中，正常生产 10 台，停产 8 台。

其二，甘肃省缺乏电价优势。从全国铁合金主产区电价比较来看，青海、宁夏、内蒙古、甘肃四省（区）铁合金用电价格分别为：青海 0.36 元/千瓦时，内蒙古 0.38 元/千瓦时，宁夏 0.39 元/千瓦时，而甘肃省铁合金用电价格为 0.455 元/千瓦时，高于其他三省（区）0.06—0.09 元/千瓦时。同时，由于周边省（区）不断出台电价扶持政策，而甘肃省扶持电价幅度较小，高载能企业普遍采取避峰生产的措施来降低生产成本，致使铁合金行业原有的竞争平衡状态被打破，使全省铁合金产业处于劣势地位。这同样是张掖市面临的棘手问题。

其三，企业资金周转难度较大。根据现行银行贷款政策，一方面银行将高载能企业列入限制发展的行业，对高载能企业贷款额度小，部分银行甚至不给贷款；另一方面由于张掖市高载能企业规模小，企业自身原始积累不足，产品应收账款多，资金回笼慢，利息支出较大，占用流动资金较多，企业运行成本较高，企业资金周转非常困难。

其四，政府扶持政策差异化明显。一方面，本地企业和招商引资企业间差异较大。近年来，随着招商引资力度的加大，落户张掖市的外地客商和企业数量不断增加，这些外地商客享受省、市（区）政府出台的一系列土地、增值税减免等大量的招商引资优惠政策，而张掖原有的本地企业和老企业却享受不到。另一方面，针对同行业的惠企政策也有差异，如 2015 年 11 月份省政府出台执行的铁合金优惠电价政策问题，10 月份没有生产的企业复产后享受优惠电价的政策，其生产电价降低 0.08 元/千瓦时，而 10 月份之前一直生产的企业却享受不到这种优惠，这极大地挫伤了部分企业的生产积极性。

此外，部分政府职能部门服务不到位。由于政府部门职能有交叉，部门各司其职，部分项目在审批手续和证照办理上互为条件，有的必须委托专门的中介机构进行，收费普遍较高、办理时间较长。如车间建设消防验收必须是省级机构设计，并出具评审意见后才能进行工商注册登记，致使有的企业两年时间都过不了关；在企业职工培训上，由于缺乏统一的管理机构，企业工人的培训证书，政府部门间互不认可，企业只能多头培训，企业负担较重。①

三、工业园区建设

开发区是对外开放的重要窗口，西北地区的开发区建设有利于带动地区招商引资，引入先进科学技术、管理制度；通过产业园区建设推进产业集群化、规模化，促进工业化进一步发展，对于推进张掖市经济发展、地方城镇化的意义重大。张掖市工业园区兴建于 20 世纪 90 年代，2003 年全市六县（区）均建立了工业园区，形成了“一县一园、一园多区”的开发格局。“十二五”以来，张掖市把生态工业作为经济工作的着力点，牢牢抓住工业园区建设，实施重大项目招商引资，解决制约工业发展的突出问题，力促工业经济扩量增效。

目前张掖全市有 1 个国家级工业园区、4 个省级工业园区和 1 个工业集中区。张掖国家级经济技术开发区始建于 1994 年。2013 年 3 月，经国务院

① 张掖市工业和信息化委员会：《全市高载能产业发展调研报告》，2015 年 1 月。

办公厅批准，升级为国家级经济技术开发区，定名为“张掖经济技术开发区”，成为继甘肃省继兰州、金昌、天水、酒泉之后的第5个国家级经济技术开发区。相较于1991年成立的兰高新技术产业开发区、2002年兰州经济开发区及金昌、白银、天水的开发区，张掖经济技术开发区享受国家级政策较迟，经济总量小，招商商贸、投入产出等累积较少，与兰州经济开发区存在较大差距。张掖市的其他5个省级工业园区和工业集中区分布于肃南裕固族自治县、高台县、临泽县、民乐县、山丹县，它们分别于2005年、2006年经甘肃省政府批准，入选第一批省级开发区。张掖市经济农业基础较好，工业发展水平较低；加之大部分开发区建设时间较短，开发区整体发展仍处于初级阶段，普遍存在着经济总量少、园区项目建设投资规模小；投、融资渠道窄，基础设施建设不完善；产业发展同质化，产业集聚效应不足；管理机制有待完善等问题。

问题之一：产业布局不尽合理。目前张掖市在园区产业规划布局方面存在产业布局分散、特色不明显、缺乏战略投资等问题。对各区县产业发展规划缺乏统筹，存在布局不合理、低水平重复建设等问题，导致产业发展同质化，不利于工业的集约发展，不仅影响了各开发区自身的发展，更制约了张掖全市工业总体发展空间的拓展。需要进一步优化全市产业总体规划布局，突出各工业园区的特色，彼此取长补短，从而优化资源配置，形成带动全市工业经济发展的合力。

问题之二：产业集聚尚未形成。目前甘肃省整体处于工业化中期阶段，具有竞争优势的产业集群形成较少。就张掖市而言，仅张掖经济技术开发区产业集群情况相对较好，形成了一定数量的龙头企业，但其他省级工业园区仍然缺乏龙头企业的强力带动。由于同类园区的不良竞争，带来项目准入门槛低，新建项目规模较小，招商引资成效不够明显，园区的产业集聚、辐射作用得不到充分发挥。“十二五”期间，全市整个工业园区的招商情况不太乐观，没有引进一批资金雄厚、实力强的大型工业企业，引进的企业大都规模较小，研发投入强度普遍偏低，产业长期锁定在中低端环节。

问题之三：基础设施建设相对滞后。目前张掖市工业园区建设主要依靠政府投入、上级补助和银行贷款。由于地方财力有限，加之向上争取资金较少，银行贷款难度较大，投、融资渠道狭窄。由于缺少资金、项目的支撑，园区基础设施建设大大滞后于企业发展建设，更谈不到为企业提供良好的配套设施、便利的服务和功能完善的硬件环境。虽然近年来加大了投资力度，各园区基础设施得到一定改善，但道路、给排水、供电、环保、物流等公共配套设施建设滞后，不能满足入驻企业的需求，制约了园区的建设和发展。

问题之四：管理体制机制有待完善。以张掖经济开发区为例，开发区设立了管理委员会作为区政府的派出机构，承担开发区建设管理职能。但随着经济体量的发展，特别是升级为国家级经济技术开发区后，原有的管理体制和管理水平已难以适应现有园区建设和服务要求。在实际运行中仍然存在体制不顺、职责不清、职能缺少等问题。开发区的规划、项目审核备案、土地审批划拨、道路建设、绿化美化等工作职能均由县区各职能部门承担，管理委员会管理职能弱化；企业由多个部门交叉管理，权职划分不明确；开发区内设职能部门偏少、人员编制难以满足实际需要。另外，张掖地处西北，人才匮乏，难以吸引外来人才，管理人员和技术人员素质偏低，企业管理观念较为落后，管理思想僵化，导致企业发展缓慢，严重制约了工业的发展。

第四节　旅游产业的发展亟待提升

近年来，张掖地区第三产业在三次产业结构中的比重逐年升高，第三产业对 GDP 贡献率逐年增加，迅速崛起为地区经济发展的支柱产业。张掖市第三产业对 GDP 的贡献率，2012 年为 38.7%，2013 年为 38.9%，2014 年达到 42.4%，已经明显超过了第一、第二产业的发展。其中，旅游业的发展最为突出。旅游人数由2009年的112.2万人次发展至2014年的761.6万人次，年均增长率为46.7%。全市旅游业总收入，2009年为4亿元，2011年为17.6亿元，2012年为27.1亿元，2013年为36.8亿元，2014年达到47.6亿元，年均增长率达到64%；2014年旅游收入占全省的6%，超过了GDP在全省所占比重。旅游业占第三产业增加值的比重也由2010年的6%增加至2014年的31%，超过了全国平均水平。然而，相对而言，张掖市旅游总收入在全省仍属于中等偏下。据《2014年中国旅游城市总收入排行榜》，2014年甘肃省仅兰州一市跻身旅游总收入排行前100名，排名第96位。与甘肃省内四大历史文化名城相比较，张掖市旅游收入也处于较低水平。目前张掖市旅游服务业的发展水平亟待提升。

一、旅游开发起点低，竞争力不强

就全国水平来看，甘肃省旅游业整体竞争力不强。就现实竞争力分析来看，甘肃省旅游业竞争力在全国各省排名倒数第四位，其规模竞争力、速度竞争力较弱，但效益竞争力相对较强；潜在竞争力排名中，甘肃省的市场要素潜力、生产要素潜力均列倒数。从旅游效益来看，甘肃省旅游收入基数较低，增长率较高。目前，全国四区旅游业发展格局，以东部地区旅游业发展成熟，旅游经济相对发展率[①]最高，旅游规模与效益占全国主导地位；中部地区旅游业居中，旅游经济相对发展率较高；西部地区旅游业发展基础较弱，旅游收入增长率较高，但相对发展率偏低。甘肃省旅游业在西北地区又处于较低水平，相对发展率低于0.5。

就甘肃省内来看，张掖市的旅游竞争力在省内所居水平亦有较大的提升空间；取张掖市与同于1986年列入中国历史文化名城名单的天水市、武威市、敦煌所属的酒泉市现有景区设置作比较。张掖市现有景区总数为25

① 旅游经济相对发展率，反映相对增长量的指标，表示各区域在某一时间段内人均旅游收入的变化与该时期内整个区域的人均旅游收入的变化的关系。参见史丹、夏长杰主编：《中国服务业发展报告2013——中国区域服务业发展战略研究》，北京：社会科学文献出版社2013年版。

个，仅次于天水市，占甘肃省现有旅游A级景区数目的11.6%，其中4A级景区达13处，超过半数，然而缺乏5A级景区。而天水、酒泉二市各有一处5A级景区（表5-4-1）。5A级旅游景区是A级旅游景区的最高级别，在很大程度上反映了地区旅游景区发展的最高水平。这些数字说明，张掖市在全省范围属于旅游资源较为丰富地区，然而其旅游景区开发与敦煌等旅游发展水平较高的城市相比，仍有较大的发展空间。

表5-4-1　甘肃省历史文化名城旅游景区统计　　单位：处

景区分类	甘肃省	张掖市	天水市	武威市	酒泉市
5A	4	0	1	0	1
4A	67	13	7	4	6
3A	65	8	3	5	12
2A	77	4	21	8	4
1A	3	0	0	0	2
合计	216	25	32	17	25

数据来源：甘肃省旅游局官方网站。

根据国家行业标准《旅游资源分类、调查与评价》旅游资源分类分级规范，张掖共有596处旅游资源，其中自然景观旅游资源占总数的16.19%，人文景观旅游资源占66.78%，服务景观旅游资源占17.03%。张掖已开发的A级以上景区中，有11处为自然风光景区，9处为历史人文类景区，5处为生态、民俗景区，说明目前全市旅游资源特别是历史人文资源的利用率明显不足，旅游开发的空间很大。

目前张掖已开发的旅游资源仍然处于较低水平，主要体现在：旅游交通运力不足，景区可进入性差；景区内旅游基础设施不完善，游客集散中心、信息服务中心、景区饮食、购物、住宿、旅游接待等规划不足，景区周边饮食、住宿、交通等配套基础设施也有待完善；景区经营项目单一，提供的旅游产品以观光为主，缺乏参与型、体验性、休闲型、娱乐型的旅游项目，景区开发长期处于产业链低端；许多地方旅游类产品功能雷同，特色不鲜明，尚未形成具有较强吸引力的全国性精品景区；景区文化内涵挖掘不够；景区从业人员的服务水平也有待提高。以下，笔者对主要问题做具体分析。

问题之一：旅游基础设施、配套设施薄弱。旅游是综合性极强的产业，旅游与交通、餐饮、住宿、购物、娱乐等相关行业需要综合配套，平衡发展。现代旅游业的发展趋势是旅游业与其他产业融合发展进一步增强。目前，张掖市城市公共交通体系、餐饮、购物等产业基础设施仍然比较低下，严重制约了全市旅游业的发展。首先，旅游客流与交通“瓶颈”的矛盾仍比较突出：城市公共交通系统不完善，机场、火车站、汽车客运站与市中心、景区的联结性较差；景区交通运力不足，重点旅游区域的可进入性不强；景区内部交通条件还有待改善。其次，餐饮住宿接待能力不足，旅游旺季全市各星级酒店基本爆满，散客、自驾游等游客入住困难。高星级酒店缺乏，全市只有 33 家星级酒店，其中仅有 7 家四星级酒店，不能满足各层次游客的需求。

随着年轻人成为旅游市场的主体，游客结构发生明显变化，散客化趋势逐渐加强，对于传统旅游景区服务形成了严峻挑战。旅游景区基础设施及配套设施建设比较薄弱，与推进旅游接待服务规范化的要求还不相适应。张掖众多景区导览系统缺乏，给散客游览造成不便；游客服务站点较少，散客无法获得旅游咨询帮助；游览设施不够完善，停车场、厕所、游客休憩设施不足，服务质量较低，使得景区秩序容易陷入混乱。

旅游产品的同质性与推进旅游产品开发品牌化的要求还不相适应。现有景区开发以提供观光旅游产品为主，缺乏参与型、体验型、休闲型、娱乐型的旅游项目，旅游产品文化内涵挖掘不够，特色不够明显，无法满足多层次游客的需求；景区经营项目单一，收入主要以门票为主，旅游经济附加值低，带动作用有限；旅游景区特色不鲜明，同质性景区开发的较多，尚未形成具有较强吸引力的精品景区；旅游旺季较短，集中在夏秋两季，冬春季旅游产品缺乏，景区开发档次较低。

问题之二：旅游市场体系不完善，宣传促销力度不大。一方面，文化旅游作为消费品，离不开品牌、包装、营销方面的精心策划和宣传促销。目前张掖市旅游业在宣传促销方面还很乏力，主要表现在营销模式单一，权威媒体介入不够，难以产生轰动效应。另一方面，随着信息技术的进步，互联网与旅游服务业的融合趋势明显，互联网和信息技术对旅游业的影响越发重要，通过微博、微信等平台进行旅游的网络营销，成为树立地区旅游景区品牌、推进产品销售的重要渠道。随着年轻人逐步成为市场需求的主体，适应年轻人的资讯获取需求，推进以手机为代表的移动客户端为平台的新媒体营销，打造智慧旅游体系，是发展现代旅游业的重要方向。

问题之三：投资、融资渠道单一性与推进旅游投资主体多元化的要求不相适应。由于旅游景区景点投资额度大，回报周期长，加之旅游项目建设条件差、特色不鲜明，对社会资金吸引力不强；合理的旅游促销机制尚未形成，促销经费筹措渠道单一，旅游企业促销的自觉性和积极性没有完全被调动起来；景区协调管理机制不畅，景区的所有权与经营权、资源保护与开发为众多行政单位所有，缺乏市场化的管理机制，导致旅游资源的低层次开发，造成旅游资源开发的低效率，同时还带来了景区多头管理、政企不分。景区所有权、管理权和经营权没有分离，导致资源配置难以优化，影响了景区的管理与开发建设。

问题之四：旅游行业监管滞后性与推动旅游管理有序化的要求还不相适应。旅游政策法规的制定仍然滞后于旅游产业发展的需要，旅游服务标准体系还不够健全；旅游执法队伍力量薄弱，执法力度不足，市场监管作用发挥不够充分；旅游市场秩序亟待进一步整顿和完善，旅游行业协会的作用和部门间的协调配合还需进一步加强；旅游企业处于小、散、弱、差状态，缺乏大企业的辐射和带动，整体竞争能力不强，管理服务水平不高；导游人员在知识能力结构、语种结构、地区分布等方面不甚合理，导游队伍素质有待提高，地接能力弱。旅游专业人才总量不足、结构不合理。

二、旅游资源的低水平保护与开发

张掖具备丰富的自然旅游资源与历史文化资源，拥有丰富的物质文化遗产与非物质文化遗产，这使张掖的旅游开发极富潜力。然而，目前全市旅游业仍然是以自然景观旅游观光为主，对其他文化旅游资源的挖掘和整合开发力度不够，旅游业长期停滞在观光型旅游上，没有真正实现向文化旅游和休闲度假康体型旅游有效结合的转型升级，缺乏大手笔的运作，缺乏大创意的项目推进。在张掖市现有的旅游规划中，虽然以历史文化名城为定位，但未将历史文化遗产作为一种可持续的、深度开发的资源纳入旅游业发展的全盘规划中来。目前全市对历史文化遗产、非物质文化遗产的保护与开发尚处于较低水平，这也深刻制约了旅游业开发向文化内涵、创意方向发展，导致张掖的旅游形象不突出，旅游产品在全国范围内知名度与吸引性不足。

保护机构设置不健全。张掖市的历史文化遗产与非物质文化遗产保护工作的开展是以政府主导为主要模式，然而，目前相关保护机构尚不健全，张掖并没有专门的历史文化名城保护机构以及非物质文化遗产保护机构，不能真正落实历史文化名城保护的责任和义务。历史文化名城保护与非物质文化遗产保护工作量大面广，涉及市区（县）两级政府诸多部门和单位，但权责不明，相关部门在文物保护开发利用方面多头管理、职能交叉、各自为政，导致保护工作难以有效展开。个别地方领导对历史文化遗产与非物质文化遗产的保护重要性与意义认识不足，保护观念淡薄，对张掖“历史文化名城”的定位，只满足于拥有名城头衔，保护工作则未能落到实处；一些单位和职能部门对历史文化名城的保护理念认识不深，责任心不强，宣传不够，在城市建设中缺乏长远眼光，重开发轻保护，导致在旧城改造和城市建设中损毁和影响文物古迹的行为时有发生，一些地区出现拆除传统建筑，建立高楼大厦的情况，导致古城风貌遭到破坏，文化资源遭到侵蚀。

相关法律、法规不健全。相比于中东部旅游发展成熟地区以及临近的西安等文物大市，省、市、县各级单位均已立法保护非物质文化遗产与历史文化遗产的已有成果，而甘肃省在相关法律法规的制定上起步较晚且发展不成熟。甘肃省自2005年开始将非物质文化遗产保护列入财政预算时，每年投入150万元用于全省非物质文化遗产保护工作支出，但迟至2015年3月才出台《甘肃省非物质文化遗产条例》。现行颁布的条例中，主要存在对非物质遗产保护管理单位权责分割模糊，对非物质文化遗产保护经费的设置与使用规定不明晰；对大众非物质文化遗产保护意识的培养、宣传的管理规定不足。而对历史文化遗产的保护管理法律法规尚未出台。作为甘肃省历史文化名城之一的张掖市，将历史文化遗产保护写入了《张掖市城市总体规划》之中，然而对于历史文化遗产的管理与保护诸多具体问题，仍有待于具体的管理规定出台。

资金投入严重不足。长期以来，由于地方财政实力薄弱，张掖市财政用于文化名城保护的资金数量极为有限。张掖六县区中，仅有肃南裕固族自治县和临泽县将文物保护经费纳入了政府财政预算，并每年予以核拨，其他四个县区均没有文物保护专项经费，致使文物“四有”等基础性工作不能有效开展，业余文保员报酬无法兑现，许多县级文物保护单处于自生自灭的境地。加之筹资渠道不广，多元化投入格局尚未形成，资金短缺成为影响历史文化名城保护的一个重要制约因素。2010年8月2日，中国世界自然遗产提名项目“中国丹霞”通过审议，成功列入《世界遗产名录》。而西北地区中普通大众最熟悉的最具代表性的甘肃省张掖的丹霞地貌缺席在此次的申遗名单中。其中一个重要问题就是张掖丹霞的保护与开发资金不足。如骆驼城遗址，是中国古丝绸之路交通要道的汉唐古城遗址，具有保存完整、分布区域广泛、历史脉络清晰、文化内涵丰富等特征，为研究古代丝绸之路沿线政治、经济、文化、军事、民族融合与社会生活提供了极为重要的实物资料，是丝绸之路文化的重要历史遗迹，具有极为重要的历史文化价值。[①]1996年骆驼城遗址入选国务院公布的第四批全国重点文物保护单位，现已被列入“丝绸之路世界文化遗产”备选点。然而目前为止，对骆驼城遗址的保护仍然处于较低层次。2015年8月，张掖市已争取到张掖市黑水国遗址、张掖市文殊山石窟、张掖市骆驼城遗址及墓群、张掖市许三湾城及墓群和张掖市马蹄寺石窟的修建与保护等5个项目的中央预算。5个项目的总投资为4018万元，其中中央预算内投资3012万元，地方配套1006万元。这是一个好的开始，但从总体来看，对于拥有众多自然、历史文化遗产的张掖来说，资金投入与文化保护需求之间存在的大规模资金缺口仍然非常严重。

社会参与度与宣传力度不足。甘肃省对非物质文化遗产的保护方式采取政府主导、社会参与的原则。非物质文化遗产源自于几千年来的民间生活，也只有在民间生活这块土壤中才能继续保持鲜活的生命力。现代城市建设与城市生活，高科技、信息化的生活方式对非物质文化遗产的传承造成巨大冲击。当地人对于地方物质文化遗产的价值及保护意义多认识不足；非物质文化遗产传承人在社会民众中的法律地位欠缺，知识产权得不到有效保护；传承人的培养经费匮乏，收入的短绌又导致众多年轻人不愿意投身非物质文化遗产传承事业；非物质文化传承者获得国家与地方财政资助渠道有限，诸多非物质文化遗产的传承人处于孤军奋战的状态，这导致张掖一些非物质文化遗产面临失传的危险。

裕固族传统文化的保护与传承在张掖诸多非物质文化遗产中具有典型性。张掖市肃南裕固族自治县是甘肃独有的少数民族自治县，也是中国唯一的裕固族自治县，生活有裕固、汉、藏、蒙古等16个民族3.7万人，其中裕固族人口略超过2万人。随着游牧的结束，裕固族许多传统习俗和用品，甚至是语言也逐渐面临消失。柯璀玲是肃南裕固族自治县裕固族民族文化非物质遗产唯一传承人，20世纪80年代，她已经逐渐开展对裕固族传统农业、手工业产品进行收集。对于本族传统文化的传承，她一直有一

① 寇克红、赵治瑞：《骆驼城遗址的历史文化价值》，《张掖日报》2010年5月18日，第4版。

种强烈的文化危机感。“随着时间的推移和环境的变化，作为游牧文化的裕固族传统文化，开始呈现消失的态势。”她说她有一个梦想，那就是“让更多的人知道、了解和熟悉裕固族文化”，因为“只有让更多的人认识、了解裕固族，才能使民族文化更好地传承下去”。本课题组在调研中与柯璀玲女士有较深入的接触，她对民族传统文化的执着与坚守令人感动，她也为其文化能否传承下去深感担忧！2015 年 6 月，甘肃省政府与国家文化部、香港地区政府联手推出了一项“根与魂——甘肃省非物质文化遗产展演”活动，张掖三项国家非物质文化遗产亮相香港，起到了很好的宣传与交流的作用。然而，对于许多充分体现地方特色却无缘列入国家非物质文化遗产名单的非物质文化遗产，则需更大程度地依赖社会参与以及文化传承人的努力。

三、旅游文化产业尚未形成集聚效应

张掖市现有旅游资源虽然丰富，但其旅游业起步晚、开发程度低，开发方式处于单调、低层次的水平，这与其丰富的旅游资源极不相称。除去管理、资金、人力等因素的约束以外，全市旅游业面临的重要问题是缺乏统一规划，景点开发各自为政、分散经营，区域之间没有形成合力，突出表现为对物质文化遗产的保护与开发和非物质文化遗产的传承不协调，自然旅游资源开发与历史文化资源的协同整合不足，因而无法实现旅游资源的有效配置，张掖市旅游业难以发挥文化旅游的特色优势，这一方面使得张掖旅游业开发未能达到应有的经济规模，另一方面也使得地方历史文化遗产与非物质文化遗产的保护一直陷于资金缺乏的被动地位。

丝绸之路沿线是世界上少有的古代城址集中分布区域，尤以中国西北地区分布最为集中。因这一地区气候干燥，地表文物较少受雨雪侵蚀，人为活动的破坏也较轻微，从而保存下来各个历史时代的不同等级、规格、形制、规模的古城遗址。目前甘肃河西地区已发现的有汉唐时期古城址 120 余座，其规模与数量皆极为可观，其中较为著名的有黑水国、肃南

皇城、高台骆驼城等遗址，皆分布在张掖市。更可贵的是，除去古城以外，张掖尚有保存完好的古道、古寺、石窟、古塔、古村、烽燧、古墓群、汉明长城、古人类活动遗址。这些文化遗址均分布在古丝绸之路沿线及其两翼。①如果按照时间来串联，其时段从人类文明繁兴的新石器时代、战国、两汉、隋唐、宋元明清以迄今日，展示了一部近乎完整的西北地区文明发展史。这批珍贵的历史文化遗产的突出特点是静态的、不可再生的。对这类资源的开发，如果仅仅以保护区、博物馆的形式来呈现，从历史文化价值层面来说，会令这些文化遗产本身所具有的价值大打折扣，也不利于对丝路历史文化进行生动、广泛而富有影响力的宣传；从旅游开发的角度来说，削弱了对旅游者的吸引性与参与度，也限制了旅游市场的开拓。

同时，张掖人民群众在两千年来民族交流与民族融合过程中所创造出的丰富的民俗文化，许多是无形的，属于生活形态的、分散的，特别是少数民族风情文化。这些民俗文化也只有在民众参与、互动的环境之下才能得到最佳的宣传与保护。要向游人展现、传播少数民族风情文化必须要有载体、有基地、有场所，但目前张掖还没有形成集民族文化研究、民族艺术交流、民族风情展演、大众休闲娱乐、商业营销服务为一体的展示基地。

在现有旅游规划中，各类旅游资源只是被简单的连缀成线，却难以称为一个规划有效的旅游体系。怎样令历史文化遗产活起来，同时使非物质文化遗产得到有效传承，这是目前张掖市旅游开发所面临的重要瓶颈。以张掖丹霞景区为例。张掖丹霞地貌位于临泽境内，距张掖市约 40 千米，是中国干旱地区最典型和面积最大的丹霞地貌景观，是中国丹霞地貌发育最大最好、地貌造型最丰富的地区之一，也是国内唯一的丹霞地貌与彩色丘陵景观复合区，“色如渥丹，灿若明霞”。该地貌被《中国国家地理》“选美中国”活动评选为“中国最美的七大丹霞”第六名。张掖丹霞国家地质公

① 李并成：《论丝绸之路沿线古城遗址旅游资源的开发》，《地理学与国土研究》1998 年第 4 期，第 3 页。

园被中国丹霞地貌旅游开发研究会终身名誉会长、著名地理学家、中山大学教授黄进誉为“张掖窗棂状宫殿式丹霞地貌中国第一”“张掖彩色丘陵中国第一”“世界十大神奇地理奇观”之一。张掖丹霞地貌的特点是与历史、人文资源的充分结合。张掖丹霞景区主要分布于裕固族聚居的肃南裕固族自治县，少数民族将此山景称为“阿兰拉格达”，意为红色的山，这与裕固族所笃信的藏传佛教天然地产生了极为亲近的联系。张掖丹霞地貌是石窟、壁画等宗教建筑的天然载体，有近 2/3 的石窟建造在丹霞地貌区。如张掖马蹄寺，位于肃南裕固族自治县境内，距离张掖市 60 千米，是集宗教文化、石窟艺术、丹霞地貌景观、祁连山草原风光和裕固族民族风情于一体的旅游区。但现有对张掖丹霞国家地质公园的旅游产品设计，对这一景区所具有的独特的历史、人文价值认识不足，导致旅游开发时对景区定位过低，仅突出其自然、生态的观景功能，在深度开发中则显得创新乏力。

2010 年《国务院办公厅关于进一步支持甘肃经济社会发展的若干意见》明确了甘肃五大战略定位：连接欧亚大陆桥的战略通道和沟通西南、西北的交通枢纽，西北乃至全国的重要生态安全屏障，全国重要的新能源基地、有色冶金新材料基地和特色农产品生产与加工基地，中华民族重要的文化资源宝库，促进各民族共同团结奋斗、共同繁荣发展的示范区。同时该意见亦指出甘肃省各方面的建设仍然存在着诸多的困难和问题，突出表现在以下四个方面：生态地位重要而生态环境脆弱；交通区位优势明显而基础建设薄弱；资源相对富集而工业发展能力不足；历史文化厚重而发展利用程度较低。

张掖地居甘肃省西北、河西走廊中段，作为“丝绸之路经济带”上的重要节点，有“居中四向”的交通区位优势，是中国西电东送、西气东输、西煤东运、西菜东运、西粮东调的战略通道。加之，作为西部绿洲城市的代表，张掖市经济发展水平、发展特色、发展面临的困难与问题，都具有一定的典型性。通过“麻雀式”剖析张掖市的经济发展，可以对甘肃省乃至西部地区经济发展有更为具体、深入的认识。显然，张掖南倚祁连山的禀赋生态资源在西部地区之优厚与目前生态环境之脆弱之间成为制约生态经济建设的基础性矛盾。传统优势产业的比较优势逐渐衰落，而工业“短腿”严重，作为经济发展新阶段重要支撑的生态工业发展尚未破题，产业结构调整仍然任重道远。作为甘肃省内四大历史文化名城之一，张掖所拥有的历史人文资源较丰富，旅游开发前景极为广阔，而对旅游资源保护、发展与利用的水平仍然亟待提升。张掖地区需要正视发展过程中面临的问题与挑战，全盘统筹，对症下药，制定切实可行的相关政策，牢牢把握“丝绸之路经济带”建设的历史机遇，推动新阶段区域经济发展。

第六章

张掖经济发展的契机

虽然张掖市经济社会发展在人才、资金、技术、地理位置等方面均不具备明显优势，但目前也面临着难得的发展契机。

首先，“一带一路”倡议为张掖市发展带来难得的契机。张掖市位于“丝绸之路经济带”中的黄金段，是古代陆上丝绸之路的重要城市，古丝绸之路为张掖留下了大量宝贵的历史文化遗产，这些宝贵财富既可以为现今的张掖开展旅游业提供可能，也可以为张掖城市增添更多的魅力。“一带一路”建设将为张掖带来更多的合作机会和可供利用的资金，也会为张掖带来数量可观的游客。同时由于对外交流的便利，也会将张掖的特产带到其他省（自治区、直辖市）或国外。

其次，“两创城市示范”落户张掖，为张掖创业创新带来机遇。“两创城市示范”花落张掖首先说明张掖具备良好的创新创业条件，其次也说明张掖具有创业创新潜力。“两创城市示范”建设将为张掖这座历史文化名城带来更多的生机，将吸引到具有创业意向的年轻科技人员入住张掖产业园区，使其引进更多具有创新思维的企业投资，将受到更多城市的关注。

最后，生态文明发展背景的产业转型，前途光明。在生态文明更加受重视的今天，张掖更能凸显其新能源的产业优势。张掖市优良的太阳能光伏产业、丰富的风能产业和水电产业将得到更大程度的开发。张掖的优势——农牧产业前景更加广阔。在良好的发展契机面前，一定要利用好已有政策，同时制定更加切实可行的地方政策，抓住机遇加快发展，提高人民生活水平，并为国家发展、“一带一路”倡议发展贡献力量。

第一节 “一带一路”与张掖

一、“一带一路”提出

“丝绸之路经济带”和“21世纪海上丝绸之路”（简称“一带一路”）是党中央、国务院适应国内外形势深刻变化，统筹国际国内两个大局与统筹改革开放两大国策做出的重大倡议决策。认真贯彻党和国家的决策，科学谋划各地的发展思路和措施，参与、融入并推进“一带一路”建设，是时代赋予各级政府的历史使命。“一带一路”是在世界经济深度调整、地缘政治环境日趋复杂和中国经济转型攻坚的背景下，党和政府在经济全球化和区域经济一体化新形势下，提出的跨区域经济合作的创新思路，旨在推进中国全方位深度开放，构建区域经济合作新格局，为实现中华民族伟大复兴的中国梦提供有力保障。

“丝绸之路经济带”的提出。2013年9月7日，中国国家主席习近平访问哈萨克斯坦，在纳扎尔巴耶夫大学发表题为“弘扬人民友谊　共创美好未来”的重要演讲。在演讲中，习近平指出：“为了使我们欧亚各国经济联系更加紧密、相互合作更加深入、发展空间更加广阔，我们可以用创新的合作模式，共同建设‘丝绸之路经济带’。这是一项造福沿途各国人民的大事业。”①由此，中国建设“丝绸之路经济带”的倡议构想被提出。

① 《习近平在纳扎尔巴那大学的演讲》，新华社，2013年9月8日。

具体可从以下几个方面先做起来，以点带面，从线到片，逐步形成区域大合作。

第一，加强政策沟通。各国可以就经济发展战略和对策进行充分交流，本着求同存异原则，协商制定推进区域合作的规划和措施，在政策和法律上为区域经济融合“开绿灯”。

第二，加强道路联通。上海合作组织正在协商交通便利化协定。尽快签署并落实这一文件，将打通从太平洋到波罗的海的运输大通道。在此基础上，我们愿同各方积极探讨完善跨境交通基础设施，逐步形成连接东亚、西亚、南亚的交通运输网络，为各国经济发展和人员往来提供便利。

第三，加强贸易畅通。“丝绸之路经济带”总人口近30亿，市场规模和潜力独一无二。各国在贸易和投资领域合作潜力巨大。各方应该就贸易和投资便利化问题进行探讨并做出适当安排，消除贸易壁垒，降低贸易和投资成本，提高区域经济循环速度和质量，实现互利共赢。

第四，加强货币流通。中国和俄罗斯等国在本币结算方面开展了良好合作，取得了可喜成果，也积累了丰富经验。这一好的做法有必要加以推广。如果各国在经常项下和资本项下实现本币兑换和结算，就可以大大降低流通成本，增强抵御金融风险能力，提高本地区经济国际竞争力。

第五，加强民心相通。国之交在于民相亲。搞好上述领域合作，必须得到各国人民支持，必须加强人民友好往来，增进相互了解和传统友谊，为开展区域合作奠定坚实民意基础和社会基础。

“21世纪海上丝绸之路”的提出。2013年10月3日，中国国家主席习近平在出席亚太经合组织（Asia-Pacific Economic Cooperation，APEC）会议前期，应邀在印度尼西亚国会发表重要演讲。习近平提出：东南亚地区自古以来就是“海上丝绸之路”的重要枢纽，中国愿同东盟国家加强海上合作，使用好中国政府设立的中国—东盟海上合作基金，发展好海洋合作伙伴关系，共同建设21世纪“海上丝绸之路”。中国愿通过扩大同东盟国家各领域务实合作，互通有无、优势互补，同东盟国家共享机遇、共迎挑战，实现共同发展、共同繁荣。[①]正式提出共建“21世纪海上丝绸之路”。

“丝绸之路经济带”与“21世纪海上丝绸之路”成为21世纪联系亚非欧的政策、贸易、设施、资金、人心通畅的跨地区合作模式，它既超越古代丝绸之路，也超越美国在战后推行的“马歇尔计划”[②]，具有21世纪融通中国梦与世界梦的未来担当。

“一带一路”对古丝绸之路的超越。距今2000多年的西汉汉武帝时期张骞出使西域之前，西方世界就早已有进口中国丝绸的记载，至张骞的西域之行始为丝绸之路之开始，被称为“凿空”之旅。公元前3世纪左右，古罗马称中国为“赛里斯国”，意为“蚕”“蚕丝”之国。罗马人通过安息帝国、贵霜帝国和阿克苏姆帝国得到沿丝绸之路传来的中国丝绸。东汉时期，罗马人顺着丝绸之路来到当时的首都洛阳，在这条漫漫长路上，中国的丝绸最具代表，“丝绸之路”因此得名。[③]

丝绸之路对东西方经济文化交流起到了巨大作用。“壮志西行追古踪，孤烟大漠夕阳中。驼铃古道丝绸路，胡马犹闻唐汉风。”从这首诗词中，我们还能领略丝绸之路当时的盛况。隋唐时期，丝绸之路为中西方带来了空前的繁荣。在都城长安，胡商络绎不绝，西方的香料、科技不断涌入，中国的茶叶、丝绸、瓷器大量出口。唐中期“安史之乱”后，路上丝绸之路受阻，海上丝绸之路逐渐兴盛。随后在两宋时期，北方路上丝绸之路被西夏、金、辽等控制，路上丝绸之路基本被阻断，只能发展海上丝绸之路，并慢慢取代了路上丝绸之路的位置。明朝初年，海上丝绸之路达到鼎盛时期，当时的广州、泉州、杭州等成为重要港口。

“一带一路”建设大大超越了古丝绸之路。在空间上来说，“一带一路”的主体建设范围大体遵循古丝绸之路的路径，但是，在“一带一路”的建设

① 习近平：《携手建设中国—东盟命运共同体——在印度尼西亚国会的演讲》，新华社，2013年10月9日。

② 马歇尔计划，又称为欧洲复兴计划，是第二次世界大战结束后美国对被战争破坏的西欧各国进行经济援助、协助重建的计划，对欧洲国家和世界政治格局产生了深远影响。

③ 丝绸之路的名称是1877年德国地理学家李希霍芬在其著作《中国——亲身旅行的成果和以之为根据的研究》中提出来的，因其较强的概括性而得到普遍认同。

过程中，开展了与其配套的“经济走廊”建设，将历史上并非陆路上丝绸之路主体的区域也纳入“一带一路”建设过程中。将南亚、东南亚、东北亚、东亚、西亚、中亚及欧洲紧密联系在一起，大大扩展了古代丝绸之路的地理空间。另外，“一带一路”倡议丰富了传统丝绸之路的内涵，在“时代性”“先进性”“开拓性”三个方面对古代丝绸之路做出了开创性发展。

“丝绸之路经济带”倡议分为三条线路，即以欧亚大陆桥为主的北线、以石油天然气管道为主的中线和以跨国公路为主的南线。“丝绸之路经济带”是一个“经济带”概念，体现的是经济带上各城市集中协调发展的思路。“21 世纪海上丝绸之路”将以重点港口为节点，将串起连通东盟、南亚、西亚、北非、欧洲等各大经济板块，面向南海、太平洋和印度洋的倡议合作经济带。

通路、通航、通商（即“三通”），是“一带一路”解决问题的发力点，在此范畴下相关行业和各国将率先受益，同时通路将是首要解决的问题，它的解决将对中国中西部发展有重大意义。“一带一路”对解决中国产能市场过剩、资源获取困难、战略纵深拓展和国家安全强化起到积极作用。

二、“一带一路”推广发展

2014 年 11 月，习近平在中央财经领导小组第八次会议上讲话强调：“丝绸之路经济带”和“21 世纪海上丝绸之路”倡议顺应了时代要求和各国加快发展的愿望，提供了一个包容性巨大的发展平台，具有深厚历史渊源和人文基础，能够把快速发展的中国经济同沿线国家的利益结合起来。要集中力量办好这件大事，秉持亲、诚、惠、容的周边外交理念，近睦远交，使沿线国家对我们更认同、更亲近、更支持。同时研究“丝绸之路经济带”和“21 世纪海上丝绸之路”规划、发起建立亚洲基础设施投资银行和设立丝路基金。会议听取了国家发改委、财政部、中国人民银行关于“一带一路”规划、发起建立亚洲基础设施投资银行、设立丝路基金的汇报，领导小组成员进行了讨论。

习近平在讲话中指出：“‘一带一路’贯穿欧亚大陆，东边连接亚太经济圈，西边进入欧洲经济圈。无论是发展经济、改善民生，还是应对危机、加快调整，许多沿线国家同我国有着共同利益。历史上，陆上丝绸之路和海上丝绸之路就是我国同中亚、东南亚、南亚、西亚、东非、欧洲经贸和文化交流的大通道。”[①]“一带一路”倡议是对古丝绸之路的传承和提升。

习近平指出：“‘一带一路’倡议，有利于扩大和深化对外开放。经过30多年的改革开放，我国经济正在实行从引进来到引进来和走出去并重的重大转变，已经出现了市场、资源能源、投资‘三头’对外深度融合的新局面。只有坚持对外开放，深度融入世界经济，才能实现可持续发展。”[②]习近平强调：“推进‘一带一路’建设，要诚心诚意对待沿线国家，做到言必信、行必果……推进‘一带一路’建设，要抓住关键的标志性工程，力争尽早开花结果……‘一带一路’建设是一项长期工程，要做好统筹协调工作，正确处理政府和市场的关系，发挥市场机制作用，鼓励国有企业、民营企业等各类企业参与，同时发挥好政府作用……要以创新思维办好亚洲基础设施投资银行和丝路基金。”[③]

2014年11月在北京召开的APEC会议上，习近平进一步阐述了“一带一路”。在倡议召开的“加强互联互通伙伴关系对话会”上，习近平完整阐述“互联互通”，指出：“我们要建设的互联互通，不仅是修路架桥，不光是平面化和单线条的联通，而更应该是基础设施、制度规章、人员交流三位一体，应该是政策沟通、设施联通、贸易畅通、资金融通、民心相通五大领域齐头并进。这是全方位、立体化、网络状的大联通，是生机勃勃、群策群力的开放系统。”[④]按照习近平的这一全新阐述，“互联互通”既涉及

---

① 《加快推进“一带一路”建设》，http://society.people.com.cn/n/2014/1107/c136657-25990379.html，2018年9月16日。

② 《加快推进“一带一路”建设》，http://society.people.com.cn/n/2014/1107/c136657-25990379.html，2018年9月16日。

③ 《加快推进“一带一路”建设》，http://society.people.com.cn/n/2014/1107/c136657-25990379.html，2018年9月16日。

④ 《“互联互通”持续发力，习近平“一带一路”战略构想从容铺展》，http://jingji.cntv.cn/2014/11/09/ART11415501447176692.shtml，2018年9月12日。

道路等基础设施的“硬联通”，也包括规章制度方面的“软联通”，还将推动人员流动的“人联通”。在对话会上，习近平郑重宣布，中国将出资400亿美元成立丝路基金。该基金将“为‘一带一路’沿线国家基础设施、资源开发、产业合作和金融合作等与互联互通有关的项目提供投、融资支持”。习近平进一步强调，丝路基金是开放的，欢迎亚洲域内外的投资者积极参与。习近平在讲话中提及，据亚洲开发银行测算，2020年以前亚洲地区每年基础设施投资需求高达7300亿美元。“亚洲各国多是发展中国家，普遍缺乏建设资金，关键是盘活存量、用好增量，将宝贵的资金用在刀刃上。”[①]根据签署的《筹建亚投行备忘录》，亚洲基础设施投资银行（简称亚投行）的法定资本为1000亿美元，各意向创始成员国将以GDP衡量的经济权重作为各国股份分配的基础。

从2013年提出“丝绸之路经济带”和“21世纪海上丝绸之路”思路开始，到2014年推动进入“无视合作环节”，再到互联互通伙伴关系对话会，以及北京APEC会议上进一步的阐述，一个全新的、宏伟的倡议构想在世界面前从容展开。从提出“一带一路”到周边外交工作座谈会（2013年10月）、中共十八届三中全会（2013年11月）、中央经济工作会议（2013年12月）、全国人民代表大会（2014年3月）等中央重要会议和《中共中央关于全面深化改革若干重大问题的决定》《政府工作报告》等指导性文件的确认，“一带一路”倡议被正式提出。

2015年3月，经国务院授权，国家发改委、外交部、商务部联合发布了《推动共建丝绸之路经济带和21世纪海上丝绸之路的愿景与行动》，提出“一带一路”建设是一项系统工程，要坚持共商、共建、共享原则，积极推进沿线国家发展战略的相互对接。同时指出中国各地方开放态势。推进“一带一路”建设，中国将充分发挥国内各地区比较优势，实行更加积极主动的开放战略，加强东、中、西互动合作，全面提升开放型经济水平。

---

①《习近平在“加强互联互通伙伴关系”东道主伙伴对话会上的讲话》，http://news.southcn.com/china/content/2014-11/09/content_111834005.htm，2018年9月14日。

发挥新疆独特的区位优势和向西开放重要窗口作用，深化与中亚、南亚、西亚等国家交流合作，形成“丝绸之路经济带”上重要的交通枢纽、商贸物流和文化科教中心，打造“丝绸之路经济带”核心区。发挥陕西、甘肃综合经济文化和宁夏、青海民族人文优势，打造西安内陆型改革开放新高地，加快兰州、西宁开发开放，推进宁夏内陆开放型经济试验区建设，形成面向中亚、南亚、西亚国家的通道、商贸物流枢纽、重要产业和人文交流基地。发挥内蒙古联通俄罗斯和蒙古的区位优势，完善黑龙江对俄铁路通道和区域铁路网，以及黑龙江、吉林、辽宁与俄远东地区陆海联运合作，推进构建北京—莫斯科欧亚高速运输走廊，建设向北开放的重要窗口。

西南地区。发挥广西与东盟国家陆海相邻的独特优势，加快北部湾经济区和珠江—西江经济带开放发展，构建面向东盟区域的国际通道，打造西南、中南地区开放发展新的战略支点，形成“21世纪海上丝绸之路”与“丝绸之路经济带”有机衔接的重要门户。发挥云南区位优势，推进与周边国家的国际运输通道建设，打造大湄公河次区域经济合作新高地，建设成为面向南亚、东南亚的辐射中心，推进西藏与尼泊尔等国家边境贸易和旅游文化合作。

沿海和港澳台地区。利用长三角、珠三角、海峡西岸、环渤海等经济区开放程度高、经济实力强、辐射带动作用大的优势，加快推进中国（上海）自由贸易试验区建设，支持福建建设“21世纪海上丝绸之路”核心区。充分发挥深圳前海、广州南沙、珠海横琴、福建平潭等开放合作区作用，深化与港澳台合作，打造粤港澳大湾区。推进浙江海洋经济发展示范区、福建海峡蓝色经济试验区和舟山群岛新区建设，加大海南国际旅游岛开发开放力度。加强上海、天津、宁波—舟山、广州、深圳、湛江、汕头、青岛、烟台、大连、福州、厦门、泉州、海口、三亚等沿海城市港口建设，强化上海、广州等国际枢纽机场功能。以扩大开放倒逼深层次改革，创新开放型经济体制机制，加大科技创新力度，形成参与和引领国际合作竞争新优势，成为“一带一路”特别是“21世纪海上丝绸之路”建设的排头兵和主力军。发挥香港、澳门特别行政区独特优势和沿海地区有广大海外侨胞支持的优势，积极参与和助力“一带一路”建设，为台湾地区参与“一带一路”建设做出妥善安排。

内陆地区。利用内陆纵深广阔、人力资源丰富、产业基础较好等优势，依托长江中游城市群、成渝城市群、中原城市群、呼包鄂榆城市群、哈长城市群等重点区域，推动区域互动合作和产业集聚发展，打造重庆西部开发开放重要支撑和成都、郑州、武汉、长沙、南昌、合肥等内陆开放型经济高地。加快推动长江中上游地区和俄罗斯伏尔加河沿岸联邦区的合作。建立中欧通道铁路运输、口岸通关协调机制，打造“中欧班列”品牌，建设沟通境内外、连接东中西的运输通道。支持郑州、西安等内陆城市建设航空港、国际陆港，加强内陆口岸与沿海、沿边口岸通关合作，开展跨境贸易电子商务服务试点。优化海关特殊监管区域布局，创新加工贸易模式，深化与沿线国家的产业合作。

共建“一带一路”顺应当今世界经济全球化、政治多极化和文化多样化的趋势，是当代中国提升国际影响力、增加人民福祉的重大举措。

“一带一路”是统筹国际国内两个大局，在促进西部大开发、协调中东南部共同发展、促进全国层次上共同发展具有重大意义。“一带一路”具体到各省、各地区落地生根，各省积极参与利用国家大力发展“一带一路”的历史新机遇，纷纷结合自身优势，制定相关政策参与其中，取得了一定的成果，如参与“丝绸之路经济带”建设的陕西省、参与“21世纪海上丝绸之路”建设的广西壮族自治区、广东省、上海市等都取得了初步成绩。

陕西地处黄河流域中部，自古就是丝绸之路的起点，具有独特的地理区位。这种独特的区位优势和交通优势，将使其占据“丝绸之路经济带”建设的先机。陕西充分利用“丝绸之路经济带”建设中的比较优势，发挥西安国际港务区、综合保税区的核心竞争力，将全力打造中国内陆港作用，使陕西推向对外开放最前沿，让内陆经济与世界经济产生互动。努力打造成“丝绸之路经济带”的桥头堡。

在制度建设方面，加快推进外经贸体制机制改革，推进政府职能和管理方式变革。在对外开放方面，形成面向新欧亚大陆桥的全方位对外开放格局，大力拓宽对外开放领域。在设施建设方面，加强铁路公路航空基础设施建设，完善综合交通体系。[①]陕西参与“一带一路”建设的举措：力争将“西安港”纳入国际港口航运体系，推动空港和陆港的联动发展，推动陕西开展国际能源合作，全力推动申报自由贸易园区，构建开放格局、打造“两园两城四中心”。[②]

广西争当“21 世纪海上丝绸之路”的新门户和新枢纽。古代广西是“海上丝绸之路”的发源地和始发港之一，南靠北部湾，与东盟国家既有陆路相连又有海陆相通，是中国西南、中南地区出海的主要通道。倡导“亲、诚、惠、容”理念。推动双向投资、货物贸易、能源资源合作、生态共建、人文交流，构建区域一体化新格局，共建 21 世纪的和平之海、合作之海、繁荣之海、文明之海、生态之海。

面对新思路、新战略，广西以推进次区域合作、打造自贸区升级版和加快互联互通大通道建设为抓手，提升广西对东盟开放合作前沿优势，快马加鞭建设“一带一路”有机衔接和重要门户和枢纽。广西与东盟海陆相连，区域优势得天独厚，构建面向东盟的国际大通道，是广西对外开放的根本出路与“王牌”，也是广西融入“一带一路”建设的着力点。自 2006 年广西在首届“环北部湾经济合作论坛”首倡泛北部湾经济合作后，泛北合作逐步成为“21 世纪海上丝绸之路”的先行合作机制。[③]

广西沿海、沿江、沿边，是多个区域合作的交汇点，对内对外开放潜力巨大。2015 年 3 月，习近平在参加十二届全国人大第三次会议广西代表团审议时指出：“发挥广西与东盟国家陆海相邻的独特优势，加快北部湾经

① 《“丝绸之路经济带”的陕西担当》，《西部大开发》2013 年第 12 期，第 95—99 页。

② 郑贵斌、李广杰主编：《山东融入“一带一路”建设战略研究》，北京：人民出版社 2015 年版，第 26—27 页。

③ 周红梅、吴丽萍、胡谍，等：《新门户 新枢纽 新使命——广西加快开放合作参与“一带一路”建设综述》，《广西日报》2015 年 3 月 15 日，第 3 版。

济区和珠江—西江经济带开放发展，构建面向东盟的国际大通道，打造西南、中南地区开放发展新的战略支点，形成‘21世纪海上丝绸之路’与‘丝绸之路经济带’有机衔接的重要门户。”①这深刻指明了广西在国家实施“一带一路”倡议中的定位。推进“一带一路”建设，广西有条件、有基础也有责任、有义务发挥更大作用。②陕西和广西利用“一带一路”的发展倡议对张掖的经济发展具有一定的参考价值。

三、“一带一路”对张掖经济发展的意义

“一带一路”的倡议影响越来越大，已经扩大到亚太地区、非洲、中西亚和欧洲地区。在统筹国际国内两个市场的时机下，国内众多省（自治区、直辖市）利用自身优势纷纷提出了符合自身发展的目标，如新疆提出要建设成为“丝绸之路经济带”的核心区；陕西提出要打造“丝绸之路经济带”桥头堡；上海提出要将长三角建设成“海上丝绸之路”的中枢；广西提出打造21世纪“海上丝绸之路”的新门户和新枢纽；广东提出构建21世纪“海上丝绸之路”桥头堡。这些省（自治区、直辖市）的建设都取得了一定的成就，也为其他省（自治区、直辖市）的建设提供借鉴，对甘肃省尤其张掖市的发展能够提供启示。

（一）“一带一路”黄金段

“一带一路”倡议建设对张掖市经济发展具有重要积极意义。“一带一路”联通亚太经济圈和欧洲经济圈，被认为是世界上最长和最具发展潜力的经济大走廊。国内各省（自治区、直辖市）为了尽早抢占先机，搭上国家战略发展的“便车”，都纷纷提出自己的发展规划和设想，以更好地参与“一带一路”建设。对中国西部五省（自治区）来说，“一带一路”建设是

① 《紧抓“三大战略定位”新机遇》，http://www.xinhuanet.com/mrdx/2015-11/25/c_134852866.htm，2018年9月14日。

② 彭清华：《着力打造“一带一路”有机衔接的重要门户——深入学习贯彻习近平总书记系列重要讲话精神》，《求是》2015年第10期。

难得的发展西部经济的良机，对于包括甘肃在内的西部五省（自治区）（陕西、甘肃、宁夏、青海、新疆）来说，要充分利用这难得的历史机遇期快速发展。各省（自治区、直辖市）的功能地位如下（表6-1-1，表6-1-2）。

表6-1-1 “一带”九省（自治区、直辖市）功能定位

省（自治区、直辖市）	功能定位	节点城市
新疆	“一带”核心区	乌鲁木齐、喀什
甘肃	“一带”黄金段	兰州、白银、酒泉
宁夏	“一带”倡议支点	
云南	倡议支点、通道枢纽	
广西	重要门户、倡议节点	
陕西	重要支点	西安
青海	向西开放的主阵地	西宁、海东、格尔木
四川	“一带一路”的重要交通枢纽和经济腹地	
重庆	长江上游综合交通枢纽，打造内陆开放高地	

资料来源：王义桅：《“一带一路”：机遇与挑战》，北京：人民出版社2015年版，第35页。

表6-1-2 “一路”五省（自治区、直辖市）功能定位

省（自治区、直辖市）	功能定位	节点城市
福建	“一路”核心区	福州、厦门、泉州、平潭
广东	“一带”桥头堡	广州、深圳、惠州
江苏	“一带一路”交汇节点	徐州、连云港
浙江	“一带一路”倡议经贸合作先行区、网上丝绸之路实验区、贸易物流枢纽区	杭州、宁波、温州
海南	“一路”门户倡议支点	海口、三亚

资料来源：王义桅：《“一带一路”：机遇与挑战》，北京：人民出版社2015年版，第35页。

2015年3月，全国人大代表、甘肃省委宣传部部长连辑在接受人民网采访时透露，全国“一带一路”规划定位甘肃省为：全国重要新能源、有色冶金新材料、特色农产品生产加工及向西开放门户和次区域合作战略基地。甘肃省也梳理出“一带一路”的工作要点，包括生态、产业、能源交通、基础设施、贸易、技术合作六大工程。

从功能地位上来看，张掖市所在的甘肃省是“一带”的黄金段，即陆上丝绸之路的咽喉路段。张掖自古就是古丝绸之路的必经之地，地理位置极为重要，在现存的大量古城中就能看出其地理位置之险要，如丝绸之路上的骆驼城①和峡口古城②等，甘肃省明确定位为“一带”的黄金段。在促进互联互通上重点推进综合交通、能源通道建设。在提供载体平台上，甘肃省建设兰新新区、敦煌国际文化旅游名城和中国丝绸之路博览会三大战略平台。

2014 年甘肃省政府工作报告中指出：对外开放成效明显。出台“丝绸之路经济带”甘肃段建设总体方案，兰州新区综合保税区获批建设，武威保税物流中心封关运营，开通兰州至迪拜、第比利斯、新加坡三条国际航班和中欧货运班列“天马号”（武威—阿拉木图）。“丝绸之路（敦煌）国际文化博览会”列入国家“一带一路”建设规划，成功举办“亚洲合作对话丝绸之路务实合作论坛”、“中国—中亚合作对话会”、第二十届“兰洽会”、第四届敦煌行·丝绸之路国际旅游节、第三届中国·嘉峪关国际短片电影展、国际文化博览会等节会，累计有来自 30 多个国家、地区的组织参加，与意大利、伊朗、吉尔吉斯斯坦等国家的 4 个州及城市建立了友好关系，扩大了甘肃省的影响，形成了合作共识。另外，还举办了环青海湖国际公路自行车甘肃段比赛、兰州国际马拉松赛等活动。全年与丝绸之路沿线国家达成经贸合作项目合同及协议 83 个，贸易额占全省进出口总额的比重由 2013 年的 18%提高到 2014 年的 23%。区域间合作也是发展重点。2015 年 5 月，陕西、甘肃、宁夏、青海、新疆五省区文化厅签署了《丝绸之路经济带西北五省区文化发展战略联盟框架协议》。未来，联盟各方将在文艺创作、精品展演、公共文化服务体系建设、文化产业发展、人才培养

---

① 骆驼城位于张掖市高台县骆驼乡永胜村西 3000 米处，面积约 30 万平方米。建城时间为东晋隆安元年（397 年），是北凉国的国都，距今已有近 2000 年。骆驼城不但是北凉初建时的国都，而且是汉代乐涫县、唐代建康军的故址。

② 峡口古城始建于明万历二年（1574 年），是古丝绸之路上的重要驿站，也是古时中原通往西域的交通要道。自西汉以来，历代王朝在此屯兵设防，属山丹卫管辖范围，军事地位十分显要，有军粮供给、军信传递、通邮通商的职能，军需和商贸往来十分繁荣。

等方面进行跨区域交流与合作，建立长效合作机制。

（二）发挥丝路古城优势

2014 年 5 月，甘肃省印发了《“丝绸之路经济带”甘肃段建设总体方案》，其中提到要充分发挥甘肃省的历史文化、资源能源和产业基础等优势，努力把甘肃省建设成为经贸物流的区域中心、产业合作的示范基地。能源、文化、旅游、农业、工业历来是甘肃省的优势产业，在“一带一路”建设中，甘肃省正是借助于传统优势产业打下的良好基础，迎来了新的发展机遇。

在甘肃省政府积极应对“丝绸之路经济带”建设的良好时机下，张掖市具有较大的发展空间，以更加良好的心态积极参与建设并分享丝路经济的红利。与此同时，张掖市要进一步增强张掖参与“一带一路”建设的紧迫感和责任感。位于古丝绸之路上的张掖市因光照充足，土壤肥沃，交通便利，农业发达，近年来已逐步成为农产品出口的前沿阵地。

张掖市市长黄泽元指出，国家“一带一路”倡议给张掖带来了重新崛起的历史契机。张掖将定位于“丝绸之路经济带”生态安全屏障、重要交通枢纽、绿色有机农产品生产基地、丝绸之路经济带旅游目的地和集散地四大目标，在强化和完善投、融资体制改革，培育主导产业，完善基础设施，生态恢复和治理等方面发力，为“丝绸之路经济带”黄金段贡献力量。

根据国家“一带一路”愿景与规划，甘肃省的定位是“丝绸之路黄金段”。因此，张掖在“丝绸之路经济带”上的定位主要包括以下四大具体内容。[①]

第一，张掖要成为“丝绸之路经济带”的重要生态安全屏障。河西走廊是通过几块绿洲连接在一起形成的，这些绿洲的源头都在张掖境内，如武威的石羊河、张掖的黑河、酒泉的疏勒河、敦煌的党河，它们的发源地

① 引自“一带一路”调研报道组：《专访张掖市委副书记、市长黄泽元“金张掖”重新崛起“一带一路”》，《上海证券报》2015 年 8 月 6 日，第 2 版。

都在祁连山张掖段。

第二，张掖要成为“丝绸之路经济带”上的重要交通枢纽。未来，张掖将打造东西畅通、南北贯通、互联互通的立体交通网络。

第三，张掖要成为“丝绸之路经济带”上最重要的绿色有机农产品的生产基地。张掖农业基础好，耕种条件优越，灌溉农业发达，曾以全省5%的耕地提供了35%的商品粮，是全国重要的商品粮、瓜果蔬菜生产基地和甘肃省七大农产品加工循环经济基地之一。张掖完全有条件生产高质量的绿色有机农产品。

第四，张掖要成为丝绸之路通道上的重要旅游目的地和集散地。目前，张掖有13家4A级景区，未来4A级景区要发展到20家左右、5A级发展到3家左右，然后在旅游服务和管理上谋求进一步提升，打造旅游全产业链。目标是把户外运动打造成张掖旅游的核心产品，把张掖从以过境游为主的状态逐步变成旅游目的地和集散地。

2015年3月，国家发改委、外交部、商务部联合发布的《推动共建丝绸之路经济带和21世纪海上丝绸之路的愿景与行动》中的部分内容，将极大地推动沿线国家及城市旅游业发展，将对张掖旅游和丝绸之路旅游产生三个方面的重大推动作用。丝绸之路汇聚了世界上最精华的旅游资源，大概80%的世界文化遗产分布在此线路上，涉及60多个国家约44亿人口，因此是世界上最具潜力的黄金旅游之路。国家旅游局预计，“十三五”时期，中国将为“一带一路”沿线国家输送1.5亿人次游客，游客旅游消费大约为2000亿美元，同时将迎接8500万人次来华旅游，吸收游客消费数量达1100亿美元。

首先，“一带一路”沿线各国和地区提出，重点打造出具有丝绸之路鲜明特色的国际精品旅游线路、旅游产品和旅游产业计划，这将是未来丝绸之路沿线进行旅游策划、规划、设计、投资、建设和运营的重点。处于丝绸之路黄金段中的张掖，由于其地理位置的重要性，无疑会成为这条线路上重点被涉及的地区，这对张掖的旅游产业来说意义重大，将是一个重要契机。

张掖作为丝绸之路上的著名古城，历史文化经典诸多。如大佛寺、西来寺、万寿寺、黑水国遗址考古公园、明粮仓、皇城古城遗址、峡口古城、骆驼城、临泽昭武故地、民乐永固古城遗址、汉明古长城并行段等。

其次，“一带一路”沿线国家已经签署合作备忘录，宣布将简化各国间签证手续，这将极大地促进入境游人数的增加。目前，到张掖来旅游的国外游客主要集中在韩国、美国、日本和欧洲等少数高收入国家和地区，与张掖距离并不遥远的中亚、中东地区国家反而人数较少，随着“一带一路”倡议的实施和签证手续的简化，相信到张掖来旅游的外国游客会越来越多，这无疑将使张掖旅游市场大大扩充。相关部门正在研究自由贸易区和经贸合作区建设、货币互通等方面融入旅游的功能和诉求。

再次，“一带一路”建设将极大地提升张掖的基础设施，使旅游地的可到达性大大提升。就中国来说，中西部地区丝绸之路沿线的交通条件得到改善，会促使东部、中部相对发达地区的游客进入张掖旅游，同时也将减少周边国家的游客到达张掖后遇到的麻烦，使旅游便利程度增加，同时也能增加张掖旅游业的潜在市场，系千载难逢的机遇。

最后，省内“明星”旅游地的快速发展也将带动张掖旅游的向前发展。甘肃省政府将重点打造其省内的著名旅游胜地，如敦煌、酒泉、嘉峪关等城市在国际的知名度，张掖恰好可以利用地缘优势搭上“便车”。2015年6月8日《甘肃日报》曾经发表一篇《简析甘肃旅游在“一带一路”建设中的作用》的文章，指出在2014年举办第四届敦煌行·丝绸之路国际旅游节时，甘肃省进一步突出为“丝绸之路经济带”服务的主题，有力地促进了甘肃与丝绸之路沿线国家的合作与交流。按照国家建设“丝绸之路经济带”和省委打造“丝绸之路经济带”甘肃段的总体要求，第四届敦煌行·丝绸之路国际旅游节从创意上更加突出了“丝绸之路经济带”建设，将主题由“感知敦煌，畅游甘肃”调整为“畅游绚丽甘肃，发展丝路旅游”。丝绸之路沿线尼泊尔、塞浦路斯、韩国、马来西亚、白俄罗斯、沙特阿拉伯、突尼斯、吉尔吉斯斯坦、哈萨克斯坦等25个国家的109位外宾代表参加了旅游节开幕式。开幕式上各国达成了合作共识；来自丝绸之路沿线 19 个国家、地区（城市）的代表联合提出了“重振丝路，联合发展”丝绸之路旅游合作倡议；举行了丝绸之路旅游产品展览会，来自哈萨克斯坦等 11 个国家和地区，以及国内 14 个省（自治区、直辖市）共 260 多家单位参展，促进了甘肃与丝绸之路沿线国家、地区间多层次、多领域的合作，使敦煌行 • 丝绸之路国际旅游节成为丝绸之路沿线国家和地区合作发展的国际性平台。[①]

张掖旅游业呈井喷态势，2014 年仅张掖市就接待外地游客 1100 多万人。在国家实施“一带一路”倡议中，张掖市作为“丝绸之路经济带”的重要节点城市，投资额以每年增量百亿的速度增长，2014 年高达 338 亿元。今后一个时期，张掖市农产品加工业及食品工业应积极抢抓建设“丝绸之路经济带”的重要机遇，依托特色种植养殖基地，以园区发展为载体，以提升改造现有加工企业和加大招商引资力度为抓手，以特色农畜产品加工产业链延伸为突破口，强力推进畜产品、马铃薯、番茄、高原夏菜、大麦、粮油、乳制品、酿酒、特色林果等主导产业向“优、精、深、特”方向发展，提升产业层次和水平，着力打造 10 条以食品工业为主的农畜产品加工及精深加工产业链。

第二节　生态文明背景下的发展路径

一、生态保护项目

地方发展要利用好中央和省市的发展政策，充分发挥本地优势。作为生态屏障的张掖，要充分利用好祁连山生态保护项目。《祁连山生态保护与综合治理规划》于 2013 年 2 月获得国家发改委批复，总投资超过 70 亿

① 秦娜：《打造“一带一路”建设的旅游“抓手”——简析甘肃旅游在“一带一路”建设中的作用》，《甘肃日报》2015 年 6 月 8 日，第 3 版。

元，祁连山生态保护项目从2013年开始实施。围绕项目发展，既要保护生态又要在保护生态的基础上发展地方经济，提高居民收入。

祁连山南北横跨青海省和甘肃省，地处青藏高原东北边缘，是中国西部地区重要的水源涵养区和生态功能区，也是黑河、大通河、石羊河的发源地，生态地位极为重要。祁连山分布有丰富的冰川、雪山、森林、湿地和草地资源，现有大小冰川2859条，冰储量811.2亿立方米，祁连山北麓形成了石羊河、黑河、疏勒河三大内陆河和56条大小支流，灌溉了河西走廊和内蒙古额济纳旗的约70万公顷农田、110万公顷左右林地和约800万公顷草场，保障了河西走廊500多万人口的生产生活用水。但是近年来，受气候变化和人类活动的影响，祁连山地区的雪线不断上升、冰川萎缩、植被退化、水土流失严重、荒漠化加剧，严重影响了本区域及周边地区经济社会可持续发展。所以，生态保护刻不容缓。规划实施生态保护治理的区域范围包含祁连山南坡青海地区和北坡的甘肃地区的23个县级单位，总面积达15.95万平方千米。该规划具体实施年限是2013—2020年，主要建设内容为林地、草地、湿地保护和建设、水土保持、冰川环境保护、生态保护和科技支撑等工作。

近年来，冰川退缩，雪线上升。据《西北地区水资源与可持续利用》项目组测算，近500年来，祁连山雪线由3800米上升到4000米以上。祁连山冰川局部地区的雪线正以年均2—6.5米的速度上升。草场退化严重，生产力下降。人为干扰，荒漠化扩展。物种减少，病虫害蔓延。因此，加强祁连山冰川与水源涵养区生态保护与建设，应把林地、草地、湿地、冰川保护和水土保持等工程措施作为辅助措施，重点应该放在围绕人与自然之间的突出矛盾，加快推进生产方式转型、生活方式转变，因地制宜，分区施策，最大限度地减少人为干扰，促进生态系统自然修复，统筹推进祁连山生态保护与建设上。①

---

① 聂斌、王清忠：《祁连山重点生态功能区生态保护与建设思考》，https://wenku.baidu.com/view/87e8b044e2bd960590c6776b.html，2018年7月9日。

张掖市要重视祁连山水源涵养区和黑河流域生态环境保护的建设工作。坚持把发展生态经济作为转变发展方式的基本途径，把建设生态经济功能区作为经济结构战略性调整的主攻方向，围绕“上游涵养水源、中游节约用水、下游恢复生态”和“南保青龙、北锁黄龙、中建绿洲”的思路，构建以祁连山水源涵养林、黑河湿地保护和节水型社会建设为核心的生态保护与建设体系，大力实施祁连山生态环境保护与综合治理，使祁连山水源涵养区张掖段森林、湿地、水源涵养功能和生物多样性得到有效保护。

《祁连山生态保护与综合治理规划》的目标是，通过多种措施使祁连山林草植被有效恢复，沙化扩展趋势及草地退化、超载现象初步得到遏制，生物多样性保护水平不断提高，农牧区用能结构显著优化，水源涵养能力不断提高，生态环境及人居环境得到显著改善，初步实现山青水美、生态系统良性循环，农牧民生产生活水平有所提高，人与自然和谐和经济社会可持续发展，为保障河西走廊及中国西北生态安全做出贡献。

《祁连山生态保护与综合治理规划》基本原则包括：第一，统筹规划，科学布局，综合治理。规划区范围较大，涉及青海和甘肃两省，亟待实施保护和治理的森林、草原、冰川、湿地等生态子系统，点多面广，必须统筹规划，与相关生态环境保护和建设工程相衔接，总体布局，在保护和治理措施上要协调一致，综合治理，同步实施，整体推进。第二，因地制宜，分类指导，分步实施。祁连山区自然生态环境条件各不相同，面临的生态环境问题各异，治理的方法和具体措施也不一样，必须因地制宜，因害设防，分区防治，分类指导，分步实施。第三，生态补偿，加大投入，政策支持。实施生态保护工程明显具有公益性质，将会限制一部分发展机会，加大生态补偿力度；在资金投入上以国家为主，地方配套为辅，提高政策支持力度。第四，综合施策，科技支撑，注重实效。采取自然修复、生物措施、工程治理等相结合的综合手段，加大项目整合和科技支撑力度，明确责任，加强工程实施期的监管，强化工程后期管护，建设一片，巩固一片，使各项生态建设工程长期发挥效益。第五，政府主导，广泛宣传，公众参与。各级政府应在生态建设、环境保护、组织管理、体制机制和政策法规等方面发挥主导作用；同时，充分调动广大公众参与生态环境保护和建设的积极性，通过宣传教育、技能培训及政策激励等措施，将祁连山生态建设逐步引向深入，为建设生态文明打下坚实的基础。

保护项目涵盖张掖地区，见《祁连山生态保护与综合治理规划》张掖部分的行政规划（表 6-2-1），共有 27 个乡镇、30 210 平方千米行政区域面积被涵盖。

表 6-2-1　祁连山生态保护项目区行政规划（张掖部分）

县区	行政区域面积（平方千米）	乡镇个数（个）	所辖乡镇名称
肃南裕固族自治县	22 378.38	7	红湾寺乡、皇城镇、马蹄乡、康乐乡、白银乡、大河乡、祁丰乡
甘州区	548.17	4	甘浚镇、龙渠乡、安阳乡、花寨乡
民乐县	3 917.93	10	三堡镇、永固镇、洪水镇、六坝镇、新天镇、南古镇、南丰乡、民联乡、顺化乡、丰乐乡
山丹县	3 365.52	6	位奇镇、霍城镇、陈户乡、老军乡、李桥乡、大马营乡

保护区内有耕地、林地、草地和未利用土地，其中耕地约有 1165.88 平方千米、林地 7651.97 平方千米、草地 18 795.84 平方千米、未利用土地 1426.50 平方千米（表 6-2-2），分别占行政区域总面积的 3.9%、25.3%、62.2%和 4.7%。

表 6-2-2　祁连山生态保护项目区土地分类构成表（张掖部分）单位：平方千米

县区	行政区域面积	耕地	林地	草地	未利用土地	其他用地
肃南裕固族自治县	22 378.38	77.11	5 368.70	15 735.33	236.92	960.32
民乐县	3 917.93	618.70	850.25	1 655.56	683.88	109.54
甘州区	548.17	141.18	147.86	242.39	11.00	5.75
山丹县	3 365.52	328.89	1 285.16	1 162.56	494.70	94.21

注：耕地中含园地。

据《祁连山生态保护与综合治理规划》，林区占保护区面积的 25.3%，所有涉及面积包括有林地、灌木林地、疏林地、未成林造林地、苗圃、宜林地、其他用地（见表6-2-3）。

表6-2-3　祁连山生态保护项目区林地面积（张掖部分）

县区	林地总面积（平方千米）	有林地（平方千米）	灌木林地（平方千米）	疏林地（平方千米）	未成林造林地（平方千米）	苗圃（平方千米）	宜林地（平方千米）	其他用地（平方千米）	森林覆盖率（%）
肃南裕固族自治县	8 053 052.6	2 496 778.2	4 901 315.1	395 458.5	18 661.5	927.0	196 745.3	43 167.0	22.0
民乐县	1 275 375.0	147 030.0	891 504.0	7 050.0	126 882.0	3 465.0	99 444.0	—	18.0
甘州区	221 788.5	24 897.0	14 371.5	2 437.5	2 850.0	—	138 931.5	38 301.0	5.0
山丹县	1 927 732.6	176 775.0	587 340.0	8 715.0	378 480.0	—	543 495.8	232 926.8	15.0

以保护祁连山生态为契机，加快调整产业结构，关停不符合生态发展需求的高污染企业、矿业，关停高耗能企业，对小企业矿产进行整顿，提高运行效率。调整农业种植结构，对一些耗水量高、产销低的种植品种进行淘汰，对传统的作业方式进行改造升级，推广现代农业生产方式，推广实施农业、大棚农业等先进的生产方式。在草场方面，要引导农牧民在保护生态的基础上放牧，切不要为了眼前利益过度放牧，要适当限制牧群数量，做好休牧养草工作。利用《祁连山生态保护与综合治理规划》的机会做好基础设施工作，做好长久规划，使人与自然达到和谐相处，既可保护生态又可以增加当地居民收入。

对黑河流域上游实施水源涵养工程。张掖市政府采取有力措施，加大投入，加强科学管理，加大保护力度，加强封山育林和退耕还林力度以及加快游牧民搬迁工程，确保黑河上游水源涵养林和草原植被充分发挥涵养水源作用。在实际操作中，对黑河干流沿岸耕地进行退耕还水还湿地，对甘州区、临泽县、高台县三县区黑河干流沿岸湿地进行封育保护，对绿洲边缘过渡带植被进行封育保护，对黑河中游中缺水死亡的防护林进行更新改造，从而有效改善黑河的生态条件。张掖市的水利风景区也在建设当中，包括山丹祁家店水库、民乐海潮坝水库、张掖黑河草滩庄枢纽、临泽大沙河、肃南皇城夏日塔拉湖等水利风景区服务区，把这些水利风景区建设成为2A或3A级以上景区水平，从而对生态保护起到一定作用。

在黑河湿地保护总体上体现了“湿地之城”“戈壁水乡”的规划思想，实施“三北防护林”、防沙治沙工程，构筑了北部荒漠区的“绿色长城”。张掖市对生态环境的重视将是经济发展的重要支撑力量，其对生态环境的重视不仅关系整个河西走廊生态系统的保护，而且关系整个流域内经济社会可持续发展和社会和谐稳定的构建。

二、发展新光电产业

新光电产业是生态产业、环保产业，在未来一定会有较大发展空间。在中国西北生产屏障的张掖市发展新光电产业，既符合国家发展战略需要又符合张掖本身的比较优势。当今全球面临严重化石能源危机和环境危机，新能源发电从资源可持续性和环境友好这两个角度都具有显而易见的优势，其作为全球新兴行业的一个重要代表，长期来看具有广阔发展前景。在张掖市“十三五”规划中，发展新光电产业是其重要内容之一。另外，“十三五”规划中还规定，力争到2020年，初步建成生态工业的运行机制和框架。产业经济结构进一步优化，初步实现新能源产业、装备制造业等规模化和高效益。有效利用现有资源，引进周边地区优质资源，促进生态工业园区和周边地区协调发展。

张掖市“十三五”规划中指出：“十三五”期间，全市工业要按照市委、市政府“四二”总体部署，实施“六六”发展战略，建设幸福美好“金张掖”的总体要求，以工业生态学原理和循环经济理念为指导，抢抓“丝绸之路经济带”建设，以改革创新为动力，以加快转变发展方式为主线，以加快推进工业结构调整为主攻方向，加快传统产业改造升级和战略性新兴产业培育，大力加强自主创新，切实抓好节能减排，积极推进工业化与信息化融合，先进制造业与生产性服务业融合，加快市场主体培育，坚持集约、集聚、集群发展，努力构建富有竞争力的现代生态工业体系。

在“十三五”规划中将重点建设新型生态工业，坚持开发与节约并举，实施节能降耗技术改造，努力提高张掖全市能源综合利用水平。大力发展高效环保太阳能光伏发电，建设甘州区南滩、高台高崖子滩、山丹东乐滩等三个“百万千瓦级”光电产业园基地；积极发展风电，建设甘州平山湖、山丹绣花庙等两个“百万千瓦级”风电产业园；积极开展生物质能、垃圾发电等新能源研究与开发利用。围绕“百万千瓦级”光电产业园、“百万千瓦级”风电产业园等重大项目，发展以太阳能、风能、生物质能为主的新能源和可再生能源。

国家对新能源产业较为重视，如针对光伏产业推出了“光伏国六条”：①加强规划和产业政策引导，促进合理布局，重点拓展分布光伏发电应用。②电网企业要保障配套电网与光伏发电项目同步建设投产，优先安排光伏发电计划，全额收购所发电量。③完善光伏发电电价支持政策，制定光伏电站区域上网标杆电价，扩大可再生能源基金规模，保障对分布式光伏发电按电量补贴的资金及时发放到位。④鼓励金融机构采取措施缓解光伏制造企业融资困难。⑤支持关键材料及设备的技术研发和产业化，加强光伏产业标准和规范建设。⑥鼓励企业兼并重组、做优做强，抑制产能盲目扩张。

发展新光电产业既符合国家利益也符合张掖地方利益，是一项非常有潜能的生态环保产业，应该将其做大做强。太阳能光伏发电在 21 世纪会占据世界能源消费的重要席位，它不但要替代部分常规能源，而且将成为世界能源供应的主体。预计到 2030 年，可再生能源在总能源结构中将占到 30%以上，其中太阳能光伏发电在世界总动力供应中的占比将达到 10%以上；到 2040 年，可再生能源将占总能耗的 50%以上，太阳能光伏发电将占总电力的 20%以上。[①]太阳能光伏发电过程简单，没有机械转动部件，不消耗燃料，不排放包括温室气体在内的任何物质，无噪声、无污染；太阳能资源分布广泛且取之不尽、用之不竭。因此，与风力发电、生物质能发电和核电等新型发电技术相比，太阳能光伏发电是一种最具可持续发展理想特征（最丰富的资源和最洁净的发电过程）的可再生能源发电技术。太阳能电

① https://baike.baidu.com/item/有机太阳能电池/1342182，2018 年 9 月 15 日。

池是一种大有前途的新型电源，具有永久性、清洁性和灵活性三大优点。太阳能光伏发电与火力发电、核能发电相比，太阳能电池不会引起环境污染；太阳能电池可以大、中、小并举，大到可供百万千瓦的中型电站，小到只供一户用电的独立太阳能发电系统，这些特点是其他电源无法比拟的。

张掖市新能源产业发展进入了历史最好时期，由过去的电力短缺市转变为全省重要的电力输出市。张掖市积极发展新能源产业，全市规划建设6个"千兆瓦级"光电产业园，规划总装机13 700兆瓦。目前，张掖市已建成包括甘州南滩、临泽扎尔墩滩、高台高崖子滩、山丹东乐北滩、肃南柳古墩滩等5个光伏发电场。张掖市光热资源独特，年太阳总辐射在6140—6270兆焦/米^2，全年日照时数为3051—3085小时，仅次于全国太阳辐射量最大的西藏自治区和柴达木盆地，十分适宜太阳能光伏、光热发电。2011年12月28日，张掖市第一个光伏发电项目——龙源张掖10兆瓦光伏发电项目①在甘州区南滩光电产业园正式并网发电，首日发电量1.9万度。截至2014年9月，高台县已经并网发电的光伏发电项目达到190兆瓦，并网项目累计发电量已达2.0254亿度，实现收入达2.02488亿元，光伏发电产业成为该县经济发展的主力军。目前已建成并网的有高台县正泰光伏发电有限公司、高台县太科光伏电力有限公司、甘肃高山新能源有限公司三家企业累计发电达2.0254亿度。

新能源企业案例

甘肃汇能新能源技术发展有限责任公司（以下简称汇能公司）成立于2000年8月，是甘肃省电力投资集团有限责任公司的全资子公司，主

① 龙源张掖10兆瓦光伏发电项目，是为了顺应国家节能减排政策，紧抓国家实施"西电东送"和甘肃省委、省政府"中心带动、两翼齐飞、组团发展、整体推进"的区域发展战略，积极打造河西新能源基地，全力推进生态经济示范区建设，由国电集团龙源张掖新能源公司在甘州区南滩建设大型光伏发电项目，是龙源公司在甘肃的第一个光伏项目，同时也是甘肃省内已建成的又一大型光伏发电项目。该项目总投资2.1亿元，总装机容量10兆瓦，其中：8兆瓦固定系统，2兆瓦双轴跟踪系统，采用35千瓦电压与当地电网连接，工程占地约550亩，电池板采用230瓦多晶硅电池组件，运营期25年，平均年发电量为1700万度。与燃煤电厂相比，每年节约标煤5500多吨，可显著减少污染物和温室气体排放，环境和生态效益显著。

要从事新能源、可再生能源项目开发、建设、运营，技术研究、咨询及培训服务工作。公司内设7个职能管理部门；下辖7个全资子公司；控股甘肃鑫汇风电开发有限责任公司；参股国投酒泉第一风电有限公司。公司控股总装机容量90.35万千瓦，权益装机91.84万千瓦。

汇能公司是甘肃省第一家获得电力行业新能源开发设计资质的单位，并取得了ISO9001质量管理体系认证，在国内新能源领域内具有较高的知名度。承担和完成了“中国光明工程”、“送电到乡”、嘉蒙铁路、“中德财政合作”项目工程等共计54个离网型电站的设计和建设任务；在甘肃省设立84座测风塔，开展测风数据收集、整理、分析等工作，编制完成了甘肃省风资源评估、风电场选址及工程规划等报告，圆满牵头完成了酒泉千万千瓦级风电基地一期（380万千瓦）、二期（300万千瓦）项目前期工作，在全国范围内开辟了“由政府统一负责一揽子办理，项目前期费用分摊解决”的风电项目高效前期工作模式，得到了国家的肯定，被誉为大规模集中开发风电的“甘肃模式”，具有里程碑式的意义，树立了省内风电技术咨询领域的引领者形象。2014年，通过整合升级成立了甘肃电投汇能新能源技术研究设计院，公司实现了新能源产业设计、投资、经营、管理一体化。技术研究、项目设计、形势分析能力得到进一步加强。

公司先后投资开发了瓜州北大桥第四风电场、干河口第五、第六风电场、安北第六风电场、北大桥东风电场；开发了甘南藏族自治州迭部多儿、花园水电站、卓尼扭子水电站；开发了玉门东镇（一、二、三期）、武威民勤红沙岗、高台高崖子滩并网光伏电站。同时，广泛开展了国际项目合作与技术交流。成功实施了中日新能源技术合作、中德财政合作、中德技术合作、中美能源课题、中欧能源培训等项目，这些项目的实施在国内外产生了积极的影响，对甘肃省新能源及可再生能源技术与世界水平的接轨发挥了积极的作用。公司在清洁发展机制（CDM）项目开发上也取得了可喜的成绩，北大桥第四风电场、干河口第五、第六风电场CDM项目均已成功实现了减排量交易。

三、促进传统产业转型升级

在生态友好型产业发展要求越来越高的大背景下，张掖市面临着良好的契机，要抓紧加快传统产业转型升级。首先，农业要增加科技含量，减少高耗水量作物，提高农业产业附加值；其次，转型升级工业产业，发展有前景的生态良好型产业；最后，大力发展第三产业，特别是前景广阔的旅游业，做好服务工作，提高服务意识。

要认真贯彻落实习近平视察甘肃时做出的“立足资源禀赋和产业基础，培育新能源、新能源装备制造等新兴产业，打造全国重要的新能源及新能源装备制造基地”[①]的重要指示和国务院办公厅颁布的《国务院办公厅关于进一步支持甘肃经济社会发展的若干意见》（国办发〔2010〕29号）精神，把发展装备制造业作为实现张掖市工业追赶式跨越发展的战略产业，明确张掖市装备制造业发展的目标、重点和任务，进一步加强各部门之间的协调机制建设，促进管理的科学、高效、统一和协调。要围绕发展装备制造业开展咨询服务、技术推广、交流合作，调动各种社会资源促进装备制造业发展，推动装备制造业快速上规模、上水平。

张掖市农产品加工业及食品工业应抓住机遇，依托特色种植养殖基地，以园区发展为载体，提升改造现有加工企业和加大招商引资力度，延伸特色农畜产品加工产业链，推进畜产品、马铃薯、番茄、高原夏菜、大麦、粮油、乳制品、酿酒、特色林果等主导产业向“优、精、深、特”方向发展。依托甘肃现代草业发展有限公司、皇家草业有限公司、甘肃大业草业发展有限责任公司等企业，大力发展苜蓿产业，并逐步向从苜蓿中提取液蛋白方向迈进。加快引进一批科技含量高的蔬菜深加工企业，加大对辣椒、大蒜、洋葱等蔬菜的深加工力度，提取辣椒红色素、辣椒碱、辣椒精、大蒜油、大蒜素、洋葱精油等高附加值产品。依托甘肃张掖国风葡萄酒业有限责任公司、甘肃祁连葡萄酒业有限责任公司等葡萄酒企业，进一

---

① 刘伟平：《加快新能源及新能源装备基地建设》，http://info.com.hc360.com/2014/04/090949544296.shtml，2018年9月15日。

步扩大生产规模，大力发展葡萄酿酒制造业。同时，在政策上要加大对农产品加工及食品工业的扶持力度，搭建农产品加工及食品工业企业融资平台，积极调整优势农产品种植结构。

张掖市高载能产业发展主要以铁合金、电石、硅锰合金、锰铁冶炼为主，截至2014年有铁合金企业9户（其中规模以上企业4户），共有电炉18台，电炉总容量为145 800千伏安，设计总生产能力为21.8万吨，从业人员共965人。截至2014年底，共生产铁合金11.2万吨，同比增长24.7%，实现工业总产值7.1亿元，实现主营业务收入7.3亿元，实现税金1497万元，9户铁合金企业累计亏损1863万元。[①]高载能企业发展中存在许多突出的问题，主要表现在以下几个方面：一是高载能企业亏损严重；二是缺乏电价优势；三是企业资金周转难度较大；四是企业间享受优惠政策有差异；五是部分政府职能部门服务不到位。

虽然有诸多困难，但张掖市发展高载能产业也具有其内在的发展优势，以山丹县花草滩循环经济产业区为例。首先是公路、铁路交通运输优势。山丹县花草滩循环经济产业区西北48千米是山丹县焦化厂（有铁路货运站台和货运能力），由三级沥青公路联通；西距连霍高速公路5千米，距张掖市约110千米；东距东水泉煤矿10千米左右，由三级沥青公路联通；东北距兰新铁路尖山站、大青羊站分别是24千米和37千米，由乡间简易公里联通（两车站无站台和货运功能）；山丹—东水泉公路从规划区南边穿过，公路、铁路交通十分便利。产业区内外运输采用汽车运输的方式，并留有铁路接入条件。具备公路、铁路外运产品的条件。

其次是电力供应便利。产业区位于张掖市电网中心，产业区内建成35千伏和110千伏中心变电站两座，330千伏安输电线路一条，750千伏、330千伏超高压输电线路紧邻产业区，每年可供电近70亿度，周边拟建设100万千瓦光伏发电场和330千伏变电站一座。目前，山丹县的供电电源主要是国家电网的山丹110千伏变电站（主变容量2×31.5兆伏安）和北滩

① 张掖市人大：《全市高载能产业发展调研报告》，内部资料。

110 千伏变电站。随着山丹县花草滩循环经济产业区 2×30 万千瓦低热值煤电发电项目的建设，从电源到电网可重点解决高载能园区的供电问题。

最后是矿产资源极其丰富。山丹县境内已发现矿种 24 种，各类矿产地 54 处，矿产资源相对富集，具有得天独厚的自然资源。已探明具开采价值的有：煤（储量 4.7 亿吨）、硅石（储量 5838 万吨）、高岭土（储量 3.2 亿吨）、铁矿石（储量 6500 万吨）、石灰岩（储量 1.38 亿吨）、白云岩（储量 3.85 亿吨）、石英砂（储量 1895 万吨）、蓝晶石矿（储量 100 万吨）等 10 多种。尤其与冶炼产业相关的硅石、煤炭资源丰富，是高载能园区发展得天独厚的资源优势。

坚持淘汰和转型并举，完善铁合金产业体系。坚决落实国家产业政策，对国家明令淘汰的单台容量 6300 千伏安以下的电炉要坚决淘汰，新建铁合金项目单台容量要在 12 500 千伏安以上，同时鼓励现有铁合金企业电炉进行升级改造，确保单台容量要在 12 500 千伏安以上。根据周边省区铁合金电炉大型化，而张掖市现有的 8 台 6300 千伏安电炉，生产特种铁合金转型快、成本低的实际，可适当保留几台 6300 千伏安电炉，使大型电炉企业在为钢铁企业提供所需的原料的同时，将生产原料中的废弃料作为小型特种铁合金电炉生产的原料，从而达到资源循环综合利用、变废为宝的目的，提高企业经济效益。

第三节　服务产业的发展

一、企业创新引领服务产业发展

（一）小微企业创业创新基地城市示范

2015 年张掖市入选首批“全国小微企业创业创新基地城市示范”名单，成为全国 15 个示范城市之一。这是包括财政部在内的五部门联合评审的结果，张掖因此将得到国家的政策和资金扶持，这为张掖小微企业创业创新提供了难得机遇。

开展“两创城市示范”工作，有利于发挥中央财政资金的引导作用，整合政策资源聚集服务要素，缩短政策流程提高效率，创新支持政策，探索建立政府扶持小微企业发展的新机制。党中央、国务院高度重视中小企业特别是小微企业发展，近年不断出台政策措施减轻小微企业税费负担，深入推进商事制度改革，简化行政审批，极大地释放了小微企业发展活力。地方各级财政、工业和信息化、科学技术、商务、工商行政管理等部门切实加大资金投入，加强业务指导与服务，有力地支持了小微企业发展，“大众创业、万众创新”的生动局面正在形成。但当前，财政资金使用较为分散，仍以项目管理为主，政府支持中小企业特别是小微企业缺乏有效的政策平台，支持政策传递距离长、“最后一公里”问题仍较为突出。根据国务院关于促进中小企业健康发展的决策部署，财政部、工业和信息化部、科技部、商务部、工商总局决定，从2015年起开展小微企业创业创新基地城市示范工作，中央财政给予奖励资金支持。2015年6月1日，财政部网站公示了2015年“两创城市示范”入围名单，其中甘肃省张掖市在列。开展“两创城市示范”工作，有利于发挥中央财政资金引导作用，整合政策资源聚集服务要素，缩短政策流程提高效率，创新支持政策，探索建立政府扶持小微企业发展的新机制。

“两创城市示范”总体要求的基本原则：一是地方为主，中央引导。以城市为单位支持小微企业发展，充分发挥地方处理复杂信息的优势，突出地方在组织实施中的责任主体地位，中央主要给予地方资金支持与工作指导。二是营造环境，公平竞争。财政支持立足于弥补市场失灵，不干预市场正常运行，主要通过新型载体等为小微企业发展创造良好的环境，促进公平竞争，激发内生动力。三是创新机制，探索经验。鼓励示范城市先行先试，探索以新型载体支撑小微企业发展的有效模式，形成可复制、可推广的经验，放大政策效果。

对资金使用、政策支持等有具体要求。中央财政通过中小企业发展专项资金给予示范城市奖励支持，由示范城市统筹使用。示范期内，将对非计划单列市或省会城市奖励 6 亿元，分三年拨付。示范城市实行专款专用，规定示范城市不得将中央财政奖励资金安排用于基地楼堂馆所等基建工程支出。示范城市要重点强化对创业创新基地（众创空间、小企业创业基地、微型企业孵化园、科技孵化器、商贸企业集聚区等）服务能力的支持，并以创业创新基地为载体，采取多种有效方式促进中小企业特别是小微企业发展，政策支持应聚焦小微企业发展必需的内容：对入驻基地的小微企业适当减免经营场地、生产厂房费用等；改进对小微企业的公共服务，并运用大数据、云计算等信息化手段，促进形成服务平台互联互通、资源共享的服务体系；协调落实支持创业就业以及鼓励创新的相关政策措施；进一步实施简政放权等。示范城市应推广创业创新基地的成功做法与成熟经验，完善对基地外其他中小企业特别是小微企业的扶持政策，扩大政策惠及范围。

对“两创城市示范”也有奖惩退出机制，对示范工作完成好、成绩突出的城市，按奖励资金规模的 10%加大奖励；对不能按期保质完成示范工作的城市，要扣回奖励资金并退出示范行列。

（二）张掖市的优势与做法

甘肃省科技厅指出：“双创示范”工作是国家创新驱动战略的重要部署，也是推动“大众创业、万众创新”的新引擎，有利于发挥中央财政资金引导作用，整合政策资源聚集服务要素，缩短政策流程提高效率，创新支持政策，探索建立政府扶持小微企业发展的新机制。近年来，张掖市全面贯彻落实中央及省上关于支持小微企业发展的一系列决策部署，切实加大资金投入，不断减轻小微企业税费负担，加强业务指导与服务，有力地支持了小微企业发展。希望张掖市进一步加强宣传动员，继续调动社会资源参与“双创示范”工作，不断提高全社会创新创业水平。要继续推进行政体制改革，充分发挥市场对资源配置的决定性作用，为小微企业发展提供低成本、便利化、全要素的行政服务和干事创业的良好环境。要降低创业创新成本和“门槛”，鼓励科技工作者、大学生、企业职工参与“双创”，激发社会创业创新活力，达到以示范工作发展地方经济、惠及地方人民的目的。

张掖市在36个申报城市中，先后通过省级和国家级两轮竞争最终成为示范城市，其能够入选的原因在于，张掖是一个欠发达的地区，即使在甘肃省内排名也不是很靠前，无论科技储备、人才保障还是资金供给水平都较低。但是张掖恰恰抓住了市内没有大工业、没有丰富的自然资源这样的资料劣势，并将变劣势为优势。张掖没有良好的资源禀赋恰好不会选入“资源陷阱”，只能通过企业渠道发展经济。张掖是西部乃至中国最重要的生态屏障，一直以“立于生态、兴于经济、成于家园”为发展理念，把生态经济定位为经济属性，把小微企业作为经济发展的重要载体，全力探寻一条不同于其他地区，依靠大工业、依赖自然资源、破坏生态环境的老路，而是依靠大众创业、发展经济、造福人民的发展路径。这条环保创新之路，为中国西部、欠发达落后地区的发展提供了可资借鉴的样板，具有良好的示范效益。①

张掖市获得“两创城市示范”称号，无论是地方政府还是小微企业，都获得了极大鼓舞。张掖市政府表示，成为全国小微企业创业创新城市示范是张掖发展的一个重要机遇，并且已经将“两创城市示范”作为张掖打造强市发展战略的重要引擎之一。在张掖创业的小微企业主认为，张掖此次入选“两创城市示范”将使他们的企业得到更大优惠、更多发展空间。

（三）张掖市“两创城市示范”发展战略

经过多年的发展，截至2014年底，张掖市共有小微企业法人单位

① 杨世智：《树高千尺在根深——张掖市推动大众创业万众创新的启示》，《甘肃日报》2015年10月2日，第2版。

6404 户，在全市城市市场总数中占 9.85%。这些小微企业主要分布在工业、生产性服务业、农产品生产业、商贸流通业、文化旅游业等行业。按行业划分，其中农产品生产业 418 户、工业 969 户、生产性服务业 2391 户、商贸流通业 1727 户、文化旅游业 607 户和其他行业 292 户（图 6-3-1）。在全市小微企业就业人员约占城镇总就业人数的 51%，约 9 万人；实现营业收入 280 多亿元，营业利润 28 亿元，税收总额 1.4 亿元。小微企业所拥有的授权专利数 490 项，约占城市中授权专利总数的 50%，即近一半的专利是由小微企业所获得的。

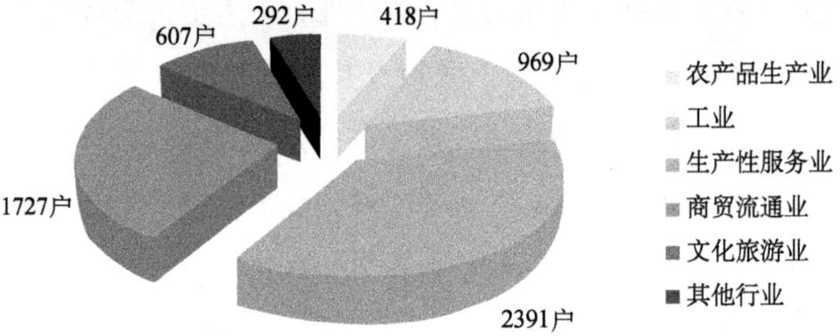

图 6-3-1　张掖市小微企业行业分布情况图

虽然小微企业的数量并不是特别多，却已经取得了比较好的成绩。2014 年，张掖市共拥有注册商标 405 件，其中全国驰名商标 2 件，甘肃省著名商标 54 件，地理标志证明商标 4 件，涉农商标 285 件，农民专业合作社注册商标 41 件，旅游商标 19 件。2015 年计划申请甘肃省著名商标 10 件，新注册商标 150 件，培育全国驰名商标 2 件，培育地理标志证明商标 2 件。

根据甘肃省《甘肃省发展众创空间推进大众创新创业实施方案》要求，今后的发展目标是：持续构建市场主导、政府支持的创新创业服务体系，大力发展创新创业主体大众化、孵化主体多元化、创新创业服务专业化、组织体系网络化、建设运营市场化、创新资源集成化的众创空间。实施甘肃省“大众创业、万众创新”“百千万工程”，到 2020 年，建设 10 个大众创新创业示范城市，扶持构建各类众创空间 100 个，直接服务创客的创业导师、商务策划师和创业咨询师超过 1000 人，科技特派员、大学生创业者、高校及科研院所创新创业人员和其他各类创新创业人员超过 1 万人，带动超过 10 万人就业。

“栽下梧桐树，引来金凤凰。”张掖市采取一系列行之有效的措施为小微企业发展创造了良好的空间。截至 2014 年底，小微企业创新创业基地已经发展到包括众创空间①、小企业创业孵化基地、科技企业孵化器、商贸企业集聚区和微型企业孵化园的 25 个创业平台和 23 条特色商业街，已完成投资 26 亿元，孵化服务场地面积 30.2 万平方米。

张掖市共建成 7 个众创空间（表 6-3-1），即旅游文化创意园、张掖绿洲农业创业苗圃、张掖经济技术开发区创客空间、张掖电子商务创业园、河西学院大学生创业实训中心、引进人才创业园、创意工作室。张掖市众创空间总面积达 4 万多平方米，入驻人数达 1537 人，主要涉及农特产品、工业产品网络销售、居民消费电商服务、文化产品网络营销、电子商务孵化培训及跨境电子商务、快递物流等方面。张掖市山丹县充分发挥众创空间承载、孵化功能，把众创空间建设作为推进大众创兴万众创业的重要抓手，重点建设“一个平台、六大基地”，仅大学生村官创业项目就带动就业 200 多人。

表 6-3-1　张掖市众创空间列表　　　　单位：平方米

序号	名称	基地建筑面积
1	旅游文化创意园	7 802
2	张掖绿洲农业创业苗圃	10 809
3	张掖经济技术开发区创客空间	1 209
4	张掖电子商务创业园	10 300
5	河西学院大学生创业实训中心	303
6	引进人才创业园	10 508
7	创意工作室	363
合计		41 294

① 众创空间是顺应创新 2.0 时代用户创新、开放创新、协同创新、大众创新趋势，把握全球创客浪潮兴趣的机遇，根据互联网及其应用深入发展、知识社会创新 2.0 环境下的创新创业特点和需求，通过市场机制、专业化服务和资本化途径构建的低成本、便利化、全要素、开放式的新型创业服务平台的统称。

目前，张掖市共建成中小企业创业孵化基地5家，即张掖市万盛中小企业创业孵化基地、山丹县现代农业创业孵化基地、祁连玉文化产业园、民乐生态工业园区、高台县创业孵化示范园。5家孵化基地在孵企业377户，累计孵出企业109户，服务场地面积10万平方米，从业人员129人。现阶段，全市中小企业孵化基地已成为加速小微企业创新发展的助推器。张掖市共建成科技企业孵化器2家，即张掖工业园区科技企业孵化器和民乐生态工业园区中小企业创业孵化园，共有在孵小微企业242家，面积5万多平方米。张掖市共建成商贸物流园区4个，特色商业街区23条，入驻企业和商户2549家，经营面积600多万平方米（表6-3-2）。

表6-3-2 张掖市商贸企业集聚区列表 单位：平方米

	名称	基地建筑面积（平方米）
商贸物流园区	张掖绿洲现代物流园	1 393 500
	张掖工业园区物流园区	600 000
	鸿宇商贸广场	100 820
	张掖国际物流园	3 293 020
	合计	5 387 340
特色商业街区	甘州区金脉步行街	17 000
	甘州区欧式街	80 000
	甘州区明清街	9 000
	甘州区南大街	88 000
	甘州区西大街	72 000
	甘州区民主东街	18 600
	临泽县银先商贸步行街	40 000
	临泽县大沙河商贸旅游文化街	39 525
	高台县奇正步行街小吃一条街	10 000
	高台县商品东街	8 700
	高台县解放路商业街	9 000
	高台县汉唐文化商业街	30 000
	高台县政府西街	8 500
	山丹县昌泰步行街	10 000
	山丹县文化步行街	14 000
	山丹县皇庙步行街	7 500
	山丹县世博丽景步行街	8 000

续表

	名称	基地建筑面积
特色商业街区	山丹县南湖中央花园步行街	6 300
	山丹县博兴花园步行街	14 500
	山丹县绿城山水步行街	8 200
	民乐县永鑫商务步行街	181 982
	民乐县八一步行街	28 638
	肃南裕固风情商业街	82 000
	合计	791 445

（四）张掖市“两创城市示范”目标

在就业上，张掖市坚持将小微企业就业工作作为系统工程，各部分共同攻坚克难，加大农村劳动力转移就业，同时引导返乡创业工作力度，吸引周边省市人员长期入驻张掖就业创业。根据目前张掖市已有的支持小微企业的现状及发展潜力，预计张掖市在示范期内的就业目标。以 2014 年为标准起点，全市新增就业人数为 3.1 万人、城镇新增就业人数为 3 万人、小微企业新增就业人数为 1.8 万人，依次估计，在“两创城市示范”实施的第一年全市新增就业人数约 3.8 万人、城镇新增就业人数 2.4 万人、小微企业新增就业人数 1.4 万人。在此基础上， 2016 年和 2017 年，张掖全市新增就业人数、城镇新增就业人数和小微企业新增就业人数分别为 5.3 万、5.3 万，2.4 万、2.2 万，1.5 万和 1.7 万。

为推动小微企业的快速成长和全面发展，推动全民创业，张掖市全面改善投资环境、缩短投资周期、减少投资风险、加大招商引资力度。创业目标为新注册登记市场主体和新注册小微企业主体数量，2014 年新注册登记市场主体和新注册小微企业主体分别为 16 070 户和 2614 户， 2015 年将分别达到 17 000 户和 3100 户，2016 年将分别达到 18 000 户和 3700 户，在项目的最后一年 2017 年将分别达到 20 000 户和 4500 户，相比项目实施的初试时期的 2014 年，两种主体数量分别增加了 3930 户和 1886 户，增幅分别为 24%和 72%。[①]小微企业营业收入与营业利润和上缴税金，将分别从

① 张掖市人民政府：《甘肃省张掖市小微企业创业创新基地城市示范实施方案》，2015 年 5 月。

2014年的285.09亿元、28.51亿元和1.45亿元增加到2017年的400.50亿元、40亿元和2亿元（表6-3-3）。营业收入年均增长38.47亿元，上缴税金年均增长0.18亿元。

表6-3-3　小微企业营业收入与营业利润、实现的税金总额　单位：亿元

年份	营业收入	利润总额	上缴税金
2014	285.09	28.51	1.45
2015	319.30	31.90	1.60
2016	357.60	35.80	1.80
2017	400.50	40.00	2.00

张掖市在加大科技研发投入的同时，设立“市小微企业科技创新基金”。重视高新技术企业认定工作，加大招商引资力度，以培育技术市场发展和市场体系建设为重点，强化科技服务，深化合作交流，加速成果转化、区域科技创新体系和能力建设，全市技术市场持续稳健发展，技术交易保持持续增长态势。开展创新成果的评奖、资助、宣传等活动，强力推动张掖市科技创新工作。依据目前的发展现状，预计在“两创城市示范”期间将实现的创新目标如表6-3-4所示。小微企业技术合同交易额将从2014年的8.8亿元，增加到2017年的16亿元，年均增长2.4亿元。小微企业授权专利数将从2014年的490项增加到2017年的1400项，年均增加303.3项。

表6-3-4　张掖市小微企业技术创新预测情况

年份	新增高新技术企业（家）	技术合同交易额（亿元）		全市拥有授权专利数（项）	小微企业授权专利数（项）
		全市	小微企业		
2014	2	11.07	8.80	981	490
2015	6	13.50	11.50	1250	680
2016	10	15.00	13.00	1550	1000
2017	14	18.50	16.00	1900	1400

为达成促进技术创新与创业的目标，张掖市在具体规划方案中，将建立多个特色孵化基地。如张掖市中药材孵化基地，规划占地面积410亩，总投资1.26亿元，建筑面积10万平方米。提供创业服务、良好作业规范认

证服务、仓储服务、贸易服务、代理服务、物流配送服务、技术支持服务、人员培训服务、信息查询服务、金融服务、配套设施及管理服务，涉及中药材种植、收购、储存、粗加工、包装及销售等环节。张掖国家农业科技孵化基地规划面积9.06万亩，总投资9亿元。科技成果转移平台、技术转移中心和试验示范基地，创新体制机制，引领玉米种业科技创新，把张掖绿洲灌区建成世界玉米“种子硅谷”。张掖祁连玉文化产业园孵化基地规划占地面积3000亩，总投资23.67亿元，建筑面积12.96万平方米，涉及玉石开采加工、创意雕刻、产品研发、交流展示、产品贸易、文化传播、休闲娱乐、旅游观光等。为达成任务目标，张掖市将建设任务分解到具体的单位，由牵头单位和配合单位组成（表6-3-5）。

表6-3-5　张掖市“两创城市示范”建设任务分解表

目标任务	示范工作内容	完成年份	牵头单位	配合单位
创业创新空间方面	闲置库房、工业厂房及新增场地的改造建设	2016	市规划局	市工业和信息化委员会、市科学技术局、市国有资产监督委员会
	建立创富中心	2017	市政府	市科学技术局、市工业和信息化委员会、市人力资源和社会保障局、市商务局
	组建众创空间集群	2017	市科学技术局	市工业和信息化委员会
	支持众创空间的租金和税费措施	2015	市物价局	市国家税务局、市地方税务局、市工商行政管理局
公共服务方面	搭建基于互联网的创业创新服务体系	2016	市政府	市科学技术局、市工业和信息化委员会、市商务局
	创新产学研合作模式，扩张高新技术企业数量	2015	市科学技术局	市工业和信息化委员会
	搭建小微企业展览、展销和展示平台	2015	市商务局	市科学技术局、市工业和信息化委员会
	建立小微企业数据库，规划战略性新兴产业发展	2016	市统计局	市工业和信息化委员会
	推广现代营销模式，大力发展电子商务	2015	市商务局	市工业和信息化委员会
税费和融资方面支持政策	落实税费优惠政策方面的具体措施	2015	市国家税务局	市地方税务局、市工商行政管理局
	落实融资支持方面的具体措施	2016	市财政局	市金融服务办公室、市工业和信息化委员会

续表

目标任务	示范工作内容	完成年份	牵头单位	配合单位
体制机制创新方面	商事制度改革	2016	市工商行政管理局	市物价局
	投、融资机制改革	2016	市金融服务办公室	市工业和信息化委员会、市科学技术局
	科技成果转化机制	2016	市科学技术局	市工业和信息化委员会
	涉企收费管理机制	2015	市物价局	市国家税务局、市地方税务局
	贸易便利化机制	2016	市商务局	市工业和信息化委员会
其他促进小微企业发展的创新工作	组建特色孵化基地，打造特色产业集群	2016	市科学技术局	市工业和信息化委员会

财政资金使用是“两创城市示范”顺利进行的主要保障，应将中央财政资金和地方财政配套资金配合使用。张掖市创业创新空间方面拟投入财政资金 4.44 亿元，其中，中央财政奖励资金 1.79 亿元，地方财政配套资金 2.65 亿元。公共服务方面拟投入财政资金 5.36 亿元，其中，中央财政奖励资金 3.13 亿元，地方财政配套资金 2.23 亿元。其他方面拟投入财政资金 2.20 亿元，其中中央财政奖励资金 1.08 亿元，地方财政配套资金 1.12 亿元。

二、推动“大众创业、万众创新”

李克强总理 2014 年 9 月在夏季达沃斯论坛上发出了“大众创业、万众创新”的号召。当时他提出，要在 960 万平方千米的土地上掀起“大众创业”“草根创业”的新浪潮，形成“万众创新”“人人创新”的新姿态。在首届世界互联网大会、国务院常务会议和各种场合中，李克强频繁使用“大众创业、万众创新”这两个关键词。他在《政府工作报告》中指出：推动“大众创业、万众创新”，这既可以扩大就业、增加居民收入，又有利于促进社会纵向流动和公平正义。2015 年 8 月 15 日，国务院办公厅关于同意建立推进大众创业万众创新部际联席会议制度的函（国办函〔2015〕90 号）：国务院同意建立由发改委牵头的推进“大众创业、万众创新”部际联席会议制度。

对张掖市来说，恰好可以和“两创城市示范”项目一起，借“两创城市示范”的“东风”，将“大众创业、万众创新”做大做强。首先推动高校毕业生创业。在推动“大众创业、万众创新”上，张掖市一直将高校毕业生的创业放在首位。根据《张掖市小额担保贴息贷款扶持大学生发展电子商务产业实施办法（试行）》《张掖市鼓励基层服务项目大学生从事电子商务产业发展管理办法（试行）》《张掖市小微企业创业创新基地城市示范工作方案（2015—2017）》，从资金扶持、创业空间、税费减免、创业培训、创业服务等方面，为大学生成功创业创新提供良好政策制度保障。截至2015年9月底，张掖市已经对370名毕业生进行创业培训，为354名毕业生发放创业担保贴息贷款3335万元。新建高校毕业生就业见习基地27个，累计达425个。新开发大学生就业见习岗位1000个，累计达6500个。扶持3456名应往届高校毕业生实现就业，完成当年任务的98.74%，其中招考就业456名、见习就业550名、灵活就业1956名、援助就业494名。[①]

甘州区积极制定相关政策，鼓励创业创新。时任张掖市市委常委、甘州区区委书记张健指出：围绕贯彻落实“双轮驱动发展”部署，甘州区要充分发挥在全市经济技术合作、信息资源共享、科技研发创新等方面得天独厚的优势，大力实施创新驱动发展战略，以建设创新型城市为目标，抓住实施“全国小微企业创业创新基地城市示范”工程的重大机遇，深入挖掘中央和省市关于创新驱动发展战略政策的潜力，积极营造有利于创新发展的政策环境和制度环境，力争甘州区成为全市实施创新驱动发展战略、推动“大众创业、万众创新”的先行区。

甘州区积极学习东部、中部地区的先进经验，多次组织外出考察学习，并在学习过程中每天组织讨论，研究适合甘州区发展的战略思路。2015年在甘州区区委副书记、区长张玉林的带领下，随行考察团团员包括张掖经济技术开发区、区人力资源和社会保障局、区商务局等部门的负责

① 郭永铭：《我市多举措护航高校毕业生就业创业》，《张掖日报》2015年11月3日，第1版。

人，先后走访参观了中国（上海）自由贸易示范区、博济上海智汇园、苏州市大学生公共创业实训基地、苏州工业园区、苏州国际科技园、苏州创客邦孵化管理有限公司、常州天宁高新技术开发区创业服务中心、南京众彩农副产品物流中心等地。考察团重点考察简政放权综合改革、电子商务发展、“互联网+”行动、产业园区建设和社会管理创新等方面工作。同时考察团还在南京为张掖市泽源农贸发展有限责任公司南京众彩农副产品物流中心高原夏菜甘州专营区揭牌，并与苏州火炬创新创业孵化管理有限公司签订了“双创”示范基地智慧园区空间改造与平台建设战略合作框架协议，重点就指导该区大学生创业园区建设、小微企业孵化等方面的合作意向。

甘州区区委把实施创新驱动发展战略作为一项重大政治任务，成立实施创新驱动发展战略领导小组和办公室，加强对全区实施创新驱动发展战略，推动“大众创业、万众创新”工作的组织领导和统筹协调。甘州区及时召开领导小组会议，成立专项小组 10 个，研究制定了《实施创新驱动发展战略推动大众创业万众创新工作启动方案》等相关文件，把实施创新驱动发展战略各项目标任务逐项分解到乡镇街道部门、落实到岗位、量化到个人、具体到月日，对哪一项工作由哪个领导负责、哪个部门牵头，哪些部门、哪些人员参与，什么时候进展到什么程度，都提出了明确的要求，层层细化目标任务，逐级靠实工作责任，形成了一级抓一级、层层抓落实的工作局面。持续强化典型示范、典型引领、典型推动，各级各部门发现和培育最鲜活、最生动、最具代表性和带动性的创业创新典型 93 个，实际支持，大力推广，做到了层层有典型、行行有榜样，形成了全社会充分理解和支持创业创新、广大群众踊跃投身创业创新的浓厚氛围。

为了发挥“互联网+”在新形势下的突出作用，甘州区制定出台了《甘州区加快推进电子商务产业发展的实施意见》（以下简称意见），该意见以“一个平台、三个体系”为框架，即电子商务交易平台、安全认证体系、网上支付体系和物流配送体系，积极构建电子商务运营环境，大力培育张掖至翔电子商务有限责任公司、张掖市时代网络科技有限责任公司等特色电子商务企业，扶持推动张掖市金花寨小米种植专业合作社、张掖市甘州区松源红枣种植农民专业合作社、张掖市甘州区厚鑫养殖农民专业合作社等农民专业合作社电商化；以大学生村官、“三支一扶”大学生、未就业大学生和回乡创业青年为主体，在乡镇、村、社区延伸创办电子商务网店，实现创业与创新、线上与线下、孵化与投资有机结合。

以张掖市国家级经济技术开发区为平台，布局建成智荣创业园、天源工业园、泰鑫物流园、新张掖国际商贸城电商创业园，培育发展科技企业孵化器、就业孵化基地、小微企业孵化平台，初步形成了“优品鲜生”“新乐购”“圆通商城”“金张掖北纬 38°”等一批电商品牌，在加快创新驱动、激发创业活力上优势凸显。依托口岸便利的地缘区位优势，以中亚国家需求旺盛的蔬菜、瓜果等农产品为主，全力打造农产品出口生产基地和出口加工基地，建设贯通国内、联结中亚的农产品物流体系。该区发年、泽源、绿涵、云通等农产品出口贸易企业与中亚客商签订 2016 年出口贸易合同，涉及鲜食蔬菜、水果等农产品，签约金额上亿元。

结　论

“一带一路”倡议提出之后，各地方政府纷纷制订方案进行建设。各地方政府还提出了所在地区重点打造的城市，这些城市被称为“节点”城市，如甘肃省的兰州、敦煌、酒泉等。节点城市在“一带一路”建设中享受更多的政策便利，资金、人才、制度等方面对其都有一定益处，但同时作为非节点城市，如何参与“一带一路”建设并如何利用这一重大倡议机遇期发展自身经济，将直接关系非节点城市是否能够抓住时机分享“一带一路”建设“红利”，并为进一步改革贡献力量。同时，在经济发展过程中如何做到生态良好，是各地今后发展需要重点考量的议题之一。为此，中国社会科学院经济研究所课题组赴丝绸之路黄金段的绿洲城市——张掖，进行深入调研。课题组深入走访了张掖市的五县一区，对张掖市社会经济发展有了比较全面的认识。张掖作为“丝绸之路经济带”上的黄金段，同时又具有“绿洲城市”的美誉，课题组对其调查研究具有学术价值，对“丝绸之路经济带”的建设，以及对张掖市乃至西北地区经济社会发展也有一定的理论指导价值。

一、张掖基本情况

张掖素有“塞上江南”和“金张掖”之美称。2014 年，张掖人口 121 万人，全市实现 GDP 353.43 亿元，实现社会消费品零售总额 118 亿元。大口径财政收入、公共财政预算收入分别完成 48.1 亿元和 22.1 亿元。城镇居民家庭人均可支配收入、农民人均纯收入分别达到 17 386 元和 9489 元。张掖地处甘肃省河西走廊中段、祁连山北麓，地理位置“居中四向”，自古以来就是丝路重镇、锁钥要塞和东西南北交往的交通要道，是西北地区重要的立体交通枢纽。它是国家重要的经济安全通道、西部重要的生态安全屏障和河西走廊重要的资源宝库，更是中国西电东送、西气东输、西煤东运、西菜东运、西粮东调的战略通道，也是新亚欧大陆桥的战略要地，在新时期国家“一带一路”倡议中具有重要的位置，是“丝绸之路经济带”的重要节点城市和明珠城市。

据宜居城市研究室研究发现，在甘肃省 14 个地级市中，张掖市 2014 年全年 GDP 在全省排名第 7，人均 GDP 排名第 6，张掖市在全省经济和人均收入中占中等地位。但在县域排名中，张掖市的各县都体现出较好水平。若将甘肃省所有 77 个县（市、区）分为四个层次，则张掖市所属的甘州区、肃南裕固族自治县、山丹县位居第二个层次，民乐县、临泽县、高台县位居第三个层次，总体呈现出良好的发展态势。

二、张掖产业发展

2013 年张掖三次产业结构的比重为 25.95∶35.12∶38.93，张掖市的第三产业近年来在快速发展。

农业是张掖市的传统优势产业，得益于其优良的天然资源。张掖具有充足灌溉资源的天然牧场，且具有水源丰富、沟渠配套、功能完善，昼夜温差大、日照时间长等特点，为张掖生产小麦、玉米、红枣、葡萄等特色产品提供了很多便利条件。张掖现有耕地面积约 580 万亩，是全国最大的杂交玉米制种基地和重要的商品粮、瓜果蔬菜生产基地，“张掖玉米种子”是中国唯一获得地理证明商标的种子产品。2014 年流转土地 102.3 万亩，其中规模经营 89.8 万亩。

新能源较多。张掖水能、风能、太阳能资源极为丰富，使其由过去的电力短缺市转变为甘肃省重要的电力输出市。张掖矿产资源丰富，是国土资源部确定的全国 12 个重点矿区之一，全球稀缺的战略性资源——钨、钼储量居全国北方之首。现已探明的矿产有 33 种，其中铁矿、石膏、萤石、煤炭、凹凸棒等资源储量居全省前列。矿产资源加工通道、物流通道、能源转换通道优势正在转化为富民强市的经济优势和产业优势。以风光水电为主导的新能源产业、以食品工业为主导的特色农畜产品加工业、以新材料及高端装备制造业为主导的战略性新兴产业、以煤炭冶金为主导的矿产品加工业快速发展，生态工业体系日趋完善。2014 年，全市工业增加值、上缴税金分别增长 10.5%和 5.1%。

具有丰富的文化旅游资源。张掖是中国优秀旅游城市，也是甘肃省仅有的 4 个国家历史文化名城之一。生态环境良好，境内有各类湿地 21 万公顷左右，是西北地区其他城市没有的自然禀赋。1986 年国务院批准建立祁连山国家级自然保护区，2011 年又批准设立张掖黑河湿地国家级自然保护区，张掖由此成为坐落在祁连山和黑河湿地两个国家级自然保护区之上的城市。全市现已建成 A 级景区 25 家，其中 4A 级景区 13 家。

三、张掖经济社会发展的契机

“一带一路”是统筹国际国内两个大局，在促进西部大开发、协调中东南部共同发展、促进全国层次上共同发展方面具有重大意义。甘肃省在“一带一路”规划中将其定位为全国重要新能源、有色冶金新材料、特色农产品生产加工及向西开放门户和次区域合作基地。同时提出工作要点为，生态、产业、能源交通、基础设施、贸易、技术合作。张掖在“丝绸之路经济带”上自古就具有重要的战略地位，如今更需要利用不可或缺的战略地位发展区域经济，提高居民生活水平，这是张掖市经济社会发展的良好的长期战略契机，一定要抓紧利用。

2015年张掖成为首批“全国小微企业创业创新基地城市示范”15个城市之一，对于张掖市来说这无疑是在“一带一路”建设中的另一个重要机遇。“两创城市示范”项目虽然只有三年，但并非是项目结束发展就结束，这仅仅是一个开始，此次项目的获得充分证明张掖在小微企业创业创新方面所具有的优势地位，可以此为契机吸引更多的人才参与建设。在“两创城市示范”项目开展的过程中，一定会吸引更多的人才和具有潜力的项目到张掖落户。同时，能使更多的东中部地区的企业或人才认识张掖，这是一个难得的机遇。“两创城市示范”在高校的宣讲会使更多的大学毕业生了解、认识张掖的发展，充分了解张掖的创业发展环境，促使更多的毕业生愿意到张掖扎根创业，落户张掖。东中部地区的交流会使更多的企业愿意投资张掖或和张掖的企业合作。“两创城市示范”项目可以同时吸引人才、技术与资金，与“一带一路”倡议正好是短期与长期相互促进，共同发展。“一带一路”具有长期发展的指导作用，“两创城市示范”具有短期内就可落地实施的带动作用，两者互补，共同为张掖未来经济发展提供难得的战略机遇。

在发展“一带一路”和“两创城市示范”的同时，生态文明发展也一直是中央政府强调的重点，张掖市具有生态文明发展的良好自然地理条件。优良的草场、广阔的戈壁、充足的水源都使张掖极具生态文明发展的前景。祁连山生态保护项目的实施，产业升级转型的要求，都将对西北地区的产业发展提出更高的要求。张掖大力推进的光伏发电、水力发电、风能利用、设施农业的快速发展、文明旅游的建设等都将使未来的张掖处于有利的竞争地位。

农业发展的基础条件不断增强，土地流转更加自由，农村综合改革更加深化，培育壮大了新型农业经营主体，进一步激发了农村活力。农村专业种养大户、家庭农牧场、农村合作组织等新型农业经济主体发展迅速。

政府对资源配置的引导作用突出，市场的决定作用增强，如民乐县农业规模标准化的探索，以“企业+基地+农户”为模式，建设食用菌产业园，引进新设备、集成新技术、开发新品种，将产前、产后两个环节的重点加工技术等标准化，提升食用菌产业的竞争力，打造民乐的自主品牌。

人民生活水平的提高，为农业发展提供了广阔空间。随着人民生活水平的提高，居民在追求食品数量的同时，也对食品质量的要求越来越高，不仅要求食品品种多样而且要求食品本身的质量要好，如肉食需要更加健康、低糖等，这为农业的发展提供了良好契机。①张掖近年来加快了设施畜牧业的发展，标准化规模养殖是其转变畜牧业发展方式的重要举措。

新型工业发展前景广阔。国家对新型能源替代型产业发展思路发生了转变，将重点加大新能源方面的投资和扶持力度，加快产业转型升级。甘肃省也提出打造河西新能源基地的战略。为此，张掖独特的地理位置，充足的光照资源、风能资源和水利资源将会得到发展的良好机遇。

旅游业具有一定潜力。张掖旅游业将极大地受利于“一带一路”建设。“一带一路”沿线各国和地区提出要重点打造出具有丝绸之路鲜明特色的国际精品旅游线路、旅游产品和旅游产业计划，这将是未来丝绸之路沿线进行旅游策划、规划、设计、投资、建设和运营的重点。“一带一路”沿线国家已经签署合作备忘录，宣布将简化各国间签证手续，这将增加沿线各国入境旅游的人数。“一带一路”建设将提升张掖基础设施的运营水平，使旅游地的可到达性大大提升。

四、张掖经济社会发展的困难

农业方面的问题。农业生产成本持续上升，农民增收空间不断压缩。生产成本的上升，影响了农民生产的积极性。尽管农村合作组织数量较多，但真正能发挥作用的较少。张掖市农民专业合作社登记的已经达到

---

① 黄宗智、彭玉生：《三大历史性变迁的交汇与中国小规模农业的前景》，《中国社会科学》2007 年第 4 期，第 74—88 页。三大历史性变迁为：大规模非农就业、人口自然增长减慢和农业生产结构转型。

4996家，但合作社的抗风险能力较弱，规模小，难以发挥作用，目前依旧以小农户自主经营为主。在小农户面对大市场时，市场价格波动的影响仍没有消除。

对于规模农业而言，产业层次较低，行业发展后劲不足。全市农产品加工及食品工业企业中98.8%为小微型企业，没有一家大型企业，企业普遍起点低、规模小，低水平重复建设多，缺少带动能力强、辐射范围广的企业。原料不能及时保质保量供应，企业产能难以充分发挥。绝大部分企业没有自己的原料基地，部分企业虽采取与村社、中介组织、农户签订单的合作模式，但这些合作模式只是松散的买卖关系，缺乏具有法律效力的约束机制。

新能源产业的问题。张掖市的工业产业的问题可以概括为"三多三少"，即传统产业多、新型产业少，重工业多、轻工业少，资源依赖型产业多、高新技术产业少。在全国工业产业转型升级过程中，张掖市工业转型明显滞后，传统支柱产业发展速度放慢，新兴产业尚不能担当支撑工业发展的重任。工业发展不平衡，经济总量小，"短腿"问题严重。工业主要集中在农副产品加工和矿产品加工，初级产品加工较多，工业增加值较低。产业没有形成集群效应。各县区产业布局趋同，缺乏有效安排和布局，并没有形成各县区之间经济、社会、资源环境的协调发展。近些年融资难度加大，银行贷款困难，使工业企业发展更加难上加难。地处西北地区的张掖，人才匮乏，生活环境的困扰很难吸引到一流的技术人才，这严重制约了张掖地区工业、企业的技术改进和管理观念的提高。随着工人工资的增加，企业的发展越发困难。仅靠资源耗费型的工业发展模式必将不能可持续发展。

旅游业方面的问题。虽然张掖市近年来的旅游业发展迅速，已经取得了不错的成绩，而且具有较大的发展潜力和发展空间，但其内部仍然存在较多的制约因素，需要加以克服和努力改进，以使其获得更多的旅游产业收入，顺利转变产业结构。虽然近年来张掖市旅游业的发展和建设速度有所加快，但其距离国家历史文化名城的标准和“一带一路”建设对古城邦及宜居宜游“金张掖”发展的要求还有一段距离。

五、政策建议

在“一带一路”“两创城市示范”“生态文明发展”三个主要发展机遇交汇时期，张掖拥有难得的发展良机，张掖市必须要抓紧利用这个机遇快速发展，分享“一带一路”倡议建设红利，提高人民生活水平，为中国西北发展、全国发展贡献应有的力量。但也必须充分认识到张掖目前存在的不足和发展的困境。综合而言，我们得出的结论是，张掖应该实施“引进来、走出去”的战略。

“引进来”，即将张掖缺少的资金、技术、人才、管理等引进来；“走出去”，即将张掖的特色产品推销出去。走出去、引进来，分两个层次，一个是针对国家之间的走出去和引进来，另一个是针对地区间的走出去和引进来。对张掖来说，可以将农产品和新能源推向中国中部和东部地区及欧美、亚洲、非洲各个国家，同时将中国中部和东部地区及国外的资金、技术、人才和旅游人员吸引到张掖来。

第一，打造名牌旅游产业。“一山一水一古城”是张掖最大的城市特色，也是其区别于其他城市的标志和象征，可以将其作为城市的标示进行推广，是城市形象的名片，极具文化品位和影响力，要充分发掘和利用这些历史文化遗产。同时，根据旅游市场定位，突出“中国地貌景观大观园”“丝绸之路古城邦”“暑天休闲度假城”“户外运动体验区”“西路军魂传承地”五张名片，创造良好的旅游品牌，树立独具特色的旅游形象。围绕旅游形象定位的宣传，要对市民进行历史文化保护的宣传和教育，使大众认识到历史文化的重要性，善待历史建筑、文化遗迹，了解文化古迹的重要作用，从而更好地保护历史古迹。

张掖市内的旅游资源极其丰富，要充分发挥旅游资源的优势。但是，张掖市基础设施差、旅游副产品少、就业带动能力差等缺点较为严重。为此，政府部门要做好规划工作，政府各主要负责部门各司其职，各负其责，加大对历史文化遗迹，旅游景区的资金投入力度，将保护文明古迹作为主要工作去抓。根据政府引导与市场运作、企业主体和社会参与的原则，积极动员各方力量进行投资建设。加大对旅游从业人员的业务能力培训，真正做到服务友好的形象品位，让游客感到舒心快乐。

在打造品牌的同时，要加大宣传力度，让更多的人尤其是中东部地区的人了解张掖的美。可以以政府的名义对其进行集中宣传，加大广告的投放力度。将吸引来的第一批人变成良好的宣传者，如果能让他们在张掖感受到良好的服务和超值的旅游享受，那么他们就会成为免费的宣传者，通过口口相传效果会更好。持之以恒抓好“张掖旅游全民宣传行动”，在全社会形成“人人关心旅游宣传，人人支持旅游宣传，人人参与旅游宣传”的良好格局，有力提升金张掖的美誉度和知名度。

第二，发展特色农业。传统农业的收益空间越来越有限，所以必须要发展高附加值的特色农业产业。如今人民对食品品质的追求越来越高，因此首先要从产品质量上下手。认真贯彻落实《中华人民共和国农产品质量安全法》，加大监管力度，实现从“农田到餐桌”的全程质量监控，切实提高农产品质量，为人民提供切实的“放心菜”。其次要对种植大户加大科技培训力度，科技是推动生产的第一动力，结合“阳光工程”“科普之春”等活动对农户提供科技培训。加大科技示范园区的示范效应，通过科技园区的示范作用，推行标准化生产。

第三，加快发展新型能源。充分利用国家加快发展新型能源的需要和产业升级转型的过程，加大张掖的新型能源发展。21 世纪以来，中央政府对生态环境友好的建设力度越来越大，新型能源的发展空间将会非常广阔。要大力发展太阳能光伏发电，围绕两个“百万千瓦级”发展光电产业和风电产业以及生物质能产业。充分利用国家发展战略，大力发展新型能源建设。要想尽办法引进东中部地区的先进人员和技术，通过出让股份等办法将人才吸引进来，然后制定能够培育引进来的人员有创新动力的政策措施，让人才再创造价值。通过技术改进，提升原有产业的产出效率。

第四，政策制度建设。首先要利用好已有的国家和地方上的各种相关政策和制度，抓住一切发展机遇。其次市政府要制定自己的政策，为“引进来、走出去”发展服务。制度是经济发展的决定力量之一，要充分重视和利用制度建设。

总之，课题组以张掖市为案例详细解剖了在“一带一路”倡议大背景下，西北地区如何保持生态良好和经济可持续发展与人民生活水平提高这一复杂而系统的工程。在国家发展的前提下，西北绿洲面临着众多需要破解的问题，诸如生态保护与经济发展、人与自然、绿洲现代产业与传统文化保护、工业发展与水资源利用，等等。课题组系统地分析了“一带一路”倡议建设、“两创城市示范”建设和“祁连山生态保护项目”等发展对张掖带来的机遇与挑战，提出张掖市应该实施“引进来、走出去”的战略措施。引进来和走出去的两个层次，一个是对国内其他地区特别是中东部地区的“进”和“出”，另外一个是对国际其他国家和地区的“进”和“出”。通过“一进一出”为张掖市乃至中国西北地区经济社会发展提供动力。为此各地政府应该政策先行，制定切实可行的相关政策，为“引进来”和“走出去”铺平道路。应该说，张掖市是机遇与挑战并存。

后　记

2014年，正值党和国家着力构建“丝绸之路经济带”倡议之际，中国社会科学院经济研究所研究员、中国社会科学院研究生院博士生导师、中国经济史学会会长魏明孔先生把张掖作为“丝绸之路经济带”上的典型案例，申报国情调查课题。该课题的申报，一方面为国家有关部门决策提供依据、以研咨政；另一方面为地方经济社会发展梳理脉络、探索路径。

魏明孔先生是甘肃皋兰人，也是从甘肃走出去的知名经济史学者。他在西北师范大学毕业后从事历史教学和研究，后转向经济史、区域经济研究，主持完成了多项国家社会科学重点课题，学养深厚，著作丰硕。魏明孔先生特别对西北及河西地区的发展有相当深入的研究，编著了《甘肃・河西走廊风物志》，与他人合著了《西北开发决策思想史》《河西开发研究》等著作，另外还有数十篇论文涉及西北发展历史，并曾多次应邀来张掖作学术交流，对张掖的发展十分关注。我作为他的大学同学，常心怀景仰，也期望借助他之学力，为张掖的发展建言献策、究理辟新。

此课题得到批复后，明孔先生发来函件，希望张掖有关部门能够给予支持。张掖市委、市政府领导高度重视，专门做出安排。因明孔先生与我有同学之谊，具体合作任务由我予以落实。于公而言，寻求地方与研究单位合作、破解发展中的难题，是张掖市委、市政府近年来一贯坚持的做法，中国社会科学院这一课题以张掖为研究对象，无疑是一件好事。于我而言，三十多年在张掖工作、生活，见证和亲历了改革开放以来张掖发展的生动实践，愿借这次“政、学、研”合作的机会，以尽自己的绵薄之力。

课题研究启动后，在认真研究课题方向的前提下，我们与中国社会科学院课题组反复沟通，精心设计调查方案，围绕调查涉及内容广泛收集资料，及时与课题组交换意见，为调查做了较充分的准备。

2015年10月中旬，明孔先生带着课题组前来张掖开展实地调查。在张掖市委、市政府领导关心及相关部门积极配合下，多次召开调研座谈会，听取情况汇报，从宏观层面上把握了张掖发展的基本状况。之后课题组深入六县区，进企业、走社区、下农村，沉下身子，“解剖麻雀”，深挖群众创造的鲜活案例，掌握来自基层的第一手资料，并用大量时间查阅张掖市近10年来经济、政治、社会、文化、生态建设的有关资料，对张掖经济社会发展进行了初步评估。在此基础上，明孔先生还与课题组拟定了调查报告大纲，并承担了部分章节的起草和资料整理。经过两个多月的精心梳理、分析和研究，最终完成了本调查报告。本书比较全面客观地梳理了张掖的历史渊源、区位特色、资源分布、产业结构和发展历程等，既有历史的纵深感，又有现实的可知性，通过数据分析和图表分析等，使张掖的整体发展状况得到较真实的呈现。同时，把张掖发展放在“丝绸之路经济带”的大背景下去解析，突出绿洲经济特色和生态文明建设，从广阔的时空坐标上把握发展定位和趋势，提出了一些较具针对性和前瞻性的建议和对策，基本达到了预期效果。

因时间匆促，本书中还存在许多不足。比如，分析论证、建议对策与时代发展不对称、不全面；有些内容在表述上远未达到新理论、新论断、新战略的要求高度；等等。理论研究总是滞后于实践发展，新的实践必然伴随着理论的与时俱进。特别要说明的是：报告着重对近年来张掖市委、市政府的决策部署进行了梳理，有些内容显然时过境迁。因课题研究的时间下限截至2014年，为尊重历史发展轨迹，特保持了资料的原初性。

与中国社会科学院合作为张掖经济社会发展作专项调查，既使中国社会科学院的人才优势得以体现，又使张掖发展的实践经验得以提升，达到了让学术研究的价值更好地服务地方发展、走向人民大众的目的。愿本书的出版问世，能为张掖未来发展提供借鉴和参考。

王开堂

2018年10月于张掖